MAISON DE STUTT

3
m
1874

Valorque *Non Bien*

GÉNÉALOGIE

DE LA

MAISON DE STUTT

MARQUIS DE SOLMINIAC, COMTES D'ASSAY, MARQUIS DE TRACY

D'après les Documents recueillis

PAR

LE MARQUIS DE LA GUÈRE

MEMBRE DE LA SOCIÉTÉ DES ANTIQUAIRES DU CENTRE

———

BOURGES

IMPRIMERIE PIGELET ET TARDY

15, RUE JOYEUSE, 15

—

1885

MAISON DE STUTT

PREMIÈREMENT

MARQUIS DE SOLMINIAC

BARONS DE SAINT-PARDON ET DE SAINT-BARTHÉLEMY,

SEIGNEURS DE BOUNIAGUES, DE MAZIÈRES, DE LA BOISSIÈRE, DE LA BEAUME, etc.;
en Périgord et en Guyenne

ayant pour sous-branche les seigneurs DE LA BARRÈRE et DE JAUTAN en Quercy,
en Armagnac et en Agénois.

DEUXIÈMEMENT

COMTES D'ASSAY

SEIGNEURS D'ASSAY, AUBUSSET, VERDEAUX, BLANNAY, CHASTENAY-LES-ARCY,

LACSAUVIN, LE BEUGNON, THAROISEAU, etc.;
en Berry et en Bourgogne,

ayant pour sous-branche les seigneurs DE BLANNAY et DE SAINT–DENIS
en Bourgogne.

TROISIÈMEMENT

MARQUIS ET COMTES DE TRACY

BARONS DE PARAY-LE-FRAISIL,

SEIGNEURS DE SAINT-PÈRE ET NUZY, DE SAINT-MARTIN, LES ROZIERS, DE CHASSY,
DE CARROBLE, DE LALEMENDE, DE PRÉMAISON,
DE TRACY, DE PARAY-LE-FRAISIL, DE FAVERAY, DE MALTAVERNE, etc.;
en Nivernais et en Bourbonnais,

ayant pour sous-branche les seigneurs D'INSÈCHES, DE BACOÜET, DU BERCEAU
DE NAILLY, etc., en Berry et en Nivernais.

ALLIANCES

DE LA MAISON DE STUTT

I

LES SEIGNEURS DE LAGGAN (Écosse) ET D'ASSAY (Berry)

se sont unis aux

ALLIGRET, DE BRISEFORMÉE, FOUCHER, GORDON DE GLENKENNES,
HERRIES DE JERRÉAGLES, MANSWEL, LE ROY DE SAINT-FLORENT, SUWITON.

II

La branche DE SOLMINIAC s'est unie aux

DE L'ABBADIE, DE BELRIEU, DE BERGUES, DU BUISSON, DELBOSC,
DE DIGEON DE MONTETON (2 fois), DE GALAUP, DE GERVAIN (2 fois), DE GRIFFON,
DE MARQUESSAC, DE NOUAILHAN, DE ROSSANNES (2 fois),
DE SAINTOUR-DE-CLERMONT, DE SÉGUR (2 fois), DE SOLMINIAC, DE VIVANT.

La sous-branche DE LA BARRÈRE s'est unie aux

DE LA BARTHE, DE BAULAC DE PRÉMERON, DE COTTIN,
DE FAUDOAS, DE MONCAUP DE GACHIET, DE LA NOUE DE PEYRET, DE PICHARD,
DE SARRAN.

III

La branche D'ASSAY s'est unie aux

ANJORRANT, D'ANTHENAISE, D'ASSIGNY, DE LA BARRE (2 fois), DE BARVILLE,
BERGER DU SABLON, DE BERNAULT, DE BOISSELET, DE BONIN
DE BONY DU CLUSEAU, DE DAMOISEAU, DU DEFFEND, DESCHAMPS DE BISSERET,
DE DREUILLE, LE FORT DE VILLEMANDEUR,

FRÈRE DE VILLEFRANCON, DE HARLU, DE LORON, MAUBLANC DE CHISEUIL,
DE MAUBRUNY, DE MONCEAUX,
D'ORLÉANS, PANTIN DE LA GUÈRE, DE LA SOUCHE-CHEVIGNY, DE TERRIER-SANTANS,
DE TRAMECOURT, DE TULLE DE VILLEFRANCHE, DE LA VERNE.

La sous-branche DE BLANNAY s'est unie aux

BETTRERYE, CHAMPENOIS, DE CHATEAUVIEUX, DESMOLINS, DE LONGUEVILLE,
MORE DE TAUXERRE, LE MUET DE BELLOMBRE.

IV

La branche DE TRACY s'est unie aux

D'ASSIGNY, DE BAR DE BURANLURE, BAYLIN DE MONBEL, DE BOISSELET,
DE BONIN DE BONY, DE BUFFEVANT,
DE BUSSY, DE CARROBLE, DU CREUZET DE RICHERANT, DE DURFORT-CIVRAC,
DE GERBAULT, DE LAUBESPIN, DE LA MAGDELAINE DE RAGNY,
MARÉCHAL, MARION DE DRUY,
MOTIER DE LA FAYETTE, NEWTON, DE LA PLATIÈRE (2 fois), DE REUGNY (4 fois)
DE STAAL-MAGNONCOUR, DE SAUVAGE, DU VERNAY,
DE VERZURE.

La sous-branche D'INSÈCHES s'est unie aux

DE BEAUJEU, DES BOYAUX, DE BRETAGNE, LE BRETON, DE BUFFEVANT,
DE FOUCAULT (2 fois), DE GRANDRY DE CHAUVANCÉ,
DE GAUVILLE, DE NEUCHÈZE, DE LA PLATIÈRE, DE RACAULT.

A LA MÉMOIRE

DE

JOSEPH-MARIE-GUSTAVE DE STUTT

COMTE D'ASSAY

NÉCROLOGIE

TIRÉE DU JOURNAL *L'UNION*, DU 17 NOVEMBRE 1872

SAMEDI dernier, 9 novembre, une foule émue et recueillie se pressait dans l'église de Tharoiseau, pour rendre les derniers devoirs à M. le comte Gustave de Stutt d'Assay, décédé le 6 novembre à l'âge de quarante-quatre ans.

Pour dire tous les regrets qu'excitait cette mort prématurée, il faut faire connaître celui que chacun venait pleurer. Il était l'aîné des neuf enfants de M. le comte Henri de Stutt d'Assay et de Mlle de Villefranche. Cette nombreuse famille ne devait pas jouir longtemps de la tendresse de ces parents si respectables et si parfaits.

Mme d'Assay succomba à un mal irrésistible dans tout l'éclat de sa jeunesse, et M. d'Assay fut enlevé tout à coup dans la force de l'âge. M. Gustave d'Assay se trouva donc chef de sa famille à vingt-quatre ans, et se consacra dès lors à ses frères et sœurs orphelins qui purent retrouver dans le dévouement et la sagesse de leur frère aîné l'appui qui leur avait manqué. Il ne voulut pas s'occuper de son propre avenir avant d'avoir veillé sur leur éducation et pourvu à leur établissement. Cette belle œuvre ayant réussi, ce fut alors que la Providence lui fit trouver dans sa cousine, Mlle de Terrier-Santans, une de ces compagnes que l'Écriture appelle la récompense d'une jeunesse vertueuse, et qu'il nomma sans doute tous les jours la consolation et la gloire de sa vie. Ils se fixèrent à Tharoiseau où semblait les attendre un long et heureux avenir.

Qui ne s'est réjoui depuis de voir, dans ce jeune ménage, se continuer les traditions de vertus et de bonté qui faisaient vénérer le nom de leurs parents. Qui n'a reconnu autour d'eux l'action intelligente et pieuse de ceux qui ne veulent que le bien? Aussi comptait-on sur eux pour de longues années, leurs amis pour se réunir autour d'eux, et les pauvres pour trouver des secours.

M. le comte d'Assay aurait pu montrer dans la vie publique les solides qualités de son esprit et son désir de faire le bien, il ne le chercha pas et se contenta
d'occuper la première place dans sa commune, qui le choisit toujours pour maire et ne
repoussa jamais son influence. Aujourd'hui les larmes disent bien haut l'affliction de
ceux au milieu desquels il vivait. On trouvait en lui une de ces natures droites et sages,
sur lesquelles le torrent d'idées fausses, qui portent maintenant le trouble dans les
consciences et l'obscurité dans les esprits, a passé sans y laisser un doute ou la pensée
d'une défaillance. C'est beaucoup toujours, c'est immense aujourd'hui, car on ne sait
pas combien un semblable exemple peut raffermir ceux qui hésiteraient dans la volonté
de faire le bien ou sur la manière d'y arriver, surtout quand cette droiture inflexible
est accompagnée d'une bonté parfaite et d'une modestie qui ne veut rien imposer
à personne.

Une circonstance devait marquer la fin de cette existence si bien remplie. Depuis
longtemps, justement alarmé du mal opéré par une presse sans foi ni convictions dans
le département de l'Yonne, il avait, avec quelques amis, conçu l'idée d'un journal
religieux et monarchique. Aussitôt que la France fut sortie de ces désastres sans nom
qu'elle ne saurait oublier, M. d'Assay employa tout son zèle et toute son activité pour
la fondation de La Bourgogne. Dieu ne lui a pas permis de continuer, mais son nom
reste attaché à cette œuvre ; puisse-t-elle, pour beaucoup d'autres, ouvrir et éclairer
la voie où il avait toujours marché.

Une maladie, qui a résisté à toutes les ressources de l'art et aux soins admirables
de sa femme, et de ses frères et sœurs, a mis fin à cette existence. Il a vu venir la
mort avec calme et courage, et sa foi l'a aidé à supporter le déchirement d'une séparation suprême. Ses frères ont déjà montré qu'ils savaient porter leur nom et ils ren-
dront hommage à la mémoire de leur aîné en perpétuant les traditions dont il était
fidèle dépositaire.

                                           Comte DE CHASTELLUX.

INTRODUCTION

A MESSIEURS D'ASSAY

MES CHERS AMIS,

Au lendemain de la mort de votre frère Gustave, comme vous vous en souvenez, le comte Henri de Chastellux exprimait, dans le journal l'*Union*, les sentiments que lui dictait l'amitié ; tous lui en surent gré, car il s'était fait l'interprète non seulement d'une famille, mais encore de toute une population. Si j'évoque ce pénible souvenir de la date du 6 novembre 1872, c'est pour rendre, moi aussi, hommage à la mémoire de celui qui avait su si bien remplir son rôle d'aîné de famille, et, en même temps, envoyer une marque d'affectueux respect à celle qui a renfermé dans le cloître son chagrin et ses espérances. Au milieu des souffrances de cette terrible maladie qu'aucun soin n'a pu arrêter, une des dernières préoccupations de votre frère était de procurer aux siens un aperçu complet des papiers et titres de famille qui se trouvent à Tharoiseau. Nous avions souvent compulsé ensemble ces nombreux dossiers si parfaitement classés et formant des archives telles que peu de familles peuvent en présenter ; tout en feuilletant et en déchiffrant ces différents actes, il nous avait manifesté le désir bien arrêté de faire imprimer une généalogie de votre famille, afin de sauver de l'oubli toutes ces traditions qu'un accident ou une main criminelle pouvait anéantir ; mais, d'un côté, la mort est venue le saisir, et d'un autre côté, l'éloignement et mes occupations personnelles m'ont détourné d'un travail qui n'était qu'ébauché. Depuis, vous vous êtes souvenu de ces premiers essais, et sous le poids des mêmes appréhensions, vous avez voulu que je continuasse ce qui avait été interrompu par les tristesses ; je reprends donc ma besogne, en vous livrant, sans autre mérite, le fruit de ma bonne volonté, n'ayant cherché qu'à me conformer à une parfaite exactitude.

J'aurai plaisir à relater tous les faits honorables qui se rattachent à votre famille ; en elle on trouve l'ancienneté de race, les brillants services et les nobles alliances. Si quelques-uns des vôtres se sont élevés aux plus hautes fonctions et ont acquis une certaine célébrité, vous verrez aussi que les uns n'ont jamais épargné leur sang pour la défense de la Patrie, et que les autres ont porté leurs vertus à un tel degré dans le cloître, dans le sacerdoce ou même dans l'épiscopat, que l'Église les a parfois honorés du titre de bienheureux. Soyez donc fiers de vos ancêtres, redites-le à vos enfants, et sans en tirer vanité, ils pourront profiter des nobles exemples qui leur seront mis sous les yeux.

Pour arriver au résultat que je désirais obtenir, j'ai eu recours à bien des complaisances, elles ne m'ont jamais fait défaut ; vous saurez gré aux personnes qui m'ont aidé de leurs lumières et à qui je transmettais, par avance, vos remerciements et les miens.

Mon œuvre n'est pas celle d'un paléographe, mais bien plutôt celle d'un simple curieux qui s'est trouvé en face d'un travail déjà plus qu'ébauché ; il ne s'est donc agi pour moi, en compulsant les pièces authentiques, que de le contrôler par ce qu'avaient écrit les auteurs les plus sérieux qu'il serait trop long d'énumérer, de le terminer, et, en plus, de vous faire part du résultat des nombreuses recherches que j'avais faites de droite et de gauche. Votre parent, monsieur le comte de Stutt de Tracy, alors colonel du régiment de Penthièvre-Infanterie, gentilhomme d'honneur de Monsieur, frère du Roi Louis XVI, et plus tard maréchal de camps, pair de France, membre de l'Académie française, avait réuni, de 1783 à 1788, les archives des différentes branches de sa famille, il avait fouillé dans plusieurs provinces et il avait étendu ses recherches jusques dans le pays d'origine, en Écosse. Animé d'une sévérité telle qu'un officier de sa trempe pouvait l'exiger d'autrui, il n'admettait que ce qui était positivement certain et il n'hésitait pas à rejeter ce qui pouvait lui paraître douteux. Cette rigueur avait sa raison d'être, à cette époque ; on ne pouvait être présenté à la Cour ou être admis parmi les pages, les chevaliers de Malte ou les demoiselles de Saint-

Cyr, qu'après avoir fourni les preuves de noblesse nécessaires devant les juges d'armes dont les décisions étaient anxieusement attendues par les intéressés et qui ne se prononçaient que d'après des enquêtes parfois fort longues et fort minutieuses. Vous verrez que les différentes branches de votre famille ont subi ces épreuves avec honneur, pour obtenir les postes qu'elles ambitionnaient [1]. M. de Tracy condensa, en un tout, les renseignements qu'il avait réunis, et fit établir cette généalogie dont l'exemplaire manuscrit se trouve à Tharoiseau ; je la suivrai scrupuleusement dans sa teneur, sauf à y ajouter certains renseignements utiles sur les alliances, ou certains faits restés obscurs dans son travail et dont j'aurai acquis la certitude. C'est ainsi que, par suite de ses recherches, votre parent retrouva la trace de la branche aînée qui existait dans le Périgord et qui elle-même avait perdu le souvenir de son nom primitif ; la reconnaissance se fit, et, le 7 mai 1786, le comte de Tracy présenta à la Famille royale le comte de Solminiac qui monta dans les carrosses et chassa le lendemain avec le Roi.

Les Stutt, venus d'Écosse, comté de Roxburg, subirent le sort commun de bien des familles étrangères qui s'implantèrent en France, leur nom fut orthographié de manières très différentes. Je ne les rendrais pas précisément responsables de cette négligence, j'attribuerais plus volontiers ces diversités aux scribes publics qui tenaient les rôles ou comptes des armées, ou encore aux hommes de loi qui étaient chargés de la confection des actes. La différence de prononciation leur faisait parfois franciser les noms étrangers. Nous ne nous arrêterons pas à cette anomalie, et nous inscrirons, dans le cours de l'ouvrage, le nom tel qu'il se présentera dans les actes de chaque degré, tout en pensant qu'il serait plus rationnel de revenir à l'orthographe primitive, comme, du reste, plusieurs de vos parents l'écrivaient à une date peu éloignée, ou *Stutt* tout court, ou de Stutt en séparant la particule du nom propre. Les paléographes vous diront que le T et le C, à la fin d'un nom, ont souvent la même physionomie et qu'ils se prennent fréquemment l'un pour l'autre, c'est en effet ce que nous verrons souvent dans l'orthographe de votre nom qui subira bien des transformations ; en le francisant, au lieu du T, on le terminera par

---

[1] Parmi les dossiers de d'Hozier qui se trouvent à la Bibliothèque Nationale de Paris, salle des Manuscrits, on peut prendre connaissance des seize quartiers de Gabriel-Alphonse-François de Stutt d'Assay, né le 7 octobre 1767, et des preuves de noblesse de Marguerite de Stutt d'Assay, née le 26 octobre 1692. Le premier fut admis chevalier de Malte et la seconde fut reçue parmi les demoiselles de Saint-Cyr.

un **D**, et alors Stud n'aurait-il pas la signification que lui donnent les Scandinaves, c'est-à-dire : *le lieu commun d'une maison ?*

L'écusson ne reçut de changement que de la part de la branche aînée qui, en quittant les rives de la Loire pour aller se fixer dans les environs de la Dordogne et pour s'allier à l'héritière des Solminiac, abandonna son nom et l'écartèlement de ses armes, elle ne blasonna plus que de cette façon : d'argent à 5 pals d'azur, au chef d'argent chargé d'un cœur de gueules surmonté d'une croix de même. Il n'y a pas lieu de s'arrêter aux armes qui furent attribuées à François IV de Stutt comte de Tracy, dans l'*Armorial général* contresigné par d'Hozier et terminé en 1706. On sait que, par suite des arrêts du 4 décembre 1694 et du 23 janvier 1697, Adrien Vanier, chargé de la perception des sept millions édictés sur tous ceux qui pouvaient porter des armes à un titre quelconque, envoya, dans toutes les provinces, des commis qui, pour les inscriptions, sans attendre les déclarations ou même attribuant des armes, à qui n'en voulait pas, faisaient des catégories d'énoncés de blason, sans s'inquiéter du plus ou moins de raison d'être ; après un certain temps, l'enregistrement avait lieu, on était obligé de payer, c'était tout ce que l'on recherchait. Aussi, nous basant sur tous les jugements obtenus par les différentes branches de la famille, nous nous inscrivons en opposition contre l'inscription suivante :

GÉNÉRALITÉ DE MOULINS

de l'état du 26 septembre 1698

327	327
20 L. François d'Estud écuyer s^{ieur} de Tracy	D'or à une fasce d'azur chargée de deux têtes de lion affrontées d'or, et accompagnées de douze billettes couchées de gueules posées 1, 2, 3 en chef, et 3, 2, 1 en pointe.

Aucun document ne nous édifie sur le motif de l'écartèlement de votre écusson, souvent nous nous sommes demandés mutuellement quelle pouvait en être la raison, et nous restions sans solution. Mais en étudiant l'arbre généalogique envoyé d'Écosse ainsi que le tableau de l'ascendance maternelle, tiré de l'*Annuaire* de 1866 de Borel d'Hauterive, qui en est le complément, nous

serions tentés d'attribuer aux Stutt de Laggan une partie du récit que Walter
Scott donne de la translation du cœur du roi Robert Bruce Ier [1]. En voici le
résumé : Après la mort de son maître, le bon lord James Douglas, qui avait été
l'ami et le compagnon d'armes du roi Robert Bruce Ier, fut chargé, en 1329,
de transporter son cœur en Palestine, suivant le vœu qu'il avait fait. Ayant
passé par l'Espagne, Alphonse XI, roi de Castille, le retint pour l'aider à combattre les Maures, par suite du renom de valeur qu'il avait su obtenir. Cette
guerre devait lui être funeste ainsi qu'à ses compagnons. Au milieu d'un combat,
portant à son cou le cœur de son maître renfermé dans une boîte d'argent,
comme il l'avait toujours fait depuis son départ d'Écosse, Douglas se voit
accablé par le nombre de ses ennemis ; sans hésitation, voulant préserver le
précieux dépôt qui lui était confié, il le lance au milieu des combattants et
s'écrie : *Marche le premier, nous te suivrons, comme nous l'avons toujours fait;*
en même temps il se jette sur l'ennemi, mais il tombe percé de mille coups et meurt
avec plusieurs de ses compagnons. Ainsi périssait ce vaillant chevalier qui
avait assisté à soixante-dix batailles. On retrouva le cœur du Roi, et il fut
rapporté en Écosse par Lockhart qui grava alors sur son écu un cœur enfermé
dans un cadenas.

Depuis cette époque, les Douglas qui étaient si puissants dans leur pays,
ajoutèrent à leurs armes un cœur couronné. La situation élevée qu'avaient au
XIVe siècle les Stutts, donne tout lieu de croire que, compagnons de Douglas,
ils usèrent du même privilége, en souvenir de l'attachement qu'ils avaient eu
pour leur Roi, dont les descendants devinrent leurs parents. En effet, l'arbre
généalogique nous donne les degrés de parenté avec les Douglas, les Bruces
et les Stuarts, autrement dit la Famille royale d'Écosse, en établissant vos droits
sur l'écusson tel que vous le portez.

Comme nous le disions, il n'y eut pas que les Stutts à voir leur nom in-
terprété de diverses façons ; Jean Stuart, comte de Buckan, généralissime de
la première armée écossaise, venue en 1419, Jean Stuart de Darneley, son
cousin, connétable des Écossais de la même armée, Jean Stuart, duc d'Albany, et plusieurs autres membres de la Famille royale d'Écosse qui combat-
tirent en France, eurent leur nom également écrit de différentes manières ; on
trouve : Stewart, Stevard, Estevard, Estouard, Stuyard. Quant à leurs armes,

---

[1] *Histoire d'Écosse*, p. 112 et suiv., t. I, édit. in-8°, trad. de Defauconpret.

la variété est encore plus grande; chaque personnage portait souvent un écusson spécial, soit qu'il prît celui de la famille, ou celui de concession, ou celui d'une alliance, soit encore qu'il les réunît tous par un écartèlement [1].

Au commencement du xv° siècle, nous assistons à l'époque la plus désastreuse de l'histoire de France; il semblerait qu'au milieu de tant de désastres, de tant de crimes et de tant de ruines, la monarchie eût dû sombrer et le pays devenir la proie des envahisseurs, mais, non, la Providence avait ses desseins, elle voulut sauver ce pays si bouleversé. Le futur Roi qui s'était soustrait aux étreintes des Bourguignons, après le massacre des Armagnacs, vint se réfugier en Berry, et là, il fit un appel désespéré à ses alliés; les Écossais, depuis longtemps dévoués à la France, répondirent à ce cri suprême de l'agonie; une première armée débarqua, en 1419, à la Rochelle, sous les ordres de Jean Stuart, comte de Buckan, et de Archambault, comte de Douglas, son beau-père. Baugé, où périt le duc de Clarence, généralissime anglais,

---

[1] OBSERVATION SUR LES STUARTS : Les armes du royaume d'Écosse étaient : d'or au lion de gueules, enclos dans un double trécheur fleuré et contrefleuré de même, (le P. Ménétrier, *Méthode du Blazon*, p. 151); celles primitives des Stuarts étaient : d'or à la fasce échiquetée d'argent et d'azur de trois tires. (Voir l'Arbre généalogique écossais.) Jean Stuart, comte de Buckan, connétable de France, après la victoire de Baugé en 1421 et tué à la bataille de Verneuil le 17 août 1424, portait de gueules à trois jambes bottées d'hermines éperonnées d'or, aboutissant au point d'honneur, qui est des comtes de Frise. Il mourut sans enfants de Marie Douglas. Jean Stuart de Darneley, connétable des Écossais, prisonnier à Cravant en 1423, tué à la bataille des Harengs (Rouvray-Saint-Denis), le 12 février 1429, qui reçut Concressault le 23 avril 1421, Aubigny le 26 mars 1422, le comté d'Évreux en janvier 1427, par concession de cette dernière date portait : aux 1 et 4 de France, et aux 2 et 3 de Stuart.

Beraud Stuart, vice-roi de Naples, et Robert Stuart, maréchal de France, écartelèrent ainsi : au 1 de France à la bordure de fermaillets, au 2 de Baliol de concession ou lion royal d'Écosse, au 3 de Stuart, au 4 de la Queuille et sur le tout, à l'écusson de Lennox, qui est un sautoir.

Jean Stuart, duc d'Albany, chevalier de Saint-Michel, devenu régent d'Écosse, écartelait de cette façon : au 1 d'Écosse ; au 2 au lion enclos dans une orle de huit roses, qui est de Baliol brisé ; au 3 de Frise ; au 4 de Lennox.

Sans oublier Alexandre Stuart qui, par concession à lui accordée, le 1er juillet 1385, par Charles VI, roi de France, en faveur de la part glorieuse qu'André Stuart, son père, avait prise au renversement des Baliols, usurpateurs du trône d'Écosse, sur lequel il replaça David Bruce, lequel, mourant sans enfants, le laissa, en 1370, à Robert Stuart, prit un lion de gueules en abîme sur la fasce des Stuarts.

Jean Stuart, sgr d'Oison, cadet des sires d'Aubigny et époux d'Anne de Meny-Peny, dame de Concressault, (nous verrons aux pièces justificatives que Guillaume de Meny-Peny, père de ladite dame, déposa en faveur des Stutt, au sujet de la possession de la seigneurie d'Assay) capitaine de la Garde écossaise sous Louis XII, dont il était chambellan, en construisant le charmant castel de la Verrerie fit sculpter les fermaillets d'Aubigny dans plusieurs de ses parties. La ville d'Aubigny portait pour armes : de gueules au fermaillet d'or.

La Thaumassière, p. 395, 696 et suiv. ; *Les Écossais*, par Michel, p. 93, 155, etc.; *Statistique monumentale du Cher, canton d'Aubigny*, p. 168, par Buhot de Kersers.

et où le marquis de Sommerset fut fait prisonnier, fut leur première victoire. A cette nouvelle, l'espoir sembla renaître parmi les fidèles de la royauté, mais, malheureusement, toutes les batailles ne se changèrent pas en succès, Verneuil et Cravant en furent la preuve; en 1427, de nouveaux appels furent faits, et les Écossais y répondirent encore par de nouveaux renforts; enfin, la mission divine de Jeanne d'Arc devait s'accomplir, les Anglais furent refoulés de proche en proche, le triomphe eut lieu, et la France fut rétablie dans sa puissance.

Originaires de la frontière anglo-écossaise, les Stutts se rangeant sous la bannière des Stuart, accoururent au secours de la France, au moment où elle semblait succomber; ils aidèrent à son relèvement; pendant plusieurs générations, ils furent attachés à la garde particulière de nos Rois, et se fixèrent dans le pays qu'ils avaient défendu.

Le texte latin de l'arbre généalogique envoyé d'Angleterre en 1787, et muni des différentes attestations, ferait croire que les quatre frères Walter, Thomas, Guillaume et Jean Stutt passèrent en France en 1419; il nous paraît assez difficile de concilier cette date avec celles des naissances de Walter II et de Thomas rapportées à chacun de leur article; nous supposerions plus volontiers que leur père, Walter Ier, répondit au premier appel, que Walter II aurait fait partie de la seconde armée, en 1427, et que les trois autres frères auraient rejoint leur aîné successivement; opinion qui semble indiquée par Lachesnaye-Desbois.

M. Francisque Michel, à la page 254 du premier volume de son ouvrage : *Les Écossais en France*, nous dit, d'après un relevé fait : « *Dans un* « *compte de 1449, on trouve Guillaume Stud, l'un des archers et cranequiniers,* « *estant sous la charge de Thomas Halida;* » ce sont ensuite *Gauthier Stut,* « *Jean Stut, Paton Moray, trois archers à cheval; plus tard* (1461) *André* « *Mourra, Thomas Stut, Thomas Mourray* (1469), *Jehan Stut, etc.* »

Loin de les contredire, ces dates qui sont officielles ne font que corroborer celle du mariage de Gauthier avec Ponon ou Mathurine de Briseformée, en 1433, puis celle du Don Royal fait à Gauthier avant 1445, et enfin celle de la Charte de Naturalité accordée, en 1474, à Thomas, comme à Gilbert Conygham et à plusieurs autres de ses compatriotes. Il est donc bien établi que les quatre frères firent partie des archers de la Garde du Corps du Roi, ainsi que nous les voyons désignés dans divers actes, particulièrement dans la

Charte de *Naturalité*, et dans la déposition de messire Guillaume de Meny-Peny, seigneur de Concressault, précédemment capitaine de ces mêmes archers, déposition faite dans l'enquête au sujet de la possession de la seigneurie d'Assay, le 9 avril 1482. (*Voir le mémorial des pièces originales détenues à Tharoiseau.*)

De même que, jusques en 1789, il fallait distinguer entre être capitaine des Gardes (ce qui voulait dire, être capitaine d'une des quatre compagnies des Gardes du Corps) et être capitaine aux Gardes (c'était être capitaine d'une des trente compagnies du régiment des Gardes-Françaises), ou bien encore, sous la Restauration, entre servir dans les Gardes et être dans la Garde; de même, au XVᵉ siècle, on ne devait pas confondre les Archers de la Garde écossaise du Corps du Roi, avec les Archers écossais de la Garde, qui étaient cependant aussi un corps d'élite et privilégié.

Sans que l'on puisse donner la date précise de leur création, les Archers de la Garde écossaise du Corps du Roi furent établis au nombre de vingt-cinq, par Charles VII, qui, reconnaissant du dévouement de ceux qui étaient venus à son aide, les combla de faveurs de tous genres. Ils étaient choisis parmi les hommes d'armes ayant une belle prestance et une fidélité à toute épreuve; ils ne devaient jamais quitter la personne du Roi, ils étaient souvent chargés de missions de confiance; plus tard, jusqu'à la fin de l'ancienne monarchie, ils furent transformés en Gentilshommes de la Manche. L'*Abrégé chronologique*, t. I, p. 76, nous dit que (p. 277, t. I des Écossais) : « estant « sous le commandement de Thomas « Helidas (Haliday) et Patrik Foulcar » « (Flockart) ils furent incorporés dans la compagnie des cent Archers de la « Garde, jonction opérée le 1ᵉʳ octobre 1449. » C'est-à-dire que les capitaines qui commandaient les cent premiers Archers de la Garde, commandaient aussi les vingt-cinq Archers de la Garde du Corps du Roi, et étaient toujours des généraux ou même des maréchaux de France.

Tel fut le point de départ de la première compagnie des Gardes du Corps, qui fut toujours appelée la Compagnie écossaise; la seconde fut créée par Louis XI, en 1475.

Mais malgré leur jonction, les vingt-cinq conservaient leurs priviléges, ainsi que nous le voyons relaté dans les *Mémoires de Fleuranges*, chapitre V, année 1507, pages 220 et 221, édition du *Panthéon littéraire* :

« Vous avez les plus prochains de la personne du Roy, les vingt-cinq

« Archers écossais qui s'appellent les Archers du Corps; et ont un sayon blanc
« à une couronne au milieu de la pièce de l'estomac, et sont lesdits sayons
« tout couverts d'orfévrerie depuis le hault jusques en bas, et sont lesdits Ar-
« chers sous la charge du sieur d'Aubigny (Beraud Stuart) et couchent les
« plus près de la chambre du Roy. Ledit sieur d'Aubigny est capitaine de
« tous les Écossais qui sont sans ces vingt-cinq et encore de cent hommes
« d'armes qui ne sont pas compris ès Gardes; et incontinent qu'il est nuict
« et que le capitaine de la porte avec ses Archers s'en est allé, va quérir les
« clefs le capitaine des Cent-Écossais, non pas des vingt-cinq, et ont en
« garde la porte. »

Par suite de la richesse de leur costume, dans les cérémonies d'apparat,
le vulgaire les appelait souvent les *Orfavriers*, et c'était avec raison, ainsi que
nous pouvons le voir dans la description que fait Octavien de Saint-Gelais de
l'entrée de Charles VIII, à Troyes, en 1486 :

« Après vinrent les Archiers de la Garde,
« grans, puissans, bien croisés, bien fendus,
« qui ne portaient picque ne halebarde,
« fors que leurs arcz gorrierement tenduz,
« leurs bracelez aux pongnetz estendus
« bien atachez à grans chaynes d'argent,
« autour du col le gorgerin bien gent,
« de cramoisy le plantureux pourpoint
« assez propre, fusse pour un regent
« ou grant duc, accoustré bien à point,
« Dessus le chief la bien clere sallade
« a cloux dorez fournis de pierreries,
« dessus le dos le hocqueton fort sade
« tout sursemé de fine orphaverie,
« la courte dague, l'espée bien fourbie,
« la gaye trousse à custode vermeille,
« le pied en l'air, aux escoutes l'oreille. »

Dans la relation de l'entrée de François Ier à Paris, l'an 1514, au retour
de son sacre, le narrateur, après avoir montré autour du Roy les vingt-quatre
Archers de la Garde du Corps écossaise, les dépeint ainsi : « « Tous à pied
« avec leurs halebardes, et leurs sayons d'orfaverie de drap blanc, les chausses
« blanches, la salade en la teste, toute chargée de plumails blancs, et avec

« eux... leur capitaine monseigneur d'Aubigny, (c'était Robert Stuart, maréchal
« de France et gendre de Béraud Stuart) accoustré d'une saye de drap blanc
« à orfaverie, devant et derrière une salemandre, avec une grosse couronne
« dessus d'argent doré. » En outre de ces descriptions, on peut se reporter
à la page 7 des *Heures de J. Foucquet*, on y verra dans la scène de l'Adoration des Mages, si magnifiquement reproduite par la chromolithographie de
Pralon, édition Curmer, Charles VII accompagné de sa garde écossaise en
grand costume; elle y porte la tunique courte blanche, rouge et verte, avec
bouclier doré et casque à tortille et empanaché aux mêmes couleurs.

Le commandement de cette garde d'honneur était réservé aux principaux
officiers de l'armée écossaise; Robert Pittiloch, appelé le petit roi de Gas-
cogne, fut à leur tête, à partir de 1432, puis vinrent Christin Chambers, en
1437, Thomas Haliday, en 1440, William Stuyers, Beraud et Robert Stuart
d'Aubigny, etc., etc. Leur étendard, long d'une toise, était de trois couleurs,
rouge, blanc et vert; saint Michel y était représenté, avec un soleil d'or
auprès.

Si, comme nous l'avons vu dans la note donnée plus haut sur les Stuarts,
les généraux reçurent, en outre de leurs différentes dignités, les châtellenies
de Concressault et d'Aubigny, le comté d'Évreux, etc., les simples soldats ne
furent pas oubliés; il en fut établi dans le canton de Saint-Martin d'Auxigny
(Cher), sur les confins de la forêt de Haute-Brune, toute une colonie qui jouissait de priviléges considérables et qui était régie par une justice spéciale dont
le siége se tenait au château de la Salle-le-Roi. D'un autre côté, les officiers
secondaires se répandirent dans les différentes parties de la France, et plus
spécialement dans les provinces centrales, par le fait des dons royaux, des
alliances contractées, ou encore d'acquisitions dues aux libéralités royales. Douglas, comte de Wigton, reçut la viguerie de Dun-le-Roy, Robert Pittiloch la
seigneurie de Sauveterre et la ville de Clermont-Lodève, Thomas Estuer la seigneurie de Basoches, etc., etc. Parmi ceux qui contractèrent mariage, nous
distinguons Jean Cockborn qui, en épousant Guillemette de Bastard, devint
seigneur de Fussy, près Bourges, etc., etc. Enfin Guillaume de Meny-Peny
acheta, avant le 5 mars 1455, d'un Stuart d'Aubigny[1] la châtellenie de Concressault; Thomas Haliday, avant d'être qualifié vicomte de Pont-Audemer, avait

---

[1] *Les Écossais*, par Michel, p. 219 du premier volume.

fait l'acquisition de Neuvy-Pailloux, le 10 septembre 1460 [1]; sans parler des Conygham, des Spencer et de tant d'autres.

Quels furent les services rendus par Gauthier Stutt, ou quels furent ses exploits? Eut-il d'autres fonctions que celles d'Archer de la Garde du Corps du Roi, ou commandait-il un corps d'armée? C'est ce que nous ne saurions dire, vos archives restent muettes sur ce sujet; mais nous remarquerons qu'il reçut la récompense réservée aux principaux officiers; évidemment il devait occuper un rang élevé; car il se trouvait allié aux plus hauts dignitaires de l'armée écossaise. D'un côté, Suwiton et Gordon, si renommés par leur courage, et de l'autre les Stuarts et les Douglas, généralissimes, étaient ses proches parents.

Vers 1445, le roi Charles VII octroyait à Gauthier Stutt ou plutôt Walter II Stutt, en toute propriété, avec tous les droits, cens et rentes qui y étaient attachés, les terre et seigneurie d'Assay, situées en la paroisse de Beaulieu-sur-Loire, près Châtillon, dépendant de la province de Berry, et actuellement dans le département du Loiret. Elles provenaient de la confiscation précédemment opérée sur Jean Racault, receveur du Languedoc, dont les comptes n'avaient pas été apurés. Sa veuve, Mathurine de Briseformée, se maria au nouveau propriétaire qu'elle rendit père de Jean Stutt, mort en 1476, sans alliance. La liquidation de la succession de ce dernier fut longue et pénible, les héritiers de Jean Racault revendiquèrent la possession d'Assay, mais, après bien des années, ils furent déboutés de leurs réclamations, et ces procès se terminèrent en la Cour des Gens du Conseil du Roi de Bourges, par l'arrêt du 28 juillet 1489. Les enquêtes et contre-enquêtes prouvèrent que les lettres du Don Royal avaient existé, que maintes personnes les avaient vues, et même Guillaume de Meny-Peny, seigneur de Concressault, affirmait avoir assisté à la donation. Thomas Stutt, frère de Gauthier, héritier de son neveu, fut donc déclaré légitime propriétaire d'Assay et de ses dépendances. Ce fut, à la suite de ces difficultés, que vos ancêtres voulant prouver le bien fondé de leur possession, changèrent leur devise qui était : *Fides valorque*, et adoptèrent celle-ci : *Don bien acquis*, et l'inscrivirent en plusieurs endroits des demeures de votre famille, particulièrement à Tracy et à Paray-le-Fraisil. Certains auteurs, à la vue de ces inscriptions, ont prétendu que ces deux propriétés faisaient partie

---

[1] *Histoire du Berry*, de La Thaumassière, p. 620.

du Don Royal, la généalogie et vos archives nous prouvent le contraire; elles nous disent que la première advint à François II, seigneur de Saint-Père, à la suite des conventions matrimoniales du 18 octobre 1586, et que la seconde provenait de Claude de Villars, mère d'Émée de la Platière, qui épousa, le 26 juillet 1639, François III, seigneur de Tracy.

Quoique abandonné à une exploitation rurale, depuis plus de deux siècles, le château d'Assay présente encore l'aspect d'une petite forteresse féodale; ses fossés, son donjon, ses chemins de ronde et ses meurtrières, le tout caché au milieu des bois et dominant le cours de la Loire, forment bien l'ensemble d'un poste militaire et vous portent à d'autres âges. C'était une position stratégique, dès les temps les plus reculés, car nous dominons un des points extrèmes de ce que l'on appelle communément *la ville de Gannes*, dont on retrouve de nombreux vestiges dans plusieurs parcelles de la propriété, traversées par le canal latéral de la Loire [1]. Si vos ancêtres ont quitté ce manoir pour des demeures plus confortables, de même qu'eux, vous vous ferez toujours un point d'honneur de conserver la propriété de ce Don Royal, octroyé par Charles VII, depuis quatre siècles et demi. Peu de familles peuvent présenter à la postérité la possession d'une terre patrimoniale provenant d'une pareille source, pendant un laps de temps aussi considérable.

Assay devait foy et hommage aux seigneurs de Courcelles-le-Roi, dont l'un des derniers propriétaires, originaire d'Écosse aussi, le Maréchal Macdonald, duc de Tarente, une de nos gloires françaises, fut enterré en 1840, dans l'église de Beaulieu-sur-Loire, où plusieurs des vôtres ont reposé. Ce vaillant homme de guerre était fils de celui qui, surnommé Niel Mac-Eachan (le fidèle serviteur) servit de guide, en 1746, au prince Charles-Édouard.

Vous verrez aux pièces justificatives que, par acte du 22 février 1616, le Chapitre de Saint-Étienne de Bourges, seigneur spirituel et temporel de Beaulieu, vous concéda un droit de sépulture dans cette église.

Cette obligation de foy et hommage fut remplie, vis-à-vis des seigneurs de Courcelles-le-Roi, à cause de Saint-Gondon et de Sully-sur-Loire,

en 1476, auprès de Louis Iᵉʳ de la Trémouille;

---

[1] Voir la description de ces découvertes à la p. 110 et suiv., t I, de l'*Histoire du Berry*, par L. de Raynal.

en 1489, auprès de Pierre Hanqutilz;

en 1512, auprès de Louis Anquetilz;

en 1538, auprès de François de la Trémouille;

en 1548, auprès de Louis III de la Trémouille;

en 1583, auprès de Louis III de la Trémouille;

en 1597, auprès de Jean du Faur, baron de Saint-Hermine, chambellan et capitaine de cinquante hommes d'armes ;

en 1631, auprès de Gui du Faur ;

en 1680, auprès de Jean du Faur;

en 1733, auprès de Marie-Michel Carton, veuve de messire Samuel Boutignon, sieur des Hayes ;

en 1780, auprès de François-Appoline, comte de Guybert, chevalier de Saint-Louis, à cause de sa femme Alexandrine-Louise Boutignon des Hayes.

Sans vouloir prolonger outre mesure cet aperçu, ne trouvez-vous pas tout au moins intéressant de faire connaissance avec les seigneurs spirituels et temporels de Beaulieu-sur-Loire, qui eurent de fréquents rapports d'affaires et même quelques démêlés avec les seigneurs de Courcelles et d'Assay, démêlés qui se terminèrent à l'avantage de ces derniers par l'arrêt du 16 août 1667, en la Cour de Bourges, au sujet des dixmes à percevoir. Les volumineux dossiers déposés aux archives du département du Cher, et dépouillés par M. le baron Girardot et l'historien du Berry [1] nous prouvent que messieurs du Chapitre de Saint-Étienne de Bourges étaient de puissants seigneurs; nous les voyons hauts justiciers dans seize paroisses, parmi lesquelles se trouvent Beaulieu, Lury, Santranges, etc., et possessionnés dans cent-vingt-quatre, si bien que lors de la déclaration des biens du Clergé en 1789, l'abbé d'Aubigny, l'un d'eux, dénonçait un revenu de quatre-vingt-douze mille cinq cents livres, non compris la faculté de prendre, dans la forêt de Saint-Palais, le bois nécessaire pour les réparations de la cathédrale. Nous avons parcouru des actes fort anciens se rapportant à cette terre de Beaulieu; nous avons vu que, dès 1158, Étienne de Champagne, comte de Sancerre, se vit contester, par le Chapitre qui l'excommunia, le droit de créer un étang dans cette paroisse, et

---

[1] *Histoire du Chapitre de Saint-Étienne de Bourges*, par le baron de Girardot, 1853 ; Archives du Cher ; *Histoire du Berry* de la Thaumassière, p. 113, 418 et 423.

après de nouvelles difficultés, Louis de Sancerre, conseillé par l'Archevêque de Sens, finit par lui abandonner, en 1231, tous ses droits, dixmes et privilèges ; en 1233, il lui vendait, moyennant 1,850 livres parisis, la forêt de Rouzois, située en la paroisse de Belleville, et dont une partie lui fut cédée par Godefroy Damoiseau. Pendant plusieurs siècles, surtout les XIIIᵉ, XIVᵉ, et XVᵉ, ce fut une suite non interrompue d'opérations tendant à acquérir des droits et des dixmes dans tous les environs, et, en 1526, ils obtenaient des foires pour Beaulieu.

Sans préciser la date de la fondation du Chapitre, M. de Girardot nous en donne l'historique, depuis l'an 823 jusqu'aux décrets des 12 juillet et 24 août 1790, époque de la suppression. Les vingt chanoines réunis dans la salle capitulaire qui eurent la douleur de recevoir l'ordre de dissolution furent : MM. de Bengy, doyen ; de Velard, chantre ; Maufoult, chancelier ; Geoffrenet, Berthier, Lelarge, Baucheron, Pintural, théologal ; de Culon, de Conseyl, de Saint-Maur, Archambault, Gassot, de Chaussecourte, Le Groïng, Vetois, Guindan, Aubert.

Le diocèse de Bourges était un des plus importants de France, avec ses 800 paroisses, partagées entre vingt archiprêtrés, qui eux-mêmes se subdivisaient entre neuf archidiaconés. Le premier archidiacre, qui était appelé le grand-archidiacre avait une très grande autorité et était considéré comme coadjuteur de l'Archevêque : il avait sous sa juridiction les archiprêtrés de Bourges ou de la Septaine, de Châteauneuf-sur-Cher et d'Issoudun, avec 123 paroisses. Le second archidiacre était celui de Bourbon-l'Archambaud, ayant la surveillance des archiprêtrés de Bourbon, de Herisson et de Villequiers (Montfaucon) avec 133 paroisses. Nous verrons que plusieurs des vôtres ont rempli ces deux dignités. Les papes Urbain III, Grégoire XI et Clément VII avaient été grands-archidiacres de Bourges.

Nous nous sommes étendu peut-être trop longuement sur les seigneurs suzerains auxquels vous deviez foy et hommage pour Assay, mais nous avons pensé qu'il était utile de connaître ceux avec qui vous aviez de fréquents rapports.

Quand, le 5 septembre 1476, Thomas Stutt eut épousé Agnès Le Roy, il se trouva, par là-même, allié à toutes les familles patriciennes de Bourges qui, pendant de nombreuses années, ont joué un rôle considérable dans le pays ; éteintes actuellement, elles ont cependant laissé aux générations présentes des souvenirs précieux qui prouvent leur haute situation; les chapelles, les vitraux et les portes de la magnifique cathédrale de Bourges rappelleront les noms de ceux qui sont cités dans ce travail. En étudiant la composition du conseil de famille du 11 septembre 1492, et en se reportant à La Thaumassière et à Raynal, historiens du Berry, on verra que tous ont pris part aux grands événements de l'époque. Jean Le Roy avait été désigné avec Jean Pelourde comme faisant partie des otages envoyés à Londres par les dix-huit bonnes villes du royaume, pour la délivrance du roi Jean [1], en exécution du traité de Brétigny de 1360; il ne revenait à Bourges qu'en 1363 [2]. Lors de la révolte des habitants de Bourges, à l'occasion des taxes imposées, Guillaume d'Assigny fut envoyé, le 30 mai 1480, pour mettre les chanoines en liberté tout en bannissant à Montargis, pendant quatre ans, Renault Le Roy, archidiacre de Bourbon, qui néanmoins fut député aux États-Généraux de Tours, en 1484 [3]. Jean de la Berthonnière fut chargé par Louis XI de porter au Parlement de Paris des lettres datées d'Amboise du 22 février 1470, accordant les priviléges de l'Université de Bourges, lettres qui ne furent enregistrées qu'après une vive opposition. Le même Jean, sur l'ordre du Roi, fut emmené prisonnier à Montargis, en juin 1473, comme étant soupçonné de s'être opposé à la levée des taxes. Les Gentilz qui furent maire et échevin, ainsi que les Tullier, ne furent pas à l'abri de certaines rigueurs. Nous renvoyons à l'ouvrage de M. Francisque Michel, *Les Écossais,* pour les renseignements sur les Conygham.

Une des plus grandes figures que nous puissions vous présenter, comme se rattachant à votre famille, est bien certainement celle du bienheureux Alain de Solminiac, abbé de Chancellade, et plus tard évêque de Cahors; ce fut l'homme du devoir et des grandes œuvres, austère à l'extrême pour lui-même et charitable sans limites pour les autres. Ses vertus pendant sa vie, les nombreuses guérisons que l'on obtint par son intercession après sa mort, ses apparitions à diverses personnes furent autant de titres pour que l'Église lui décernât le titre de *Vénérable,* mais, toujours prudente dans ses décisions, elle a, jusqu'à présent, ajourné sa canonisation [4].

---

[1] De Raynal, *Histoire du Berry,* t. II, p. 307.
[2] *Id.,* t. III, p. 130.
[3] *Id.,* t. III, p. 110, 116 et 356.
[4] On garde précieusement, à la cathédrale de Cahors, tous les papiers relatifs à sa canonisation, plusieurs de ses lettres, sa soutane, son camail, deux mitres, ses gants, le drap de son lit de mort, son cœur

Ce saint prélat, que l'on appelait le saint Charles Borromée de France, fut un réformateur infatigable aussi bien dans son abbaye que dans son diocèse, tout en faisant une guerre acharnée aux doctrines protestantes. Il rencontra ces doctrines jusques dans sa famille; nous verrons en effet que les seigneurs de Bouniagues, qui représentaient la branche aînée de Solminiac, partagèrent ces erreurs avec tant d'autres, tandis que les branches cadettes, particulièrement les seigneurs de la Barrère, conservèrent leur foi intacte, aussi ne serions-nous pas étonné de voir dans cette diversité d'opinions la cause du changement qu'il apporta à son écusson, quand il monta sur le siége de Cahors. Dès après sa mort, les seigneurs de la Barrère furent les seuls, sans en excepter les seigneurs de Chaune, se prétendant plus proches parents, qui s'inspirèrent de son nom pour le donner à leurs enfants.

Nous nous sommes complu à étendre nos recherches aussi loin que possible, les derniers résultats ne nous en sont parvenu qu'alors que notre travail était sous presse; cependant nous tenons à vous en faire part.

Nous avons été assez heureux de rencontrer quatre spécimens de portraits [1] de formats divers, parmi lesquels deux, faits à des époques différentes, ont été signalés dans le *Manuel d'estampes* de Charles Le Blanc, t. II, p. 74. Le premier, petit in-folio, ayant une longue dédicace, est signé : DE LA ROCHE *pinxit*, I *Parigny*, f. parisis. Le second, d'un type différent, du xviii⁰ siècle, probablement fait au moment du procès de béatification, représente le prélat en habits sacerdotaux, tête nue, en adoration devant un crucifix, avec les inscriptions suivantes :

P ET ANGELETTI INVENIT DELINEAVIT
ALOYSIUS CUNEGO SCULPSIT. ROMÆ 1785.
VENERABILIS DEI SERVUS ALANUS DE SOLMINIHAC
EPISCOPUS CADUCENSIS, ABBAS CANCELLATÆ
OBIIT 31 DECEMBRI ANNI 1659.

En troisième lieu nous avons le portrait qui se trouve en tête de certains exemplaires de la biographie écrite par le P. Chastenet, avec l'exergue : *Misericordias Domini æternum cantabo.* (Ps. LXXXVIII.)

---

enfermé dans une boîte d'argent. Son calice est conservé en Périgord, au château de Fayolle. (Notice de l'abbé Riboulet, dans le *Bulletin du Périgord* de 1880.)

[1] Collection du vicomte Alphonse de la Guère.

Enfin notre attention a été attirée spécialement par celui qui porte la signature de CHENU; quoique tourné à droite, il ressemble à celui de la biographie, et, a cela de particulier c'est que, contrairement aux autres et concordant avec la tradition de votre famille, il donne l'écusson de Stutt de Solminiac écartelé avec celui de Belet, tel que nous le reproduisons et que nous le décrivons dans la note de la page 16. A quelle époque aurait-il fait usage de cet écusson? Était-ce celui des différentes branches de Solminiac ou bien simplement celui de sa branche?

L'abbé Riboulet, historien et en même temps curé actuel de Chancellade, nous a écrit qu'il n'avait pu attribuer à Alain de sceau particulier, en qualité d'abbé. Les archives de l'évêché de Cahors [1] qui ont été détruites en grande partie par la grande Révolution, ne renferment que deux actes portant les armes du bienheureux; ce sont deux *Statuts diocésains* qui ont les millésimes de 1639 et de 1652. Ces armes sont à peu de chose près, quant aux pièces principales, les mêmes que celles indiquées à la page 28 du recueil (XVIIᵉ siècle) de Magneney, qui le désigne toutefois sous le nom de *Bertrand*, par suite d'une erreur facile à rectifier. On peut les blasonner ainsi : Parti au 1 de sable à la croix patée et alésée d'or (abbaye de Chancellade [2]), au 2 d'azur au diacre de carnation revêtu de l'aube d'argent sous une dalmatique de gueules, portant de la main dextre une palme d'or et de la main senestre trois pierres, et nimbé d'or (saint Étienne, patron de la cathédrale de Cahors). Évidemment, Alain avait abandonné tous ses souvenirs de famille pour concentrer ses affections dans tout ce qui pouvait lui rappeler la vie sacerdotale; c'est la raison que nous donnons à ces différences, sans détruire l'opinion que nous avions émise à la page 16.

Dans le *Nobiliaire de Bretagne* de Potier de Courcy, nous voyons que la branche de Solminihac de Chaune, dont plusieurs membres sont signalés par M. Léo Drouyn, comme étant implantés en Bretagne, portait des armes ana-

---

[1] Lettre de M. l'abbé Paul Devèze, Chan., S.-G., évêché de Cahors (8 avril 1884).

[2] Dans sa monographie archéologique de l'abbaye de Chancellade (*Bulletin du Périgord* de 1880), M. de Rouméjoux décrit l'écu qui est au-dessus de la porte du logis de l'abbé : *de gueules à 3 pals d'or*, sans en faire aucune attribution; il nous semblerait que cet écu pourrait provenir du fait des libéralités du cardinal Georges d'Amboise à son ami et obligé Geoffroy de Pompadour, abbé de Chancellade et évêque de Périgueux, qui aurait voulu perpétuer le souvenir du cardinal par l'apposition de ses armoiries dans les endroits principaux de l'abbaye.

logues à celles des Stutt. (Voir page 16.) Elle a fourni de nombreux officiers de marine et provenait de Paul-Léonard, marié, le 22 octobre 1691, à Marie-Radegonde du Bois, en la ville de Vannes. Comment expliquer cette similitude d'armes, s'ils ne croyaient pas à une origine commune, alors que les Solminihac pouvaient revendiquer des armes spéciales?

Cette parenté nous semble encore plus fortement établie, dans le travail de M. Léo Drouyn, page 43, par la présence de *Charles de Solminihac, seigneur de Bouniagues,* fils de Léon Estutt (Voir notre *Généalogie,* page 22) et marié le 18 décembre 1587, parmi tous ceux du nom de Solminihac qui sont représentés, auprès de M° de Merilhac, pour la production des titres de noblesse, par Jean de Solminihac, seigneur de Belet, qui, d'après le même travail, était père d'André, de Jean, d'Alain et de Raymond; nous les retrouvons dans notre *Généalogie,* et nous appellerons l'attention sur la présence de Marguerite de Marquessac, épouse de Jean, en un acte de 1577, tandis que M. Drouyn dit qu'ils se sont mariés en 1579.

Le V° volume du *Nobiliaire universel* de Courcelles donne la généalogie des Solminiac en établissant la séparation des deux branches : Pons, qui serait le trisaïeul d'Alain, aurait formé les seigneurs de Belet, tandis que Raymond III, qui était le frère aîné, aurait eu sept filles mariées et Guy. Ce dernier testa en 1491, et ses fils Bertrand et François étant morts, son héritage fut recueilli par sa fille Jeanne, épouse, avant 1514, de Michelet Stutt. (*Voir les actes de* 1492 *et de* 1516, *aux pièces justificatives.*)

Le moins que nous puissions prouver c'est que les seigneurs de Bouniagues étaient une branche féminine de Solminiac, sans nous refuser à croire qu'Alain fut Stutt ou Estut d'origine, et que les seigneurs de Chaune fussent de la même lignée. Devant cet enchevêtrement de noms, d'armoiries et d'archives analogues, les différents auteurs peuvent très bien s'égarer. Nous avons exposé les faits et nous présentons les sources connues, qui ne détruisent pas les traditions anciennes; chacun en pourra tirer la conclusion. Nous serons plus affirmatif sur d'autres points.

Notre branche de Tracy ne peut être confondue avec la famille de messire de Prouville, marquis de Tracy, vice-roi du Canada, ayant acquis une certaine renommée dans son gouvernement, et mort sans postérité avant 1693. Ce marquis de Tracy tirait son nom de Prouville, qui est dans les environs de Doullens, et de Tracy-le-Mont, situé entre Noyon et Compiègne. Ses armes étaient : *De sinople à la croix engrêlée d'or.* (*Nobiliaire du Soissonnais,* par Lainé.)

A plus forte raison, les Stutts n'ont-ils aucun rapport avec Guillaume de Tracy, un de quatre chevaliers normands qui, en 1170, assassinèrent Thomas Becket, archevêque de Cantorbéry, sans en avoir reçu l'ordre de Henri II, roi d'Angleterre [1]. Ce chevalier tirait son nom de Tracy d'un bourg situé sur les bords de la mer, arrondissement de Bayeux, département du Calvados.

Comme nous le voyons, d'autres familles ont porté le nom de Tracy, et parfois avec honneur, mais celle des Stutts lui a fait atteindre un degré de célébrité qui n'a été dépassé par aucune autre. Sans avoir à revendiquer des personnalités qui ne lui appartiennent pas, elle peut se prévaloir de plusieurs de ses membres qui se sont fait remarquer par leurs vertus, leur courage, leur science et les hautes fonctions qu'ils ont remplies ; vous pourrez les apprécier les uns et les autres.

Par suite de la haute situation qu'il a su acquérir comme militaire, comme écrivain et comme philosophe, nous ne pouvons nous empêcher de vous signaler celui qui a porté ce nom à son apogée, c'est-à-dire Antoine, comte de Tracy, devenu chef de la secte philosophique des *Idéologues.* Les différents gouvernements qui se sont succédé, pendant sa longue existence, ont tous cherché à se l'attacher. Il continua la tradition de tous les siens en poursuivant une brillante carrière militaire qui se termina, en 1792, à l'armée du Nord, où maréchal de camp, il commandait la cavalerie.

Privé, dès le bas-âge, de l'affection et des conseils de son père, qui était mort chrétiennement, à la suite de nombreuses blessures reçues en combattant, ardent à l'étude ainsi qu'au plaisir, et possesseur d'une belle fortune, il fut lancé dans ce milieu du XVIII° siècle où on faisait parade d'irréligion et d'esprit philosophique. Sa jeunesse se passa donc à entendre battre en brèche tous les principes constitutifs de l'autorité, ainsi que cette monarchie française qui, trop faiblement représentée, ne pouvait faire prévaloir ses propres idées d'amélioration, et devait être emportée par l'embrasement général, malgré les efforts de quelques-uns de ceux qui les premiers avaient attisé le feu contre

---

[1] *Histoire de la conquête d'Angleterre,* par Augustin Thierry, t. III, p. 164 et suiv., édit. in-12, 1867.

elle. Antoine devait nécessairement se ressentir de ce mélange d'opinions malheureusement soutenues par ceux qui auraient dû les combattre. Lié tout d'abord avec les Buffon, les Lavoisier et autres, il occupa les loisirs que lui laissait le service militaire, par l'étude des sciences physiques et chimiques; puis, tout en négligeant les sentiments religieux qui avaient honoré plusieurs des siens, il élargit, petit à petit, le cercle de ses intimes, et, abandonnant ce qu'il avait préféré, il entra complètement dans le clan philosophique qui devait insufler à la nation française l'esprit de révolte, lui faire perdre l'idée du bien et du beau, et, par une succession de conséquences, l'amener à l'état où nous la trouvons en 1885. Nous devons dire cependant qu'il n'était pas partisan du bouleversement et qu'il aurait voulu retenir ceux qui désiraient la ruine de la royauté, mais les conséquences étaient posées et devenaient fatales. Au point de vue philosophique, le comte de Tracy, de déductions en déductions, en arriva à combattre des erreurs par d'autres erreurs qu'il condensa en plusieurs ouvrages, sous la menace de la mort qui, chaque jour, pouvait le faire sortir de la prison des Carmes. Tout son système philosophique des *Sensations*, qui se trouve renfermé dans les *Éléments d'Idéologie* n'est plus consulté qu'à titre de renseignement et est relegué dans le domaine de l'histoire de la philosophie. Précédemment il avait donné son *Essai sur le génie et les ouvrages de Montesquieu*, qui l'avait mis en relief et le rangea parmi les écrivains de mérite; il a aussi laissé des mémoires.

Tout partisan qu'il fût de certaines innovations, il était surtout plein d'honneur et d'une générosité à toute épreuve, prêt à rendre service aussi bien à ses proches et à ses amis qu'à des étrangers dont il avait apprécié la position; de plus, nous pouvons dire qu'il avait l'esprit de famille porté à un haut degré, nous en avons pour preuve le travail que nous vous présentons et que nous devons à une grande persévérance de recherches qui ont duré pendant quatre ans. Si, menacé par une populace aveugle, il se vit forcé de livrer à des mains incendiaires une partie de ses titres personnels qui lui rappelaient le sang versé, il n'en est pas moins vrai de dire qu'il subissait la conséquence de certains de ses votes émis à la Constituante; mais, dans ces tristes circonstances, il pouvait se dire intérieurement que tout ne serait peut-être pas anéanti, que d'autres sauraient sauvegarder un bien précieux, et qu'à un moment ses descendants pourraient reprendre connaissance d'un passé glorieux.

Son fils Victor, émule heureux de Gay-Lussac à l'École Polytechnique, a continué aussi les traditions de famille, en parcourant tous les grades jusqu'à celui de colonel, pendant les grandes guerres du premier Empire. Démissionnaire en 1818, il s'adonna aux études politiques et scientifiques, et représenta à la Chambre des Députés, pendant de nombreuses années, le département de l'Allier, dans lequel il devait donner à l'agriculture un essor considérable. Membre de l'opposition sous la Restauration, il fit partie des deux cent vingt et un députés qui, sans mandat, offrirent, en 1830, la couronne au Duc d'Orléans; mais, regrettant plus tard cette funeste participation, il devait modifier ses idées et se rapprocher de la *Droite;* en effet, parfois promoteur de mesures précieuses, il fut un partisan constant de la liberté d'enseignement, et, ministre de la Marine, en 1849, il devint le principal organisateur de l'expédition française à Rome, destinée à remettre Sa Sainteté Pie IX sur le Trône Pontifical, et à le préserver des étreintes de la Révolution. Ainsi que son père, Victor de Tracy était un cœur généreux, il avait l'accueil bienveillant et il savait répandre autour de lui de nombreux bienfaits.

Tels étaient, en peu de mots, ces deux hommes qui, l'un et l'autre, jouèrent un rôle considérable dans leur pays.

Arrivé au terme de cet exposé, je serais presque tenté de vous demander d'en excuser la longueur, mais les quelques renseignements que vous y avez trouvés ne pouvaient prendre place dans le corps de la généalogie, je souhaite qu'ils vous aient intéressés; ils lui serviront de passeport. Je ne quitterai pas encore la plume sans transmettre vos remerciements et les miens à tous ceux qui ont bien voulu m'aider dans ma tâche; je les renouvelle tout particulièrement à à MM. les Archivistes du Cher, dont les lumières m'ont été d'un grand secours pour la vérification et le collationnement d'un grand nombre de nos pièces originales. Des faits ainsi contrôlés ne peuvent être contestés par personne. Il m'a fallu nécessairement restreindre la production de ces titres, mais je crois en avoir donné suffisamment pour qu'il soit possible d'établir la position de la famille au xv⁰ siècle, et, en même temps, de rattacher les différentes branches à une origine commune, ce qui sera facilité par les tableaux généalogiques; de plus, vous trouverez, à leur suite, le mémorial de tout ce qui compose le précieux dépôt de Tharoiseau; tout y est classé dans l'ordre de la filiation. Les archives de la préfecture du Cher nous ont fourni d'intéressants renseignements, ainsi que celles du château de Saint-Père, près Cosne ; elles ont trait plus spécialement aux opérations des branches de Tracy et d'Insèches, en fait de partages et de constitutions de propriétés. Quant à ce qui a rapport à la branche aînée actuellement éteinte, le tout est parfaitement en ordre, au château de Mouchac (Gironde), entre les mains de M. de Védrines, l'un des héritiers, par alliance, de la dernière représentante des Stutt de Solminiac. Pour enlever à ce travail une certaine aridité et une monotonie parfois peu attrayante, j'ai cru devoir donner quelques détails sur vos alliances, en m'appuyant sur les auteurs les plus sérieux dont je pouvais contrôler la réalité du récit, les uns par les autres. Avec de tels sources, nous pouvons dire que la confiance la plus grande peut être accordée aux faits avancés dans cet ouvrage que vous pouvez considérer comme votre *Livre de Raison*, ainsi qu'il serait appelé dans certains pays ; les erreurs qui s'y seraient glissées, seraient complètement involontaires, car nous n'avons recherché que la *vérité*.

Marquis DE LA GUÈRE.

Bourges, février 1885.

AVANT-PROPOS DE LA GÉNÉALOGIE [1]

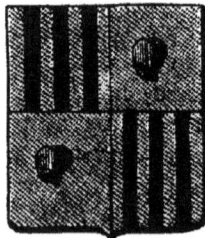

Les armes de cette Maison sont écartelées, aux 1 et 4 d'or à 3 pals de sable et aux 2 et 3 d'or au cœur de gueules.

ES armes sont ainsi gravées au-dessus du portail du château de Saint-Père qui a été possédé par cette Maison, elles sont aussi autour de l'église, aux vitres du chœur et en plusieurs autres endroits de la paroisse de Saint-Père. On les voyait en une litre autour du dedans de l'église paroissiale de Baulieu, dépendant du chapitre de l'église Saint-Étienne de Bourges, qui en avait concédé le droit ainsi que celui de sépulture en la chapelle Notre-Dame, qui y est érigée à Georges Destud, écuyer, seigneur d'Assay, pour lui et les siens, par acte du 22 février 1616. On les trouve enfin au-dessus du portail qui conduit

---

[1] Cet *Avant-propos* a été rédigé en 1788, quand le comte de Stutt de Tracy fit faire les recherches généalogiques.

en la cour du château d'Assay, en Berry (Loiret), aux vitres d'un appartement, et au-dessus de la porte d'un ancien colombier; on les trouve encore dans les châteaux de Tracy (Nièvre) et de Paray-le-Frésil (Allier).

Quoique ces armes soient celles anciennes et primitives de la Maison de Stutt, telles qu'elle les a portées en Écosse, d'après l'assertion de lord Lyon, roi d'armes de ce royaume, telles même que Gaultier Stutt, premier venu en France, les a fait graver au château d'Assay, néanmoins, Michelet Stutt, son neveu, auteur de la branche aînée établie en Périgord, où il fut attiré par son mariage avec l'héritière de la Maison de Solminhiac, ne les blasonna pas de cette manière; lui et ses descendants ont toujours porté : d'*Argent à 5 pals d'azur, au chef d'argent chargé d'un cœur de gueules surmonté d'une croix de même,* d'après celles enregistrées par d'Hozier le 25 mars 1698, pour Jacquelin de Solminhiac, sieur de Tabilhac. Rien n'annonce les motifs de ce changement dont il ne reste aucune note dans les mémoires de la Maison. Toutes les autres branches ont constamment porté les armes anciennes telles qu'elles sont blasonnées en tête de cet ouvrage.

Le nom d'Estut qui, par succession de temps a été adopté par ceux de cette Maison et qui était anciennement Stutt, a beaucoup varié dans les différents actes qui la concernent. Gaultier Stutt et ses frères, auteurs de cette Maison en France, ont écrit leur nom Stut, Stud, Stuch; la branche établie en Périgord l'a écrit Stutt et Estuc, dans les actes qui concernent la première génération, mais comme Michelet Stutt, qui en est l'auteur, avait épousé l'héritière de la Maison de Solminhiac et que, suivant toute apparence, il fut stipulé par son contrat de mariage qu'on n'a pu encore se procurer, que sa postérité porterait le nom de Solminhiac, ses petits-enfants ont constamment porté le nom de Solmigniac; tous leurs descendants, tant directs que collatéraux, en ont usé de même, de sorte, qu'en 1785, M. le marquis de Solmignac, chef de la principale branche, n'avait aucune notion qu'il fût de la Maison de Stutt. Mais les anciens titres l'ont tiré d'erreur, comme on le verra par la suite de cet ouvrage.

Les branches d'Assay et de Tracy ont écrit leur nom d'abord Stutt, Stut, Stud, et Stuch, comme leurs prédécesseurs, mais par succession de temps, ils ont ajouté à leur nom primitif l'article De, et l'ont écrit Destud et Destut, ce qui a donné lieu en séparant la lettre initiale D du nom Destud ou Destut à l'écrire d'Estud ou d'Estut; la branche d'Assay et ses rameaux l'écrivent d'Estud, et celle de Tracy l'écrit d'Estut.

Toutes ces variations sont communes à la plus grande partie des Maisons de France et principalement à celles qui s'y sont venues établir.

Les recherches que M. le comte de Tracy a faites en Écosse par correspondance en 1784, jusqu'en l'année 1787, pour connaître les auteurs de sa Maison n'ont pas répondu au succès qu'il en attendait. Ami de l'ordre et de la plus scrupuleuse exactitude, il eût désiré que le tableau généalogique qui lui a été envoyé, revêtu de toutes les formalités en usage pour lui donner le plus grand degré d'authenticité, eut été accompagné d'un mémoire généalogique détaillé, appuyé des citations des sources où les faits auraient été puisés ; mais quelqu'instance qu'il ait faite pour se le procurer, il n'a pu y parvenir ; les réponses ont toujours été que l'arbre généalogique tenait lieu de preuves, et les faits attestés par le lord Lyon, roy d'armes d'Écosse, étaient indubitables.

En attendant que M. le comte de Tracy ait fait un voyage sur les lieux pour se procurer la satisfaction désirée, nous allons commencer la généalogie, d'après le tableau généalogique certifié d'abord par James Cummyng, qui en est le rédacteur, ensuite par Robert Boswel, lieutenant de lord Lyon, roy d'armes, qui, par son certificat daté, à Édimbourg, le 2 mars 1787, atteste que James Cummyng, à qui il appartient de faire les histoires généalogiques, a comparu devant lui et lui a affirmé avoir bien et exactement dressé ce tableau généalogique sur des actes authentiques d'après des mariages légitimes. Ledit certificat fut régularisé par milord Sidney, secrétaire d'État de l'intérieur, et par M. le comte d'Adhémar, ambassadeur extraordinaire et plénipotentiaire de France auprès de Sa Majesté Britannique, le 3 avril 1787.

L'on voit au bas du tableau généalogique que Gaultier, Thomas, Jean et Guillaume Stutt frères, qui, en 1419, passèrent en France avec grand nombre de gentilshommes écossais, sous la conduite de Jean (Stuart) comte de Buckan, au secours du Dauphin, depuis roi de France sous le nom de Charles VII, étaient issus des comtes de Cassilis, Nithisdale, Elgin, Airly et Dundée, des vicomtes de Kenmure et des seigneurs de Herries et de Kinnaire, tous pairs d'Écosse, et qu'ils avaient pour bisaïeul Jean Stutt, neveu de Geoffroy, l'un des barons d'Écosse qui, en 1296, prêtèrent serment de fidélité à Édouard Ier, roi d'Angleterre.

(En son ouvrage ou *Traité sur l'indépendance d'Écosse*, messire Anderson prétendait que ceux qui en France portaient le nom de Stutt étaient les mêmes que ceux du nom de Stotts, Stutts, Stutwils et Stotevyls en Écosse et en Angleterre ; leur ancienne demeure était à Beaucastle, dans le comté de Cumberland, où ils avaient de grands biens.)

Nous allons ici donner la copie figurée de ce tableau généalogique.

Mais auparavant, il est à observer qu'avant l'époque de 1420, quelques-uns de la Maison Stutt sont passés en France et se sont établis en Périgord ; ce fait est prouvé par le testament original en parchemin de Bérenger La Mote [1], écuyer, habitant de Berbiguières, au diocèse de Sarlat, passé le 15 décembre 1424, devant Bernard Cavaleru, clerc et notaire au lieu de Sarlat,

---

[1] Voir, après les pièces originales, le nº 1 du *Sommaire de Mouchac* (Gironde).

où le testateur déclare que lui et Pierre de Sercut ont engagé une très-bonne mante et une belle croix à noble Ramonet Destut pour 200 deniers d'or. Le nom de baptême de Ramonet ou Raymond, très-usité en Périgord et presque inconnu en Écosse, prouverait que ce Ramonet Destut, dont il est question en ce testament, était né en Périgord où il est probable que son père, peut-être même son aïeul, étaient passés dans le xiv⁰ siècle et y avaient postérité antérieurement à l'émigration de Gaultier, Thomas, Jean et Guillaume Stutt frères. Il est aussi probable que les Stutt, du Périgord, étaient en relation avec ceux du Berry, car le nom de Berault, très-usité en Périgord et presque ignoré en Berry, donné au fils aîné de Thomas Stutt, paraîtrait lui avoir été transmis par quelqu'un de ses parents domiciliés en Périgord, avec intention de l'attirer auprès de lui; mais étant mort jeune, suivant toute apparence, l'intention de ce parent se serait réalisée en la personne de Michelet Stutt, frère cadet de Berault, qui effectivement passa en Périgord, avant 1514, et y épousa l'héritière de la Maison de Solminiac; il est à observer que nous ne pouvons présenter aucun document pour établir cette opinion qui semble cependant très-vraisemblable.

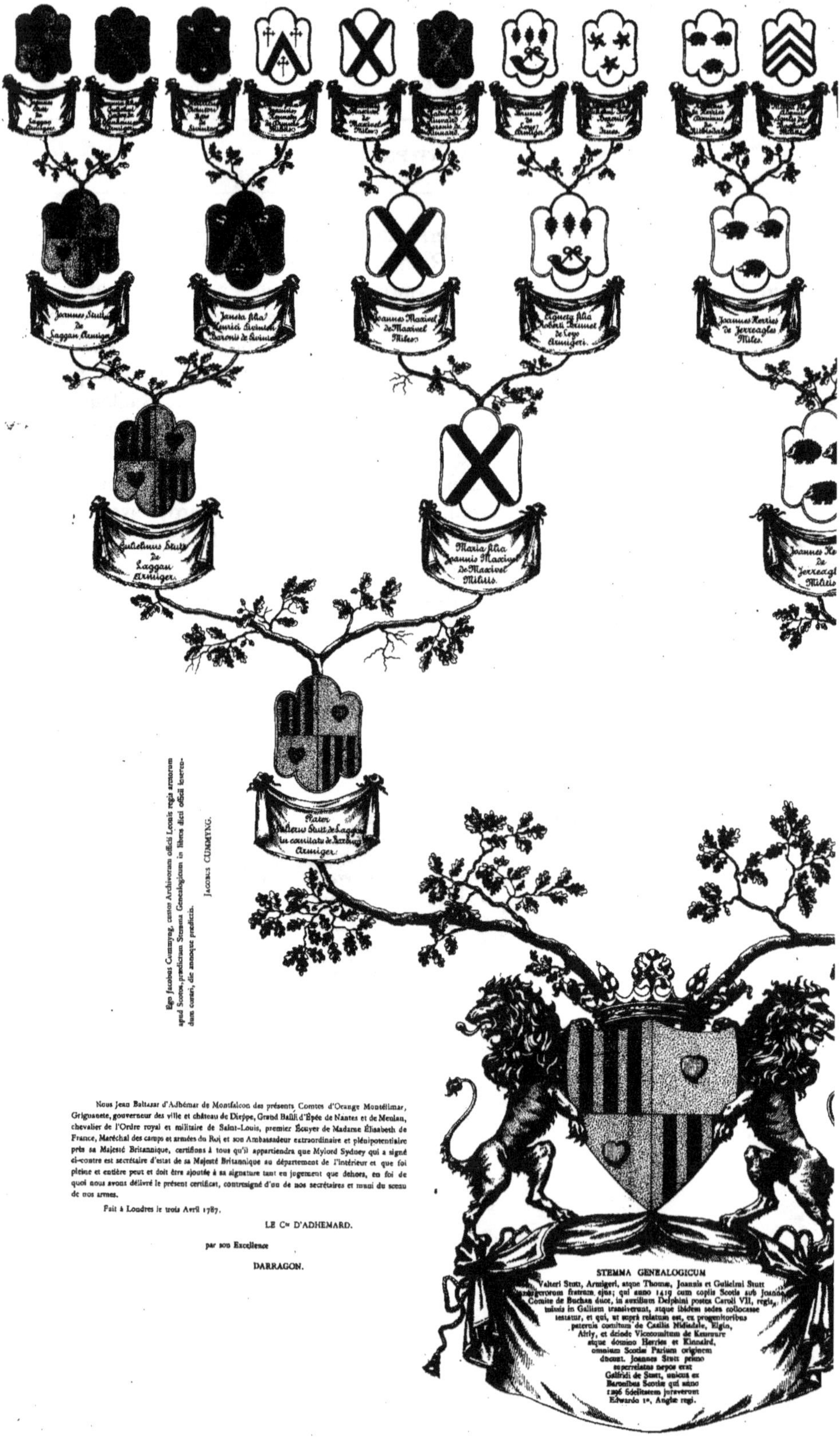

Nous Jean Baltazar d'Adhémar de Montfalcon des présents, Comtes d'Orange Montélimar, Grignanette, gouverneur des ville et château de Dieppe, Grand Baillí d'Épée de Nantes et de Meulan, chevalier de l'Ordre royal et militaire de Saint-Louis, premier Écuyer de Madame Élisabeth de France, Maréchal des camps et armées du Roi et son Ambassadeur extraordinaire et plénipotentiaire près sa Majesté Britannique, certifions à tous qu'il appartiendra que Mylord Sydney qui a signé ci-contre est secrétaire d'état de sa Majesté Britannique au département de l'intérieur et que foi plèine et entière peut et doit être ajoutée à sa signature tant en jugement que dehors, en foi de quoi nous avons délivré le présent certificat, contresigné d'un de nos secrétaires et muni du sceau de nos armes.

Fait à Londres le trois Avril 1787.

LE Cⁿᵉ D'ADHEMARD.

par son Excellence

DARRAGON.

STEMMA GENEALOGICUM

Valeri Stutt, Armigeri, atque Thomae, Joannis et Gulielmi Stutt germanorum fratrum ejus; qui anno 1419 cum copiis Scotis sub Joanne vero Comite de Buchan ducc, in auxilium Delphini postea Caroli VII, regis, talesis in Galliam transiverunt, atque ibidem sedes collocasse tentatur, et qui, ut supra relatum est, ex progenitoribus paternis comitum de Cæilia Midisdale, Elgin, Atrly, et deinde Viccecomitum de Kenmure atque domino Herries et Kinnaird, omnium Scotia Parium originem ducunt. Joannes Stutt primo ex-secretarius nepos erat Gallridi de Stutt, unicus ex Baronibus Scotia qui anno 1296 fideliterem juraverunt Edwardo Iᵒ, Angliae regi.

STEMMA GENEALOGICUM

J. Thomas Lord Sydney Baron Sydney of Chistlhurst, one of the Lord of His Majesty most honorable Privy Council and principal secretary of state for the Home Department, etc., etc., certify and attest all whom it may concern, that Robert Boswell esquire, by whom the within instrument is certified, is deputy to John Hook Campbell esquire, Lord Lyons principal King of arms in Scotland, and to all act and writings signed. All faith and credit are and ought to be given.

Given under my name and seal at arms at Whitehall the twenty seventh day of March 1787.

SYDNEY.

Omnibus quibus præsentes litteræ pervenerint salutem, sciat, Jacobum Cummyng Archivorum officii Leonis armorum Regis, apud Scotos Custodem et cui ea officio spectat rerum gentilitium historia continere, coram me pro rege Leonis adparuisse et liquide suprascuit Stemma Genealogicum per documenta authentica ex legitimis..... bene et recte a se confectum esse tam declarabat quam confirmabat quorum fidem sigillum magnum officii Leonis appensum est, apud Edimburgum secundo mensis Martii anno Domini millesimo septingentesimo octogesimo septimo.

Ro BOSWEL   PRO REGE LEONE.

STEMMA GENEALOGICUM

Valteri Stutt, Armigeri, atque Thomæ, Joannis et Gulielmi Stutt... germanorum fratrum ejus; qui anno 1419 cum copiis Scotis sub Joanne Comite de Buchan duce, in exilium Delphini positus Caroli VII, regis, tunc in Galliam transiverunt, atque ibidem sedes collocasse testatur, et qui, ut supra relatum est, ex progenitoribus paternis comitum de Casilis Nisbsdale, Elgin, Abily, et deinde Vicecomitum de Kenmure atque domino Herries et Kinnaird, omnium Scotiæ Parium originem ducunt. Joannes Stutt primo supernatus nepos erat Galfridi de Stutt, unicus ex Bernoibus Scotiis qui anno 1396 fidelitatem juraverunt Edwardo 1°, Angliæ regi.

ÉALOGIQUE ENVOYÉ D'ANGLETERRE, EN 1787, A MONSIEUR LE COMTE DE STUTT DE TRACY,
COLONEL DU RÉGIMENT DE PENTHIÈVRE, INFANTERIE.

SEIGNEURS DE LAGGAN ET D'ASSAY

Iᵉʳ DEGRÉ

EAN, Iᵉʳ du nom, STUTT DE LAGGAN [1], écuyer, neveu de Geoffroy Stutt, l'un des barons d'Écosse qui, en 1296, prêtèrent serment de fidélité à Édouard Iᵉʳ, roi d'Angleterre, épousa Jeanne GORDON DE GLENKENNES, fille de Guillaume Gordon de Glenkennes, chevalier; ils eurent pour fils :

Gordon de Glenkennes porte : D'azur à la bande d'or accompagnée de 3 hures de sanglier de même languées de gueules posées 2 et 1.

IIᵉ DEGRÉ

EAN, IIᵉ du nom, STUTT DE LAGGAN, écuyer, qui épousa Jeanne SUWINTON, fille de Henry Suwinton, baron de Suwinton et de Anne de Kennedy, celle-ci fille de Jean de Kennedy-de-Dunure, chevalier; ils eurent :

Suwinton porte : De sable au chevron d'or, accompagné de 3 hures de sanglier d'argent languées de gueules.

---

[1] D'après le *Mercure* de juin 1753, p. 185, Lachesnaye-Desbois, en son *Dictionnaire de la Noblesse française*, à l'article *Estut*, dit : « On voit un Stutt, dit, Stutvils, qui signa, comme témoin, dans un acte passé le 17 avril 1194, entre Richard, roi d'Angleterre, et Guillaume, roi d'Écosse. Cet acte est tiré du Capitulaire d'Holmentran. »

Comme nous suivrons la généalogie que nous tenons pour authentique, nous ne relèverons pas certaines erreurs de Lachesnaye-Desbois, dont l'article est plus spécialement consacré à la branche de Tracy, qui, du reste, ne lui avait envoyé aucun mémoire.

III⁰ DEGRÉ

Manswel por-
te :
D'argent au
sautoir de sa-
ble.

GUILLAUME STUTT DE LAGGAN, écuyer, qui épousa Mariotte ou Marie, DE MANSWEL, fille de Jean de Manswel, chevalier, et de Agnès Burnet, petite-fille d'autre Jean Manswel et de Anne de Kinnare; de leur mariage est issu Gaultier Sutt, qui suit :

IV⁰ DEGRÉ

Herries de
Jerréagles por-
te :
D'argent à
3 hérissons de
sable.

GAULTIER STUTT DE LAGGAN, au comté de Koxbourg, écuyer, qui épousa Élisabeth DE HERRIES, fille de Jean de Herries de Jerréagles, chevalier, et de Jeanne de Bruce de Clackmannan, petite-fille d'autre Jean de Herries de Jerréagles, chevalier, et d'Agnète de Douglas de Glendonning, arrière-petite-fille de Robert de Herries, seigneur de Nitisdale et de Marie de Soulis de Boghal. Il était père de Gaultier, de Thomas, de Jean et de Guillaume qui, en 1419, passèrent en France, sous la conduite de Jean, comte de Buchan (Stuart), pour venir au secours du Dauphin, plus tard Charles VII, et dont les noms suivent :

I. Walter ou Gaultier STUTT, II⁰ du nom, archer de la garde écossaise du roi Charles VII, seigneur d'Assay en Berry, qui passa en France pour joindre l'armée écossaise que les comtes de Buckan et de Douglas y avaient amené vers la fin de 1419, au secours de Charles, alors Dauphin de France, qui régna depuis sous le nom de Charles VII. (Le P. Anselme en fixe l'époque en 1420; la généalogie envoyée d'Écosse la fixe à 1419, ce qui est plus certain, d'après les lettres de don de la terre d'Aubigny, que le roi Charles VII fit, le 26 mars 1422, à Jean Stuart, qui y est qualifié seigneur d'Arnelle et de Concressault, connétable de l'armée écossaise, pour le récompenser, y est-il dit, des services qu'il avait rendus pendant l'espace de trois ans ou environ, étant venu d'Écosse à la prière de ce monarque avec grande compagnie de gens d'armes et de trait, en intention et mettant à effet les anciennes alliances des royaumes de France et d'Écosse, pour le servir contre les Anglais, ses ennemis. *Expédition en parchemin tirée de la Chambre des Comptes de Paris.*)

Ce monarque le retint à son service en qualité d'archer de la garde écossaise de son corps. Ses services lui méritèrent les faveurs de Sa

Majesté qui, pour le récompenser, lui fit don, vers 1445 ou 1447, de la terre d'Assay, située en Berry, qui avait été confisquée sur Jean Racault, son receveur en Lauguedoc, pour cause de reliquat de comptes.

L'on ne peut donner la date certaine des lettres de ce don, qui furent perdues ou soustraites après la mort de Gaultier Stutt; mais leur existence fut authentiquement prouvée par une enquête juridiquement faite par le lieutenant du bailli de Berry, les 15 août 1481 et 9 avril 1482. L'on y voit parmi les témoins, Jean Lang, archer des ordonnances du Roi, qui, âgé de trente ans, dépose que, dès son enfance, il a demeuré avec Gaultier Stutt, son oncle, et lui a servi de page, ce qui donne à croire que Gaultier Stutt avait une sœur mariée à un gentilhomme du nom de Lang. Cette même enquête prouve que Gaultier Stutt épousa Ponon ou Mathurine DE BRISEFORMÉE [1], veuve du même Jean Racault, sur qui la terre d'Assay avait été confisquée, et qu'il en eut un fils unique nommé Jean Stutt, qui jouit pendant quelque temps de la terre d'Assay et qui mourut en 1476, sans avoir été marié. Ses oncles Thomas, Jean et Guillaume Stutt lui succédèrent, ce qui se voit en un foy et hommage qu'ils prêtèrent de la terre d'Assay, le 14 septembre 1476, à Louis de la Trémouille, à cause de sa seigneurie de Saint-Gondon et de Courcelles.

II. Thomas STUTT, qui a continué la descendance.

III. Guillaume STUTT, désigné dans le compte de 1449, comme faisant partie des archers et cranequiniers de la garde du corps du Roi, sous la charge de Thomas Haliday, fut seigneur en partie de la terre d'Assay, en Berry, par le décès de son frère Gaultier et de son neveu Jean; il épousa, en 1455, Anne LE ROY, fille de noble homme Jacques Le Roy, seigneur de Saint-Florent-sur-Cher, en Berry, et de Macée de Briseformée, et sœur d'Agnès Le Roy, femme de Thomas Stutt, son frère, ainsi qu'il se voit au contrat de mariage de celui-ci, du 5 septembre 1476; il fut nommé tuteur des enfants mineurs de ce même frère, le 11 septembre 1492 (voir aux pièces justificatives); sans postérité.

IV. Jean STUTT, archer de la garde du corps du Roi en 1461, fut seigneur en partie de la terre d'Assay, par le décès de Gaultier,

---

[1] Catherinot, dans son *Tombeau généalogique* (1680), nous dit que Ponon, qui fut mariée à Gaultier Stuc ou Destud, était fille de Philippe Briceformée et de Mahaud Guibertonne, qui furent mariés vers 1410, et avait quatre sœurs, Jacquette, mariée à N. de Lhospital, vers 1440; Marguerite, mariée à Hugues Machet, secrétaire du Roi; Philippine, mariée à Guillaume de Sauzay; et enfin Macée, mariée à Jacques Le Roy de *Saint-Fleurant*.

son frère aîné, et de Jean, son neveu; on ne lui connaît pas de postérité [1].

V⁰ DEGRÉ

THOMAS STUTT, écuyer, seigneur d'Assay, en Berry, archer de la garde
écossaise du corps du roi, Louis XI [2], deuxième fils de Gaultier Stutt-
de-Laggan, au comté de Koxbourg, écuyer, et de Élisabeth de Herries,
vint en France joindre Gaultier Stutt, son frère aîné. Quelques temps après, le
roi Louis XI le retint à son service, en qualité d'archer de la garde écossaise
de son corps; il se maria et fit différentes acquisitions, ce qui le détermina à
finir ses jours en ce royaume; mais, afin de conserver ses biens à sa postérité,
il présenta requête au roi Louis XI, où il exposa tous ces faits en lui demandant (*original en parchemin aux archives de M. d'Assay*) des lettres de naturalité
que ce monarque lui accorda à Paris, au mois de février 1474, et qui furent enregistrées en la Chambre des comptes le 10 mars suivant [3]. (*Copie de cet enregistrement, tirée de la Chambre des comptes. Archives de M. de Tracy.*)

Gaultier Stutt, son frère aîné, et Jean Stutt, son neveu, étant morts, il leur
succéda, avec Guillaume et Jean, ses frères; ce fut, à ce titre, qu'il fit, le 9
septembre 1476, tant pour lui que pour eux, les foy et hommage (*original aux
archives de M. d'Assay, voir aux pièces justificatives*) de la terre d'Assay, en
Berry, à Louis de la Trémouille, à cause de sa seigneurie de Saint-Gondon.

Sa première femme, dont le nom ne nous est pas connu, étant morte, il avait
épousé par contrat du 5 septembre de la même année 1476 (*grosse en parchemin, archives de M. d'Assay, voir aux pièces justificatives*), passé sous le scel de la
prévôté de Bourges, devant Jacques Compaing, notaire, demoiselle Agnès LE
ROY [4], fille de défunt noble homme Jacques Le Roy, en son vivant seigneur de

Le Roy por-
te :

D'azur à 9
trèfles d'ar-
gent, posés
3, 3, 2 et 1.

---

[1] Notre généalogie qui ne donne pas de postérité à Jean Stutt, serait rectifiée par ce passage de
M. Francisque Michel, dans son ouvrage, *Les Écossais en France*, publié à Londres, chez Tübner et Cie, à la
p. 248 du 1ᵉʳ volume : « Les autres Écossais ayant hôtels à Bourges durant le XVᵉ siècle, étaient : 1º Noble
« homme Jehan Stud, seigneur du Sollier, archer du corps du Roi, mort en 1468. Il avait épousé Marie
« Foucher, veuve en premières noces de Pierre de Beaumont, et possédait, du chef de sa femme, l'hôtel des
« Meulles ou Mulles, qui lui venait de son premier mari. 2º Gilbert ou Guillebert Cunningham qui, ayant
« épousé sa fille, N. Stud, hérita de l'hôtel et de la seigneurie. 3º Jean Doddes ou Dods qui, vers 1470-1480,
« possédait l'hôtel des Mulles, on ne dit pas à quel titre. 4º Jehan Chambre. 5º Guillaume Berruys ou Berrat.
« 6º Noble David de Lisle, vicomte de Fussy, à cause de sa femme Guillemette de Bastard. 7º Noble Jehan
« de Coqueborne, qui devint vicomte de Fussy en épousant la veuve du précédent. 8º Jehan de Galles.
« 9º Bertrand de Gascoignolles. Ils étaient tous archers de la garde écossaise du Roi. »

[2] Thomas Stutt est désigné dans le compte de 1469, comme faisant partie des archers de la garde
du corps du Roi. (*Les Écossais*, par Michel, p. 254, vol. I.)

[3] Voir l'original aux pièces justificatives, tiré des archives de Tharoiseau (Yonne).

[4] Nous ferons remarquer que les armes des Le Roy étaient généralement ainsi énoncées : *De sable à
neuf trèfles ou tiercefeuilles d'or*. Nous n'avons pu discerner la raison qui a fait adopter un changement par

L. Mullen ag. P.

ASSAY (Loiret)
1884

Saint-Florent-sur-Cher et de Marie Briseformée, sa seconde femme. L'on voit en ce contrat que Guillaume Stutt, son frère, avait épousé Anne Le Roy, sœur d'Agnès. (*A la page* 688 *de l'Histoire du Berry, de la Thaumassière, il est fait mention d'Agnès Le Roy comme étant femme de Gaultier Stuc, c'est une erreur prouvée par le susdit contrat.*) Celle-ci apporta en dot à Thomas Stutt, outre 200 écus d'or et 100 livres tournois, des biens situés en la paroisse de Villeneuve-sur-Cher, le four banal de ce lieu avec ses appartenances pour son chauffage et des rentes considérables en grains à prendre sur les héritages des Mijas de la Lande.

Thomas Stutt ayant été inquiété sur la propriété de la seigneurie d'Assay par Pierre Anquetilz, seigneur de Courcelles, il fit faire une enquête (*original aux archives de M. d'Assay*) les 19 et 20 décembre 1477, devant le lieutenant du bailli de Berry, au siége de Concorsault, en laquelle les témoins déposent : *Avoir vu jouir Gaultier Stutt de la terre d'Assay et après lui Thomas son frère, au vu et au su d'un chacun.* Il fut encore inquiété sur cette propriété, par Guillaume Perrin et Michèle Rougière, sa femme, qui y prétendaient, en qualité d'héritiers de Jeanne Racault, fille unique de Jean Racault, et qui, d'après cette prétention, avaient obtenu des lettres en chancellerie tendantes à les y faire rentrer, mais Thomas Stutt, à qui on avait refusé un nouveau délai pour se procurer les titres de propriété de cette terre, obtint des lettres royales (*archives de M. d'Assay*) datées au Plessis-du-Parc-lès-Tours du dernier février 1479, par lesquelles Sa Majesté évoqua la cause à son Conseil. Se voyant dans l'impossibilité de produire les lettres du don de la terre d'Assay en faveur de Gaultier Stutt, son frère, parce qu'elles avaient été perdues

notre généalogiste dont nous avons respecté le travail si consciencieux. Nous devons dire que le même désaccord se rencontrera pour les d'Assigny et les de Boisselet. En tout cas, les armes des Le Roy sont représentées de deux manières différentes dans la cathédrale de Bourges, en cinq endroits. A l'extérieur et à l'intérieur de la chapelle des Le Roy, dite actuellement du Mont-Carmel, et fondée, vers 1470, par Jean Le Roy, seigneur de Contres, les écussons portent : de sable à sept trèfles d'or ; il en est de même dans la chapelle de Beaucaire, dite de Saint-Loup, tandis que le beau vitrail de Lécuyer, dans celle des Tullier, semble donner à Jacquette Le Roy, sa fille et mère de Marie Bonin : de sable à neuf trèfles d'or, 3, 3, 2, 1. Les deux vantaux de la porte nord sont couverts d'un semis de trèfles et d'R majuscules, et sont surmontés chacun d'un écusson où se voient les neuf trèfles, sans qu'on puisse discerner les émaux.

On peut croire que la branche aînée dont était Agnès se réservait les neuf trèfles. Après examen, le savant M. de Kersers qui, dans sa *Statistique monumentale du Cher*, t. II, p. 140, avait attribué le don de ces portes au fondateur de la chapelle, est tombé d'accord avec nous pour dire que le véritable donateur devait être *Renault Le Roy*, chanoine et archidiacre de Bourbon, frère d'Agnès, qui est mentionné dans le conseil de famille de 1492. A la même époque, Regnault Boisseau faisait faire les portes sud, en l'honneur de Jean Cœur, archevêque de Bourges, mort en 1482. Renault Le Roy fut député aux États Généraux de Tours, en 1484 ; son frère Martin avait été écuyer des rois Charles VII et Louis XI ; leur neveu, Jacques, est mentionné parmi les nobles, comme ayant assisté à la réformation de la *Coutume de Berry*, en 1538. (La Thaumassière, *Coutume du Berry.*) Le cinquième jour après le dimanche de *Lætare*, 1278, Jean des Barres vendait à Pierre Le Roy, moyennant 725 livres, la moitié de la terre de Saint-Florent et de Villeneuve-sur-Cher, par contrat passé par Pierre de Crosses, notaire-juré.

Cette famille, si considérée dans le Berry, s'éteint dans Mme la comtesse de Moreton de Chabrillan, de Digoine.

ou soustraites après sa mort, il fit procéder juridiquement à une enquête (*original aux archives de M. d'Assay*) devant le lieutenant du bailli de Berry, qui fut commencée au lieu de Châtillon-sur-Loire, le 15 août 1481, et terminée à Aubigny-sur-Nère le 9 avril 1482.

Il résulta de cette enquête, d'après les témoignages de grand nombre de personnes tant nobles, ecclésiastiques que autres, que la terre d'Assay fut donnée par le roi Charles VII à Gaultier Stutt, frère de Thomas, par lettres de 1445 ou 1447 ; lesquelles lettres plusieurs témoins déposent avoir vues et lues; qu'ils l'en avaient vu jouir sans trouble, ainsi que Jean, son fils, et après eux ledit Thomas. Ce fut en conséquence de ces témoignages dont l'enquête fut envoyée aux gens du Conseil du Roi à Bourges, en vertu de lettres de jussion (*original aux archives de M. d'Assay*) du roi Charles VIII accordées à Thomas Stutt le 19 mai 1489, que cette cour, par son arrêt (*original aux archives de M. d'Assay ; voir aux pièces justificatives*) du 28 juillet suivant, lui assura la possession de cette terre, du consentement exprès des contradicteurs, de Claude Garnier au nom et comme fondé de procuration spéciale dudit Guillaume Perrin, passée sous le scel de la prévôté royale de Bourges, devant Simon Babou, clerc juré du Roi et notaire dudit scel, le 20 septembre 1488 ; l'arrêt déclare, *que les lettres royaux obtenus par ledit Perrin sont subreptices et obreptices, inciviles et deraisonnables et que à tort et sans cause en vertu d'icelles a été fait commandement audit Stutt, défendeur, de délaisser la possession et saisine de ladite terre d'Assay, dont il est absous, et ladite terre et seigneurie et ses appartenances est déclarée lui appartenir, tous dépens dommages compensés.*

Thomas Stutt se trouva donc paisible possesseur de son bien, vu qu'il avait mis fin aux contestations qu'il avait eues avec Pierre Anquetilz, seigneur de Courcelles, au sujet des droits de justice qu'ils prétendaient l'un sur l'autre, lesquels avaient été réglés par sentence arbitrale (*original aux archives de M. d'Assay ; voir aux pièces justificatives*) du 3 juillet 1480, rendue par Jean Peloux, écuyer, lieutenant du bailli de Berry au siège de Concorsault et autres, sur leurs productions respectives, où l'on voit qu'il fut fait délivrance à Thomas Stutt du château d'Assay et dépendances, et de la justice jusques à la somme de 60 sols parisis sur les héritages désignés en l'acte, avec la faculté de la faire exercer par prévôt et sergents, et au seigneur de Courcelles la haute justice et le ressort en toute la seigneurie de Courcelles et celle d'Assay, sans préjudice des droits du châtelain de Saint-Gondon.

Thomas Stutt mourut quelque temps après, laissant veuve sa femme qui, sans doute, eut naturellement la tutelle de Berault, Jean, Michelet, François, Alexandre, Catherine et Marie Stutt, leurs enfants mineurs, mais s'étant remariée en secondes noces à Mathelin de la Roque, ils furent mis sous celle de Guillaume Stutt, écuyer, et de Florent Le Roy, aussi écuyer, leurs oncles paternel et maternel, par sentence (*original aux archives de M. d'Assay ; voir aux pièces justificatives*), rendue par le lieutenant-général du bailli de Berry le 11 septembre 1492, sur l'avis de leur mère, qui y est dite veuve de Thomas Stutt et épouse de Mathelin de la Roque, et sur celui des autres parents qui sont nommés en cet ordre : vénérables et discrètes personnes, Messire Renault Le Roy [1], chanoine, archidiacre de Bourbon en l'église de Bourges, François Tullier [2], docteur en lois et chanoine de Bourges, Messire Pierre Gentilz [3], Edme Gentilz, licenciés en lois, noble homme Jean de la Berthonnière [4], seigneur d'Ambligny (*probablement Humbligny*) et Marie Le Roy, sa femme, Gilbert Conighan [5], écuyer, seigneur du Soulier. Florent Le Roy leur donna, par acte annexé à l'acte de tutelle, procuration le 19 septembre 1498, pour traiter avec Berault Stuart, seigneur d'Aubigny et chevalier de l'Ordre du Roi, au sujet de certaines redevances dont il était tenu envers ses pupilles.

Agnès Le Roy, veuve de Thomas Stutt, vivait encore en 1512, lorsqu'elle obtint commission (*grosse en parchemin aux archives de M. d'Assay ; voir aux pièces justificatives*) du lieutenant-général au bailliage de Saint-Gondon, pour faire assigner devant lui Louis Anquetilz, se disant seigneur de Courcelles, pour avoir main-levée de la saisie qu'il avait faite de la terre d'Assay, faute de lui en avoir prêté les foy et hommage, qu'il prétendait lui être dus. Sont nés du mariage de Thomas avec Agnès Le Roy :

I. Berault STUTT, qui fut mis avec ses frères et sœurs sous la tutelle de Guillaume Stutt, écuyer, et de Florent Le Roy, aussi écuyer,

---

[1] Jacques le Roy, père d'Agnès, fut maire de Bourges en 1440.

[2] Dans la *Généalogie des Tullier*, par Riffé, il est désigné comme prieur de Saint-Hilaire, chanoine du Château-les-Bourges, official de l'Archevêque de Bourges, mort en 1518, et enseveli plus tard dans la chapelle que son frère Pierre, chanoine, fit construire en 1531 dans la cathédrale de Bourges, et qui est encore connue sous le nom de chapelle des Tullier; les différents membres de la famille Tullier sont représentés dans le magnifique vitrail de Jehan Lécuyer, si habilement reproduit en 1873 par M. Albert des Méloises. Les armes des Tullier qui sont : d'azur au chevron d'or accompagné de trois étoiles d'argent, y sont représentées avec celles des diverses alliances. Son père était Pierre Tullier, conseiller du Roi, maire de Bourges en 1482, sa mère était Marie Bonin, fille de Jean et de Jacquette Le Roy, morte en 1493.

[3] Les armes des Gentilz étaient : d'azur au chevron accompagné de trois têtes de lion arrachées d'or. Pierre Gentilz fut maire de Bourges en 1470.

[4] Les armes de la Berthonnière étaient : de sable à trois têtes de bœuf accornées d'argent, couronnées d'une triple couronne muraillée d'or.

André de la Berthonnière était prudhomme de Bourges en 1402.

[5] Les armes des Conighan étaient : d'argent au pairle de sable, écartelé d'azur à trois fermaux d'or. Famille écossaise établie ensuite en Bretagne. (Voir l'*Armorial* de Bretagne.) Robert Conighan était capitaine des gardes-écossaises, en 1469. Le vicomte de Conyghan était électeur dans le bailliage d'Auxois et Sémur pour la nomination des députés de la noblesse aux États généraux de 1789. (Louis de la Roque.) La présence de Gilbert Conigham, audit conseil de famille, comme parent, s'explique par l'annotation précédente de la page 8, puisque nous voyons qu'il avait épousé la fille de Jehan Stutt, mort en 1468, et dont nous ignorons l'union.

Les différents membres de ce conseil de famille ont joué un rôle considérable dans les affaires de Bourges, à la fin du XVᵉ siècle. (*Histoire du Berry*, L. de Raynal.)

ses oncles paternel et maternel, par sentence du bailliage de Berry du 11 septembre 1492 (*voir aux pièces justificatives*)*;* sans enfants.

II. Jean STUTT, nommé dans la tutelle de 1492; sans postérité.

III. Michelet STUTT, a fait la branche de Solminiac, en Périgord.

IV. François STUTT, auteur de la branche d'Assay.

V. Alexandre STUTT, auteur de la branche de Tracy.

VI. Catherine STUTT, nommée dans la tutelle de 1492.

VII. Marie STUTT, nommée dans la tutelle de 1492[1].

---

[1] En son *Histoire du Berry*, p. 1014, La Thaumassière dit que Ursin Alligret, seigneur de la Croix, se maria à Marie Stuc, dont il eut plusieurs enfants; il passa plusieurs actes, de 1514 à 1518; s'étant marié en secondes noces à Jeanne du Val, il eut, entr'autres enfants, Charles d'Alligret, seigneur de la Croix, qui fut témoin au mariage de François IIème Destud, seigneur d'Assay, avec François de Maubruny, le 15 mai 1583. Les armes des Alligret, que l'on voit en plusieurs chapelles de la cathédrale de Bourges, sont : d'azur à trois oiseaux ou aigrets ou cigognes d'argent, membrés et becqués de gueules 2 et 1.

BRANCHE STUTT DE SOLMINIAC

ÉTABLIE EN PÉRIGORD

Seigneurs de Solminiac, Bouniagues, la Boëssière, Mazières, Boisverdun, la Jaubertie
marquis de Solminiac, barons de Saint-Pardon.

*D'argent à 5 pals d'azur, au chef d'argent chargé d'un cœur de gueules, surmonté
d'une croix de même.*

ICHELET STUTT, seigneur d'Assay en Berry et de Solminiac en
Périgord, coseigneur de Saint-Pompont, fut mis avec ses frères et
sœurs sous la tutelle de Florent Le Roy, écuyer, son oncle
maternel, et de Guillaume Stutt, aussi écuyer, son oncle paternel,
par sentence du 11 septembre 1492, rendue à Bourges en l'hôtel
et pardevant Jean Barin, lieutenant commis et assesseur de Jean Salat, lieutenant-général de Jean de Nontier, chevalier bailli et gouverneur du Berry,
sur la réquisition des parents et aussi de ces Mesieurs, assemblés devant lui
et désignés plus haut dans ladite sentence.

Solminiac
porte :

D'azur à 2
cerfs d'or,
passant l'un
au dessus de
l'autre, la tête
couronnée .

Michelet Stutt passa en Périgord où il épousa demoiselle Jeanne DE
SOLMINIAC[1], héritière de sa Maison qui lui apporta entr'autres biens la terre
de Solminiac. Il y a lieu de croire que par les clauses de leur contrat de
mariage dont on ne peut fixer l'époque, mais qui est antérieur au 25 janvier 1514, il fut stipulé que leurs enfants porteraient le nom de Solminiac,
car l'on voit que ces enfants l'ont pris alternativement avec celui de Stutt,
mais leurs descendants l'ont pris seul, à l'exclusion de celui de Stutt, ce qui
a fait qu'ils ont perdu de vue leur nom et qu'ils se sont toujours crus Solminiac jusques en 1785, que M. le comte de Solminiac, a fait ses preuves
pour les honneurs de la Cour où il a été présenté sous le nom d'Estut de
Solminiac.

Il est à remarquer que le nom de Solminiac a été écrit de différentes
manières dans les actes qui concernent cette Maison, soit par l'ignorance des
notaires ou par la négligence des seigneurs de Solminiac; on le trouve écrit
Solvinhac, Solminiac, Solvignac, Soulvinhac, Solvignihac, Soulminiac, Solangnac, Solignac, etc.; et il a été fixé à Solminiac, par acte de notoriété fait
en 1771, époque à laquelle ceux de cette Maison se croyaient Solminiac.

Les commissaires départis pour la recherche de la noblesse, les ont
maintenus sous le nom de Solminiac, sans qu'il soit fait mention du nom
de Stutt qu'ils ont quitté antérieurement à l'époque fixée par les règlements.
Quoiqu'il en soit, nous écrirons le nom dans le cours de cet ouvrage de la
même manière qu'il est écrit dans les actes qui y servent de base.

Le premier acte qui prouve le mariage de Michelet Stutt avec Jeanne
de Solminihac[2], est une reconnaissance en date du 26 janvier 1514 (copie tirée
sur l'original étant au registre terrier de Solminihac coté A f° P) qui lui fut
passée au repaire noble de Calhau, devant Jean de la Verhne, notaire, en
qualité de seigneur de Solminiac et de mari et maître des biens dotaux de damoiselle Jeanne de Solminiac, sa femme, par Raymond de Bessas
du Mondot, habitant du lieu de Beynac, du cens de 22 deniers tournois
avec I. acapte, sur une pièce de terre que ce particulier possédait en la
paroisse de Vézac. L'on voit en cet acte que Michelet Stutt habitait Calhau.
Il repassa en Berry, pour y vendre les biens qu'il y possédait, ce qui se voit
en une vente qu'il fit à François Stutt, son frère, de la portion qui lui était

---

[1] Nous ferons remarquer que dans tout le cours du travail fait sur la branche Stutt de Solminiac,
nous avons maintenu les différentes orthographes du nom de Solminiac données par la généalogie de M. le
comte de Tracy, tout en observant que les derniers membres de cette famille écrivaient : *Solminiac*, ainsi que
nous l'écrivait M. Léopold de Gervain, un de leurs héritiers.

[2] Dans la correspondance que nous avons échangée avec MM. de Gervain et de Védrines, du
Bordelais, et avec M. Léo Drouyn, nous avons acquis la certitude que les archives des Stutt de Solminiac
sont conservées en très-grand nombre dans le château de Mouchac, près Brannes (Gironde).

échue en la terre et seigneurie d'Assay, par les successions de leurs père et mère, moyennant la somme de 733 livres 6 sols 8 deniers, monnaie courante. L'acte (*original aux archives d'Assay ; voir aux pièces justificatives*) de cette vente fut passé au lieu d'Assay, le 1ᵉʳ avril 1516, devant Jean Chopard, notaire juré sous le scel de la prévôté de Beaulieu-sur-Loire, en présence des nobles hommes, Alexandre Stutt, écuyer, leur frère, Guillaume du Parc, écuyer, et noble homme Mᵉ Étienne Barbelade, lieutenant-général du bailliage de Châtillon. Étant retourné en Périgord, en son repaire noble de Calhau, paroisse de Vézac, il fit une acquisition (*copie tirée sur l'original fᵒ 16 et suivant du terrier Solminihac coté* A) le 27 janvier 1517, qui fut passée au lieu de Beynac; il prit encore dans cet acte la qualité de seigneur d'Assay, mais il prit seulement celle de seigneur de Solminihac dans deux reconnaissances (*originaux étant folios 55 vᵉ et 89 vᵉ dudit terrier*) qui furent passées à son profit les 18 janvier 1523 et 28 août 1528, et qui furent acceptées par damoiselle Jeanne de Solminihac, sa femme. Il ne vivait plus le 19 août 1538, qu'il fut passé une reconnaissance (*copie sur l'original fᵒ 105 vᵉ terrier*) à sa femme en qualité de dame de Solminihac et qui fut acceptée par noble Léon Stutt, leur fils, dit Solminihac. Elle vivait encore le 30 mars 1544, ainsi qu'il se voit en une investiture (*original fᵒ 113 vᵉ registre*) qui fut donnée en son nom par noble Guyon Stutt, son fils, à Raymond et à Antoine Delpern, frères, des héritages qu'ils avaient acquis dans la mouvance de Solminihac, mais elle ne vivait plus le 4 mars 1546, qu'il fut passé une reconnaissance (*fᵒ 117 rᵒ du terrier coté* A) à noble Jean Stutt, son fils, en qualité de seigneur de Solminihac.

De ce mariage sont issus quatre enfants :

I. Jean ESTUT, dit de Solminiac, écuyer, seigneur de Solminiac, qui accepta pour sa mère une reconnaissance (*fᵒ 107 vᵉ terrier*), le 9 janvier 1539, où il est nommé Jean de Solminihac, une autre (*fᵒ 111 rᵒ terrier*) du 13 novembre 1540 où il est qualifié noble Jean Destut, écuyer, son fils aîné, et enfin une autre (*fᵒ 115 rᵉ terrier*) du 2 mars 1544 où il prend le nom de Lestut.

Il avait épousé demoiselle Marguerite DE MARQUESSAC[1] avec laquelle il fit une vente le dernier jour d'octobre 1577, devant Roffignac, notaire royal en la ville du Mont-de-Domme en Périgord, de deux maisons en cette ville, à Antoine Lazairennes, ainsi qu'il se voit en l'acte de retrait (*registre terrier de Solminiac coté B, fᵒ 59 rᵒ*) qui en fut fait le 13 mai 1578, par noble François de Solminiac, en qualité de son frère germain. Il partagea avec

---

[1] De Marquessac porte : d'azur à trois besans d'argent.

ses frères, les successions de leurs père et mère, et comme dans le lot de François, son frère, il était échu certains héritages qui étaient de sa convenance il fit un accord (65 v°, *regis*. B.) avec ce frère, qui fut passé en la ville de Mont-de-Domme le 13 mai 1580, par lequel il lui céda ces héritages, moyennant d'autres qu'il lui donna en échange. Les mémoires portent qu'il eut pour enfants : André, Jean, Raymond et Alain, que Jean seul se maria avec Marie de Tinen et forma une branche éteinte vers la fin du XVII° siècle. La terre de Solminiac est sortie de la maison par cette extinction. (*Notre généalogiste ne donne pas d'autres renseignements sur la postérité de Jean et de Marguerite de Marquessac, nous suppléons à ce silence par un abrégé de la vie d'Alain* [1].)

Alain de Solminiac, abbé régulier de Chancellade, évêque, baron et comte de Cahors, et conseiller au Conseil d'État et privé du

---

[1] Dans le département de la Gironde subsistent encore des descendants d'une branche de Solminihac, dite Solminihac de Chaune, dont le savant M. Léo Drouyn, de Bordeaux, a dressé la généalogie, dans la *Revue d'Aquitaine*, en 1868, d'après des pièces originales ou des copies collationnées qui étaient en la possession de Mme Delpech, née de Solminihac, en 1794. Ces différentes personnes acceptent bien l'union qu'il y a eu avec les Stutt, sans pouvoir en déterminer la date, mais, dans ce travail, il n'est fait aucune mention des Stutt, mais bien des seigneurs de Bouniagues qui sont Stutt, de même que dans celui qui a été dressé sous les auspices de M. le comte de Tracy qui a possédé tous les titres du comte Jean de Solminiac pour le présenter à la Cour, il n'est aucunement parlé des Solminihac de Chaune. Nous ne saurions dire la cause de ce double silence, quoique nous trouvions dans les deux généalogies analogie de noms, d'alliances d'armes et de lieux d'habitation. Nous ne pouvons que constater les documents de chacun, sans être à même de les contrôler. Tout en penchant pour une origine commune, nous ne saurions trancher la question de savoir si les Solminiac de Chaune formaient une branche masculine antérieure au mariage de notre Michelet Stutt, dont l'existence est bien établie par nos pièces justificatives, ou bien s'ils étaient simplement un rameau provenant de son union avec Jeanne de Solminiac. Suivant la tradition de famille, nous revendiquerions comme étant Stutt de Solminiac, André, Jean, Raymond et le bienheureux Alain, évêque de Cahors, tous les quatre fils de Jean et de Marguerite de Marquessac, dont M. Léo Drouyn donne le mariage comme ayant eu lieu le 29 novembre 1579, et cependant notre généalogie présente des actes faits en commun à une date antérieure.

Étudions les armes des différents personnages, et la conséquence qu'il serait facile de tirer, c'est que les Solminihac de Chaune seraient les héritiers directs des Solminiac primitifs, tandis que les Stutt de Solminiac n'étaient que les descendants d'une branche féminine, autrement dit, s'ils ont porté le nom de Solminiac c'est par le fait du mariage de Jeanne avec Michelet Stutt.

Jeanne portait : d'azur à 2 cerfs d'or passant l'un au-dessus de l'autre la tête couronnée, (Solminiac.)
Michelet portait : d'argent à 5 pals d'azur au chef d'argent chargé d'un cœur de gueules surmonté d'une croix de même, (Brisure de l'écusson des Stutt.)
Alain de Solminiac, évêque de Cahors, portait : écartelé, aux 1 et 4 d'argent à 5 pals d'azur, au chef d'argent chargé d'un cœur surmonté d'une croix de même, (Stutt de Solminiac) ; aux 2 et 3 d'azur à 3 belettes d'argent, (de Belet.)
Les Estut de Solminiac, éteints en 1838, avaient les mêmes armes que Michelet Stutt.
Les de Solminihac de Chaune portent actuellement : écartelé aux 1 et 4 d'azur à deux cerfs d'or passant l'un au-dessus de l'autre, et la tête couronnée, (Solminiac antique), et aux 2 et 3 de gueules à 3 belettes d'argent (de Belet.)
L'*Armorial de Bretagne*, de Potier de Courcy, signale une branche de Solminihac de Chaune, établie à Lorient, comme portant d'argent à 4 pals d'azur, au chef d'argent chargé d'un cœur de gueules, soutenant une croisette de même.
M. Léo Drouyn dit que la famille de Solminihac, dont il donne la généalogie, était fixée au XIII° siècle, au château de Solminihac, situé près de Sarlat dans la juridiction de Beynac ; il en fait remon-

ALAIN DE SOLMINIAC

Évèque, Baron, Comte de Caors

Abbé Réformateur de Chancelade

Mort le 30 X^bre 1659.

P Chenu Sculps.

Fac-simile de l'écusson

du Bienheureux ALAIN de SOLMINIAC

se trouvant en dessous de son portrait

dans certaines éditions de sa vie

par le Père CHASTENET.

Mgr BERTRAND de SOLMINIAC

Evêque et Comte de Cahors 1637.

MAGNENET

Roi, a été déclaré vénérable par la sainte Église, après être mort en odeur de sainteté le 31 décembre 1659. Les démarches faites pour le faire canoniser n'ont pas encore abouti.

Alain, fils de Jean, seigneur de Belet et de Marguerite de Marquessac, naquit au château de Belet, à deux lieues de Périgueux, le 25 novembre 1593. Il était sur le point d'entrer dans l'ordre de Malte, quand son oncle, Arnaud de Solminiac, abbé de Chancellade, à une lieue de Périgueux, l'appela auprès de lui et le présenta, pour le remplacer, au Roi qui lui envoya le brevet. Ses bulles furent envoyées de Rome, et il prit l'habit de l'ordre des chanoines réguliers de Saint-Augustin après avoir fait son noviciat et ses études théologiques pendant quatre ans, à Paris ; il s'appliqua à réformer son abbaye qui

---

ter la filiation à Gérard de Solminihac qui, le 26 juillet 1290, fait une donation à Raymond, son fils, dont les descendants devaient prendre les armes des Belet (trois belettes d'argent), Ponce de Solminihac ayant épousé Marie de Belet le 8 août 1411. Il ne donne pas l'écusson de ces Solminihac, qui, cependant, nous a été envoyé par M. de Solminihac, de Bordeaux. Pour compléter cette étude où nous trouvons bien des points de rapprochement, nous allons transcrire textuellement la portion du travail de M. Drouyn qui a trait à Jean, père d'André, de Jean, de Raymond et d'Alain, et nous renverrons à la lettre de M. Martial Delpit, qui est à la fin de l'article des Solminiac de Bouniagues [1].

« IX. Noble Jean de Solminihac, écuyer, seigneur de Belet et de Récidou, se maria, le 8 janvier « 1537, avec Jeanne des Preds ; il laissa quatre garçons, une fille et un fils posthume (lequel fut seul « à perpétuer la branche Solminihac de Chaune).

« 1° Jean de Solminihac, seigneur de Belet et de Récidou, produisit en son nom, en « celui de ses frères, *de Charles de Solminihac, écuyer, seigneur de Bouniagues* [2], et de tous « ceux qui portaient le nom de Solminihac l'inventaire des titres de noblesse de la famille de « Solminihac, pardevant Me de Mérilhac, conseiller du Roi, maître des requêtes ordinaires de « son hôtel, afin de les faire vérifier, pour, après examen, pouvoir continuer de jouir sans « trouble de tous les priviléges attachés à la noblesse. Jean de Solminihac épousa, par contrat du « 29 novembre 1579, Marguerite de Marquessac, fille de Me Pierre de Marquessac, écuyer, « seigneur de Marquessac, coseigneur de Roy, juge-mage et lieutenant-général en la sénéchaussée « de Périgord, et de Marguerite de Belcier, damoiselle. Ont signé comme témoins de ce contrat : « François Tricard, écuyer, seigneur de Romilheu ; Raymond de Marquessac, écuyer, seigneur « de Saint-Perdou ; Armand de Solminihac, écuyer, seigneur de Récidou ; André de Solminihac, « écuyer, seigneur de Chaune ; Alain de Tricard, écuyer ; François de Fars, écuyer, seigneur « de Fosselandry ; Jean Foucaud, écuyer, seigneur de Cubzac ; Poyadou notaire. Il eut quatre « garçons et deux filles, tous nommés dans le partage qu'ils firent des biens de leurs père « et mère.

« A. André de Solminihac, seigneur de Belet et de Récidou, passa, le 10 avril 1629, « une transaction avec son frère Jean, à propos de la succession de leur mère. Le 24 avril 1635, « à la demande des commissaires généraux députés pour le règlement des tailles de Guienne, « il réunit ses titres de noblesse, et il fut, sur leur examen, admis à jouir, comme par « le passé, de l'exemption de toutes tailles, subsides et impositions. Il mourut sans « enfants.

« B. Jean de Solminihac, écuyer, seigneur de la Vigerie et de Récidou, marié par contrat « du 21 décembre 1623, avec Marie de Thinon, damoiselle de Vadalle, fille de Pierre de « Thinon, écuyer, sieur du Petit-Chalout et Fliac, conseiller du Roi, juge-mage et lieutenant-

---

1. Nous avons connu trop tardivement la généalogie des Solminiac insérée dans le tome ve du *Dictionnaire universel de la Noblesse*, par de Courcelles, à la Bibliothèque nationale. (Voir à l'introduction.)
2. La présence de ce Charles, fils de Léon, prouve les rapports de famille des deux branches.   3

était tombée dans les plus grands abus. Il fut intronisé abbé, le 6 janvier 1623, par l'évêque de Périgueux, François de la Béraudière. Il reconstruisit l'abbaye qui avait été détruite en partie par les guerres et s'appliqua à former des novices dont plusieurs devinrent des saints. La réforme qu'il introduisit à Chancellade fut réclamée par de nombreuses communautés et particulièrement par les Augustins de Saint-Ambroix de Bourges. Le 20 avril 1636 il remercie le roi Louis XIII, par l'intermédiaire du Cardinal de Richelieu, de l'avoir choisi pour l'évêché de Lavaur, en faisant toutes les démarches possibles pour qu'il ne soit pas nommé ; mais son humilité eut un tout autre résultat, malgré ses supplications le Roi le nomma à l'évêché de Cahors, vacant par la mort de Pierre Habert, le 17 juin 1636. Il se retira, pendant quelque temps, dans

« général en la sénéchaussée et siège présidial de Périgueux, et de Catherine Houlier. Ont « signé........... Marie de Thinon était nièce de M. d'Argenson, ambassadeur à Venise. « Jean testa, le 21 janvier 1657, en faveur de sa femme, à la charge par elle de remettre son « hérédité à un de ses enfants, à son choix. Il laissa, entre autres :

« Hélie de Solminihac, écuyer, seigneur de Belet et de Récidou, marié, par contrat du « 8 juillet 1662, avec Marie de Chabans, dont il n'eut que deux filles, l'aînée, mariée avec « le marquis de Fayolle, lui apporta les terres de Belet et de Récidou, ainsi que tous les « titres de la famille de Solminihac.

« C. Alain de Solminihac (Rembaud, père en Dieu), né au château de Belet, le « 23 novembre 1593, fut pourvu, après son oncle, Arnaud de Solminihac, de l'abbaye de « Chancellade, à l'âge de vingt-deux ans, et ensuite nommé par le roi Louis XIII à l'évêché « de Cahors, en 1636. Il abandonna à sa mère tous les droits qui lui revenaient de la succes- « sion de son père, lors du partage de cette succession. Il mourut en odeur de sainteté le « 31 décembre 1659. On s'est occupé, pendant longtemps, de sa canonisation ; les démarches « n'ont pas encore réussi.

« D. Raymond de Solminihac, seigneur de Chaune (aliàs Channot), fait son testament « le 2 janvier 1622 ; il institue son frère Jean, son légataire universel.

« E. Isabeau de Solminihac, damoiselle de la Boyrie.

« D. Jeanne de Solminihac, damoiselle, mariée avec Thomas de Sescaud, écuyer, sieur de « la Rigardie, y habitant, paroisse de Bourdeilles, en Périgord.

« (En 1676, on trouve un Louis de Solminihac, seigneur de Mazières, paroisse de Bou- « niagues, élection de Sarlat, en Périgord.)

« 2° Arnaud de Solminihac, écuyer, seigneur de Récidou, fut abbé de Chancellade, en « Périgord (chanoine régulier de Saint-Augustin). Il constitua à son neveu, Jean de Solminihac, « fils d'André, lors de son mariage avec Isabeau du Temple, une somme de 10,000 livres.

« 3° Gabriel de Solminihac.

« 4° Antoine de Solminihac, sieur de la Vigerie. Par transaction du 24 février 1580, son « frère André et lui abandonnèrent à leur frère aîné, Jean, leurs biens paternels et maternels qui « leur étaient échus et qui devaient leur échoir de leur succession future de leur mère. Et, « en compensation, Jean leur donna à chacun une somme de 3,500 livres. Il mourut sans « enfants.

« 5° Blanche de Solminihac, légataire de son père de 1,500 livres tournois, à toucher seule- « ment le jour de son mariage.

« 6° André de Solminihac, qui suit. »
De ce dernier sont descendus les différents membres de la famille Solminihac de Chaune.

l'abbaye de Sabloneau, en Saintonge, pour se préparer à son nouvel état, se renseignant auprès des plus saints évêques de tout ce qu'il pourrait avoir à faire. Malgré l'incompatibilité des fonctions, le Roi obtint du Saint-Père qu'il conserverait l'abbaye de Chancellade, en continuant à porter le costume de son ordre. Il fut sacré le 27 septembre 1637, en l'église de Sainte-Geneviève du Mont, à Paris, par Mgr de Montchal, archevêque de Toulouse, assisté de Mgr de Sanguin, évêque de Senlis, et de Mgr de Seguier, évêque d'Auxerre; il retourna dans son diocèse en passant par Bourges, pour présenter ses respects à l'archevêque, Mgr Roland Hébert, et le reconnaître comme son métropolitain.

L'évêché de Cahors était un des plus considérables de France, ayant plus de 700 paroisses. Quand Alain arriva dans son diocèse, il trouva dans son clergé la plus grande ignorance et une dépravation de mœurs extraordinaire fomentée surtout par la présence des hérétiques; pour remédier à ces inconvénients, il dressa des statuts synodaux, il créa un séminaire, il institua des missions dont quantité furent faites par lui-même, il établit des congrégations, et il s'appliqua à distribuer les bénéfices d'une façon régulière. En 1643, il confia son séminaire aux Lazaristes de Paris dont saint Vincent de Paul était supérieur général, et créa en plus des orphelinats. Les différentes fondations qu'il fit s'élevèrent à plus de 300,000 livres, non compris les constructions de ces établissements, les restaurations des églises pauvres, et tout ce qu'il donna dans les paroisses de son diocèse, pour pourvoir au culte. Il faut lire sa vie pour se rendre compte de tout le bien que ce saint évêque a accompli; il faisait de continuelles tournées épiscopales, souvent à pied et la plupart du temps à cheval, catéchisant tous ceux qu'il rencontrait et réunissant en conférences les différents curés qui, ignorant souvent les plus simples notions de leur ministère, étaient examinés, changés, cassés ou suspendus par lui, ce qui lui attira beaucoup d'ennemis; mais, jamais, il ne se rebuta, même vis-à-vis des procès, en vue de faire établir les droits de son église.

Le vénérable Alain de Solminiac mourut, le 31 décembre 1659, âgé de soixante-sept ans, en son abbaye de Merquès qu'il habitait souvent, à peu de distance de Cahors. Il fut inhumé dans la chapelle des chanoines réguliers de Saint-Augustin dont il avait toujours pratiqué la règle, sans aucune pompe et comme un simple religieux, selon sa recommandation. Par suite de toutes ses vertus, la voix populaire l'invoqua comme prédestiné, dès après sa mort, et de nombreuses grâces furent accordées par son intercession, et particulièrement des guérisons ; il apparut même plusieurs fois et spécialement à la révérende mère Duport, abbesse de Sainte-Claire des Casses à Toulouse ; son cercueil ayant été ouvert en 1791, ses restes furent trouvés intacts et transportés dans l'église cathédrale, où son tombeau se voit encore aujourd'hui. (*Ce récit est le résumé de la vie de Mgr Alain de Solminihac, évêque baron et comte de Cahors et abbé régulier de Chancellade, par le R. P. Chastenet, prieur des chanoines réguliers du prieuré de Notre-Dame de Caors de la réforme de Chancellade, à Cahors, par Jean Bonnet, imprimeur libraire, approbation de plusieurs évêques* [1].) On l'invoque le 30 décembre.

II. Léon ESTUT dit de Solminiac, auteur des seigneurs de Bouniagues, qui suit.

III. Guyon ESTUT, connu par une reconnaissance (*f° 113, registre coté A*) qu'il accepta le 30 mars 1544, pour damoiselle Jeanne de Solminiac, sa mère ; il y est nommé Estut. On ne lui connaît pas de postérité.

IV. François ESTUT dit de Solminiac, écuyer, seigneur de Cernet, habitant du lieu de Beynac, qui, comme on vient de le voir à l'article de son frère Jean, fit, le 13 mai 1578, le retrait de deux maisons situées en la ville de Mont-de-Domme que ce frère avait vendues, fit un accord avec lui le 13 mai 1580, où il est qualifié écuyer, seigneur de Cernet ; il fit aussi un échange avec Léon Estut, son autre frère, le 18 février 1571. Il a été marié, mais il n'a pas eu d'enfants.

VIIe DEGRÉ

Noble Léon ESTUT, nommé Estut, Stutt et enfin Solminiac seulement, écuyer, sieur de la Borderie, accepta pour damoiselle Jeanne de Solminiac, sa mère, une reconnaissance (*f° 105 v° terrier coté A*), qui lui fut passée le

---

[1] Voir Godeau, *Éloge des évêques*, éloge 102. — Moreri, en son *Dictionnaire historique*, vol. I, p. 201. — Mgr Guérin, auteur des *Petits Bollandistes*.
Le clergé de France, écrivait en 1847 Mgr Bardou, évêque de Cahors, avait sollicité, de 1670 à 1784, à sept reprises différentes, sa canonisation dont il s'engageait à faire tous les frais, d'après sa demande de 1775 ; l'autorisation renouvellée en 1786 fut interrompue par la Révolution, et reprise en 1806 par Pie VII. Une nouvelle instruction ordonnée par Pie IX fut de nouveau interrompue par les événements de 1848. (Articles de l'abbé Riboulet sur Chancellade, dans le *Bulletin du Périgord*, 1882.) Dans le même recueil, M. de Rouméjoux donne une description archéologique de l'abbaye de Chancellade, avec dessin des bâtiments du logis de l'abbé, il y dit que les écussons de la porte d'entrée et d'une cheminée portent : de gueules à trois pals d'or. (Voir notre introduction.)

19 août 1538, en qualité de dame de Solminiac ; il y prit le nom de Stutt, il en accepta encore une autre (*f°* 109) le 13 janvier 1540 où il est nommé noble Lyon de Solminihac. Il épousa, par acte sous-seing privé (*grosse originale en parchemin*) passé au lieu de Castelnau, diocèse de Sarlat, sénéchaussée de Périgord, le 4 août 1558 et reconnu le même jour, devant Bouriet, notaire royal, damoiselle Françoise DE VIVANT[1], fille de noble Charles de Vivant, habitant du dit lieu de Castelnau et de feue damoiselle Marie de Cazenac.

Vivant porte :
D'or au lion de gueules.

Il est nommé dans ce contrat noble Lyon Estut, et cependant l'on voit en la grosse originale qu'il porte le nom seul de Solminiac. Le père de la demoiselle de Vivant lui constitua en dot ses habits nuptiaux, savoir : une robe de camelot de soie, avec un devant de satin noir, une autre robe de noces sans presse de bon drap de Paris et un devant de damas tané, une autre de drap tané de Nyort, le tout bon drap, et la somme de 400 livres tournois dont 300 livres payables le jour des noces, et les autres 100 livres à raison de 10 livres par chaque année, et cela pour tous les droits qu'elle pouvait prétendre dans la succession de feue damoiselle Louise-Marie de Cazenac sa mère. Léon Estut fit un échange le 18 février 1571, (*original au f° 50 r° terrier Solminihac, coté B*) qui fut passé au lieu de Beynac en Périgord, devant Bonnet, notaire royal, avec noble François de Solminiac, son frère, qui lui abandonna 2 sols 2 deniers tournois de cens et rente qu'il percevait de lui à cause d'une pièce de terre située en la paroisse de Vezac, au lieu dit à la Boissarie, et il lui donna en échange deux boizigues avoine qu'il percevait sur le nommé Antoine Carynon, à cause d'un tenement que ce particulier possédait en la paroisse de Castel, juridiction de la Roque. Il ratifia, le 18 décembre 1587, le contrat de mariage de Charles de Solminiac, son fils, auquel il n'avait pas assisté, et ne vivait plus le 26 avril 1605, ainsi qu'il se voit en un contrat (*expédition originale en papier*) de vente qui fut passé ce même jour au bourg de Bouniagues, juridiction de la Borde, en Périgord, devant Artieu, notaire royal, par dame Françoise de Vivant, sa femme, de toutes ses prétentions sur la succession de noble Léon de Solminiac, son mari, à noble Jean du Buisson, son gendre, seigneur de Calderier, mari de Judith de Solminiac, sa fille, pour s'acquitter envers eux de la somme de 600 livres qu'elle lui avait constituée en dot. Elle vivait encore le 21 avril 1603, ainsi qu'il se voit en un contrat de vente où noble Isaac de Solminiac, son fils, stipula pour elle. De leur mariage sont nés :

I. Charles ESTUT, dit de Solminiac, qui a continué la postérité.

II. Noble Isaac ESTUT, dit de Solminiac, nommé au testament de

---

[1] Voir Lachesnaye-Desbois.

son frère aîné du 15 août 1599, fit une vente, le 25 avril 1605, des droits qui lui appartenaient en la métairie de la Borderie, située en la paroisse de Vézac.

III. Noble Jean ESTUT, dit de Solminiac, nommé dans la donation du 15 mars 1593, faite par son frère aîné à leur mère et dans son testament du 15 août 1599.

IV. Noble Pierre ESTUT, dit de Solminiac, aussi nommé dans la donation du 15 mars 1593 et dans le testament de son frère aîné du 15 août 1599, assista au contrat de mariage, en date du 19 mars 1611, de Charles Estut, dit de Solminiac, son neveu, avec la demoiselle de Nouailhan. Il a fait la branche des seigneurs de la Barrère que nous donnerons ci-après.

V. Judith ESTUT, dite de Solminiac, nommée dans la donation du 15 mars 1593 faite par son frère aîné ; elle était mariée avant le 25 avril 1605 à noble Jean DU BUISSON [1], seigneur de Calderier, il lui fut constitué en dot une somme de 1,500 livres dont 900 livres furent payées comptant et pour la remplir des autres 600 livres, sa mère, par acte du dit jour, 25 avril 1605, lui abandonna ses prétentions sur la succession de noble Léon Estut, son mari, père de sa dite fille.

VIIIᵉ DEGRÉ

De Griffon porte :
D'azur au griffon d'or.

CHARLES ESTUT, dit de Solminiac, chevalier, seigneur de Bouniagues, gouverneur pour le Roi des ville et château de Caumont, épousa par contrat (*grosse en parchemin où il est nommé Solmignac*) du 18 décembre 1587, passé en la ville de Montpazier, en Périgord, devant Léonard Bru, notaire royal du lieu de Gavaudon, en Agénois, damoiselle Françoise DE GRIFFON, veuve de Mᵉ Lamoureulx, en son vivant avocat au Parlement de Bordeaux, et fille de François de Griffon, écuyer, et de défunte Isabeau de Fayolles. La future épouse fut assistée de son père, de Raymond de Dordaigne, écuyer, seigneur de Polgris et Pierre de Dordaigne, aussi écuyer, seigneur de la Clauzade, ses cousins germains. Son père lui fit don de la somme de 4,800 livres outre la dot qu'il lui avait constituée lors de son premier mariage. Les témoins furent entre autres, noble Jean de Besson, écuyer, et Jean de Ferau, capitaine. Le père du futur ne parut point

---

[1] Du Buisson porte : d'or à un arbre ou buisson de sinople.

au contrat, mais il le ratifia par acte du 18 du même mois 1587, passé au lieu de Gavaudon, en Agénois, devant le même notaire. Charles Estut qui donne lieu à ce degré fit donation (*grosse en parchemin où il est qualifié gouverneur de Caumont*), le 15 mars 1593, passée en la ville de Caumont, en Condomois, devant Bornier, notaire, à damoiselle Françoise de Vivant, sa mère, de tous les biens et revenus qu'il possédait dans les juridictions de Benac et de Montflanquin pour en jouir en usufruit pendant sa vie, à la charge de nourrir et entretenir Jean, Pierre et Judith, ses frères et sœur. Il fit son testament (*grosse en parchemin*) en sa maison noble de Bouniagues, le 15 août 1599, qu'il remet clos à Artieu, notaire royal, le 12 décembre de la même année. Par ce testament, il laisse le lieu de sa sépulture au choix de damoiselle Françoise de Griffon, sa femme, à laquelle il donna l'usufruit de tous ses biens, pour en jouir, ainsi que de ses meubles, pendant sa viduité, fait des legs à ses domestiques, rappelle la donation qu'il a faite à Françoise de Vivant, sa mère, et lui lègue en outre son habitation en une maison qu'il dit avoir acquise au bourg de Bouniagues, à la charge par elle de nourrir Jean et Pierre de Solmignac, écuyers, ses frères, à chacun desquels il lègue 200 écus ; déclare que de son mariage sont issus six enfants qu'il nomme : Pierre, Charles, Jacques, Catherine, Françoise et Antoinette de Solmignac, institue son héritier universel Pierre, son fils aîné, et lègue à chacun de ses autres enfants 700 écus, substitue à son fils aîné ses autres enfants, suivant l'ordre de primogéniture et à ceux-ci Isaac de Solmignac, frère de lui testateur, pour moitié, et Jean et Pierre de Solmignac, ses autres frères, pour l'autre moitié ; il mourut avant le 29 mai 1600, que sa veuve fit faire l'ouverture de son testament devant le sénéchal de Périgord. Il est encore rappelé dans une vente (*original en papier où il est appelé Solvignac*) en date du 25 avril 1605, passée au bourg de Bouniagues, devant Marcet, notaire royal, faite par noble Isaac de Solminiac, son frère, sieur de la Borderie, tant en son nom que comme se faisant fort de damoiselle Françoise de Vivant, leur mère, de sa moitié et de sa légitime en l'autre moitié de tout ce qui avait appartenu à défunt noble Léon Stut de Solvignac, leur père, à la dame leur mère, et audit Charles, son frère, dans le lieu de la Borderie, situé en la paroisse de Vezac, moyennant la somme de 650 livres tournois. Sa veuve parut au contrat de mariage du 19 mars 1611, de Charles, leur second fils. Il eut de ce mariage :

I. Pierre ESTUT, dit de Solminiac, qui a continué la postérité.

II. Noble Charles, IIme ESTUT, dit de Solminiac, seigneur de la Boissière, en Périgord, capitaine d'une compagnie de cent hommes de guerre à pied, par commission du 14 mars 1619 (*original en parchemin*), qui a été légataire de son père, en son testament du 15 août 1599. Il épousa, par contrat du 19 mars 1611 (*expédition en papier délivrée le 28 février 1648, par du Buc, successeur de Bouglon*) passé au château de la Motte-Gondrin, sénéchaussée d'Armagnac, devant G. de Bouglon, notaire royal, du lieu de Torrebrez, noble Françoise DE NOUAILHAN[1], veuve de feu noble Charles de Verduzan, en présence de Pierre de Solminiac, son frère, d'autre noble Pierre de Solminiac, son oncle, de noble Hercule de la Rocquain, seigneur de Rigaumont, et de noble Ogier de Lavardac, seigneur de Blancasset, ses cousins. Étant majeur de vingt-cinq ans, il donna quittance audit Pierre, son frère, de la somme de 900 livres, le 3 juillet 1615, devant Bertrand, notaire royal de Bergerac. Il fut maintenu dans sa noblesse par ordonnance des commissaires généraux pour le règlement des tailles en Guyenne, du 8 mai 1635.

III. Noble Jacques ESTUT, dit de Solminiac, aussi légataire de son père en son testament du 15 avril 1599, fut maintenu dans sa noblesse avec son frère par ordonnance du 8 mai 1635; transigea, par acte du 24 juillet 1642, passé à Bergerac, devant Boutin, notaire royal, avec Isaac d'Estut de Soulmignac, son neveu; il avait épousé damoiselle Marthe DE BELRIEU, fille de Jean de Belrieu et d'Isabelle de Saulière et sœur de Marguerite de Belrieu, femme de son frère aîné, Pierre Estut, dit de Solminiac; il ne vivait plus ainsi que sa femme, le 28 juin 1677. Ils eurent pour fils:

Charles ESTUT, dit de Solminiac, écuyer, seigneur de Labithar, qui épousa par contrat dudit jour 28 juin 1677, passé au lieu appelé le Carrou, juridiction de Tombebœuf, devant Beaujon, notaire royal, damoiselle Jeanne DE GERVAIN[2], fille de feu noble Gabriel de Gervain, écuyer, sieur de Roquepiquet et de damoiselle Marie Beraud.

IV. Catherine ESTUT, dite de Solminiac, légataire du 15 août 1599.

V. Françoise ESTUT, dite de Solminiac, légataire du 15 août 1599.

VI. Antoinette ESTUT, dite de Solminiac, légataire du 15 août 1599.

---

[1] De Nouailhan porte : d'argent à la croix pommetée et alesée de gueules.
[2] Les armes de Gervain sont : d'azur, au chevron d'or, accompagné de 3 roses de même, 2 en chef, 1 en pointe. Voir Lachesnaye-Desbois et l'*Armorial général de France* de d'Hozier, reg. I, part. I, p. 252. Cette famille remonte à Pierre Gervain, seigneur de Roquepiquet, juridiction de Verteuil, en Agénois, capitaine de la ville de Montclar, en 1492.

IX· DEGRÉ

PIERRE ESTUT, dit de Solminiac, écuyer, seigneur de la Maison noble de Bouniagues, jadis appelée de Mazières, capitaine d'une compagnie de cent hommes de guerre à pied français, au régiment de la Motte-Gondrin, par commission du roi Louis XIII donnée à Bordeaux le 6 décembre 1615 (*original en parchemin où le nom est écrit Solvignac*), où il servait en cette qualité le 20 septembre 1616, suivant certificat (*original en papier*) du sieur de Gondrin de Montespan, chevalier des Ordres du roi, capitaine de cent hommes d'armes, premier maréchal de camp de ses armées et lieutenant pour Sa Majesté en Guyenne. Il fut institué héritier universel de son père, en son testament du 15 août 1599 ; il épousa par contrat du 7 avril 1605, passé en sa maison noble de Bouniagues, devant Artieu, notaire royal, en conséquence des pactes qui en avaient été dressés le dernier jour d'août 1604 (*grosse original en parchemin où le nom est écrit Solmignac*), damoiselle Marguerite DE BELRIEU, fille de M. Jean de Belrieu, conseiller du Roi, lieutenant particulier en la sénéchaussée de Périgord, au siége de Bergerac, et de damoiselle Isabeau de Saulière ; la damoiselle de Griffon, sa mère, stipula pour lui en ce contrat, mais il le ratifia par acte du 14 du même mois d'avril 1605 (*il est à la suite du contrat*), passé en la ville de Bergerac, devant le dit Artieu, notaire royal. L'on y voit que les pactes en avaient été dressés du consentement des plus proches parents des futurs époux, savoir : de Jean du Buisson, écuyer, sieur de Calderiez, oncle du futur ; de Pierre de Madalhan, écuyer, sieur de Paris et de Gibel, son cousin ; d'Arnaud de Berail, écuyer, sieur de Boisjouran ; de Bernard de Berail, écuyer, sieur de la Roque, et de Jean de Belrieu, écuyer, sieur de Saint-Dizier. Les futurs promettent s'épouser en l'Église réformée ; les père et mère de la future lui constituent en dot 6,000 livres tournois dont il est destiné 1,800 livres à acquitter les dettes de la succession de Charles de Solminiac, écuyer, père du futur époux ; la mère du futur l'élit pour recueillir le tiers de ses biens, en conséquence des clauses de son contrat avec son défunt mari.

Pierre Estut qui donne lieu à ce degré assista au contrat de mariage, en date du 19 mars 1611, passé au château de la Motte-Gondrin, sénéchaussée d'Armagnac, devant G. de Bouglon, notaire du dit lieu de Torrebrez, de noble Charles de Solminiac, son frère, seigneur de la Boissière en Périgord, avec noble Françoise de Nouailhan. Il transigea avec ce frère et avec sa mère, et, en conséquence de cette transaction, qui fut passée devant Mathieu, notaire royal, le 7 avril 1611, il reçut quittance de la somme de 900 l., le 3 juillet 1615, devant Bertrand, notaire royal à Bergerac, qui lui fut donnée par ce frère. Étant sur le point de partir pour le service du Roi, il fit son

De Belrieu porte :
D'azur à un croissant d'argent, au chef d'or chargé de 3 étoiles de gueules.

4

testament mystique, (*original en papier où le nom est écrit Soulmignac*), en sa maison de Bouniagues, le 3 août 1620, dans lequel il rappelle damoiselle Marguerite de Belrieu, sa femme, et lui lègue l'usufruit de tous ses biens, sans en rendre compte, à la charge de nourrir et entretenir leurs enfants, Isaac, Charles, Jean, Geoffroy, non encore baptisé, à cause de l'incommodité de noble Geoffroy de Vivant, cousin de lui testateur, à qui il le destine pour le présenter au baptême, Suzanne et Judith ; il lègue à chacun de ses enfants 1,200 l., à l'exception de l'aîné, Isaac, qu'il nomme son héritier universel.

D'après ce testament, il est prouvé que du mariage de Pierre Estut, dit de Solminiac, sont issus six enfants, savoir :

I. Isaac ESTUT, dit de Solminiac, qui a continué la postérité.

II. Charles ESTUT, dit de Solminiac, écuyer, seigneur de Maurens, archiprêtre de Bouniagues, qui a été légataire de son père ; il a assisté au contrat de mariage du 29 juin 1641, de damoiselle Suzanne de Solminiac, sa sœur, avec Isaac Delbosc ; il est nommé au testament de son frère aîné, du 14 mai 1650 ; il a aussi assisté au contrat de mariage, du 21 novembre 1684, de Jean dit de Solminiac, son petit-neveu avec damoiselle Isabeau Digeon.

III. Jean ESTUT, dit de Solminiac, écuyer, seigneur de Lestrade, capitaine au régiment de Guyenne, infanterie, par commission (*original*) du 10 janvier 1645, qui fut légataire de son père, en son testament du 3 août 1620 ; il assista au contrat de mariage du 29 juin 1641 de Suzanne, sa sœur, avec Isaac Delbosc ; il est nommé au testament de son frère aîné du 14 mai 1650.

IV. Geoffroy ESTUT, dit de Solminiac, nommé au testament de son père, du 3 août 1620 ; l'on voit qu'il n'avait pas encore reçu le baptême.

V. Suzanne ESTUT, dite de Solminiac, légataire de son père en son testament du 3 août 1620, mariée par contrat du 20 juin 1641, passé au bourg de Bouniagues, devant Vergniaud, notaire royal, à Isaac DELBOSC, sieur de Garigue, en présence de son frère aîné, de Charles et de Jean de Solminiac, ses autres frères.

VI. Judith ESTUT, dite de Solminiac, aussi légataire de son père.

X' DEGRÉ

Isaac ESTUT, dit de Solminiac, écuyer, seigneur de Bouniagues, Mazières et la Baune, fut institué héritier universel de son père, en son testament du 3 août 1620; il épousa, par contrat (*grosse originale en parchemin où le nom est écrit Soulminiac*) du 29 septembre 1630, passé en la paroisse de Rouffiac, juridiction de Puybeton en Agénois, devant Martinauld, notaire royal, damoiselle Anne DE GALAUP, fille de défunt Joseph de Galaup, écuyer, sieur de la Motte, et de damoiselle Anne du Bal; il fut assisté de noble Bartezac du Verrier, sieur de Laubepin, son oncle, et de Charles de Solminiac, sieur de Maurens, son frère; la demoiselle de Galaup y fut assistée de sa mère et de noble Louis du Bal, sieur du Bousquet, son aïeul. L'on voit en ce contrat que les futurs promettent s'épouser en l'Église romaine; la mère lui constitue en dot 6,000 livres. Le futur époux fait donation au premier enfant mâle à naître de leur mariage ou à tel autre qu'il nommera, de la moitié de tous ses biens : en cas de non nomination, il veut que ce soit l'aîné, et s'il n'y a pas de mâles, il réserve cette donation au premier enfant mâle à naître de son second mariage, dans le cas où il se remarierait. Les témoins qui furent présents à ce contrat sont entre autres, Jacques Dalchef, écuyer, sieur de la Garde et Jean de Galaup, sieur Delmare.

De Galaup porte :
De gueules au coq d'or becqué et membré de sinople, terrassé d'argent et accosté de 2 croissants du même, au chef cousu d'azur chargé de trois étoiles d'or.

Isaac Estut ayant été assigné, ainsi que Charles, Jacques et Catherine de Solminiac, ses oncles et tante, à l'effet de produire leurs titres de noblesse, devant les commissaires généraux, pour le règlement de tailles en Guyenne, ils firent cette production et furent déchargés de l'assignation (*expédition en papier délivrée par le greffier de l'élection de Périgueux où l'acte fut enregistré, le nom y est écrit Solminiac*) par ordonnance de ces commissaires, rendue à Périgueux, le 8 mai 1635; il assista au contrat de mariage (*original en papier*) du 20 juin 1641, qui fut passé au bourg de Bouniagues, juridiction de la Barde, en Périgord, devant Vergniaud, notaire, entre damoiselle Suzanne de Solminiac, sa sœur, et Isaac Delbosc, sieur de la Garrigue; il transigea avec ce beau-frère, par acte du 27 juin 1647 (*expédition en papier où le nom est écrit Soulmigniac*) passé devant le même notaire, au sujet de la dot de 3,000 livres qui avait été constituée à sa sœur, pour tous ses droits et prétentions dans les successions de défunts Pierre de Solminiac, écuyer, et Marguerite de Belrieu, leurs père et mère. Il fit son testament mystique (*expédition en papier*) avec sa femme, en leur château de Bouniagues, le 14 mai 1650, qu'ils déposèrent le même jour à Vergniaud, notaire royal. Par ce testament, ils élirent leur sépulture en l'église de Bouniagues; le mari lègue à sa femme l'usufruit de tous ses biens, à la charge de nourrir et entretenir leurs enfants; celle-ci

lui lègue 3,000 livres. Ils déclarent avoir de leur mariage cinq enfants, savoir :
Louis, Jean, Anne, Henrie et Marthe; lèguent à Jean 2,500 livres, à chacune
de ses filles 1,800 livres tournois, et instituent Louis, leur fils aîné, héritier
universel, en lui substituant leurs autres enfants, et à ceux-ci Charles de
Solminiac, écuyer, sieur de Maurens, archiprêtre de Bouniagues, leur oncle,
et après lui, Jean de Solminiac, écuyer, sieur de Lestrade, leur autre oncle.
Il vécut longtemps après ce testament, car il assista au contrat de mariage de
son fils aîné, du 16 mars 1660. Sa femme ne vivait plus alors. De ce mariage
sont nés :

I. Louis ESTUT, dit de Solminiac, qui suit.

II. Jean ESTUT, dit de Solminiac, écuyer, seigneur de la Baume,
demeurant au bourg de Clotte, juridiction de Puybeton, en Périgord,
légataire de son père, en son testament du 14 mai 1650; il fut présent
au contrat de mariage du 15 juillet 1685, de Marie de Solminiac, sa
nièce, fille de Louis, son frère aîné, avec noble Gracien de Rossanes [1],
écuyer. Ayant réclamé sa légitime dans les successions de ses père et
mère, contre dame Isabeau Digeon, femme de Jean de Solminiac, son
neveu, il transigea avec elle à ce sujet, par acte du 3 juillet 1698.

III. Anne ESTUT, dite de Solminiac, légataire de ses père et
mère.

IV. Henrie ESTUT, dite de Solminiac, légataire de ses père
et mère.

V. Marthe ESTUT, dite de Soliminiac, légataire de ses père et
mère.

XI· DEGRÉ

Louis ESTUT, dit de Solminiac, écuyer, seigneur de Bouniagues, Mazières
et la Baume, capitaine d'une compagnie de cavalerie étrangère au régiment
de la Roque-Cusson, par commission du roi Louis XIV (*original en parchemin
où le nom est écrit Solangnac*) datée d'Amiens du 15 septembre 1653, servit au ban
et arrière-ban de la province de Guyenne, suivant un certificat (*original en papier
où l'on y voit le nom écrit: de la Mazères de Soulminiac*) daté de Dacys, du

---

[1] De Rossanes porte : d'argent à deux chevrons renversés de gueules.

2 juillet 1674, de M. le maréchal d'Albret, gouverneur et lieutenant-général en ladite province. Il fut institué héritier universel de son père, en son testament du 14 mai 1650. Il épousa, par contrat du 16 mai 1660 (*expédition en papier où le nom est écrit Solminiac*) passé au château de Banes, en Périgord, devant du Claux, notaire royal, damoiselle Henrie DE BERGUES, fille de messire Jean-Jacques de Bergues, chevalier, maréchal des camps et armées du Roi, seigneur de Faux, Mons et Banes, et de damoiselle Serenne de Larmandie ; la future épouse y fut assistée de sa mère, mais son père se fit représenter par Mᵉ Jean Gellieu, ministre de la parole de Dieu, en l'église de Languays. L'on voit dans ce contrat que les futurs époux promettent s'épouser en l'église de Dieu [1]. Le père de la future lui constitue en dot la métairie appelée la Saint-Dezière, située en la plaine de Blanquiez, et sa mère lui donne 4,000 livres, au moyen de quoi elle renonce à tous droits. Le père du futur époux, en conséquence des clauses insérées en son contrat de mariage avec feue damoiselle Anne de Galaup, sa femme, le nomme pour recueillir la moitié des biens de sa mère et il autorise son fils à faire pareille donation de la moitié de ses biens à l'un des enfants à naître de son mariage, qu'il nommera, et à défaut de nomination, à l'aîné, et du tiers de ses mêmes biens à l'une de ses filles. Sa future fait aussi donation du tiers de ses biens en faveur d'un enfant mâle, et du quart en faveur d'une fille.

De Bergues porte : D'or au lion lampassé de gueules.

Louis Estut, fut assigné ainsi que Charles de Solminiac, sieur de Masset, de la part de Nicolas Catel, préposé à la recherche de la noblesse, à l'effet de produire leurs titres devant M. de la Brousse, subdélégué de M. Pellot, intendant en Guyenne ; ils firent cette production, d'après laquelle ce subdélégué, par son ordonnance du 11 décembre 1666 (*original en parchemin où le nom est écrit Solmigniac*) les déchargea de l'assignation qui leur avait été donnée. L'on voit en tête de cette ordonnance qu'ils avaient articulé reconnaître pour parents de leur même famille, Charles de Solminiac, écuyer, prêtre et curé de Monnestier, Jacques de Solminiac, écuyer, sieur de la Billiat, Jean de Solminiac, écuyer, sieur de la Baume, Philippe de Solminiac, sieur de la Chapelle, Jean de Solminiac, écuyer, sieur de la Boissière, tous habitants en la paroisse de Bouniagues, à l'exception du sieur de la Barrère, qui demeurait en celle d'Eauze, en Armagnac. Cette ordonnance fut confirmée par jugement de M. Pellot, intendant en Guyenne, du 12 janvier 1667 (*original en papier où le nom est écrit Solvignac*). Étant obligé de s'absenter pour aller servir dans la convocation de la noblesse, il donna procuration le 25 mai 1673 (*brevet original*) passée au bourg de Bouniagues, devant Vergniaud, notaire royal, à damoiselle Henrie de Bergues, sa femme, pour régir et administrer leurs biens, pendant son absence. Il ne vivait plus le 15 janvier 1683, ainsi qu'il se voit au testament mystique que la dame de

[1] Ces expressions sont tirées textuellement de la généalogie qui a copié le contrat, ainsi que nous le verrons ailleurs.

Bergues, sa veuve, fit en sa maison noble de Mazières, et qu'elle déposa le même jour à Chalvet, notaire, (*copie collationnée le 25 juin 1704 sur une copie représentée par noble Gracien de Rossanes, le nom y est écrit Solminihac*). Elle y déclare faire profession de la religion réformée, élit sa sépulture au tombeau de son mari, dont elle dit avoir eu pour enfants : Jean de Solminiac, écuyer, Serenne et Marie de Solminiac, laquelle Serenne était décédée depuis la mort de son père, lègue à ladite Marie la somme de 12,000 livres, et institue son héritier universel ledit Jean, son fils, à qui elle substitue Marie, sa sœur. Elle fit un codicille le même jour 15 janvier 1683, devant Chalvet, dans lequel elle rappelle son testament et lègue l'usufruit de ses biens à messire Jacquelin de Beynac, seigneur de la Couture, Saint-Vincent et la Geobertie, pour en jouir jusqu'à la majorité de ses enfants, à la charge de les nourrir et de les entretenir. Son testament fut ouvert après sa mort le 3 décembre 1684 par le lieutenant-général de la sénéchaussée de Bergerac. De ce mariage sont issus :

I. Jean ESTUT, dit de Solminiac, qui a continué la postérité.

II. Serenne ESTUT, dite de Solminiac, nommée au testament de sa mère du 15 janvier 1683, ne vivait plus à cette date.

III. Marie ESTUT, dite de Solminiac, légataire de sa mère, mariée par contrat du 15 juillet 1685, passé au château de Mazières, devant Chalvet, notaire, à noble Gracien DE ROSSANNES, écuyer, seigneur de Monat, lieutenant d'une compagnie de chevau-légers au régiment de Villeneuve, fils de noble Pierre de Rossanes, écuyer, seigneur dudit lieu, et de damoiselle Suzanne de Villebois. Son mari transigea le 5 octobre 1704, au sujet de la dot de 12,000 livres qui avait été constituée à sa femme, avec dame Isabeau Digeon, sa belle-sœur, femme de noble Jean de Solminiac.

XII° DEGRÉ

De Digeon porte :

Tranché d'azur et d'argent, à la bande d'or et accompagnée au canton dextre de deux croix de sable, l'une au-dessus de l'autre, et au canton senestre d'une cannette d'or surmontée d'une étoile de même.

JEAN ESTUT, dit de Solminiac, écuyer, seigneur de Bouniagues, Mazières et la Baume, fut institué héritier de sa mère en son testament du 15 janvier 1683; il épousa par contrat du 21 novembre 1684, passé au château de Virazel, en Agénois, devant Fecquet, notaire, damoiselle Isabeau DE DIGEON (*grosse originale en parchemin où le nom est écrit Soulminhac*), fille de feu messire Jean Digeon, écuyer, seigneur de Saint-Pardon, et de feue dame Jeanne Courbin. Il fut assisté à ce contrat de messire Charles de Solminiac, son grand-oncle, écuyer, seigneur de Solminiac, de messire Jacques de Beynac, seigneur de la Couture et de

Saint-Vincent ; de noble Philippe Daurous, écuyer, seigneur de la Palisse, et de noble Pierre Bailhet, écuyer, seigneur de Flouransac. Sa future y fut assistée de messire Pierre Digeon, son frère, écuyer, seigneur de Saint-Pardon et de Bois-verdun, et de messire Jacques de Belrieu, seigneur et baron de Virazel, con-seiller au Parlement de Guyenne. L'on voit en ce contrat que les futurs époux promettent s'épouser en la religion réformée dont ils font profession. La future se constitue en dot 12,000 livres ; son futur fait donation à tel de leurs enfants mâles qu'il choisira, la moitié de tous ses biens ; dans le cas où il n'aurait pas choisi, il en laisse l'option à sa femme, et, à défaut d'élection, il veut que ce soit l'aîné ; s'il n'y a que des filles, il réduit ce don au tiers avec la même condition, il accorde un douaire de 3,000 livres, et l'usufruit de ses biens, à la charge de nourrir et entretenir leurs enfants ; sa future épouse lui fait don de 1,500 livres.

Il assista au contrat de mariage (*copie en parchemin timbré faite le* 25 *juin* 1764 *sur une autre représentée par noble Gracien de Rossanes*) en date du 15 juillet 1685, passé au château de Mazières, paroisse de Bouniagues, de damoiselle Marie de Solminiac, sa sœur, avec noble Gracien de Rossanes, écuyer, seigneur de Monat, lieutenant d'une compagnie de chevau-légers au régiment de Villeneuve, fils de défunt Pierre de Rossanes, écuyer, et de damoiselle Suzanne de Villebois, qui y fut assisté de messire Pierre de Digeon, seigneur de Saint-Pardon, et de noble Jean de Pony, écuyer, seigneur de Larrouy, son beau-frère. La future épouse fut encore assistée de noble Jean de Solminiac, son oncle paternel, écuyer, seigneur de la Baume, habitant au lieu de Clottes, juridiction de Puybeton, de messire Jacquelin de Beynac, seigneur de la Couture, la Geobertie et autres places ; de son cousin, noble Philippe Daurous, écuyer, sieur de la Palisse, et de nobles Charles et Philippe de Solminiac, écuyers, sieurs de Labillac et de la Chapelle, ses cousins.

Jean Estut, dit de Solminiac, qui donne lieu à ce degré, ayant été obligé de s'absenter du royaume pour cause des troubles de la religion, sa femme resta administrative de leurs enfants ; ce fut en cette qualité qu'elle transigea par acte du 3 juillet 1698, passé au bourg de Bouniagues, devant Pigeard, notaire royal, avec noble Jean de Solminiac, écuyer, seigneur de la Baume, oncle paternel de son mari, pour raison de la légitime que cet oncle prétendait sur les biens d'Isaac de Solminiac, son père, dont il avait fait la demande en la sénéchaussée de Bergerac, sur laquelle était intervenue sentence. L'on voit en cette transaction que sa légitime est fixée à 1,000 livres, et qu'il fait don de la moitié à son petit-neveu, fils aîné de ladite Isabeau Digeon. Elle transigea aussi, par acte du 5 oc-tobre 1704, avec noble Gracien de Rossanes, son beau-frère, écuyer, seigneur de Monat, au sujet de l'intérêt de la somme de 12,000 livres qui avait été consti-tuée en dot à Marie de Solminiac, sa fille, le 8 novembre 1715 ; elle assista au contrat de mariage de son fils, du 12 août 1720. De ce mariage sont issus :

I. Henri ESTUT, dit de Solminiac, qui suit.

II. Marie ESTUT, dite de Solminiac, mariée à Pierre DE SAINTOUR-DE-CLERMONT, écuyer, capitaine de dragons au régiment de Saint-Sarlin; elle est nommée ainsi que son mari dans un arrêt du Parlement de Bordeaux du 28 juin 1706, et dans le contrat de mariage de son frère du 12 août 1720. Elle a eu de son mariage :

A. Pierre-Charles DE SAINTOUR DE LA BAUME, seigneur de la Boissière, la Motte et autres lieux, chevalier de Saint-Louis, qui avait pour fils, en 1771, François et Pierre de Saintour.

B. Marie DE SAINTOUR, femme de Jean-Baptiste DE LORRIÈRE, seigneur de Ferant, Fontanets, etc., chevalier de Saint-Louis, qui avait pour fils, en 1771, Henry de Lorrière.

XIIIᵉ DEGRÉ

HENRI ESTUT dit de Solminiac, écuyer, seigneur de Boisverdun, Mazières, la Baume et Saint-Pardon, enseigne de la compagnie de Boulon au régiment royal d'infanterie de la marine, sous la charge de M. le comte d'Angennes, par brevet du roi Louis XIV (*original en papier où le nom est écrit Solignac*), daté de Versailles, du 14 mai 1702; ayant perdu son père, il passa sous la curatelle d'Hilaire Catinon avec Marie de Solminiac, sa sœur, femme de Pierre de Saintour, écuyer, capitaine de dragons, au régiment de Saint-Sarlin; ce fut en cette qualité de curateur, que le sieur Catinon obtint un arrêt du Parlement de Bordeaux (*grosse originale en parchemin où le nom est écrit Solvignac*), le 28 juin 1706, sur l'appel d'une sentence du sénéchal d'Agen, du 21 août 1704, contre messire Pierre de Digeon, écuyer, seigneur baron de Monteton, Paul de Gervain, écuyer, seigneur de Roquepiquet, et dame Henriette de Digeon, son épouse, et Anne-Victoire et Jeanne de Digeon, demoiselles mineures, par lequel, la Cour, attendu la remise faite par dame Isabeau de Digeon, mère desdits Henri et Marie de Solminiac, de la substitution faite par le testament de Charles de Digeon du 21 juin 1640, déclare cette substitution ouverte en faveur de ses enfants. Henri Estut passa un acte (*expédition en papier timbré où le nom est écrit Solminihac*) avec sa mère, le 8 novembre 1715, qui fut reçu au château de Boisverdun, paroisse et juridiction de Tombebœuf, par Freyssinède, notaire; il obtint un arrêt du Parlement de Bordeaux le 17 février 1720, avec Marie de Solminiac, sa sœur, femme de Pierre de Saintour, écuyer, pour contraindre, au paiement des dépens qui leur avaient été adjugés par un précédent arrêt de cette Cour, Pierre de Di-

geon, écuyer, sieur de Monteton, Paul de Gervain, écuyer, sieur de Roquepiquet, et Anne-Henriette de Digeon, son épouse, ainsi que Anne-Victoire et
Jeanne de Digeon.

Henri épousa, par contrat du 12 août 1720, passé en la ville de Bordeaux,
devant Bolle qui en a gardé la minute, et Bernard, son confrère, notaires en ladite
ville, damoiselle Marie-Olympe DE SÉGUR, fille de messire François de Ségur, De Ségur
porte :
écuyer, seigneur du Grand-Puch, et de dame Marie-Anne de Mazières ; sa mère Écartelé aux
1 et 4 d'argent
ne parut pas à ce contrat, mais elle s'y fit représenter par messire Henry d'Au- au lion de
geard, chevalier, président à mortier au Parlement de Bordeaux. Il y fut assisté gueules, et aux
2 et 3 de gueu-
de dame Catherine de Belrieu, épouse dudit sieur d'Augeard, et de messire de les pleins ; à
la bordure de
Vincens, comte de Cezac, conseiller au même Parlement. La future épouse fut gueules char-
gée de 10 be-
assistée de ses père et mère et contracta de l'agrément de ses parents qui furent : sans d'or en
orle.
Messire Jean de Ségur, chevalier, comte de Cabanac, ancien sous-maire de
Bordeaux, son oncle et parrain ; de dame Marie-Anne de Ségur, sa tante, veuve
de messire Joseph de Thibaut, écuyer ; de messire Joseph de Ségur, chevalier,
baron de Bellefert, conseiller du Roi en ses conseils, sous-maire de Bordeaux, son
cousin-germain ; de dame Jeanne de Pedesclaux, épouse de M. de la Vergne,
écuyer, seigneur baron de Labesco, et de dame Anne-Marie de Taillefer, veuve
de messire de Ségur, seigneur de Ponhac.

L'on voit, en ce contrat, que les futurs promettent s'épouser avec les cérémonies accoutumées ; le sieur d'Augeard, au nom de procureur de la mère du
futur époux confirme la remise qu'elle a faite en sa faveur, des deux tiers de la
substitution portée au testament de feu Charles de Digeon, écuyer, sieur de Boisverdun et Saint-Pardon, du 21 juin 1640, retenu par Beniteau, notaire royal, et
le nomme son héritier universel, à la charge de payer la légitime à dame Marie
de Solminiac, sa sœur, dame de Clermont. Les père et mère de la demoiselle
de Ségur lui constituent en dot 36,000 livres ; la dame de Thibaut lui fait don
de 4,000 livres ; son futur lui accorde un douaire de 600 livres de rente, avec la
jouissance de ses biens. Ils font donation du tiers de leurs biens à l'un des enfants
mâles à naître de leur mariage qu'ils se réservent de nommer, et à défaut de mâles,
à une fille. Henri de Solminiac mourut avant sa femme qui, le 6 avril 1761, fit,
en sa maison de Boisverdun, un testament mystique, qu'elle remit le même jour
à Jagon, notaire ; elle y déclare avoir institué pour héritier Pierre de Solminiac,
son fils aîné, par son contrat de mariage, sous la réserve d'une somme de 9,000 livres dont elle fait des legs particuliers, savoir : à Henri et à Pierre, ses deuxième
et troisième fils, chacun 2,500 livres, à Isabeau et autre Isabeau, ses filles, chacune 1,000 livres, à Georges de Bans, son petit-fils, enfant de sieur Georges de
Bans et de Marie de Solminiac, sa fille, pareille somme de 1,000 livres. Pierre
de Solminiac, son fils aîné, qu'elle institue son héritier universel est chargé de
payer les légitimes à ses frères et sœurs ; elle mourut peu de temps après son
testament, mais l'ouverture n'en fut faite que le 4 juin 1772, au lieu des Bassets,

paroisse de Lalemans, juridiction de Tombebœuf, devant Jagon, notaire. De ce mariage sont issus :

I. Pierre ESTUT, dit de Solminiac, qui suit.

II. Henri ESTUT, dit de Solminiac, nommé au contrat de mariage de son frère, du 4 avril 1758, fut tué, en 1760, à l'attaque de Québec.

III. Autre Henri ESTUT, dit de Solminiac, nommé au testament de sa mère, du 6 avril 1761 ; il a d'abord servi en qualité de lieutenant au régiment d'infanterie de Béarn, puis a été fait lieutenant de la compagnie de grenadiers postiches, du bataillon de milice de Bergerac, par brevet du 25 février 1750.

IV. Autre Pierre ESTUT [1], dit de Solminiac, aussi nommé au testament de sa mère, a servi dans la seconde compagnie des mousquetaires, où il avait été inscrit le 23 mai 1753, depuis le 10 mai 1755, jusques au 3 juin 1757 ; il avait été nommé cornette de cavalerie, au régiment de la Viefville, par brevet du 27 mai 1757 (original), puis fut cornette en celui de Sainte-Aldegonde, en 1760, qu'il se présenta pour prendre l'attache de M. le marquis de Béthune.

V. Marie ESTUT, dite de Solminiac, mariée : 1º par contrat du 10 octobre 1743, passé par devant Berard, notaire à Clérac, en Agénois, au sieur DE L'ABADIE [2]; et 2º, par contrat du 9 juillet 1744, passé devant Freyssinet, notaire, à Tombebœuf, à messire Georges DE BANS; elle est nommée au contrat de mariage de son frère aîné du 4 avril 1758 ; elle avait un fils de son second mariage, nommé Georges de Bans, à qui demoiselle Marie-Olympe de Ségur, son aïeule maternelle, fit un legs de 1,000 livres, par son testament du 6 avril 1761.

VI. Isabeau ESTUT, dite de Solminiac, nommée au testament de sa mère.

VII. Autre Isabeau, dite de Solminiac, aussi nommée au testament de sa mère.

---

[1] A l'assemblée de la noblesse de la sénéchaussée de la Guyenne, séante à Bordeaux, du 9 au 21 mars 1789, il est désigné ainsi : Pierre Destud, chevalier de Solminiac. (Catalogue des gentilshommes qui ont pris part à l'élection des députés aux États-généraux de 1789, par MM. Louis de la Roque et Édouard de Barthélémy.)

Nous attribuerons volontiers à Pierre Estut de Solminiac la mention suivante : « Un ancien garde « du corps, M. de Solminiac, fut aussi une des victimes sacrifiées dans ce jour; sa défense dura plus d'un « quart d'heure ; deux fois il échappa, deux fois il fut ramené, enfin, accablé par le nombre, il succomba. » (Description de la journée du 10 août 1792, dans l'Histoire de la Révolution, par le vicomte de Conny, vol. IIIe, p. 256.)

[2] De l'Abbadie porte : de gueules à deux lions affrontés d'or contrerampants sur une montagne d'argent, au chef cousu ....? chargé d'une colombe essorante d'argent.

XIV° DEGRÉ

PIERRE ESTUT, dit de Solminiac, chevalier, marquis de Solminiac, II° du nom, baron de Saint-Pardon, Boisverdun et autres lieux, l'un des mousquetaires du Roi, puis cornette d'une compagnie de chevau-légers au régiment d'Orléans (*original par brevet du 1ᵉʳ avril 1743*) dont il prêta le serment le 18 mars 1744, a épousé par contrat du 4 avril 1758 passé devant Mᵉ Alleaume, qui en a gardé la minute, et son confrère, notaires au Châtelet de Paris, demoiselle Marie-Anne-Henriette DE SÉGUR [1], fille mineure de messire Jean, comte de Ségur, seigneur du Grand-Puch, chevalier de Saint-Louis, ancien capitaine de cavalerie au régiment d'Orléans, et de défunte dame Marie-Louise Le Maître des Marais ; son père s'est fait représenter à ce contrat par messire Joseph, vicomte de Ségur, marquis de Cabanac. La future épouse fut assistée de son père, et les parties contractèrent de l'avis et consentement de leurs parents et amis qui sont nommés en cet ordre : Haute et puissante dame Jeanne-Henriette Le Maître, épouse dudit seigneur vicomte de Ségur, tante ; messire Jean-François de Pontac, capitaine de cavalerie, cousin paternel ; messire Joseph-Marie de Ségur, et messire Gabriel-Henri de Ségur, cousins paternels ; messire Jean-Baptiste, chevalier de Ségur, chevalier de Malte, capitaine des vaisseaux du Roi, cousin issu de germain paternel ; messire Pierre-Antoine de Jaucourt, seigneur baron d'Hubans en (Nivernais), cousin issu de germain maternel ; messire Étienne Vivans de Jaucourt, chevalier de Saint-Louis, aide-major des gardes-françaises, devenu colonel de Vieille-Marine, cousin ; messire Louis-Pierre comte de Jaucourt, commandant les gendarmes écossais, puis maréchal de camp et chevalier de Saint-Louis, et Mᵐᵉ Élisabeth-Sophie Gilly, son épouse, cousins ; dame Guyonne de Thiébon, marquise de Pons, cousine issue de germaine ; Jean-Marie, chevalier de Gascq, écuyer de Mᵍʳ le duc d'Orléans ; haut et puissant seigneur messire Jean-Georges-Jules de Talleyrand-Périgord, vicomte de Talleyrand, brigadier des armées du Roi, et dame Catherine Olive de la Salle, son épouse, cousins ; dame Louise-Anne-Madeleine de Vernon, épouse de M. le marquis de Ségur, lieutenant-général, chevalier des Ordres ; très-haute et très-puissante dame Philippe-Angélique de Froissy, veuve de très-haut et très-puissant seigneur Mᵍʳ de Ségur, lieutenant-général, chevalier des Ordres du Roi [2] ; dame Élisabeth, marquise de Saint-

Ségur porte: Écartelé aux 1 et 4 d'argent au lion de gueules, aux 2 et 3 de gueules plein ; à la bordure de gueules chargée de 10 besans d'or en orle.

---

[1] La Chesnaye-Desbois, en son *Dictionnaire*, à l'article *Ségur*, met que la fille de Jean de Ségur s'est mariée à N. DE STUD.

[2] Cette famille de Ségur tient à l'histoire de France, et s'est illustrée par les hautes dignités qu'elle a remplies. Dans l'*Histoire de l'Ordre de Saint-Louis*, par Mazas, en trois volumes, nous trouvons de nombreux

Georges, veuve de M. de Rambures, lieutenant-général des armées du Roi, cousin ; dame Élisabeth-Jeanne de Rambures, épouse de M. de Ligny, cousine ; messire Charles-Olivier de Saint-Georges, marquis de Vérac, cousin maternel ; dame Étiennette de Meuve, veuve de messire Jean-Paul de Bochart, comte de Champigny, maréchal des camps et armées du Roi, tante à la mode de Bretagne ; haut et puissant seigneur Louis, marquis des Réaux, cousin.

La mère du futur époux, Marie-Olympe de Ségur, par le ministère de son fondé de procuration, le nomme et choisit pour recueillir le tiers de ses biens et de ceux de son défunt mari, tant en conséquence de la clause portée en leur contrat de mariage qu'en vertu de la permission qu'il lui en a donnée par son testament, et lui fait don de la terre et seigneurie de Boisverdun toute meublée, et l'institue son héritier universel sous la réserve de l'usufruit de ses autres biens et de pouvoir disposer de la somme de 9,000 livres, à la charge, par son fils, de fournir leur légitime à Henri, à autre Henri, à Pierre, à Elisabeth et à autre Élisabeth de Solminiac, ses frères et sœurs, attendu que Marie de Solminiac, son autre sœur, avait été dotée par ses contrats de mariage, le premier avec le sieur de Labadie, passé devant Berard, notaire à Clérac, en Agénois, le 10 octobre 1748, et le second avec messire Georges de Bans, passé devant Fressinet, notaire à Tombebœuf, le 19 juillet 1744. Les père et mère de la future épouse déclarent la marier avec ses droits dont il entrera 20,000 livres en communauté ; le futur époux accorde un douaire de 2,500 livres de rente à sa future épouse et son habitation dans tel château qu'elle choisira.

Pierre Estud, 11ᵉ, qui donne lieu à ce degré, a été institué héritier universel de sa mère, en son testament mystique (*grosse en parchemin*) du 6 avril 1761.

Par contrat du 15 novembre 1763, passé devant Baron le jeune, qui en a gardé la minute, et son confrère à Paris, dame Anne-Louise Martin, veuve de Alexandre de la Ralde, écuyer, sieur de Larrard, du marquisat de Puiguilhem et de la baronnie de Saint-Barthélémy, conseiller secrétaire du Roi, lui vendit la terre, seigneurie et baronnie de Saint-Barthélémy et dépendances, située en la province d'Agénois, moyennant la somme de 231,000 livres. Ladite terre consistait en maison noble, écurie, grange, jardin, vergers, terres, bois, domaines, cens, rentes, redevances, lods, ventes, justice, greffe, droit de prélation et tous autres droits et devoirs seigneuriaux, relevant du Roi à cause de son duché de Guyenne, telle que la dame venderesse et son mari l'avaient acquise, par contrat passé devant Raffeneau et son confrère, notaires à Paris, le 3 octobre

---

chevaliers des Ordres du Roi, des lieutenants-généraux, des généraux de division, etc. Lachesnaye-Desbois la fait remonter à 1179, dans la personne de Geoffroy Hélie, seigneur de Ségur, sans les confondre avec les Ségur de Frans.

1756, de Mᵍʳ Camille-Louis de Lorraine et ses consorts, héritiers de dame Élisabeth de Roquelaure, femme, à son décès, de Mᵍʳ Louis, prince de Lorraine, à laquelle elle était échue par le partage des biens de la succession de Mᵍʳ Antoine-Gaston-Jean-Baptiste, duc de Roquelaure, pair et maréchal de France, qui l'avait acquise par décret forcé sur la Maison de Caumont-Lauzun.

Comme le nom de Solminiac avait été corrompu et écrit Solvignac, tant dans le contrat de mariage de Pierre Estut, ııᵉ, que dans différents actes; il fit convoquer grand nombre de ses parents au château de la Jaubertie, paroisse de Colombier, juridiction de Monbazillac, en Périgord, le 25 juillet 1771, lesquels déclarèrent devant Finguyon, notaire royal, que le vrai nom était Solmigniac, et que c'était par erreur qu'il avait été écrit Solvignac ou autrement. Il est à remarquer qu'à cette époque MM. de Solminiac ignoraient absolument que leur nom fût Estut; ils se croyaient Solminiac avec d'autant plus de raison que leurs auteurs ont quitté le nom d'Estut avant l'époque à laquelle il est nécessaire de remonter pour les preuves ordinaires et que lorsqu'ils ont été maintenus, lors des différentes réformes de la noblesse, il n'a jamais été question du nom d'Estut. Le besoin de preuves plus reculées qu'a eu M. de Solminiac fils [1], pour monter dans les carrosses du Roi, les éclaira sur leur vraie origine et leur a fait recouvrer le nom d'Estut qu'ils n'avaient quitté que par le mariage de Michelet Stutt, leur auteur, avec l'héritière de la Maison de Solminiac avant 1514.

Du mariage de Pierre Estut, ııᵉ, dit de Solminiac [2], sont issus :

I. Jean ESTUT, ııᵉ du nom, dit de Solminiac, qui suit.

II. Pierre-Jean ESTUT, dit chevalier de Solminiac, né le 21 janvier 1763, mort en 1838.

III. Élisabeth ESTUT, dite de Solminiac, qui a assisté au contrat de mariage de son frère aîné.

---

[1] Nous observerons que, malgré cet acte de notoriété, Jean Estut, lors de sa présentation à la Cour en 1786, fut inscrit ainsi : M. le comte de Solminiac (d'Estut). Souvenirs de la marquise de Créquy, t. X, éd. 1840, chez Delloye.

[2] Nous trouvons dans le Catalogue des gentilshommes convoqués en 1789 que, à l'assemblée de la noblesse de la sénéchaussée de Guyenne, séante à Bordeaux du 9 au 21 mars 1789, notre Pierre est désigné ainsi : Pierre Destut, chevalier, marquis de Solminiac, seigneur de Saint-Barthélemy, Eymet, Saint-Pardon, Boisverdun et Laloubière (près Bergerac, département de la Dordogne).

À l'assemblée de la noblesse du Périgord, tenue à Périgueux le 16 mars 1789, nous trouvons à la page 12 du cahier, la mention suivante : de Saintours de Bogerade représente Destut de Solminiac-Deymet (d'Estut de Solminihac d'Eymet), ainsi que dame Brouin de Fayolle ; de Saintours de Verdon représentait la dame de Soulhiac de Fayolle.

XVᵉ DEGRÉ

JEAN ESTUT, 11ᵉ du nom, comte de Solminiac, chevalier, né le 19 janvier 1759, ancien sous-lieutenant au régiment de cavalerie d'Orléans, ensuite capitaine de cavalerie au régiment Dauphin, par commission du 28 février 1778 (*original en parchemin*), a épousé par contrat du 26 mai 1780 passé devant Mᵉ Prévost qui en a gardé la minute et son confrère, notaires à Paris, demoiselle Marie DIGEON DE MONTETON, fille mineure de défunts messire Jean-Jacques Digeon, chevalier, baron de Monteton, et de dame Suzanne de Narbonne-Pelet ; il y a été assisté de ses père et mère ; la demoiselle Digeon a été assistée de messire Jacques Vassal de Montviel, chevalier, son conseil à tutelle et fondé des procurations de messire Jean-Jacques Cornuaud de Fonbourgade, écuyer, chevalier de Saint-Louis, ancien capitaine des grenadiers au régiment de Normandie, son tuteur honoraire ; de messire Hilaire de Fontviel, chevalier, seigneur de Montboucher ; de Jean Laffon l'aîné, écuyer, et de Jacques-Alexandre Laffon de Ladébat, aussi ses conseils à tutelle. Les futurs époux se marient de l'avis et consentement de leurs parents et amis, savoir du côté du futur : de damoiselle Élisabeth de Solminiac, sa sœur mineure ; de dame Sophie-Louise de Montléard, épouse de haut et puissant seigneur Alexandre-Joseph comte de Ségur, officier des gendarmes de la garde du Roi, tante maternelle ; de haut et puissant seigneur Louis-Pierre comte de Jaucourt, maréchal des camps et armées du Roi, cousin ; de haut et puissant seigneur Jacques-Robert d'Herissy, marquis d'Estrehan, lieutenant-général des armées du Roi, oncle à la mode de Bretagne ; de messire Paul-Florent-Alain de Solminiac, abbé de Cadouin, vicaire-général de Cahors, cousin [1].

Du côté de la demoiselle future épouse, de demoiselle Élisabeth Digeon de Monteton, sa sœur mineure ; de messire Henri, marquis d'Asnières, chevalier, brigadier des armées du Roi, et de dame Jeanne-Rose Digeon de Monteton, son épouse, aussi sa sœur ; de messire Jean-Pierre-Auguste, comte de Pelet-Talmont, lieutenant de grenadiers au régiment des

Digeon de Monteton porte :

Tranché d'azur et d'argent, à la bande d'or accompagnée au canton dextre de deux croix de sable, l'une au-dessus de l'autre, et au canton senestre d'une canette d'or surmontée d'une étoile de même.

---

[1] Nous ne saurions dire à quelle branche des Solminiac appartient cet ecclésiastique dont il n'est pas question dans la filiation précédente, pas plus que dans la généalogie des de Solminihac de Chaune, mais que nous voyons ici comme parent et dont il est parlé dans la lettre de M. Martial Delpit, que nous donnons plus loin ; nous serions tentés de l'attribuer à la branche de Solminiac de la Barrère.

L'abbaye de Cadouin, située près du Buisson, station de la ligne de Périgueux à Agen, fut fondée par Robert d'Arbrissel, au XIIᵉ siècle ; elle est célèbre par la précieuse relique du Saint-Suaire de Notre-Seigneur, qui donne lieu encore actuellement à des pèlerinages, le dimanche du Bon-Pasteur, le jour de la Pentecôte et le 8 septembre de chaque année. Les fêtes de Cadouin du 5 septembre 1866 furent rendues des plus solennelles par la présence de plusieurs archevêques et évêques.

gardes-françaises, cousin issu de germain; de haut et puissant seigneur, Mr Philippe-Henry, marquis de Ségur, chevalier des Ordres du Roi, lieutenant-général de ses armées; de M. le vicomte de Ségur, et de M. le chevalier de Ségur, tous trois cousins.

Les père et mère du futur époux lui constituent en dot 30,000 livres, et la propriété de la terre de Saint-Barthélémy; la dot de la demoiselle Digeon de Monteton est de 376,396 livres 14 sols 4 deniers et son douaire est fixé à 3,000 livres de rente.

Jean Estut de Solminiac fut présenté à la famille royale, le 7 mai 1786, par M. le comte de Stutt de Tracy, colonel du régiment de Penthièvre-infanterie; il monta dans les carrosses de la Cour, et le lendemain il chassa avec le Roi. Il mourut en son château de Mouchac, en l'année 1814.

M. le comte de Solminiac [1] avait, de son mariage, en 1788, les enfants dont les noms suivent :

I. Henri-Phillippe ESTUT DE SOLMINIAC, né le 29 juillet 1783, et mort à l'âge de vingt ans, sans postérité.

---

[1] Dans le *Catalogue des gentilshommes convoqués en 1789, pour la nomination des députés de la Noblesse aux États-généraux*, nous trouvons qu'à l'assemblée de la sénéchaussée de Guyenne, séante à Bordeaux, du 9 mars au 21 du même mois 1789, il est désigné ainsi : « Jean Destut, comte de Solminiac, capitaine de cavalerie au régiment Dauphin, sire marquis de Tombebœuf, « seigneur de Mouchac ».

M. Léopold de Gervain a bien voulu nous transmettre ces derniers renseignements sur sa famille.

Nous croyons utile de faire connaître ce que nous a écrit M. Martial Delpit, député de la Dordogne à l'Assemblée Nationale, en réponse à la lettre que nous lui avions adressée :

Paris, 24 janvier 1873.

ASSEMBLÉE NATIONALE
—

Monsieur,

« J'ai beaucoup entendu parler de la branche de la famille de Solminiac dont vous voulez bien « m'entretenir, par un de mes oncles, M. Pol du Rival, qui avait personnellement connu M. le mar- « quis de Tombebœuf; mais je n'ai aucun renseignement sur cette branche et ne sais s'il en existe des « représentants.

« Le domaine que je possède dans la commune de Bouniagues appartenait à M. Alain de Sol- « miniac, abbé de Cadouin et grand-vicaire de Cahors. Cet excellent homme, très-lié avec mon « grand-père, est mort en 1807, à la Tour, chez sa cousine Mme de Beaumont-Touchebœuf. Il avait « légué sa bibliothèque à mon oncle, ancien député de la Dordogne, et à mon père; c'était le plus « clair de son héritage, et Mme de Beaumont abandonna Castang à mon père, à la charge par lui de « payer les dettes et d'acquitter les legs de l'abbé qui, ayant continué à vivre, selon son rang, malgré « les désastres de la Révolution, avait consommé son patrimoine. L'abbé avait un frère, le chevalier « de Solminiac, mort dans sa maison, à Bouniagues, vers 1831 ou 1832; une sœur religieuse à Feugnes, « et une autre morte à Castang. Mon père traita avec ces divers membres de la famille et leur acheta « leurs droits sur Castang.

« Les propriétés de cette branche de la famille de Solminiac étaient fort réduites au moment « de la Révolution. L'abbé avait vendu plusieurs maisons, etc. Une partie des biens de sa famille « avait passé par un mariage dans la famille de Saint-Ours. En remontant au XVIIe siècle, on « trouve encore la famille de Solminiac en possession des terres de Bouniagues, Castang, la Boissière

II. Rose-Sophie-Aglaé ESTUT DE SOLMINIAC, morte en 1851, après avoir épousé Henry, baron de Gervain, d'où :

A. Émile DE GERVAIN marié à Louise DE LABRUYÈRE, sans enfants.

B. Léopold DE GERVAIN, marié en premières noces à Marie COURTOIS, et en deuxièmes noces à Jeanne DE PORTAL, d'où trois enfants.

C. Léontine DE GERVAIN, épouse de R. DE VEDRINES, d'où deux enfants.

III. Élisabeth ESTUT DE SOLMINIAC, épouse de Pierre, marquis DE ROSSANES, d'où :
Nathalie DE ROSSANES, morte sans postérité en 1878, après avoir épousé le vicomte DE RICHEMONT.

« Mazières, la Jaubertie, etc., etc., c'est-à-dire d'une partie du pays. Je n'ai de l'abbé de Solminiac
« que des livres, son testament et quelques lettres. Tout son mobilier avait été porté à la Tour, ou
« laissé par lui à son valet de chambre. Je me souviens d'avoir vu chez Mme de Laurière (fille de
« Mme de Beaumont) un beau portrait sur émail, monté en médaillon, du bienheureux Alain de Sol-
« miniac, réformateur de Chancellade et évêque de Cahors. Ce bijou provenait de l'abbé de Solmi-
« niac. Vous connaissez certainement la vie du bienheureux Alain de Solminiac par le P. Chastenet,
« un vol. in-12......

« Croyez, Monsieur,.....

« Martial DELPIT. »

BRANCHE DE LA BARRÈRE ET DE JAUTAN

ISSUE DES SEIGNEURS DE SOLMINIAC DE BOUNIAGUES

VIII° DEGRÉ

IERRE ESTUT dit de Solminiac, écuyer, seigneur de la Barrère, quatrième fils de Léon Estut, écuyer, sieur de la Borderie, et de Françoise de Vivans, est nommé dans la donation faite par Charles Estut, son frère aîné, en faveur de damoiselle Françoise de Vivans, leur mère, par acte du 15 mars 1593, (*grosse en parchemin reproduite par M. le marquis de Solminiac*) passé en la ville de Caumont en Condomois, devant Bernier, notaire, à la charge, y est-il dit, de nourrir et entretenir Jean, Pierre et Judith de Solminiac, ses frères et sœur. Cette même donation est rapportée (*expédition en papier délivrée en 1666*) au testament de son frère du 15 août 1599, par laquelle il la confirme. Il assista au contrat de mariage, en date du 19 mars 1611, (*grosse en parchemin aux archives de M. de Solminiac*), puis au château de la Motte-Gondrin, en Armagnac, devant de Bouglon, notaire royal, de noble Charles Estut dit Solminiac, son neveu, seigneur de la Boissière, en Périgord, et fils de Charles son frère aîné, avec demoiselle Françoise de Nouailhan. Il épousa, par acte du 14 août 1617, passé devant Dufaur, notaire de la ville d'Eauze, demoiselle Hilaire DE LA MORE, fille de Jean de la More, chevalier, seigneur de la Barrère, gentilhomme servant du Roi, et de demoiselle Jeanne de Brezard ; elle avait un frère qui avait servi en qualité d'homme d'armes de la compagnie du baron de Fontenille, et qui s'était marié à demoiselle de la Roche-Fontenille. Il paraît que, par ce contrat de mariage, la terre de la Barrère fut donnée en dot à sa future, sous la réserve de l'usufruit en faveur du père ; cela est prouvé par des lettres d'appel qu'il obtint le 3 juin 1623 (*original en parchemin*), en la chancellerie, à Agen, en qualité de seigneur propriétaire de la Barrère, et prenant fait et cause pour noble Jean de la

De la More : Armes inconnues.

More, seigneur usufruitier de la même terre de la Barrère ; l'on voit en ces lettres qu'il était appelant d'une sentence rendue par le juge de Lectoure, du 20 mai de la même année 1623, en faveur des syndic et habitants de la Barrère ; l'on y voit qu'il était appelant d'une sentence portant cassation de l'élection faite de la personne de Raymond de la Valette à la charge de consul de ce lieu. Il a la qualité d'écuyer dans l'exploit de signification qui fut faite de ces mêmes lettres le 15 dudit mois de juin. Jean de la More, son beau-père, ainsi que dame Hilaire de la More, sa femme, obtinrent pareilles lettres (*original en parchemin*), en la chancellerie du Parlement de Toulouse, le 26 août 1623, qui furent signifiées à leur requête (*original en papier*) par exploit du surlendemain.

Pierre Estut, dit de Solminiac, assista, avec dame Hilaire de la More, sa femme, en date du 24 mai 1638, au contrat de mariage, passé au château noble de la Barrère, devant Bouglon, notaire royal, de demoiselle Jeanne-Silvie de Solminiac, leur fille, avec noble Théodore de la Barthe, écuyer ; ils lui constituèrent en dot la métairie du Tarril avec ses appartenances. Le 4 juin 1655, il fit donation, passée au château noble de la Barrère, devant du Buc, notaire royal, en faveur de Pierre Lescure dit Fervaque, son domestique, d'une petite maison située au lieu de la Barrère. La demoiselle de la More, sa femme, ne vivait plus le 22 décembre 1656, ainsi qu'il se voit en une transaction (*original en papier*) qu'il passa ce même jour au château noble de la Barrère, devant Dubuc, notaire royal, par laquelle il s'obligea avec noble Jacques de Solminiac, leur fils, en qualité d'héritier de sa mère, de payer la somme de 1,200 livres, à noble Bernard de Meignan, sieur de Nauterot, en qualité d'héritier de noble Guillaume de Maignan, son frère, qui l'était aussi de Jeanne Fresquet, sa femme, et ce pour raison d'un échange qui avait été passé le 9 janvier 1617, devant Fonteau, notaire royal de la ville de Montréal, entre lesdits Pierre de Solminiac et sa femme avec feu Guillaume de Maignan : de ce mariage sont issus :

I. César ESTUT, dit de Solminiac, écuyer, seigneur de la Barrère, ne semble pas avoir eu de postérité.

II. Jacques ESTUT, dit de Solminiac, qui suit :

III. Jean-Louis ESTUT, dit de Solminiac.

IV. Jeanne-Silvie ESTUT, dite de Solminiac, mariée par contrat du 24 mai 1638, à noble Théodore DE LA BARTHE, écuyer, sieur du Belit, en faveur duquel elle testa le 24 mai 1666, et aussi en faveur de Jacques, son frère, et de Catherine, sa sœur.

V. Catherine ESTUT, dite de Solminiac, femme de noble Pierre DE PICHARD [1], a été légataire de sa sœur, en son testament du 24 mai 1666; de leur mariage est issu :

Pierre DE PICHARD qui plaidait au Parlement de Toulouse, en 1699, avec Pierre Estut dit de Solminiac, seigneur de la Barrère, son cousin-germain.

IX⋅ DEGRÉ

Noble JACQUES ESTUT, dit de Solminiac, écuyer, seigneur de la Barrère en partie et de Jautan, servait, le 5 juillet 1634, en qualité d'enseigne au régiment de Turenne, compagnie de Burosc, ainsi qu'il se voit en un certificat (*original en papier*) de M. de Caumont de la Force, daté de Saveille, où sa filiation est prouvée, ainsi que la qualité d'écuyer de son père. Il fut fait capitaine au régiment d'infanterie de Cugnac, par commission datée de Paris du 7 août 1636 (*original en papier*); il épousa par acte du 18 décembre 1651, passé en la maison noble de Sainte-Régonde, juridiction de Nérac, devant Bouglon, notaire royal, noble Marie DE COTTIN, fille de feu noble Pierre de Cottin, seigneur de Jautan et de noble Jeanne Bourcq; il y fut assisté de noble Pierre de Solminiac, son père, écuyer, seigneur de la Barrère, qui lui constitua tous les droits qui lui étaient acquis par le décès de noble Hilaire de la More, sa mère, et confirma en sa faveur la donation qu'il avait faite par leur contrat de mariage de la moitié de tous ses biens à l'un de leurs enfants mâles. La mère de la future épouse lui constitua les biens qui lui étaient échus par le décès de son père, et lui fit en outre donation des deux tiers tant de la somme de 3,000 livres qu'il lui avait reconnue, par leur contrat de mariage, que de l'augment qu'elle avait acquis par son prédécès, comme encore des biens qui lui étaient advenus par le décès de Jean du Bourcq, son père, écuyer, sieur de Saint-Julien. Les futurs époux font donation de la moitié de leurs biens en faveur de l'un des enfants mâles à naître de leur mariage, dont ils se réservent la nomination, à défaut de laquelle ils veulent que ce soit l'aîné, à qui ils substituent les autres mâles et à ceux-ci les femelles suivant l'ordre de primogéniture.

De Cottin porte : D'azur à 2 chevrons d'argent, accompagnés de 3 hures de sanglier, 2 en chef et 1 en pointe.

Jacques Estut, dit de Solminiac, fit faire une sommation le 25 mai 1662, (*original en papier*) au lieu de la Barrère, devant Dubuc, notaire, à noble Jean de

---

[1] De Pichard porte : de sable à 3 poissons d'argent appelés Pichards, mis en pal.

Bezolles, sieur de Cauderone, il fut institué héritier universel de demoiselle Jeanne-
Silvie de Solminiac, sa sœur, femme de noble Théodore de la Barthe, sieur du
Belit, par son testament (*grosse originale en parchemin*) du 24 mai 1666, passé
en la ville d'Eauze, devant Dericalz, notaire, où l'on voit que la testatrice fait don
de l'usufruit de tous ses biens à son mari et de la propriété de leurs acquêts et
lègue à damoiselle Catherine de Solminiac, sa sœur, femme de noble Pierre de
Pichard, la somme de 500 livres. Il ratifia par acte du avril 1672 (*grosse en
parchemin*) passé en la ville d'Eauze, devant Dericalz, notaire royal, la vente qui avait
été faite par noble Théodore de la Barthe, son beau-frère, à Mᵉ André Pichot,
lieutenant de juge de la ville d'Eauze, de la métairie de Tarrit, au moyen de quoi
son beau-frère le tint quitte de la somme de 1,000 livres d'augment qu'il avait
gagné, par le prédécès de sa femme et s'engagea en outre de payer à sa décharge
les legs qu'elle avait faits par son testament; ce fut en conséquence de cette
promesse qu'après le décès de son beau-frère, il fit sommer par acte du 17 avril
1681, passé en la ville d'Eauze, devant Paume, notaire royal, noble Jean-Jacques
et autre Jean-Jacques de la Barthe, oncle et neveu, en qualité de ses héritiers,
d'acquitter à sa décharge les legs contenus au testament de ladite Jeanne-Silvie
de Solminiac, sa sœur. Il testa le 5 novembre 1695, devant Dufermas, notaire,
en faveur de Pierre et de Jean-Alain, ses fils, et légua la légitime à ses autres
enfants. De ce mariage sont issus :

I. Pierre ESTUT, dit de Solminiac, écuyer, seigneur de la Barrère et
de Jautan, qui fut déchargé des francs-fiefs auxquels il avait été imposé pour
ses biens de Jautan, par jugement de M. Bazin de Bezons, intendant de
Bordeaux, du 29 juin 1698, sur la production de ses titres jusques à Léon de
Solminiac et de Françoise de Vivans, ses bisaïeul et bisaïeule, dont il produisit le contrat de mariage du 4 août 1558, et celui de Pierre, son aïeul,
avec Hilaire de la More du 14 août 1617. Ses biens furent saisis à la requête
de Julien de la Claverie, sieur de Souperch, ainsi qu'il se voit en un arrêt du
Parlement de Bordeaux du 23 février 1699 (*grosse en parchemin*) qui le déboute
de certain appel qu'il avait interjeté en qualité d'héritier de Jacques de Solminiac, son père; l'on y voit aussi que Pierre Pichard, écuyer, fils de Jean,
aussi écuyer, et de Catherine de Solminiac, était opposant. Il fut encore
déchargé de la taxe des francs-fiefs par jugement de M. de Lamoignon,
intendant de Bordeaux, du 15 mars 1714 (*original en papier*). Il avait épousé
demoiselle Marie DE PEYRET, qui était veuve de lui en 1721 (*procédure en
papier*). Il n'a eu de son mariage que Jeanne de Solminiac, qui a porté les
biens de la Barrère et de Jautan en la famille de Pujole de Julliac, par son
mariage avec N. de Pujole de Julliac.

II. Jean-Alain ESTUT, dit de Solminiac, qui a fait la branche de Se-
duboscq, qui suit :

III. Paul ESTUT, dit de Solminiac de la Barrère, qui passa un acte avec Jean, son frère, le 24 octobre 1695, devant Filhol, notaire d'Avignan, ainsi qu'il se voit en une assignation qui lui fut donnée à la requête du préposé à la recherche des usurpateurs du titre d'écuyer (*pièce en papier*), le 15 juin 1706.

IV. Jean ESTUT, dit de Solminiac de la Barrère.

V. Madeleine ESTUT, dite de Solminiac, mariée par contrat du 15 mai 1700, à noble Antoine DE SARRAN[1], seigneur du Chambour, fils de noble Jean Braudelis de Sarran, seigneur de Las Terraudes et de demoiselle Jeanne du Maine.

X' DEGRÉ

Noble JEAN-ALAIN ESTUT, dit de Solminiac, fut institué héritier de son père avec Pierre Estut dit de Solminiac, son frère aîné ; ils vécurent quelque temps en communauté, mais voulant jouir à part de leurs biens, ils firent un accord entre eux, le 27 novembre 1697 (*expédition originale en parchemin*), passé au château de Herre, en la juridiction de Castelnau de Ausan, devant Defermat, notaire royal, au sujet des successions de leurs père et mère, Alain abandonna à son frère aîné tous les droits qui pouvaient lui compéter dans ces successions, notamment en la terre et seigneurie de la Barrère et ses appartenances, située en la sénéchaussée d'Auch, et dans les biens de Jautan, situés en la vicomté de Juliac, et il renonça à tous biens de frères et sœurs, sauf succession future, au moyen de quoi son frère aîné lui abandonna les métairies de la Bourdeille et de Grué, situées en la juridiction de Montréal, avec leurs dépendances, ainsi que le pré de la Barrère, situé en la juridiction de Castelnau de Ausan, près la rivière de Gelise, sous la réserve des landes dépendant de la métairie des Alous, en la juridiction de Montréal, et des moulins et des étangs dépendant de la terre de la Barrère. Cet acte fut passé en présence de Charles de Lozé, écuyer, sieur de Gays.

Jean-Alain Estut, dit de Solminiac, épousa demoiselle Catherine DE MONCAUP DE GACHIAT, fille et héritière de noble Jean de Moncaup, seigneur de Gachiat ; leur mariage fut célébré le 3 mars 1699, en l'église paroissiale d'Eauze (*extrait délivré le 28 novembre 1786 par M. Buret, curé*). L'on voit en l'acte de célébration que la demoiselle de Moncaup était nouvelle catholique, et que les époux promirent de professer cette religion jusqu'au dernier soupir

De Moncaup de Gachiat : Armes inconnues.

---

[1] De Sarran porte : de sable à 3 serres de griffon d'or onglées d'argent.

de leur vie, sous peine de payer la somme de 45 livres à l'autel du Saint-Sacrement de cette paroisse. Il assista au contrat de mariage, en date du 13 mai 1700 (*grosse originale en parchemin timbré où sa filiation est prouvée*), passé en la salle de Gachiat, juridiction de la ville d'Eauze, en Armagnac, devant de Soules, notaire royal, entre demoiselle Madeleine de Solminiac de la Barrère, sa sœur, et noble Antoine de Sarran, seigneur de Chambour, fils de noble Jean Brandelis de Sarran, seigneur de Las Terraudes, et de demoiselle Jeanne du Maine. Le futur époux y fut assisté de son père, de noble Joseph Maignan, écuyer, et de noble Daniel de Bast, aussi écuyer. La future épouse s'y constitua en dot la somme de 3,000 livres qui lui était due par noble Pierre de Solminiac, son frère, seigneur de la Barrère et de Jautan, en qualité d'héritier de leurs père et mère qui y sont nommés. Il vendit, par contrat du 16 mars 1715 (*expédition sur papier timbré délivrée le 15 février 1760 par Lassis, successeur de Lassis, notaire recevant*) passé au château de Mauras, juridiction de la ville d'Eauze, à Jean de Guilhem, sieur de Mauras, une pièce de terre labourable appellée champ de la rivière, moyennant la somme de 300 livres. Il fit un échange le 29 avril 1720 (*expédition en papier timbré délivrée par Cavé fils, successeur de son père*), passé devant Cavé, notaire royal à Langeac, avec Dominique de la Gardere, bourgeois d'Eauze, à qui il abandonna deux journaux de landes à prendre dans une pièce appelée la Courne de Bierre, située en la juridiction d'Eauze, et celui-ci lui donna en échange une pièce de terre située en la même juridiction, au lieu appelé Gondon, contenant la semence de trois quartrons et lui paya pour plus-value la somme de dix livres. L'on voit au degré de son fils un acte du 3 avril 1741 qui prouve que lui et sa femme ne vivaient plus alors.

De ce mariage sont issus :

I. François-Armand ESTUT, dit de Solminiac, qui suit.

II. Jean-Alain ESTUT, dit de Solminiac, baptisé le 14 mars 1700 en la paroisse d'Eauze, diocèse d'Auch, ne vivait plus le 3 avril 1741.

III. Pierre-Joseph-Alain ESTUT, dit de Solminiac, baptisé le 16 avril 1701, ne vivait plus le 3 avril 1741.

IV. Pierre ESTUT, dit de Solminiac, né le 12 septembre 1713, baptisé le 16 du même mois en la paroisse, ne vivait plus aussi le 3 avril 1741.

V. Jean-François ESTUT, dit de Solminihac, né le 20 septembre 1715 et baptisé le 24 du même mois, ne vivait plus le 3 avril 1741.

VI. Marie-Anne ESTUT, dite de Solminiac, baptisée le 24 décembre. 1703.

VII. Jeanne ESTUT, dite de Solminiac, baptisée le 1er février 1705.

XIe DEGRÉ

Noble FRANÇOIS-ARMAND ESTUT, dit de Solminiac, a servi avec deux de ses frères dans le régiment de la Couronne. Son père ayant vendu à Jean Guilhem, sieur de Mauras, une pièce de terre située au champ de la rivière, par contrat du 16 mars 1715, il en fit le retrait au nom de son fils, par acte du 17 juillet de la même année (*expédition sur papier timbré délivrée le 29 février 1760 par Lassis successeur du notaire recevant*), en conséquence d'une sentence rendue le 4 de ce mois en la justice ordinaire d'Eauze. L'acte de ce retrait fut passé devant Lassis, notaire royal en la même ville, et il y a le seul nom de François; il est nommé François-Armand dans un acte (*expédition en papier timbré*) qu'il passa le 3 avril 1741, devant Dands, notaire à Eauze, en qualité de fils unique de feu noble Jean-Alain de Solminiac et d'héritier de feue damoiselle Catherine de Moncaup, sa mère, par lequel, pour éviter des contestations, Guillaume Lassis, notaire à Eauze, lui relâche une pièce de pré appelée Pradot de Goudon, en la juridiction d'Eauze, qu'il avait acquise dudit noble Jean de Solminiac, son père, par contrat du 5 décembre 1729, passé devant Marsan, notaire en ladite ville; il fit son testament le 29 mai 1741, qui fut passé en la salle de Gaschiat, juridiction d'Eauze, devant Lassis, notaire royal. Par ce testament il élit sa sépulture en l'église de la ville d'Eauze au tombeau de ses prédécesseurs, s'en rapporte pour ses honneurs funèbres à la discrétion de damoiselle Marguerite DE BAULAC DE PRÉMERON (*cette famille a fait ses preuves pour l'École militaire*), son épouse; déclare qu'il reste de leur mariage, trois garçons qu'il nomme Guillaume, François-Henri et Joseph-Antoine; il lègue à chacun d'eux sa légitime ainsi qu'au posthume dont sa femme pourrait être enceinte et institue son héritière universelle ladite Marguerite de Baulac de Prémeron, son épouse, à la charge de rester en viduité et de remettre à tel de ses enfants qu'elle jugera à propos, lorsqu'ils auront atteint l'âge de vingt-cinq ans, et veut que dans le cas où elle décéderait sans avoir remis son hérédité et fait choix d'un de leurs enfants, elle revienne audit Guillaume leur fils aîné, fait en outre un legs de 100 livres à la nommée Cattrin (*c'était sa bâtarde, ainsi qu'on le verra au degré de Guillaume où elle est nommée Catherine Solminiac*) demeurant en sa maison, qu'il veut lui être payé lorsqu'elle aura vingt-cinq ans. Il mourut le lendemain de son testament et fut inhumé en la paroisse d'Eauze.

De Baulac de Prémeron porte: D'azur à 3 fasces d'argent.

De ce mariage sont nés :

I. Guillaume ESTUT, dit de Solminiac, qui a continué la postérité.

II. Jean-Ignace, dit de Solminiac, né le 13 novembre 1737 et baptisé le lendemain en la paroisse d'Eauze, mort et inhumé le 1ᵉʳ août 1738.

III. François-Henri ESTUT, dit de Solminiac, né le 24 janvier 1739 et baptisé le lendemain en ladite paroisse, il est nommé au testament de son père.

IV. Joseph-Antoine ESTUT, dit de Solminiac, né le 19 septembre 1740 et baptisé le lendemain.

XIIᵉ DEGRÉ

Noble Guillaume ESTUT, dit de Solminiac, né le 2 septembre 1736 et baptisé le lendemain en la paroisse d'Eauze, est nommé au testament de son père du 29 mai 1741. Il fut fait lieutenant au régiment provincial d'Auch, dont était colonel le marquis de Faudoas, son beau-frère, en 1771. Il a épousé, par contrat du..... 1758, passé devant Dands, notaire à Eauze, damoiselle Anne de FAUDOAS[1], demoiselle de Cabanac, fille de messire Alexandre de Faudoas, seigneur de Cabanac et de dame Marie Benquet de Saint-Pastou. Il est nommé dans un acte du 18 octobre 1759 passé en la ville d'Eauze, devant Dands, notaire royal, par lequel le nommé Guillaume La Boisie et Catherine Solminiac, sa femme, cèdent à messire Nicolas de Sariac, chevalier de Notre-Dame du Mont-Carmel et de Saint-Lazare de Jérusalem, une créance de 400 livres qu'ils avaient sur les héritiers de feu noble François-Armand de Solminiac, savoir 300 livres par billet qu'il avait fait le 21 mars 1703, au profit de Bernarde Ombrat, mère de ladite Catherine, par son testament. Il passa une obligation (*expédition sur papier timbré*) de 600 livres, le 11 décembre 1759, en la ville d'Eauze, devant Dands, notaire royal, au profit de messire Jean-Jacques-Nicolas de Sariac, chevalier de

Faudoas porte :
Écartelé aux 1 et 4 d'azur à la croix d'or; aux 2 et 3 de France sans briture.

---

[1] La maison de Faudoas est d'ancienne chevalerie et a fait ses preuves pour les honneurs de la Cour. Faudoas était la première baronnie du pays de Lomagne, au diocèse de Montauban, dont les seigneurs sont connus depuis Raymond Arnaud de Faudoas, témoin à la donation de l'église de Gaudonville, l'an 1091. Le tombeau des Faudoas se trouvait dans l'église du grand couvent des Frères mineurs de Toulouse dont ils étaient fondateurs en l'an 1222. Les armes d'azur à la croix d'or s'y voyaient. Le premier qui écartella les armes fut Beraud, baron de Faudoas et de Barbazan, conseiller et chambellan du roi Charles VII, son sénéchal d'Agénois, par lettres du 14 juillet 1431, et sénéchal d'Armagnac de l'an 1447 (Monstrelet et Moréri.) plusieurs chevaliers de Malte en 1521, 1619 et 1665. (Vertot, *Hist. de Malte.*)

Saint-Lazare. Il passa aussi un acte, le 2 novembre 1763, avec la même Catherine Solminiac, lors veuve de Guillaume La Boisie.

De ce mariage sont issus les enfants suivants :

I. Bernard-Joseph ESTUT, dit de Solminiac, clerc tonsuré en 1786, né le 27 février 1770 et baptisé le lendemain en l'église paroissiale de Nogaro, diocèse d'Auch.

II. Françoise-Joseph ESTUT, dite de Solminiac, née le 9 août 1761 et baptisée le lendemain en l'église d'Eauze.

III. Thérèse-Mélanie ESTUT, dite de Solminiac, née le 12 février 1763, et baptisée le 13, en la même paroisse.

IV. Louise ESTUT, dite de Solminiac, novice au couvent des Dames Noires de l'Enfant-Jésus, à Paris.

V. N.... ESTUT, dite de Solminiac, pensionnaire au couvent de Sainte-Claire, à Mirande.

Ici s'arrête la généalogie dressée sous les auspices de M. le comte de Tracy, sur les branches d'Estut de Solminiac.

Les archives des Solminiac de Bouniagues et du marquis de Solminiac dont il est souvent parlé sont au château de Mouchac (Gironde), propriété de M. de Védrines.

PENNON GÉNÉALOGIQUE

de la Branche

de STUT d'ASSAY.

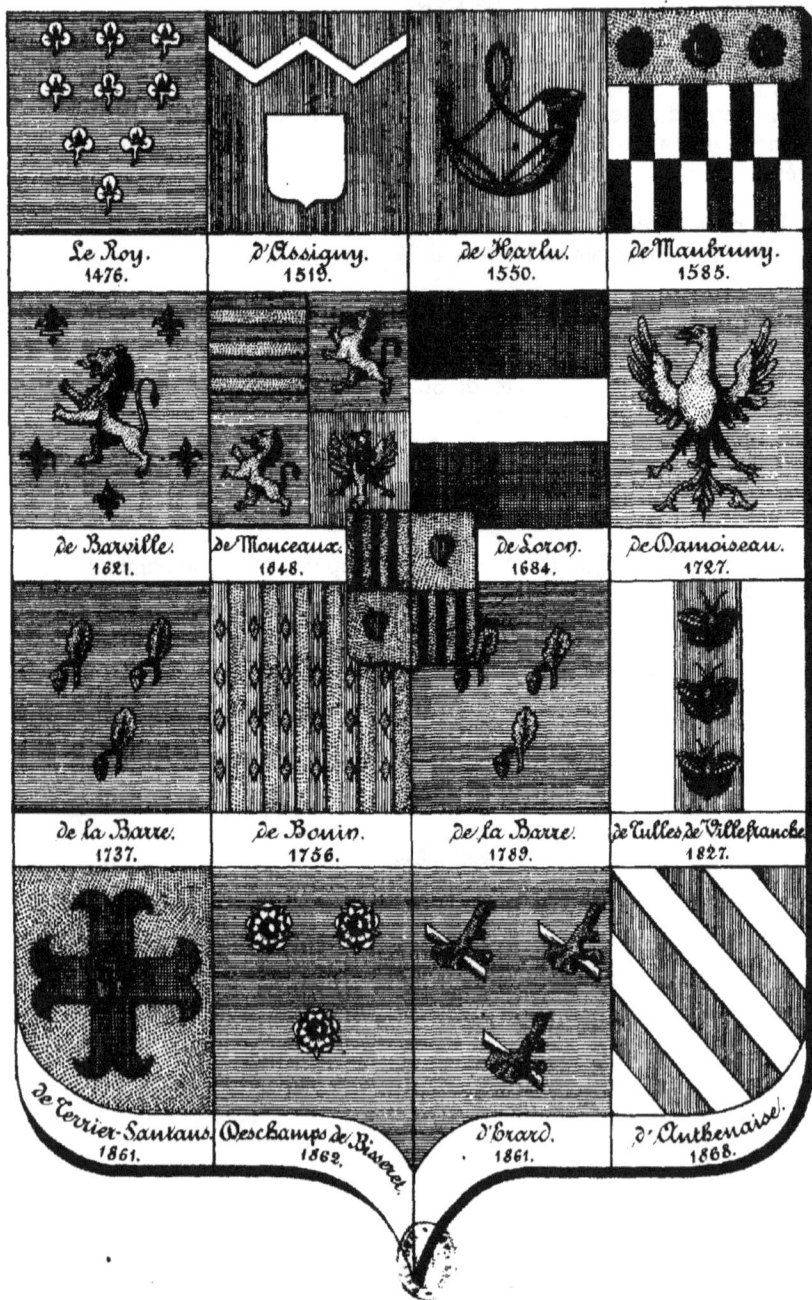

Le Roy. 1476.	d'Assigny. 1519.	de Harlu. 1550.	de Maubruny. 1585.
de Barville. 1621.	de Monceaux. 1648.	de Loron. 1684.	de Damoiseau. 1727.
de la Barre. 1737.	de Bouin. 1756.	de la Barre. 1789.	de Tulles de Villefranche. 1827.
de Terrier-Santans. 1861.	Deschamps de Riserel. 1862.	d'Erard. 1861.	d'Anthenaise. 1868.

VIe DEGRÉ

BRANCHE STUTT D'ASSAY

ÉTABLIE EN BERRY ET EN BOURGOGNE

Seigneurs d'Assay, Aubusset, Blannay, Chastenay, Tharoiseau, etc.,
comtes et marquis d'Assay.

FRANÇOIS STUD[1], écuyer, seigneur d'Assay, quatrième fils de Thomas Stutt, aussi écuyer, seigneur d'Assay, archer de la garde écossaise du corps du roi Louis XI, et de damoiselle Agnès Le Roy, sa seconde femme, fut mis avec ses frères et sœurs sous la tutelle de Guillaume Stud et Florent Le Roy, écuyers, ses oncles paternel et maternel, par sentence du bailliage de Bourges du 11 septembre 1492 (*grosse en parchemin ; archives de M. d'Assay*); il acquit par acte du 1er avril 1516 (*grosse en parchemin*), passé sous le scel de la prévôté de Bourges, devant Jean Choppard, notaire juré en ladite prévôté, de Michelet Stud, son frère, les parts et portions qui pouvaient lui revenir dans les terre et seigneurie d'Assay, pour les successions de leurs père et mère, moyennant la somme de 733 livres, 6 s., 8 d. Cet acte fut passé en présence d'Alexandre Stut, leur

---

(1) Il n'y a pas lieu de s'arrêter à la différence de l'orthographe du nom. Nous avons déjà fait remarquer que nous adoptions celle qui a été suivie dans les actes, quelle que soit leur époque, tout en pensant que la plus rationnelle serait d'écrire : de Stutt, ainsi que signaient MM. le comte d'Assay et le comte de Tracy, avant 1790.

père, de Guillaume du Parc et d'Étienne Barbelade, lieutenant-général au bailliage de Châtillon-sur-Loire. Il transigea par acte du 5 novembre 1518 passé sous
le scel de la prévôté de Châtillon-sur-Loire (grosse en parchemin) devant M⁰ Jean
Pellault, notaire, avec M⁰ Jean Hélie, sur le différend qui était entre eux au sujet
de trois arpents de bois sis en la paroisse d'Assay, que feu noble homme Gaultier
Stutt, écuyer, seigneur d'Assay, avait donné à titre de cens à noble homme Guyon
de Bray, écuyer, seigneur de Bray, par lettres datées du 27 juin 1472, desquels
héritages ledit Hélie était devenu possesseur et les avait agrandis, ainsi que le
prétendait François Stud, en anticipation sur son terrain, et cependant, il est
convenu par cette transaction qu'il en jouira de la même manière qu'avaient fait ses
prédécesseurs.

D'Assigny
porte :
De gueules
à l'écu d'ar-
gent, à la
fasce vivrée
de même en
chef.

François Stud avait épousé damoiselle Barbe D'ASSIGNY [1], ainsi qu'il se voit en
une promesse en date du 20 juin 1519 (grosse en parchemin ; voir aux pièces justificatives), passée sous le scel de la châtellenie de Bléneau, devant Guillaume
Thomas, notaire, que leur fit, ainsi qu'à Suzanne d'Assigny, sœur de sa femme,
noble Pierre d'Assigny, leur frère, écuyer, seigneur de la Motte-Jarriz, de les
tenir quittes de toutes les dettes qui avaient été faites par feus noble homme Guillaume d'Assigny et damoiselle Jeanne de la Caille, leurs père et mère. Il donna
procuration le 3 août 1522 (grosse en parchemin ; voir aux pièces justificatives), sous
le scel de la châtellenie de Beaulieu-sur-Loire, devant Saborin, notaire, à noble
Alexandre Stud, son frère, pour recouvrer ce qui lui revenait en une somme qui
était due à feue Agnès Le Roy, leur mère, par Jean Rougier, marchand à Bourges.
Il fit les foy et hommage de la terre d'Assay (extrait en papier tiré des archives du
duché-pairie de Sully), au seigneur de Saint-Gondon, le 8 juillet 1527 ; il ne vivait
plus le 30 décembre 1538, date à laquelle damoiselle Barbe d'Assigny passa un
bail à cens (grosse en parchemin), sous le scel de la prévôté de Beaulieu-sur-Loire, ·
devant Saborin, notaire, tant en son nom que comme ayant le régime et gouvernement de leurs enfants mineurs, avec nobles Hector et Étienne Stud, écuyers,
seigneurs d'Assay, ses fils, au nommé Pelisson, d'une maison et ses dépendances,
moyennant la rente de 5 sols tournois, une couple de chapons et le cens d'un
denier tournois. Elle ne vivait plus le 21 décembre 1540 (voir aux pièces justificatives) qu'il fut procédé à l'inventaire des biens de sa succession et de celle de
son mari, ainsi qu'on le verra au degré suivant.

---

[1] Nous avons conservé à Barbe d'Assigny les armes que nous avons trouvées dans nos archives qui
donnent les mêmes à Jeanne d'Assigny, femme d'Alexandre Stutt, seigneur de Saint-Père, quoiqu'elles dif-
fèrent un peu de celles attribuées par Lachesnaye-Desbois à une famille d'Assigny, de l'Auxerrois, qui sont
ainsi blasonnées : d'hermines, au chef de gueules, chargé d'une fasce vivrée d'or.
Nous voyons que Gabriel d'Assigny, seigneur de Saully, escuyer de Madame de Nevers, était présent
au mariage d'Olivier de Chastellux avec Anne du Plessis, le 19 janvier 1586 ; le même et Edmée d'Assigny,
femme de René de Prie, assistaient au mariage de François de la Barre avec Marguerite de Chastellux, le
16 novembre 1610. (Généalogie de Chastellux, par le comte de Chastellux.)

De ce mariage naquirent huit enfants dont les noms suivent :

I. Hector STUD, écuyer, seigneur d'Assay, fournit l'aveu et dénombrement de la terre d'Assay (*grosse en parchemin*), à François de la Trémouille, comte de Guines, à cause de sa baronnie de Saint-Gondon, le 3 septembre 1538, devant Jean Saborin, clerc-notaire juré de la prévôté de Beaulieu-sur-Loire. L'on a vu qu'il avait passé, avec sa mère, un bail, le 30 décembre 1538. Il obtint souffrance tant pour lui que pour ses frères et sœurs afin de rendre les foy et hommage le 20 octobre 1542 (*grosse en parchemin*). Il fit partage avec eux le 11 mai 1543, et abandonna sa part dans la seigneurie d'Assay, à Charles Stud le jeune, son frère, par acte du 16 avril 1545 (*voir aux pièces justificatives*), qu'il passa devant Louis Paulmier et Jean Saborin, notaires, sous le scel de la châtellenie de Beaulieu-sur-Loire, tant en son nom qu'en ceux de Reine, Françoise et Barbe, ses sœurs, héritières avec Charles Stud l'aîné, leur frère, de leurs père et mère. Il ne vivait plus en 1550, car il ne paraît point au contrat de mariage de son frère. Il n'a point eu de postérité.

II. Étienne STUD, qui passa un bail à cens avec sa mère, le 30 décembre 1538, ne vivait plus le 11 mai 1543, que ses frères firent partage des biens de leurs père et mère, car il n'y est pas nommé. Il n'eut pas de postérité.

III. Charles STUD l'aîné, qui est nommé au partage du 11 mai 1543 (*voir aux pièces justificatives*), et à qui il est abandonné en commun avec Charles le jeune et ses sœurs, la moitié de la terre d'Assay, est aussi nommé en l'abandon que son frère Hector Stud fit à Charles Stud le jeune, de ses prétentions en la seigneurie d'Assay, le 16 avril 1545 ; il mourut avant 1548, date à laquelle Charles le jeune se qualifie de fils aîné, dans un acte, d'où on conclut que les trois aînés étaient morts.

IV. Charles STUD le jeune, qui a continué la postérité ;

V. Reine STUD, nommée au partage du 11 mai 1543.

VI. Barbe STUD, nommée au partage du 11 mai 1543.

VII. Françoise STUD, nommée au partage du 11 mai 1543.

VIII. Jacqueline STUD, nommée au partage du 11 mai 1543.

VII° DEGRÉ

CHARLES DESTUD le jeune, écuyer, seigneur d'Assay, fut mis, après les décès de ses père et mère, sous la tutelle de Roland de Bourbon, écuyer, seigneur de Grosbois, avec Reine et Barbe Destut, ses sœurs encore mineures ; ce tuteur procéda pour eux au partage des biens de leurs successions, qui fut passé le 11 mai 1543, au château d'Assay, devant le prévôt et le greffier de cette seigneurie (*expédition informe en papier*), par suite de l'inventaire qu'ils avaient fait de ces mêmes biens. L'on voit en ce partage qu'il échut à Hector Stud, leur frère aîné, la moitié de la seigneurie d'Assay, et que l'autre moitié fut abandonnée à Charles l'aîné, à Charles le jeune, à Reine, à Barbe, à Françoise et à Jacqueline Stud. L'on trouve annexé à ces inventaire et partage un autre inventaire qui avait déjà été fait dès le 21 décembre 1540 par Fouchard et Saborin, notaires à Beaulieu-sur-Loire, des titres et papiers trouvés au château d'Assay, dépendances des successions de leurs père et mère.

Hector Stud, son frère aîné, lui abandonna ses prétentions dans la terre d'Assay, pour le remplir de tous ses droits dans les successions de leur père et de leur mère. L'acte de cet abandon (*grosse en parchemin ; voir aux pièces justificatives*), fut passé le 16 avril 1545, devant Paulmier et Jean Saborin, notaires en la châtellenie de Beaulieu-sur-Loire, et Hector y parla tant en son nom qu'en ceux de Reine, Françoise et Barbe Stud, ses sœurs, héritiers (*y est-il dit*), avec Charles Stud l'aîné de leurs père et mère. Par ce moyen, Charles Stud, devenu possesseur de la terre d'Assay, en prêta les foy et hommage le 2 avril 1548 (*voir aux pièces justificatives*), à Louis de la Trémouille, à cause de sa baronnie de Saint-Gondon, et il lui en fournit le dénombrement le 22 mai 1549 [1] (*grosse en parchemin*), devant Jean Saborin, notaire à Beaulieu-sur-Loire. Il épousa, par contrat (*voir aux pièces justificatives*), du pénultième ou 30 octobre 1550, passé sous le scel de la prévôté de Léré, devant François Guybert, clerc et notaire juré, damoiselle Jeanne DE HARLU, fille de noble homme Antoine de Harlu, écuyer, et de damoiselle Anne de Veilhan. Sa future fut assistée, à ce contrat, de ses père et mère ; de Jean de Corquilleray, écuyer, sieur de Bolesverie ; de Ravault de Vielbourg, écuyer, sieur de Beauvoir, et de Guillaume Louzeau, sieur de Villates. Charles Stud

De Harlu porte : De gueules à un cor de chasse d'or lié de même.

---

[1] La copie de cet acte se trouve à la section des manuscrits de la Bibliothèque royale, rue Richelieu, à Paris. (Voir aux pièces justificatives.)

contracta de l'avis et consentement de noble homme Alexandre du Parc, écuyer et seigneur de Courcelles-la-Ville, et de messire Louis Paulmier, seigneur de Lechart. La demoiselle de Harlu fut dotée de la somme de 1,800 livres tournois, au moyen de laquelle elle renonça aux successions de ses père et mère en faveur de Jean de Harlu, son frère. Il fut convenu que de cette somme il en entrerait 300 livres dans la communauté future. et le surplus fut assigné sur la terre d'Assay. Jacques Anquetilz, seigneur de Courcelles-le-Roi, ayant fait assigner Charles Destud devant le bailli d'Orléans, pour se voir condamner à lui prêter les foy et hommage et payer les profits de fief de sa terre d'Assay qu'il prétendait relever de sa seigneurie de Courcelles, comme en dépendant de toute ancienneté, aux termes de l'acquisition que Pierre Anquetilz, son aïeul, en avait fait dès l'an 1461, de Louis de la Trémouille, seigneur de Sully et de Saint-Gondon, Charles d'Estud fit assigner, en conséquence, le seigneur de Saint-Gondon pour qu'il eut à prendre fait et cause pour lui, attendu que de tout temps lui et ses auteurs avaient reconnu tenir ladite terre d'Assay de la baronnie de Saint-Gondon, et lui en avaient payé les profits ; sur quoi, la cause ayant été portée devant Messieurs des requêtes du palais, ils condamnèrent, par leur sentence du 14 juillet 1563 (*grosse en parchemin*), le seigneur de Saint-Gondon à prendre fait et cause pour Charles Destud, sinon à le tenir quitte de tous les dépens, dommages et intérêts que le seigneur de Courcelles pourrait obtenir contre lui, et attendu que les seigneurs de Courcelles et de Saint-Gondon prétendaient respectivement à la feudalité de la terre d'Assay; ils furent appointés en droit. (*L'affaire fut sans doute jugée en faveur du seigneur de Courcelles, car depuis le 16 août 1597, les devoirs de la terre d'Assay lui ont été portés.*)

Charles Destud fit différentes campagnes au service du Roi ; il se trouva aux camps d'Allemagne, de Renty et à d'autres affaires, où il reçut deux coups d'arquebuse, au bras droit et à l'épaule gauche, qui le détinrent dans son lit malade et l'empêchèrent de se trouver, comme de coutume, à la convocation du ban et arrière-ban, ainsi qu'il se voit en un certificat qui lui fut donné le 13 octobre 1567 (*grosse en parchemin ; voir aux pièces justificatives*), en son château d'Assay, par Tellier et son confrère, notaires en la châtellenie de Beaulieu-sur-Loire. Il reçut, le 7 août 1572, quittance (*grosse en parchemin ; voir aux pièces justificatives*), devant Pierre Seingon, clerc notaire juré, en la châtellenie de Léré, de noble homme Antoine de Troussebois, écuyer, seigneur du Vivier, d'une somme qui lui était due par feu Jean de Harlu, son beau-frère, pour cause de remboursement de la dot de Françoise de Troussebois, en son vivant femme dudit Jean de Harlu.

De ce mariage sont nés quatre enfants qui sont :

I. François II⁰ DESTUD qui a continué la postérité ;

II. Anne DESTUD, mariée à Jean d'Orléans [1], chevalier, seigneur de la Billiotière, dont elle était veuve le 18 novembre 1592, qu'elle assista au mariage de sa sœur Jeanne.

III. Émée DESTUD, nommée en l'acte de foy et hommage prêtés par son frère le 17 octobre 1583, de la terre d'Assay, ne paraît pas avoir été mariée.

IV. Jeanne DESTUD, mariée, par contrat du 18 novembre 1592, à Jean de Boisselet [2], écuyer, seigneur de la Cour et de Mailly-la-Ville, capitaine d'une compagnie d'arquebusiers et gentilhomme de S. A. Charles-Emmanuel de Savoie; il s'était marié en premières noces à Jeanne de Loron.

VIII' DEGRÉ

François ii° DESTUD, écuyer, seigneur d'Assay, d'Aubussset et de Verdeaux, capitaine de cent hommes de guerre à pied, par commission du duc d'Alençon, fils et frère du Roi, de l'an 1576 (*original en parchemin*), prêta les foy et hommage de la terre d'Assay (*grosse en parchemin*), le 17 octobre 1583, devant Léonard Rousseau, tabellion en la baronnie de Sully, tant en son nom qu'en ceux de Anne, Émée et Jeanne Destud, ses sœurs, à dame Jeanne de Montmorency, épouse de messire Louis de la Trémouille, en qualité de dame et adjudicataire de la baronnie de Saint-Gondon.

---

[1] Les auteurs qui ont fait descendre cette famille d'une branche illégitime des Princes d'Orléans sont dans une erreur complète; elle n'a jamais porté dans ses armes le signe de bâtardise.

Dans son *Histoire du Berry*, La Thaumassière donne aux d'Orléans pour armes : fascé d'argent et de sinople, l'argent chargé de 7 tourteaux de gueules, 3, 3, 1. Il les fait remonter à Hugues d'Orléans qui, en l'an 1149, avait donné l'église de N.-D. de Bonnes-Nouvelles d'Orléans aux religieux de Marmoutiers. Ils sont alliés aux meilleures familles et ont fourni des chevaliers de Malte en 1535, des chevaliers de Saint-Michel, des gentilshommes de la Chambre du Roi, des officiers de tous grades, etc.; d'après d'Hozier, dans son *Armorial général*, Anne Destud vivait encore le 1er décembre 1621, elle avait eu deux filles :

I. Charlotte d'Orléans, qui épousa Gui d'Anglars, écuyer, seigneur de Crésancy, par contrat du 14 juillet 1598, auquel assista François Destud, seigneur d'Assay;

II. Jeanne d'Orléans, qui épousa, le 9 janvier 1605, Richard Le Fort, seigneur de Villemandeur, baron de Cernoy, dont elle fut la seconde femme.

D'Hozier établit, dans une note, que La Thaumassière s'est trompé sur la personne de Jeanne d'Orléans. (Article d'Orléans, en 88 pages.)

[2] Les Boisselet, d'après La Thaumassière et Lachesnaye-Desbois, porteraient pour armes : de gueules à 3 merlettes d'or. Ils furent maintenus dans leur noblesse, au duché de Bourgogne, le 24 février 1667 ; ils remontent à Didier de Boisselet, écuyer du Roi, seigneur de Mailly-la-ville, dont Gabriel, son descendant à la 5e génération, épousa Barbe de Harlu, fille d'Antoine et d'Anne de Veilhan qui, par conséquent, était la tante de notre Jeanne Destud, épouse de Jean qui continua la famille de Boisselet. (Lachesnaye-Desbois.)

C'est par erreur que La Thaumassière donne Jeanne Detat pour épouse à Jean de Boisselet, c'est Jeanne Destud qu'il a voulu mettre.

Il épousa, par contrat du 15 mai 1585 (*grosse en parchemin*), passé devant Quentin Lebon, clerc notaire juré en la châtellenie de Lury (*Berry*), damoiselle Françoise DE MAUBRUNY[1], fille de défunt noble seigneur Jean de Maubruny, vivant écuyer, seigneur d'Aubusset, en la paroisse de Brinay, mouvant de Vierzon, et de damoiselle Hélène d'Arcenale; il fut assisté, à ce contrat, de noble Jean de la Platière, seigneur dudit lieu et de Montigny, homme d'armes de la compagnie de M. le duc de Nevers, et de Charles d'Alligret, écuyer, seigneur de la Croix, ses proches parents. La demoiselle de Maubruny fut assistée de sa mère; de damoiselle Marguerite de Maubruny, sa tante, veuve de feu Louis de Passac, écuyer, seigneur de Thou; de nobles seigneurs Jean de Fransures, seigneur de la Roche; de Robert Potin, seigneur de l'Écluse, et de Philippe de Crévecœur, seigneur de Coulanges, ses proches parents. François Destud, par son mariage, du chef de sa femme, devint possesseur de la terre d'Aubusset; et en fit les foy et hommage à Mme la duchesse de Montpensier, à cause de sa grosse tour de Vierzon, le 23 novembre de la même année 1585 (*grosse en parchemin*), en la présence d'Antoine Petit, notaire royal audit Vierzon. Il fit aussi les foy et hommage (*grosse en parchemin*), le 25 du même mois de novembre 1585, à Jean de Courault, écuyer, seigneur de Syon, pour raison du terrage de Guérigny, assis en la paroisse de Vierzon, appartenant à sa femme; l'acte en fut passé devant Quentin Lebon, notaire en la châtellenie de Lury.

Il assista au contrat de mariage, en date du 18 novembre 1592, qui fut passé au bourg de Cernoy, devant Millet, notaire (*copie informe*), de damoiselle Jeanne Destud, sa sœur, avec Jean de Boisselet, écuyer, seigneur de la Cour. Ce contrat fut passé en présence de Anne Destud, leur sœur, veuve de noble homme Jean d'Orléans, seigneur de la Billiotière, de noble seigneur François Destud, écuyer, seigneur de Saint-Père et de Tracy, et de noble Jean de Boisselet le jeune, sieur du Bois, leurs proches parents. Il paya les droits de rachat de la terre d'Aubusset à dame Catherine de Lorraine, en qualité d'exécutrice testamentaire de Mme la duchesse de Montpensier, et il lui fut donné quittance (*grosse en parchemin*) le 26 novembre 1596, devant du Sauzay, notaire royal à Bourges, par le receveur de la terre de Vierzon, laquelle quittance fut ratifiée par cette princesse, le 1er avril 1597. Il fournit le dénombrement de sa terre d'Assay (*grosse en parchemin*) à Jean

De Maubruny porte : Palé et contre palé de sable et d'argent au chef d'or chargé de 3 roses de gueules.

[1] Nous avons conservé à Françoise de Maubruny les armes que l'auteur de la Généalogie lui a données, quoique, La Thaumassière, à la page 1089 de son *Histoire du Berry*, et M. Tausserat, dans ses *Chroniques de la châtellenie de Lury*, fassent porter à sa famille : échiqueté d'or et d'azur, au chef d'argent. Ce dernier écrivain dit que Jean de Maubruny, écuyer, rendit hommage à Louis de La Trémouille, le 14 mai 1471, de son hôtel d'Aubusset, auquel s'adjoignirent plus tard les Verdeaux, la Motte d'Héry et le Petit-Champ, qui ne faisaient qu'un seul bloc de propriété, dépendant de la mouvance de Vierzon.

du Faur [1], seigneur de Courcelles, le 16 août 1597, devant Gaspard Paulmier, notaire en la châtellenie de Beaulieu-sur-Loire. Il transigea avec lui le 1er septembre suivant (*grosse en parchemin*) devant Salomon le Daim, notaire à Châtillon-sur-Loire, pour raison des profits du fief qui lui étaient dus, moyennant 300 écus sols. Il fut maintenu dans les priviléges de la noblesse par jugement du 12 mai 1599 (*copie en forme*) rendu sur la production de ses titres, par les commissaires du Roi pour le régalement des tailles en la généralité de Bourges, et il fut exempté desdites tailles après avoir prouvé sa noblesse. Ayant acquis le fief de Verdeaux [2] des sieurs de Mollan, il en prêta les foy et hommage au Roi, à cause de sa grosse tour de Vierzon, le 29 mai 1599, devant Claude Rousseau, notaire royal audit Vierzon. L'on y voit qu'il était alors détenu au lit pour cause de maladie. Il mourut avant sa femme qui fit faire une enquête, le 11 février 1613 (*expédition en papier*) pour prouver que les seigneurs d'Aubusset avaient droit de sépulture en l'église paroissiale de Brinay, proche le grand autel, à gauche, en entrant en ladite église. Elle acquit par acte du 29 juin 1616 (*copie informe*) la quatrième partie des dixmes et terrages de Verdeaux, devant Quentin Garçonnet, notaire royal à Vierzon; elle donna dénombrement, le 14 septembre 1624 (*grosse en parchemin*), devant Me Renault de la Loë, seigneur de Brinay, de plusieurs héritages d'Aubusset et autres qu'elle possédait en sa mouvance. Elle assista au contrat de mariage du 29 janvier 1618, de Claude Destud, leur fille, avec Blanchet Le Fort, écuyer, seigneur de Cernoy. De l'union de François II° Destud avec Françoise de Maubruny, sont nés huit enfants dont les noms suivent :

I. Georges DESTUD, écuyer, seigneur d'Assay, qui fit les foy et hommage de la terre d'Aubusset, le 13 janvier 1610 (*extrait en papier*), acquit, par acte du 22 février 1616 (*on en possède l'original aux archives*

---

[1] Jean du Faur, dit le jeune, quatrième fils de Michel, seigneur de Saint-Jorg, et d'Éléonore de Bernary, fut seigneur de Courcelles-le-Roi, avec haute, moyenne et basse justice en partie (concurremment pour les deux premières localités avec le Chapitre de Bourges), de Beaulieu, d'Assay, de Pierrefite-ès-Bois, de Fay-aux-loges près d'Orléans, de Langesse dans l'apanage d'Orléans, et de Cormont, qui lui fut adjugé par une sentence du bailliage de Gien du 30 janvier 1595. En 1572 il avait été pourvu d'une charge de gentilhomme ordinaire de M. le duc d'Anjou, et aussi d'une des gentilshommes ordinaires de la Chambre du Roi ; il était capitaine de cinquante hommes d'armes de ses ordonnances, maréchal de camp, gouverneur de Gergeau (Jargeau) le 30 janvier 1597, maître particulier des eaux et forêts du duché et bailliage d'Orléans. Il descendait de Jean de Faur, sénéchal d'Armagnac en 1372, dont la famille, comme seigneurs de Pibrac, s'illustra dans l'armée et dans le Parlement de Toulouse ; il introduisit les siens dans l'Orléanais où ils tiennent encore une haute situation.

[2] Nous avons retrouvé l'acte par lequel François II° acheta, en date du 26 novembre 1590, de damoiselle Marthe Dacoulloure (La Thaumassière dit : Marthe de Calonne, p. 1065), épouse de Claude Genthon, écuyer, sieur de Moullon, etc., chevalier de l'Ordre du Roi, gouverneur de Pierre-en-Cise, les lieu, manoir et seigneurie de Verdeaux, assis en la paroisse de Brinay, sur les bords du Cher, près Vierzon, avec ses dépendances, moyennant le prix de douze cents escus sols. Signé d'Arsonnet.

du département du Cher [1]), des chanoines de la cathédrale de Bourges, en qualité de seigneurs de Beaulieu-sur-Loire, le droit de sépulture, tant pour lui que pour ses héritiers, en la chapelle de Notre-Dame, érigée en l'église dudit lieu, où l'on voit encore une litre aux armes de la maison Destud. Il assista au contrat de mariage de Claude Destud, sa sœur, du 29 janvier 1618, contracté avec Blanchet Le Fort, écuyer, seigneur de Villemandeur. Il donna le dénombrement de la terre d'Assay (*grosse en parchemin*) à Guy du Faur, seigneur de Courcelles, le 16 juillet 1625, tant pour lui que pour ses frères et sœurs, devant Salomon Bontaillant, notaire en la châtellenie de Courcelles-le-Roi; il comprit, en ce dénombrement, les droits de châtel, pont-levis, garenne et colombier avec voûte dessous, d'après la concession qui lui en avait été faite et à ses successeurs, par ledit seigneur de Courcelles, ainsi qu'il se voit en la déclaration que ce seigneur en fit le 1ᵉʳ août 1625, par l'acte de réception de dénombrement [2]. Georges Destud ne vivait plus en 1631, que son frère Jean Destud rendit aveu de la même terre. Il n'a pas eu de postérité.

II. Gilbert DESTUD fut reçu, le 10 janvier 1619, chevalier de l'Ordre de Malte [3], en la langue d'Auvergne, sur les preuves qu'il fit (*expédition en papier*), le 1ᵉʳ juin 1617, et dont un des parrains était Pierre de Bar de Buranlure, commandeur de Celles. Le chevalier d'Assay était très-estimé dans l'Ordre; il écrivait, le 1ᵉʳ janvier 1643, à son frère Jean, une lettre où il se disait malade, et espérant revenir bientôt en France; il mourut à la veille d'avoir une commanderie.

Sous Jean-Paul Lascaris de Castellar [4], grand-maître de l'Ordre, le chevalier d'Assay et le chevalier de Foursat, en résidence à Malte, signaient, le 1ᵉʳ février 1640, en qualité de procureurs de la langue d'Auvergne, la nomination des commissaires députés pour accepter les offres faites par noble et scientifique personne Jacques Gassot, prieur de Reuilly, et par François Gassot, écuyer, seigneur de Deffens, au sujet de la vente des membres d'Osmery, des domaines du Temple, en la paroisse de Thaumiers, et de Boucabon, en la paroisse de Blet,

---

[1] Voir les pièces justificatives, tirées des Archives du Cher, terre de Beaulieu, liasse 16, n° 1.

[2] Pièces justificatives.

[3] Dans l'*Histoire de l'Ordre de Malte*, l'abbé Vertot énonce bien Gilbert de Stud dit d'Assay, comme reçu le 10 janvier 1619, mais à la date de 1628, sans désignation du mois, il fait part de la réception de Gilbert de Stud d'Assay, que nous supposons être le même que le précédent attendu que nous n'avons pu retrouver dans la généalogie un deuxième Gilbert.

[4] Lascaris de Castellar fut grand-maître depuis le 13 juin 1636 jusqu'au 14 août 1657; il mourut à 97 ans; on lui éleva un magnifique mausolée dans l'église Saint-Jean de Malte. Il portait : de gueules à un aigle à deux têtes d'or.

tous biens situés en Berry, dépendant de la commanderie des Bordes, (*commune de Jussy-le-Chaudrier, près Sancergues*). Cette vente fut consentie aux dits sieurs Gassot, moyennant une rente annuelle de 750 livres, après approbation du Conseil de l'Ordre, et réalisée le 22 juillet 1646, par devant Imbert Patrian, notaire royal du Bourbonnais, au bourg de Charly [1].

III. Jean DESTUD, qui a continué la postérité.

IV. Adrien, écuyer, seigneur de la Brosette, en la paroisse d'Ennordre, qui assista au contrat de mariage de Claude Destud, sa sœur, du 29 janvier 1618, s'absenta pendant de longues années ; l'on voit qu'on le croyait mort, quand son frère Jean prêta les foy et hommage de la terre d'Assay, le 16 janvier 1631.

V. Claude DESTUD, damoiselle, mariée par contrat du 29 janvier 1618, à BLANCHET LE FORT [2], écuyer, seigneur baron de Cernoy, fils de Richard, seigneur de Villemandeur, baron de Cernoy et de défunte Marie-Rose Chenu. Ce Blanchet Le Fort commanda la noblesse du bailliage de Montargis au ban et arrière-ban, en l'an 1635 ; le 8 décembre 1640, il fournit aveu et dénombrement, à M. le Prince, comte de Sancerre, pour sa baronnie de Cernoy, l'un des plus beaux fiefs du pays, qui, sans avoir été vendue depuis Jean de Seuly, époux de Marguerite de Bourbon, vivant en l'an 1320, arriva par une suite de successions jusqu'à Marie Chenu qui la donna en dot à son fils Blanchet. D'après le contrat de mariage, il est stipulé que la mère et les frères de la future s'obligent à lui payer 8,000 livres tournois pour tous ses droits paternels et maternels. De ce mariage sont issus :

A. Louis LE FORT, écuyer, sieur de la Verrière, qui assista au contrat de mariage du 31 janvier 1656, de Françoise Destud, sa cousine-germaine. (*La Thaumassière n'en parle pas, tandis qu'il fait*

---

[1] Nous sommes heureux de mentionner cette procédure dont nous avons trouvé tout le dossier dans nos archives de Deffens. Les seigneurs de Deffens, qui étaient la branche aînée de leur famille, s'éteignirent en la personne de Anne-Augustine Gassot de Deffens, épouse de messire Claude-Austrégésile de Bengy-Puyvallée, notre grand'mère maternelle ; c'est par ce fait, que, le 5 juillet 1859, en épousant Marie-Charlotte-Angélique Destutt d'Assay nous avons reçu cette propriété. Les armes des Gassot sont : d'azur au chevron d'or, accompagné de trois roses d'argent.

[2] *Histoire du Berry* de La Thaumassière, p. 476 et 1063, édit. de 1699. Les Le Fort portent pour armes : d'azur au chevron d'or, accompagné de trois besans d'argent.

L'abbé Vertot mentionne parmi les chevaliers reçus en la langue de France, le 8 février 1656, Antoine Le Fort de Villemandeur, du diocèse de Sens, portant les mêmes armes que ci-dessus ; évidemment il était parent de Georges mais non pas son frère aîné.

mention d'Antoine, comme chevalier de Malte, et de Georges, comme l'aîné des enfants.)

B. Georges LE FORT, chevalier de Malte, assista au contrat de mariage du 16 février 1648, de Georges Destud, son cousin ; il avait été reçu dans l'Ordre, le 27 février 1636, en la langue d'Auvergne, étant du Berry.

C. Gabriel LE FORT, capitaine au régiment de Picardie, gouverneur du fort de Kel, près Strasbourg, chevalier de Saint-Lazare, commandeur de Boigny.

D. Anne LE FORT, femme d'Antoine DE JACQUINET, écuyer, sieur des Barres, qui assista au contrat de mariage de 1648.

VI. Anne DESTUD, femme de Gabriel ANJORRANT, écuyer, seigneur du Couppoy[1], assista au contrat de mariage de Claude Destud, sa sœur ; elle n'était pas mariée à ce moment.

VII. Françoise DESTUD, religieuse.

VIII. Charlotte DESTUD, aussi religieuse ; l'une et l'autre sont nommées dans les foy et hommage que leur frère Jean fit de la terre d'Assay, le 16 janvier 1631.

IXᵉ DEGRÉ

JEAN DESTUD, chevalier, seigneur d'Assay, d'Aubusset, de Verdeaux, et d'autres lieux situés dans les bailliages du Berry, d'Orléans, de Nemours et du Perche, assista au contrat de mariage, en date du 29 janvier 1618 (*expédition originale en papier*), passé au lieu d'Assay, devant Paulmier, notaire, de damoiselle Claude Destud, sa sœur, avec Blanchet Le Fort, écuyer, seigneur de Cernoy, fils de Richard Le Fort, écuyer, seigneur de Villemandeur et de défunte Marie-Rose de Chenu. L'on y voit que la future fut aussi assistée de dame Françoise de Maubruny, sa mère ; de Georges Destud, écuyer, seigneur d'Assay ; d'Adrien Destud, écuyer, seigneur de la Brossette, ses frères ; de Gabriel

---

[1] Les Anjorrant, originaires du Berry, se sont illustrés à l'armée et au Parlement de Paris, ils portaient pour armes : d'azur à trois lis de jardin d'argent, tigés et feuillés de sinople. La Thaumassière fait épouser Gabriel Anjorrant à Marie Fradet. Voir les *Souvenirs de la marquise de Créqui*, t. I, p. 90, éd. 1840, pour l'origine des Anjorrant, et la légende *Angeli orantes*.

de Jaucourt, écuyer, sieur de la Bussière ; de François Destud, écuyer, sieur de Saint-Père et de Tracy ; d'Étienne Destud, écuyer, sieur de Saint-Père en partie et d'Insèche, et de damoiselle Anne Destud, sa sœur. Le futur époux fut assisté de son père ; de Charles de Chenu, écuyer, sieur d'Autry ; de Charles Le Fort ; de Roch de Maumont, écuyer, sieur de la Roche Saint-Fermat ; de Jacques de Courtenay, écuyer, sieur du Chesne ; de Blanchet David, écuyer, sieur du Pertuis ; de François Desprès, écuyer, sieur de Préfontaine, et de dame Suzanne Le Fort, sa femme.

Il épousa, par contrat du 14 juillet 1621 (*grosse en parchemin*), passé devant Jacques de la Roche, notaire et garde-notes en la châtellenie de Bouissin, damoiselle Catherine DE BARVILLE [1], veuve de feu Charles de Mousselard, vivant écuyer et seigneur de la Planchette, fille de défunt Jean de Barville, écuyer, seigneur de Ligerville, et de dame Jacqueline de Houville, laquelle était née le 25 avril 1597. Ce contrat fut passé en présence de Georges Destud, frère aîné du futur ; de Blanchet Le Fort, son beau-frère ; d'Étienne Destud, écuyer, seigneur d'Insèche et de Saint-Père en partie, son oncle paternel ; de Gabriel de Jaucourt, écuyer, son cousin, à cause de la damoiselle de la Perrière, sa femme.

Jean Destud, qui donne lieu à ce degré, passa un acte, avec sa femme, le 23 novembre 1630 (*expédition en papier*), devant Edme Thierry, clerc notaire en la paroisse de Montion, par lequel ils abandonnèrent à Charles de Mousselard, écuyer, seigneur de la Planchette, la jouissance du lieu seigneurial de la Planchette, dont la dame Destud avait l'usufruit, aux termes de son contrat de mariage avec feu Charles de Mousselard, son premier mari. Il fit les foy et hommage de sa terre d'Assay et dépendances à Guy du Faur, chevalier, à cause de sa châtellenie de Courcelles, par acte du 16 janvier 1631 (*grosse en parchemin*), passé devant Salomon Bontaillant, notaire, dans lequel il déclara qu'il possédait cette terre tant de son chef, comme héritier de noble seigneur François Destud, son père, que comme ayant succédé, pour la moitié, aux portions de damoiselle Anne Destud, épouse de noble seigneur Gabriel Anjorrant, seigneur du Couppoy, de Gilbert Destud, chevalier de l'Ordre de Saint-Jean de Jérusalem, de Françoise et de Charlotte Destud, religieuses professes, et encore comme héritier, pour la

---

[1] Quoique nous trouvions dans les actes le nom de Barville écrit tantôt avec un *a*, tantôt avec un *e*, c'est-à-dire Berville, nous avons conservé l'orthographe primitive suivie par Lachesnaye-Desbois qui donne sur cette famille une généalogie assez complète, en lui attribuant les mêmes armes que celles citées par notre auteur, sauf cependant qu'il donne sept fleurs de lys au lieu de cinq. Nous ferons observer que le *Dictionnaire de la Noblesse*, parle de plusieurs familles de Barville et de Berville.

Celle qui nous occupe serait originaire du Gâtinais, et remonterait à Pierre, sire de Barville, écuyer, seigneur de Gaubertin, qui reçut un aveu le dimanche avant la Saint-Lucas 1371. Le père de Catherine, Jean de Barville, seigneur de Ligerville, page et ensuite maître-d'hôtel de Charles IX, mourut en 1601 après avoir été marié deux fois. Cette famille s'est fait remarquer par ses services militaires et ses alliances, elle a fourni des chevaliers de Malte et des pensionnaires à la Maison royale de Saint-Cyr. (Vertot et Th. Lavallée.)

moitié, d'Adrien Destud, écuyer, seigneur de la Brossette, présumé mort pour sa longue absence, et enfin comme héritier de noble seigneur Georges Destud, son frère aîné, qui avait été aussi héritier, pour l'autre moitié, de tous leurs dits frères et sœurs. Il fournit le dénombrement de cette terre, le 14 février 1631, devant le même Bontaillant, notaire (*grosse en parchemin*), et reçut du seigneur de Courcelles, quittance des droits de rachat, le 21 juin suivant (*original en suite du précédent*). Il transigea, par acte du 17 juin de la même année 1631, devant Raimbault, notaire royal au siége de Concressault, au sujet des biens des successions de ses père et mère et de son frère aîné, avec Blanchet Le Fort, son beau-frère, mari de Claude Destud, et avec Gabriel Anjorrant, son autre beau-frère, mari de Anne Destud. Par cette transaction il abandonna le lieu seigneurial de la Brossette et ses dépendances à ses sœurs qui lui délaissèrent pour son droit d'aînesse et autres les terres d'Assay, d'Aubusset et de Verdeaux. Il fit les foy et hommage de celle d'Assay, le 27 juin 1631 (*extrait en papier à l'article de son frère Georges*). Il fut maintenu dans sa noblesse par jugement (*grosse en parchemin*) des élus pour le Roi, à Bourges, rendu sur la production de ses titres, le 8 juin 1634. Il comparut à la convocation du ban et arrière-ban des gentilshommes du bailliage d'Orléans, le 9 juillet 1635. Il y déclara que cette comparution devait lui servir pour les terres et fiefs qu'il possédait tant dans ce bailliage que dans d'autres. Suivant un certificat délivré le 2 août 1635 par le comte de Cheverny pour le service du ban et de l'arrière-ban, Jean Destud est désigné comme seigneur d'Assay, la Brossette en partie, Ligerville en partie, le Mesnil au bailliage d'Orléans, Aubusset, Verdeaux et Chan, au bailliage de Bourges, de terres sises à Boissay, Chilleurs, du bailliage de Nemours, et de portions des métairies de la Barbotière et de la Dollardière, situées dans le Perche. Il se présenta en armes et équipages de guerre devant le bailli d'Orléans (*copie en forme de certificat*), le 2 août, et servit sous Dominique d'Estampes, seigneur d'Aplaincourt et de Valançay, ainsi qu'il se voit en un certificat daté du 12 novembre 1635 (*original en papier*), que lui délivra ce seigneur, et par un autre du Maréchal de la Force daté du camp de Nonceny, du 15 du même mois. Il fournit un homme pour servir, en sa place, à l'arrière-ban, suivant les certificats des 18 et 30 juillet 1639 (*expédition en papier*,.

De ce mariage sont issus trois enfants :

I. Georges DESTUD, qui a continué la postérité.

II. Charlotte DESTUD, naquit le 10 juin 1624, à la Planchette en Gâtinais, ayant pour parrain M. de Cambray, le beau-frère de sa mère [1], et

---

[1] Ainsi qu'il est marqué dans la généalogie de la famille de Barville, *Dictionnaire de la Noblesse* de Lachesnaye-Desbois.

pour marraine, Jacqueline de Mousselard. Par contrat du 27 septembre 1650 *(expédition originale en papier)*, passé au château d'Assay, devant Jean Beaubois, notaire à Châtillon-sur-Loire, elle se maria à messire Guillaume DU DEFFEND, chevalier, seigneur du Tremblay, capitaine au régiment de Normandie, fils de défunt messire Antoine du Deffend, chevalier, et de dame Marguerite du Plessis. L'on voit qu'elle fut assistée de messire Charles de Mousselard, chevalier, seigneur de la Planchette, son frère utérin, et de damoiselle Françoise Destud, sa sœur germaine, et de plusieurs autres parents. Le père et la mère de la future lui constituent en dot la somme de 24,000 livres tournois. Le 25 octobre 1698, Charlotte Destut, dame du Deffend, donne à Antoine Bourdaloue, seigneur de la Noue *(près Vierzon)*, acquéreur d'une partie d'Aubusset-Verdeaux, quittance de la somme de 3,000 livres.

De ce mariage est issu :

Louis DU DEFFEND, qui fut mis sous la tutelle de sa mère, par sentence du bailliage du Tremblay, du 27 juin 1667 *(expédition en papier)*, rendue sur l'avis de ses parents, qui furent : René Chevallier, chevalier, seigneur des Mignières ; François d'Estiennot, chevalier, seigneur de Vassy ; Charles de Sainte-More, chevalier, seigneur d'Origny, oncles paternels, à cause de leurs femmes ; Georges Destud, chevalier, seigneur d'Assay, d'Aubusset, etc., Charles de la Verne, chevalier, oncles maternels ; Louis du Deffend [1], chevalier, seigneur de la Lande, maréchal des camps et armées du Roi ; Georges du Fresnois, chevalier, seigneur de Villemoyen ; Yriois de Gentilz, chevalier, seigneur des Barres ; Germain du Deffend, chevalier, seigneur de Fraville, Antoine d'Assigny, chevalier, seigneur de Lairy, cousins. La dame du Deffend, fit une donation de la moitié de ses biens à ses neveux et nièces, par acte du 5 janvier 1692, ce qui prouve que son fils était mort alors sans enfants.

III. Françoise DESTUD naquit à la Planchette, le 9 avril 1629, ayant pour parrain Gilbert Destud, chevalier de l'ordre de Saint-Jean

---

[1] Les du Deffend, seigneurs de la Lande en Bourgogne, signèrent un titre de l'an 1200, pour une translation de reliques sur leurs terres ; ils ont eu un chevalier de Malte reçu dans la langue de France, le 22 novembre 1656, et plusieurs lieutenants-généraux des armées du Roi, ils portent : d'argent à une bande de sable, accompagnée vers le chef d'une merlette de même. Jean-Baptiste du Deffend, marquis de la Lande, brigadier des armées du Roi, fit ériger, en décembre 1692, la terre de Châtres en marquisat ; il devint lieutenant-général et gouverneur de Neuf-Brisac. (Lachesnaye-Desbois et l'abbé de Vertot.)

Leurs armes se trouvent sculptées, avec la date de 1650 et deux autres écussons, sur un contre-fort de l'escalier du château de Prémery. (*Rép. de la Nièvre*, comte de Soultrait.)

de Jérusalem ou de Malte, et pour marraine mademoiselle Dubuisson. Par contrat du 31 janvier 1656, passé devant Jean Beaubois, notaire à Courcelles-le-Roi, elle se maria à Messire Charles DE LA VERNE, chevalier, seigneur de Sury-ès-bois, fils du défunt Claude de la Verne, chevalier, et de dame Silvie de Grasset[1]. Ce contrat, dans lequel le père et la mère de la future lui constituent en dot la somme de 24,000 livres tournois, fut passé du consentement de ses père et mère, et de dame Charlotte Destud, sa sœur, femme de messire Guillaume du Deffend, chevalier, et de Henri Le Fort, écuyer, sieur de la Verrière, son cousin-germain.

De ce mariage sont issus :

A. Edme-Hubert DE LA VERNE-GAMACHE.

B. Émée-Françoise DE LA VERNE, femme de Louis-Philbert DE LA VERNE-DANNERY, connus par un acte du 31 octobre 1709, qu'ils passèrent au sujet de la succession de Charlotte Destud, leur tante.

Xe DEGRÉ

GEORGES DESTUD, chevalier, seigneur d'Assay, Aubusset, Verdeaux et Blannay, naquit le 15 octobre 1622, à la Planchette, paroisse de la Mignerette, en Gâtinais. Suivant le contrat de mariage passé le 16 février 1648 (*original en papier*) devant Edme Massé, notaire et tabellion royal au bailliage d'Auxerre, résidant au dit Blannay, il épousa damoiselle Claude DE MONCEAUX, fille d'Antoine de Monceaux[2], écuyer, sieur de Blannay et de Sermizelles, et de dame Marie de Rozan. Il fut assisté de son père qui, agissant tant en son nom que comme fondé de pouvoirs de la dame son épouse, lui constitua en dot la terre d'Aubusset, avec obligation, à leur mort, de la rendre et de prendre celle d'Assay; ses témoins furent : Charles de Mousselard, écuyer, sieur de la Planchette et de Mignerette, frère maternel;

De Monceaux porte : Écartelé au 1 d'azur à trois fasces d'or; aux 2 et 3 d'azur au lion d'or passé de gueules; et au 4 de gueules à l'aigle d'or chargé en cœur d'un écusson échiqueté d'azur et d'or.

[1] La Thaumassière, en son *Histoire du Berry*, p. 1126, donne à cette famille de la Verne les armes suivantes : de gueules à trois étoiles d'argent en chef, et un croissant montant de même en pointe, et la fait remonter à François de la Verne qui épousa Marguerite de Gamache, fille d'Adrien de Gamache, seigneur de Quinquempoix, de Lorroy, et vicomte de Raymond ; elle a eu plusieurs chevaliers de Malte dont François de la Verne de Vauvrille, reçu le 20 juin 1572. (Vertot.)

[2] Nous trouvons qu'Antoine de Monceaux, écuyer, seigneur de Blannay assistait, le 17 janvier 1640, au mariage de messire Paul de Remigny avec demoiselle Catherine de Chastellux ; y étaient également

Georges Le Fort, écuyer, chevalier de Malte, cousin-germain; François de Boisselet, écuyer, sieur d'Arlus; Antoine de Jacquinet, écuyer, sieur des Barres, cousin à cause de dame Anne Le Fort, son épouse, et Jacques de Buxières, sieur de Verdois. La future épouse reçut de son père tous les biens qu'il possédait à Asquins et à Saint-Père-sous-Vezelay; elle fut assistée à son contrat de ses père et mère; de damoiselle Claude de Monceaux, veuve de Edme de Dampierre, écuyer; de damoiselle Catherine de Monceaux, veuve de Jean de Bien, écuyer, sieur de la Vallée; d'Érard de Dampierre, écuyer, seigneur du Vivier, gentilhomme servant du Roi, commissaire général des gens de guerre en Berry; de Jacques de Bien, écuyer, sieur de la Vallée; de Claude de Vathaire, écuyer, sieur du Bois-Taché, et de damoimoiselle Adrienne de Beurdelot, son épouse; de messire François de Rochefort, abbé de Vezelay, marquis de la Boullaye, seigneur et baron de Châtillon; de messire Jean de Bourgoing, seigneur de Faulin[1]; de messire de Saint-Quintin, baron de Beaufort et de Blet; de Philippe du Bois, écuyer, sieur de Pouilly; de noble Claude Chevallier, seigneur de Riz, bailli de Vezelay; de Charles du Paillay, écuyer, sieur de Laubray, et de messire Antoine d'Assigny, chevalier, seigneur de Pont-Marquier.

Georges Destud ayant eu quelques contestations avec ses beaux-frères, au sujet du partage à faire entre eux, il intervint 'sentence du bailliage d'Orléans, le 15 décembre 1656, qui jugea que ce partage, attendu qu'ils étaient gens nobles (*grosse en parchemin*), se ferait devant les officiers du bailliage et non devant ceux de la seigneurie de Courcelles, ainsi que le prétendait ce seigneur qui était intervenu en la cause. Ce partage fut passé les 26 février et 10 mars 1657 (*grosse en papier*) au château d'Assay, devant Jean Beaubois, notaire à Châtillon-sur-Loire. L'on y voit que les dames du Deffend et de la Verne, ses sœurs, firent rapport des dots qu'elles avaient reçues, et qu'il est accordé à Georges Destud, comme aîné, les préciputs sur les biens nobles. Ce partage fut ratifié par ses sœurs, le 5 août suivant, par acte passé (*grosse en papier en suite de celles ci-dessus*) au château de Sury-ès-bois, devant Cormier, notaire.

---

présents : messire Georges de Reugny, baron du Tremblay, et messire François de Rochefort, abbé de Vezelay, parmi d'autres personnages. (*Généalogie de Chastellux*, p. 495.)

    Née de la Rochelle, à la p. 87, du t. II, de ses *Mémoires sur la Nièvre*, raconte que René de Monceau, sieur de Blannay, près Vezelay, revenant chez lui avec un gentilhomme, nommé Laborde Petot, après la bataille de Dreux où les protestants avaient été vaincus, parvint, le 29 janvier 1563, à s'emparer par escalade de la ville de Corbigny, d'où s'enfuirent les catholiques saisis d'une panique incroyable ; une fois installés, les protestants n'en furent dépossédés que par la révocation de l'Édit de Nantes, en 1685.

    Voir les noms féodaux de dom Bétencourt, citant des de Monceau : (*alias* de Monceaux) résidant à Château-Chinon de 1312 à 1351. *Le Nobiliaire de Soissonnais* de Lainé, et Lachesnaye-Desbois à l'art. d'Auxy.

    [1] Voir l'*Armorial du Nivernais* par le comte G. de Soultrait ; et l'*Avallonnais*, par Victor Petit, où se trouvent plusieurs vues du château de Faulin, situé dans la commune de Lichères, sur les bords de l'Yonne.

Il procéda à la licitation de la terre d'Aubusset devant le juge ordinaire de la châtellenie de Courcelles-le-Roi qui, par son décret du 8 juillet 1664, la lui adjugea (*grosse en parchemin*), comme plus offrant, pour la somme de vingt-sept mille livres; l'on y voit qu'il avait été poursuivi, à cet effet, par Guillaume du Deffend, son beau-frère, seigneur du Tremblay, et dame Charlotte Destud, son épouse, tant en leurs noms que comme ayant les droits cédés de messire Charles de la Verne et sa femme, leurs beau-frère et sœur. La femme de Georges Destud étant morte à Aubusset, en Berry, elle fut transportée et inhumée, le 25 octobre 1666, en l'église de Blannay, au bas du sanctuaire, où l'on voit son épitaphe et ses armes accolées de celles de son mari [1]. Georges, se voyant veuf, présenta requête (*grosse en papier*), le 11 décembre 1666, au bailli d'Auxerre, pour qu'il lui fût permis de s'adresser provisoirement au bailli de Blannay, afin de requérir la garde noble de ses enfants mineurs, ce qui lui fut accordé sur les conclusions du procureur du Roi; il se pourvut en conséquence devant le bailli de Blannay, qui, par sa sentence du 18 novembre 1667, le nomma tuteur et gardien noble de Catherine, Alphonsine, Edme-François et Claude-Madeleine Destud, ses enfants mineurs, et leur nomma pour curateur Érard de Dampierre, écuyer, seigneur de Sury-sur-Loire, sur l'avis de leurs parents assemblés, qui furent: Charles de la Verne, écuyer, seigneur de Sury-ès-bois, oncle des mineurs; Philibert de la Verne, écuyer, seigneur de Gamache; damoiselle Marie de Rozan, veuve d'Antoine de Monceaux, écuyer, seigneur de Blannay, aïeule des mineurs, et Loup de Vathaire, écuyer, seigneur du Bois-Taché, cousin [2].

Georges Destud, ayant été assigné, par exploit du 20 janvier 1668, pour justifier de sa noblesse devant les commissaires généraux du Conseil députés par Sa Majesté, produisit devant eux ses titres (*inventaire signé Charpy*), depuis Tho-

---

[1] Voici cette épitaphe que Victor Petit donne dans sa description des *Villes et Campagnes* de l'Yonne, arrondissement d'Avallon, p. 284, sans mentionner le sixain que nous avons trouvé à la suite :

« Cy-gît Claude de Monceaux, fille d'Antoine »
« de Monceaux, en son vivant escuyer et seigneur »
« de Blannay et du fief de Sermiselle, et épouse »
« de Georges Destut, escuyer, seigneur d'Assay »
« d'Obusset, du fief de Verdeaux et de Blannay. Elle déceda »
« le XXV octobre M.D.C.L.X.V.I. en la terre d'Obusset en Berry »
« d'où son corps fut amené en cette église. Prié Dieu pour »
« son âme »

« Celle de qui le corps est ici renfermé »
« fut un vivant miracle, un trésor animé »
« Elle eut la piété, la douceur, la justice »
« elle fut charitable, elle eut l'humilité »
« pour tout dire en deux mots, cette obie regrettée »
« eut toutes les vertus et n'eut pas un seul vice. »

[2] *Arrondissement d'Avallon*, de Victor Petit, p. 286, commune de Brosses.

mas Stutt, écuyer, seigneur d'Assay, son quatrième aïeul. Il donna dénombrement (*copie informe ajoutée à celui de* 1616) au Roi, à cause de sa grosse tour de Vierzon, le 26 janvier 1673, devant André de Lys, notaire, de son fief de Verdeaux et dépendances. Il fit son testament au château de Sury-ès-bois, le dernier jour de mars 1674, devant Cormier, commis à l'exercice du tabellionnage des paroisses de Sury-ès-bois et d'Assigny, dépendantes de la baronnie de Vailly, par lequel il élit sa sépulture en l'église paroissiale de Beaulieu, au tombeau de son père, fait des legs pieux, lègue à ses domestiques, donne une épée à poignée d'argent avec le meilleur de ses chevaux à Charles de la Verne, chevalier, seigneur de Sury-ès-bois, en le priant de prendre le soin et gouvernement de ses enfants, et nomme pour son exécuteur testamentaire Érard de Dampierre, écuyer. Il ne vivait plus le 3 novembre 1675 que ses enfants partagèrent sa succession.

De ce mariage naquirent :

I. Edme-François DESTUD, qui a continué la postérité.

II. Claude-Madeleine DESTUD, chevalier, seigneur d'Aubusset en partie, fut baptisé le 9 février 1661, en ayant pour parrain : messire Claude de la Magdeleine, chevalier, comte de Ragny, et pour marraine : dame Madeleine Foucquet, épouse de puissant seigneur messire François de Rochefort[1], chevalier, seigneur, marquis de la Boullaye. Il devint capitaine au régiment de Champagne, par commission du 24 juillet 1690 (*original en parchemin*) ; il eut la charge et commandement d'une compagnie d'infanterie dans le second bataillon du régiment de Touraine, par brevet du 1ᵉʳ mars 1701 (*original en papier*).

Il partagea, le 3 novembre 1675, avec ses frères et sœurs, et il lui échut, avec 4,500 livres de soulte, la moitié d'Aubusset dont il prêta foy et hommage le 4 janvier 1687 ; il vendit sa part d'Aubusset, par acte du 19 novembre 1690, à Antoine Bourdaloue, seigneur de la Noue[2]. Il fit son testament le 26 novembre 1690, par lequel il institua son héritier universel Edme-François Destud, son frère, et fonda dix messes en l'église de l'abbaye de Marcilly, moyennant un legs de 200 livres. Il mourut à Beauvais en 1701, sans laisser d'enfants de son mariage avec la fille d'un sénateur de Chambéry, en Savoie, laquelle lui survécut. Il avait désigné pour

---

[1] Victor Petit, p. 127 et suivantes, commune de Savigny en terre-plaine ; p. 244 et 245, historique de l'abbaye de Vezelay.

[2] Tausserat, dans sa *Châtellenie de Lury*, p. 162 et 170, dit que Antoine Bourdaloue acheta Aubusset le 21 mai 1688, de Claude-Madeleine d'Estut et de Ludovic de Lasouche-Chevigny, et le réunit à sa belle terre de La Noue, pour vendre le tout, en date du 24 avril 1704.

son exécuteur testamentaire messire François de Blosset, seigneur de Certaines [1].

III. Catherine DESTUD, dame en partie d'Aubusset, par le partage du 3 novembre 1675, mariée à Ludovic DE LA SOUCHE, écuyer, seigneur de Chevigny [2], a été donataire de Charlotte Destud, sa tante, le 5 janvier 1692. Elle a eu, entre autres enfants, une fille mariée, par acte du 15 mai 1739, à messire Claude-Louis de Sarre, chevalier, seigneur de la Forêt, paroisse d'Igrande, généralité de Moulins, en Bourbonnais [3].

IV. Alphonsine-Marie DESTUD, dame de Blannay et de Sermizelles, par partage du 3 novembre 1675, et depuis mariée à Joseph DE BERNAULT [4], chevalier, seigneur de Blannay, capitaine commandant au régiment de Champagne, et depuis, major de la citadelle de Perpignan. Elle a été donataire de Charlotte Destud, sa tante, le 5 janvier 1692. Elle vivait encore le 18 mai 1739, mais sans enfants.

XI· DEGRÉ

EDME-FRANÇOIS DESTUD, chevalier, seigneur d'Assay, des fiefs de Courtenay en Vermanton, Lys et Girolle, en la paroisse de Chastenay, le Beugnon, Lacsauvin, etc., naquit le 27 février 1656 (*son baptistaire est joint à ses brevets militaires*) et fut baptisé le même jour en la paroisse d'Asquins-sous-Vezelay, ayant eu pour parrain très-haut et très-puissant seigneur messire François de Rochefort, abbé de Vezelay, marquis de la Boullaye,

---

[1] Nous aurons à parler plus loin de la famille de Blosset qui, originaire de Normandie, tenait un haut rang dès 1250. Le père et le grand-père de François de Blosset avaient épousé des demoiselles de Loron, probablement tante et grand'tante de Antoinette-Marie de Loron, épouse d'Estud, seigneur d'Assay. L'un d'eux avait été un général protestant dont parle l'histoire. (Née de la Rochelle.)

[2] Les de la Souche portent pour armes: d'argent à deux léopards de sable, armés, lampassés et couronnés de gueules. (Le comte de Soultrait et Lachesnaye-Desbois.) *Noms féodaux* de dom Béthencourt. Gabriel de la Souche fut reçu chevalier de Malte le 12 janvier 1580, et Louis l'avait été le 10 juin 1555. (Vertot.) Moréri donne leur généalogie.

[3] Les de Sarre portent pour armes: d'argent au massacre de cerf de gueules, surmonté de trois losanges de même placés au centre de la ramure (*Bourbonnais*, comte de Soultrait); ils remontent au delà de 1366, date de la mise en tutelle des enfants de Jean de Sarre, en la châtellenie de Souvigny (*Noms féodaux* de dom Béthencourt); ils eurent plusieurs alliances avec les de la Souche qui, eux-mêmes s'allièrent à plusieurs reprises, en 1690 et en 1720, aux des Champs de Bisseret. (Moréri, *Supplément du Dictionnaire historique*, p. 329.) François de Sarre, commandeur de Sainte-Anne, est porté comme ayant été tué au siège de Rhodes, 1480. (Abbé Vertot.)

[4] Bernault portait: de sable à la croix d'or. (*Nobiliaire de Bourgogne*, de J.-Louis Chevillard, Paris, 1726.)

baron de Châtillon, seigneur de Chitry et autres lieux, et pour marraine Charlotte Destud, sa tante paternelle, dame du Tremblay.

Il entra au service du Roi en qualité de cornette, en la compagnie de mestre de camp du régiment de cavalerie de Montal, par brevet du 10 décembre 1673 (*original en parchemin*); il servit en cette qualité, le 23 mai 1673, ainsi qu'il se voit en un certificat daté de Charleroy (*original en papier*) de M. de Montal, lieutenant-général des armées du Roi. Il y fut fait lieutenant de la compagnie de Thoury, par autre brevet du 30 mai 1678 (*original en parchemin*). Ayant été réformé, il fut fait lieutenant à la suite de la compagnie mestre de camp du régiment royal de cavalerie de Piémont, par autre brevet daté de Saint-Germain-en-Laye, du 17 octobre 1679 (*original en papier*), passa ensuite sous-lieutenant en pied au régiment de Milly et était en garnison en cette qualité, à Perpignan, ainsi qu'il se voit en un certificat du sieur Dalmas, commissaire des guerres, du 2 avril 1697 (*original en papier*) et un autre de M. le comte de Chazeron, lieutenant-général des armées du Roi, du 3 du même mois (*original*); il servit au ban et arrière-ban, ès-années 1689, 1690, 1691, 1695 et 1696, ainsi qu'il se voit en différents certificats (*originaux en papier*).

L'on a vu au degré précédent qu'il avait été mis sous la tutelle de son père, avec son frère et ses sœurs, par sentence du bailliage de Blannay du 18 novembre 1667; il partagea noblement avec eux les successions de ses père et mère, et celle de Marie de Rozan, son aïeule maternelle, décédée veuve d'Antoine de Monceaux, par acte du 3 novembre 1675, passé devant Grossot, notaire au bailliage d'Auxerre, à la résidence de Montillot; par ce partage il lui est échu la terre et seigneurie d'Assay et autres héritages. Il échut à son frère Claude-Madeleine Destud la moitié de la terre d'Aubusset, (il la vendit au sieur Bourdaloue de la Noue, par acte du 19 novembre 1690) et, en plus, la somme de 4,500 livres; à Catherine, sa sœur, l'autre moitié de ladite terre, et à Alphonsine, son autre sœur, la terre de Blannay et le fief de Sermizelles. Ce fut en conséquence de ce partage qu'il prêta les foy et hommage de la terre d'Assay au seigneur de Courcelles, par acte du 23 janvier 1680 (*grosse en parchemin*) passé devant Pierre de Las, notaire en la châtellenie de Courcelles.

Il épousa, par contrat du 8 janvier 1684 (*grosse en parchemin*), passé au château du Chastenay, devant Nicolas Chauchefoin, notaire au bailliage d'Auxerre résidant à Vermanton, damoiselle Antoinette-Marie DE LORON, fille unique de messire David de Loron, chevalier, seigneur du Chastenay, le Beugnon, et autres lieux, et de dame Claude d'Aulnay[1]. L'on voit en ce con-

De Loron porte : **De sable à la fasce d'argent.**

---

[1] La demoiselle de Loron fut baptisée le 11 juillet 1663, en la paroisse de Saint-Martin d'Arcy,

trat qu'il fut assisté de messire Charles de la Verne, chevalier, seigneur de Sury-ès-bois et autres lieux, son oncle, à cause de Mme Françoise Destud, son épouse ; de messire Claude-Madeleine, son frère, écuyer, seigneur d'Aubusset en partie ; de messire Joseph de de Bernault, son beau-frère, chevalier, seigneur de Blannay, capitaine commandant un bataillon du régiment de Champagne, et Mme Alphonsine Destud, son épouse ; de messire Edme-Hubert de la Verne, chevalier, son cousin-germain, et de dame Charlotte Destud, sa tante paternelle, veuve de messire Guillaume du Deffend, chevalier, seigneur du Tremblay. La demoiselle de Loron fut assistée de ses père et mère ; de messire François-Hector d'Aulnay, seigneur chevalier, comte d'Arcy-Tavernay, baron d'Igongne et autres lieux, et de messire Élie de Bernault, chevalier, seigneur de Givry, premier capitaine au régiment de Vermandois, son cousin.

Edme-François Destud, qui donne lieu à ce degré, passa reconnaissance au profit d'Étienne Brethon, par acte du 4 janvier 1687, devant Aubert, notaire à Gien. Il fut institué héritier universel de Claude-Madeleine Destud, son frère, par son testament du 26 décembre 1690, passé au lieu de Certaines, paroisse de Cervon, devant Fiot, notaire au bailliage de Saint-Pierre-le-Moutier, à la résidence de Gacongne. Charlotte Destud, sa tante, dame du Tremblay, lui fit donation, ainsi qu'à son frère et ses sœurs, de la moitié de tous les biens qu'elle délaisserait à son décès, par acte du 5 janvier 1692 (*expédition sur papier timbré*), passé devant Claude Verinier, notaire royal à Vezelay. Son frère, Claude-Madeleine Destud, lui fit cession de la somme de 1,000 livres, à prendre sur le sieur Bourdaloue de la Noue, acquéreur de la terre d'Aubusset, et ce par acte du 11 janvier 1696, passé devant Pichenot, notaire royal à Avallon (*expédition sur papier timbré*), où l'on voit que cette terre avait été vendue par contrat du 19 novembre 1690, devant Patureau, notaire royal à Vierzon.

Ayant été assigné pour justifier de sa noblesse devant Me Ferrand, in-

---

ayant pour parrain Jacques de Longueville, seigneur de Domecy-sur-le-Vault, et pour marraine Antoinette d'Assigny, de la paroisse de Précy.

En compulsant l'ouvrage généalogique de M. le comte de Chastellux, nous voyons que les deux familles de Loron et d'Aulnay s'étaient alliées l'une et l'autre à plusieurs reprises à celle de Chastellux, aux contrats de laquelle plusieurs des leurs assistaient comme témoins, p. 103, 109, 122, 436, 437, 443, 458, 493. Hugues de Loron de Domecy, du diocèse d'Autun, fut reçu, en 1573, chevalier de Malte, au grand prieuré de Champagne.

Les de Loron ont possédé Domecy-sur-Cure, ainsi que la baronnie de Limanton (en Nivernais) qui est entrée chez les de Bar, par le mariage de Marie de Loron avec Pierre de Bar, seigneur de Buranlure, en 1643. (La Thaumassière, p. 769, et Née de la Rochelle, t. II, p. 318.)

Chevillard, dans son *Nobiliaire de Bourgogne*, de 1726, donne à David de Loron, mort en 1698 : de sable à 3 fasces d'or.

Nous verrons plus loin l'alliance de François Destut, seigneur de Saint-Père, avec Françoise de Bar qui, lui apporta la terre de Tracy, par contrat du 18 octobre 1586.

tendant de Bourgogne, par exploit du 2 juillet 1697, Edme-François produisit ses titres jusques à Thomas Stutt, son cinquième aïeul, écuyer, archer de la garde du corps du Roi ; ce commissaire, par son jugement du 17 février 1698 (*original en papier*), le maintint dans son ancienne noblesse. Étant devenu possesseur des fiefs de Courtenay, en Vermanton, de Lys et Girolle, en la terre de Chastenay, paroisse d'Arcy-sur-Cure, par le décès de David de Loron, son beau-père, il en prêta les foy et hommage au Roi, en sa Chambre des comptes de Bourgogne, par acte du 5 mai 1708 (*grosse en parchemin*). La dame du Tremblay, sa tante, étant décédée, il passa un compromis sous seings privés les 24 et 31 octobre 1709 (*original en papier*), avec Edme-Hubert de la Verne-Gamache, Emée-Françoise de la Verne, épouse de Louis-Philibert de la Verne-Dannery, ses cousins et cousine, et les dames de la Souche et de Bernault, ses sœurs, où il fut convenu que lui seul accepterait la succession sous bénéfice d'inventaire ; pour cet effet il obtint des lettres en chancellerie, le 11 décembre de la même année (*original en parchemin*), qui furent entérinées par sentence du bailliage d'Auxerre du 25 janvier 1710.

Du mariage d'Edme-François Destud sont nés les treize enfants dont les noms suivent :

I. François-Claude DESTUD, né à Arcy-sur-Cure le 9 février 1687, eut pour parrain Claude-Madeleine Destud, son oncle paternel, qui lui fit un legs de 1,000 livres, par son testament du 26 décembre 1690; il servit dans le régiment de Saulx, et fut tué en duel à l'âge de seize ans.

II. Gabriel-Alphonse DESTUD, qui a continué la postérité ;

III. Louis DESTUD, né le 27 août 1690, s'est fait capucin.

IV. David DESTUD, né le 9 novembre 1691, mort sans enfants.

V. Alphonse-Gabriel DESTUD, né en novembre 1693, mort à Arcy le 10 avril 1733, sans avoir été marié.

VI. François DESTUD a fait la branche de Blannay, dont nous parlerons plus loin.

VII et VIII. Edme et Thomas DESTUD, nés jumeaux le 18 juillet 1702, morts au berceau.

IX. Claudine DESTUD, née le 24 janvier 1685, religieuse à la Providence, à Auxerre, morte en 1757 ou 1758.

X. Marie DESTUD, née le 26 janvier 1686, religieuse en l'abbaye de Crisenon.

XI. Marguerite DESTUD, née à Arcy-sur-Cure le 26 octobre 1692, fut élevée en la Maison royale de Saint-Louis, à Saint-Cyr-lès-Versailles, où elle fut reçue en vertu du brevet du roi Louis XIV, du 19 avril 1700, sur les preuves de sa noblesse, dressées par Charles d'Hozier, généalogiste de Sa Majesté. Lesdites preuves très-complètes font partie des dossiers d'Hozier déposés en la salle des manuscrits de la bibliothèque royale à Paris et remontent jusqu'en 1479, pour les actes français. Elle mourut au monastère de l'*Ave Maria*, à l'âge de vingt-deux ans [1].

XII. Jeanne DESTUD, née le 13 février 1698, religieuse au monastère de la Providence ou à Crisenon [2].

XIII. Thérèse DESTUD, née le 11 juin 1698, mourut à Arcy, le 11 septembre 1733, sans avoir été mariée, suivant l'extrait des registres paroissiaux et inhumée dans le chœur de l'église Saint-Martin, auprès du clocher.

XII⁰ DEGRÉ

Gabriel-Alphonse DESTUT, chevalier, seigneur d'Assay, Chastenay, Lacsauvin et autres lieux, naquit le 18 juin 1689. Il entra au service en 1702, en qualité d'enseigne au régiment de Saulx, fut fait sous-lieutenant au régiment d'infanterie de Flandres, par brevet du 11 avril 1705. Il devint capitaine, par commission du 26 novembre 1709; il fut nommé chevalier de l'Ordre de Saint-Louis, suivant brevet daté de Fontainebleau du 12 novembre 1734 (*original entre les mains de MM. d'Assay*), étant alors à l'armée de France, en Italie, sous les ordres du maréchal de Coigny, qui eut mission du Roi de le recevoir comme membre de l'Ordre, et qui lui donna un passeport daté de Crémone (*original*), le 21 décembre suivant, pour repasser en

---

[1] Il en est fait mention dans l'ouvrage intitulé : *Madame de Maintenon et la Maison royale de Saint-Cyr*, par Théophile Lavallée, à la page 431, 2ᵉ édition. Elle est désignée ainsi : d'Estud d'Assey. Voir le dossier qui relate les alliances, à la Bibl. Nat.

[2] A propos de l'abbaye de Crisenon, qui, sans traces existantes, était située sur les bords de l'Yonne, en la paroisse de Prégilbert, entre Bazarne et Sainte-Pallaye, au centre des propriétés d'une branche de Chastellux, nous aurons à faire observer que notre généalogie ne mentionne pas Gabrielle Destud, comme religieuse de Crisenon en 1602 ; par suite de la date déterminée, nous ne trouverions guère que, au 8ᵉ degré, Françoise ou Charlotte, qui étant portées comme religieuses, sans désignation de couvent, pourraient être prises pour elle, ou peut-être mieux encore quelque personne oubliée du 7ᵉ degré ; en tout cas, M. le comte de Chastellux désigne Gabrielle Destud comme chantre, assistant à la prise de possession de l'abbaye de Crisenon par Angélique de Chastellux, reçue abbesse le 10 avril 1602, en remplacement de vénérable Sœur Claude de Montsaulnin, démissionnaire, suivant l'acte des archives de l'Yonne, fonds de Crisenon, liasse I, que nous donnons aux pièces justificatives.

France; sa santé ne lui ayant pas permis de continuer le service, le Roi lui accorda sa retraite et une pension de 400 livres, ainsi qu'il se voit en une lettre de M. d'Angivilliers, ministre de la guerre, du 18 juin 1735, par laquelle il l'informe que, sur le compte qu'il a rendu au Roi de ses services et de l'impossibilité où il était de les continuer, Sa Majesté a bien voulu lui accorder une pension.

De Damoiseau porte : D'azur à l'aigle éployée d'or.

Il avait épousé, par contrat du 31 octobre 1727 (*grosse en parchemin*), passé à Blassy devant Jean-Baptiste Traveau, notaire et tabellion royal au bailliage d'Avallon, en Bourgogne, damoiselle Marie-Anne DE DAMOISEAU [1], fille de défunt messire Jean-Raphaël de Damoiseau, chevalier, seigneur de Menemoy et autres lieux, et de dame Marie de Guyon, dont les généalogies de l'un et de l'autre sont rapportées aux preuves fournies, le 3 novembre 1782, par Gabriel-Alphonse Destutt d'Assay, leur petit-fils, pour être admis en l'Ordre de Malte. Ladite damoiselle était née à Blassy, le 9 décembre 1696, suivant les extraits baptistaires de la paroisse.

L'on voit, en ce contrat de mariage, que Gabriel-Alphonse fut assisté de ses père et mère qui lui constituèrent en dot la terre d'Assay, affermée en ce moment 900 livres après l'avoir été 1,500 livres, à la charge de payer au chevalier d'Assay, son frère, lieutenant au régiment de Flandres, une pension de 100 livres. La future épouse fut assistée de sa mère et de messire François de Guyon, chevalier de Précy, major d'infanterie, son oncle maternel; outre les biens paternels qu'elle apportait, elle reçut de sa mère 12,000 livres en dot; le douaire était de 800 livres de rente. Marie-Anne de Damoiseau étant morte le 21 juillet 1731, Gabriel-Alphonse fut nommé tuteur de ses enfants mineurs, par sentence rendue au bailliage d'Avallon le 8 novembre 1731; messire Étienne-François de Guyon, grand-oncle maternel lui fut adjoint comme curateur.

Il prêta les foy et hommage de sa terre d'Assay à dame Marie-Anne-Michel Carton, dame de Courcelles, veuve de messire Samuel Boutignon, écuyer, seigneur des Hayes, par acte du 27 février 1733 (*expédition en papier*) passé devant Hodet, notaire en la châtellenie de Courcelles. Il prêta aussi les foy et hommage au Roi, en sa Chambre des comptes de Bourgogne (*grosse en parchemin*), le 29 mai 1736, pour sa terre et seigneurie de Chastenay et

---

[1] Lachesnaye-Desbois fait remonter les de Damoiseau à Guillaume qui, en 1488, épousa Perrette d'Aubenton ; il signale leurs nombreux services militaires pour lesquels plusieurs d'entre eux reçurent la croix de Saint-Louis, ainsi que nous pouvons le voir dans l'ouvrage de MM. Mazas et Théodore Anne, intitulé : *Histoire de l'Ordre royal et militaire de Saint-Louis*, vol. I, p. 208, 393, 427; vol. II, p. 429, 471 ; vol. III, p. 11, 27. 112, 127.

François-Louis, vicomte de Damoiseau, seigneur de Montregard, s'est fait représenter au bailliage d'Autun, pour la nomination des députés de la Noblesse aux États-Généraux de 1789. (Louis de la Roque.)

dépendances, située en la paroisse d'Arcy, au diocèse d'Auxerre, mouvant de Sa Majesté, à cause de son comté d'Auxerre, lui étant échue par les décès de ses père et mère. Ayant demandé d'avoir entrée aux États de Bourgogne, il y fut admis par délibération du 2 mai 1736 (*original en papier*), d'après la vérification qui fut faite de ses titres par les commissaires de la Chambre de la noblesse qui attestent qu'il est bon gentilhomme non noble simplement, mais de la qualité requise pour entrer en ladite Chambre et y avoir voix délibérative, ayant toujours fait profession des armes et non de la robe.

Il épousa en secondes noces, par contrat du 24 novembre 1737 (*grosse en parchemin timbré*) passé devant Millereau, notaire royal réservé à la résidence de la ville de Lorme, dame Madeleine DE LA BARRE [2], veuve de Philbert de Pillemier, écuyer, seigneur de Montfort, en son vivant capitaine au régiment de Marine ; en faveur de ce mariage, sa tante, dame Alphonsine-Marie Destud, veuve de messire Joseph de Bernault, lui fit don du fief de Vaussin, situé à Sermizelles, mouvant de l'abbaye de Saint-Martin d'Autun. Ce contrat fut passé en présence de François Destut de Blannay, frère du futur ; de messire Louis-Charles de Blosset, capitaine au régiment de Poitiers ; de messire Sébastien de Blosset, seigneur de Certaines, et de la dame son épouse (laquelle était Louise de Bonin, mariée en 1726), demeurant à Pougues, près Lormes.

De la Barre porte : D'azur à 3 feuilles de chêne d'or tigées garnies chacune d'un gland d'or et posées en pal 2 et 1.

Gabriel-Alphonse Destut d'Assay mourut le 11 avril 1763, suivant un extrait des registres de l'église paroissiale de Saint-Martin d'Arcy-sur-Cure, et fut inhumé à côté de l'autel de la Sainte-Vierge, sous le banc-d'œuvre.

Il n'eut point d'enfants de ce second mariage, mais du premier sont issus ceux qui suivent :

---

[1] Voir plus loin la note sur les armes de Marie-Françoise de la Barre.

[2] A la page 1020 de son *Histoire du Berry*, La Thaumassière fait remonter la famille de la Barre à Michel de la Barre, écuyer, qui épousa Marguerite d'Orléans, le 27 mars 1426 ; elle eut plusieurs chevaliers de Malte, dont un en 1609, des pages du Roi et des demoiselles de Saint-Cyr ; elle s'allia aux de Grossouvre de Rolland, de Chastellux, de Courvol, de Reugny, etc., etc. Le contrat de mariage de François de la Barre, avec Marguerite de Chastellux, qui fut signé le 11 novembre 1610, est rapporté à la page 468 de la généalogie de la famille de Chastellux.

Les de la Barre étaient seigneurs de Gérigny, (près la Charité), de Vilatte, de Byarre, de Ferrières, barons des Troches commune d'Assard-Lâché, (près Saint-Révérien, en Nivernais), de Ternière, de la Motte-Josserand, de Cloux. La Motte-Josserand était une ancienne baronnie située dans la commune de Perroy, près Donzy ; le château fut reconstruit par Josserand de la Rivière au XIVe siècle, et en 1514 il appartenait à la maison de Baujeu ; précédemment il s'appelait la Motte-Villiers. (Vue dans le Nivernais, par Barat et Morellet. Rep. de la Nièvre, du comte de Soultrait.)

D'Hozier, dans l'*Armorial général*, nous dit qu'il y avait une branche de cette famille qui habitait aux Nouettes, paroisse de Veraux, près Sancoins (Berry).

Par leur alliance avec les de Reugny, ils devinrent seigneurs de la Fin, que ceux-ci tenaient d'Anne de Champfeu, épouse de François de Reugny, marquis du Tremblay, mort en 1718. Il ne faut pas confondre cette famille avec les de la Barre, seigneurs de Chevroux, de Lorgues et d'Avril-sur-Loire, qui eurent des alliances analogues, mais qui étaient originaires de Beauce. Ces derniers portaient : d'argent à la fasce d'azur, chargée de trois coquilles d'or, accompagnée de deux merlettes de sable, une en chef et l'autre en pointe. (*Armorial du Nivernais*, du comte de Soultrait.)

I. Edme-François DESTUT d'ASSAY, qui suit.

II. Étiennette DESTUT d'ASSAY, morte pensionnaire aux dames Ursulines d'Avallon, à l'âge de neuf ans ; elle était née à Blassy, près Arcis-sur-Aube, diocèse de Langres, en 1729.

XIII° DEGRÉ

EDME-FRANÇOIS, 11° DESTUT, chevalier, seigneur d'Assay, Chastenay-lès-Arcy, Lacsauvin et autres lieux, né à Blassy le 21 juillet 1731, a servi dans la seconde compagnie des Mousquetaires de la Garde du Roi, depuis le 1er mars 1746 jusques au 1er mars 1756, suivant certificat (*original en papier*) de M. le comte de Rivière, capitaine-lieutenant de cette compagnie, du 27 avril 1757. Il avait été mis sous la tutelle de son père, et sous la curatelle de messire Étienne-François de Guyon, son grand-oncle maternel, par sentence (*grosse en parchemin*) rendue au bailliage d'Avallon le 8 novembre 1731, à la requête du procureur en ce siège et sur l'avis de ses parents assignés à cet effet, qui furent : Edme-François Destud, son aïeul paternel, chevalier, seigneur d'Assay ; Gabriel-Hector de Cullon, chevalier, seigneur d'Arcy, grand-oncle du côté paternel ; Joseph-André de Bretagne, chevalier, seigneur de la Ruère, en Nivernais, cousin issu de germain du côté paternel ; Étienne-François de Guyon, écuyer, grand-oncle maternel ; Roger de Damoiseau, chevalier, seigneur de Pouancy, oncle maternel, comme frère consanguin de la mère du mineur, et messire Charles-Paul Bureau de la Rivière, chevalier, comte de Tonnerre et de Quincy, parent paternel.

Il épousa, à Montceau-le-Comte, en Nivernais, par articles sous-seings privés du 10 janvier 1756 (*grosse en parchemin signée Reuche*) déposés pour minute chez Léger Reuche, notaire au bailliage de Saint-Pierre-le-Moutier, résidant audit Monceau, damoiselle Pierrette DE BONIN DU CLUSEAU, fille de Philibert de Bonin, chevalier, seigneur du Cluseau[1], le Bouquin, Chaillou et autres lieux, lequel avait épousé, le 9 septembre 1735, damoiselle Marie-

De Bonin du Cluseau porte : Palé de gueules et d'or, les pals de gueules chargés chacun de 4 franges d'or ou fusées. (D'Hozier.)

---

[1] La famille de Bonin de Bony remonte à Hugues de Bonin, chevalier, tué à la bataille de Poitiers, en 1356, et enterré dans le couvent des Frères Mineurs de cette même ville. Ils étaient seigneurs du Cluseau, au bailliage et châtellenie d'Argenton, en Berry, près Saint-Marcel, pour ensuite passer en Nivernais, à Paroy et à Montceau-le-Comte. Ils se distinguèrent par leurs services militaires, plusieurs furent tués dans les différentes guerres soutenues par la France. Il ne faut pas les confondre avec les de Bonin, seigneurs du Courpoy, paroisse de Berry-Bouy, près Bourges.
La famille de Françoise de Margat de Bussède, (Bussède se trouve en la commune de Rians, Cher), remonte à François Margat, nommé le 25 mars 1548 à l'office de lieutenant-général du Présidial de Bourges, par Madame Marguerite de France, duchesse de Berry. Son père, François-Pierre de Margat de Bussède, seigneur de Crécy, (commune de Sury-ès-bois, Cher), était conseiller et se maria le 22 mars 1714, à Françoise-Robert de Pesselières. (*Armorial de France*, III, d'Hozier.)

Françoise de Margat de Bussède, qui forme degré pour les preuves fournies par Gabriel-Alphonse Destut d'Assay, à sa réception dans l'Ordre de Malte. La demoiselle de Bonin, suivant l'extrait des registres de la paroisse de Saint-Blaise, en l'église de Saint-Martin de Nevers, naquit le 1ᵉʳ février 1741, et fut baptisée le 7 du même mois, ayant pour parrain son arrière-grand-oncle Pierre de la Chapelle, grand-archidiacre de Bourges (mort en 1742), et pour marraine Marie-Louise de Bonin, épouse de messire Hugues de Chary, seigneur de Turli-Beuvron; elle eut pour frère Marie-François-Robert de Bonin du Cluseau qui, né le 22 octobre 1743, devint mousquetaire du Roi, et mourut sans enfants. Les articles du contrat de mariage d'Edme-François furent dressés en la présence et du consentement de son père qui lui constitua en dot tous les droits qui lui étaient acquis par le décès de sa mère et en outre la terre d'Assay, sur sa succession future; et aussi, en présence des père et mère de la demoiselle Bonin, qui lui abandonnèrent tous les biens qui leur appartenaient dans les paroisses de Vailly, Assigny, Sury-en-Vaux, Villegenon et autres en Berry [1].

Edme-François mourut, à Arcy-sur-Cure, le 7 décembre 1759, laissant trois enfants, qui furent mis sous la tutelle de leur aïeul paternel, en attendant la majorité de la dame leur mère qui, veuve à dix-huit ans, fut elle-même sous la tutelle de son père. Le conseil de famille fut ainsi composé : la dame d'Assay, née de Bonin, tutrice; Jean-François Destut de Blannay, cousin, curateur; Antoine-Alphonse de Damoiseau, baron du Saint-Empire, grand-oncle à la mode de Bretagne; Louis-Marie de Guyon, parent au quatrième degré paternel; Gabriel Hector de Cullon, comte d'Arcy, parent paternel; messire François-Robert de Bonin, seigneur du Cluseau, mousquetaire, oncle maternel, et messire Paul, marquis de Blosset, chevalier de Saint-Louis, ambassadeur du Roi, cousin maternel, sa mère étant une Bonin.

Le 25 mars 1767, la dame d'Assay acheta au sieur Pierre Champion de Précy les fiefs et terres de Tharoiseau [2] et Menades, pour lesquels elle rendit foy et hommage au Roi, en sa Chambre des comptes de Bourgogne, le 25 juin 1767 (grosse en parchemin), et 'les renouvella avec le serment de fidé-

---

[1] Ces biens, qui provenaient en ligne directe de Pierre de la Chapelle, *, intendant général de S. A. M. le Prince (de Condé), docteur et conseiller du Roi, à Bourges, mort le 16 janvier 1700, ont été attribués par partage et contrat du 4 juillet 1859, à Marie-Charlotte-Angélique Destutt d'Assay, épouse du marquis de la Guère.

[2] Le château de Tharoiseau, en la paroisse de ce nom, est à dix kilomètres d'Avallon, sur la route de Clamecy, dans une magnifique situation, avec la vue de la belle église de la Madeleine de Vézelay, pour principal horizon.

* Les enfants de Pierre de la Chapelle étaient : 1° Jean, receveur-général d'Aunis, académicien en 1688, (Moréri.) 2° Marie, épouse de François Margat de Bussède, grand'mère de Marie-Françoise; 3° Pierre, chanoine régulier; 4° Autre Pierre, grand-archidiacre de Bourges; 5° Jeanne épouse d'Étienne Gassot seigneur de Priou, en 1692, et morte en 1703.

lité au roi Louis XVI, lors de son avènement à la couronne, le 11 décembre
1776. Précy et Menades ayant été saisis, à la requête du procureur du Roi,
en la Chambre des comptes du duché de Nivernais, sous prétexte qu'ils relevaient de ce duché; ce dernier donna son désistement de cette saisie à
Madame la marquise d'Assay (ainsi appelée dans l'acte), par acte du 13 septembre 1780 (*copie en papier*) passé devant Gounot et Pannuet, notaires, après
avoir reconnu qu'ils étaient en la mouvance du Roi, à cause de son duché
de Bourgogne.

Du mariage d'Edme-François Destut d'Assay naquirent les enfants dont
les noms suivent :

I. Philibert-Marie DESTUT D'ASSAY, qui suit.

II. Gabriel-Alphonse DESTUT D'ASSAY, né le 7 octobre 1758,
à Arcy-sur-Cure, a été reçu de minorité chevalier de Malte, en la langue
de France, en vertu d'un bref du 25 septembre 1766. Les preuves de sa
noblesse furent reçues à Malte le 15 novembre 1782, et son arbre
généalogique fut reçu le 12 juillet 1783. Il avait été présenté le 17 septembre 1781 à Frère Jacques de Rogres de Champignelles, commandeur
de Fieffes, et à Frère Louis du Motet, commandeur de Sainte-Vaubourg,
ayant pour témoins de sa noblesse et de l'affirmation, du côté paternel :
Louis-François de Grillet, chevalier de Trucy, et Antoine-Robert Du-
quesnay, seigneur d'Agriée ; du côté maternel : François de Lenferna,
seigneur d'Avrolles et de Touronne, chevalier de Saint-Louis, gouverneur
et grand-bailli d'Auxerre, et Nicolas Comeau de Créancé, chevalier de
Saint-Louis, ancien capitaine du régiment de Médoc, demeurant à Irancy.
Gabriel-Alphonse fit campagne sur les vaisseaux de l'Ordre, mais sa santé
ne lui ayant pas permis de continuer son service, il fut autorisé à rentrer
dans ses foyers pour se soigner, suivant certificats. Il signa le contrat
de mariage de son frère le 9 février 1789. Sur la liste de la noblesse du
bailliage et comté d'Auxerre, réunie les 7-8 avril 1789, et suivant les
lettres de convocation, il est désigné : *le Chevalier d'Assay.*

III. Louise-Françoise DESTUT D'ASSAY, née posthume le 16 décembre 1759 et baptisée le lendemain à Arcy, décédée à Tharoiseau le
5 septembre 1782.

XIV· DEGRÉ

PHILIBERT-MARIE DESTUT, comte d'Assay, chevalier, seigneur d'Assay, Vaux-Sainte-Marie, Lacsauvin, le Chastenay, Tharoiseau et autres lieux, naquit le 10 octobre 1757 et fut baptisé le lendemain en l'église de Saint-Martin-sur-Cure, ayant pour parrain Philibert de Bonin du Cluseau, son grand-père maternel, et pour marraine damoiselle Marie de Damoiseau, représentée par Madeleine de la Barre, épouse en deuxièmes noces de Gabriel Alphonse Destut d'Assay, grand-père paternel.

Il a été élevé page de la Reine de France, eut l'honneur de porter la queue de la Reine Marie-Antoinette à son sacre, et servit en cette qualité pendant l'espace de trois ans (*certificat en original du 1er avril 1776 délivré par M. le comte dé Tessé*). Il a été nommé lieutenant au régiment de mestre de camp de dragons (*original en papier*) par ordre du Roi du 30 mars 1776, a fait le service en celui de la Reine, ainsi qu'il se voit en un certificat (*original en papier*) de M. le comte d'Orgères du 1er octobre 1777; il fut nommé sous-lieutenant en pied, sans appointements, de la première compagnie du régiment de mestre de camp-général de dragons, de nouvelle création, par brevet du 29 juillet 1781 (*original en parchemin, état milit. de* 1782). Il a obtenu une réforme de capitaine dans le régiment royal de cavalerie, par commission du 4 juillet 1782 pour prendre son attache (*original*). Le marquis de Béthune, colonel-général de la cavalerie de France, donna un certificat daté du 1er juillet 1783, à Paris, portant que le *comte d'Assay*, capitaine dans Royal-Cavalerie, s'est présenté, le 4 juillet 1782, pour prendre son attache (*original.*) Le marquis d'Harcourt donna au *comte d'Assay* semblable certificat en date du 10 juillet 1783.

Faisant partie de la noblesse du bailliage et comté d'Auxerre, il fut convoqué le 13 mars 1789, à l'effet de choisir, pour les États-Généraux, des députés de son Ordre, qui furent nommés le 8 avril suivant; les lettres de convocation et les listes de l'Ordre le désignent ainsi : le *comte d'Assay ;* de même que dans la convocation du bailliage d'Orléans [1], on le désigne : Philibert-Marie *Destu* [2], chevalier, *comte d'Assay,* major en second au régiment de Cambrésis (infanterie), seigneur du Vot, etc.

---

[1] *Catalogue des gentilshommes de l'Orléanais*, p. 36, et de *Bourgogne*, p. 10, par Louis de la Roque et Édouard de Barthélemy.

[2] Dans le reglstre des comptes de la terre de Vailly, nous trouvons la signature familière du comte d'Assay, avec ses variations. Jusques en 1792, il signait : *de Stut-d'Assay*, et quelquefois : *de Stutt-d'Assay*, puis, il écrivit simplement : *Destut;* et enfin, après la Terreur, il adopta la signature suivante : *Destut d'Assay.*

Quand les princes, frères du roi Louis XVI, sortirent de France dans l'espoir de le sauver des étreintes de la Révolution, le comte d'Assay reçut un commandement de mestre de camp d'infanterie dans l'armée royale, mais il dut refuser ces offres pour donner tous ses soins à son frère, le chevalier d'Assay, qui était devenu tout à fait infirme. Malgré tout le bien qu'il fit pendant la disette des années 1789 et 1790, malgré les emprunts considérables contractés par lui pour soulager les populations environnantes de Tharoiseau, les révolutionnaires n'en vinrent pas moins, en 1792, pour piller son château et dévaster tout ce qui s'y trouvait de précieux; ne pouvant croire qu'on en voulût à sa vie, le comte d'Assay empêcha les gens de son village de résister à ces misérables qui, venus pour l'arrêter, l'emmenèrent à Paris, où pendant dix-huit mois il fut enfermé à la Conciergerie. Il n'en sortit qu'à la mort de Robespierre, après avoir été plusieurs fois sauvé par l'ingénieux dévouement d'un geôlier, qui, sans cesse, changeait son ordre d'écrou.

Par sentence du bailliage d'Auxerre du 5 août 1774, il fut procédé au partage des biens de la succession de damoiselle Marguerite de Damoiseau, par les soins de messire Jean-François-Gabriel Destutt de Blannay, curateur des enfants d'Edme-François, au nom desquels, le 11 décembre 1776, il fut rendu foy et hommage au Roi (*original en papier*) en sa Chambre des comptes de Bourgogne, lors de son avènement à la couronne, pour les terres et seigneuries de Vaux-Sainte-Marie, Lacsauvin et autres dépendances, relevant de Sa Majesté, à cause de son comté d'Auxerre. Le 16 août 1780, devant Antoine Boullier, notaire au bailliage de Gien, résidant en la paroisse de Bony, Philibert-Marie donna, tant en son nom qu'au nom de sa mère, tutrice de son frère et de sa sœur, dénombrement de la terre d'Assay, à messire François comte de Guybert, époux de Louise de Boutignon des Hayes, dame de Courcelles-le-Roi.

En vertu d'un testament olographe et mystique du VIII prairial an VIII, confirmé par un codicile du XI messidor an XI, et ouvert par l'un des juges du tribunal de Bourges, suivant procès-verbaux du greffe des 22 et 26 juin 1809, le tout déposé en l'étude de Me Godin, notaire à Vierzon, par sa décision du 28 juin, le président dudit tribunal envoya le comte d'Assay en possession de la succession du marquis de Blosset, chevalier de Saint-Louis, ancien capitaine au régiment du Roi, infanterie, ancien ambassadeur du Roi en Portugal et en Danemark [1], lequel mourut à Vierzon. Il en reçut l'ancienne baronnie de Bourdeille, qui avait été érigée par le roi Louis XV en marquisat de Blosset, en y comprenant les terres de Vouzeron et de Villemenard ; cette érection était la récompense des services rendus par Paul de Blosset dans ses ambassades [1].

---

[1] Paul, marquis de Blosset, naquit le 8 juillet 1728, à Pougues, près Lormes, en Nivernais, de Sébastien de Blosset et de Louise de Bonin (sœur de Philibert de Bonin, tante de Pierrette de Bonin, et grand

THAROISEAU (Yonne)
1884

Le 9 février 1789, Philibert-Marie Destut, comte d'Assay, épousa à
Vilatte, près Léré, en Berry, demoiselle Marie-Françoise DE LA BARRE-FERRIÈRE,
fille de Michel-Claude de la Barre, seigneur de Vilatte, Byarre-Ferrière,
baron de la Motte-Josserand, ancien officier d'artillerie, et de dame Marie-Edmée
de Boisselet [2]. Le contrat fut signé, du côté de la future, par François-
Hyacinthe, comte de Dreuille, seigneur d'Avril, chevalier de Saint-Louis, beau-
frère de la future; par demoiselle Marie-Madeleine de la Barre, sœur de la
future; par Louis-Philippe du Verne de Marancy, chevalier de Saint-Louis,
ancien chef de bataillon au régiment de Navarre, cousin de la future; par
dame Monique Carpentier de Changy, épouse de messire du Verne; par
Pierre de la Perrière, seigneur de Marteroy; par Louis-Georges de la Perrière,
seigneur de Mousseret; par dom César-François de la Perrière, religieux profès
de l'Ordre de Cîteaux; par Hubert de la Perrière des Proux, tous cousins;
par demoiselle Catherine de Chassy des Nouettes, et par Marie de Boisselet,

De la Barre
porte :
D'azur à 3
feuilles de chê-
ne d'or tigées,
garnies chacu-
ne d'un gland
d'or et posées
en pal, 1 et 2 (1.)

---

tante de Philibert Destutt d'Assay), ayant eu pour parrain Paul-Georges de Bonin, son grand-père maternel,
qui avait épousé Jeanne Hinselin de Moraches, des marquis de Myennes, et pour marraine, Marguerite Ducrot,
épouse de Charles de Certaines de Villemolin (suivant l'extrait baptistaire et les preuves fournies à l'Ordre de
Malte).

Un de ses ancêtres, Jean Blosset, baron de Torcy, chevalier des Ordres du Roi, avait été gouverneur
de Paris et de l'Isle de France de 1572 à 1577.

Cette magnifique propriété, (près Vierzon), érigée en baronnie au mois d'octobre 1631 (*Recherches de
Berry*, de Catherinot), plus généralement connue, depuis 1765, sous le nom de Blosset, avait plus de quatre
mille hectares, dans son ensemble; depuis 1840, elle a été morcellée.

Blosset provenait de Marguerite Fayard de Champagneux, qui s'était mariée en 1759 à Paul de Blosset,
seigneur de Certaines, Chasseignes, la Troullère, Pougues en Morvan, Beugnon et autres lieux; elle était fille
de Laurent Fayard de Champagneux, écuyer, seigneur de la baronnie de Bourdeilles et de Villeménard, et
de dame Gabrielle-Claude Berger, son épouse; elle avait été mariée en premières noces à Henri-Pierre-Gilbert
Coignet de la Thuilerie, comte de Courson, grand bailli d'épée d'Auxerre, chevalier de Saint-Louis, major
du régiment de cavalerie Bourgogne. (Voir au château de Tharoiseau les portraits dont plusieurs sont très-
estimés.)

[1] D'après l'*Armorial général* de d'Hozier, l'*Histoire du Berry* de La Thaumassière et le *Dictionnaire de
la Noblesse* de Lachesnaye-Desbois, nous avons cru nécessaire de modifier, comme nous l'indiquons plus
haut, l'énoncé des armes que notre *Généalogie* faisait porter à Madeleine et à Marie-Françoise de la Barre,
auxquelles elle donnait : *d'azur à trois glands d'or, ligés et feuillés de même*, tandis que l'abbé de Vertot, dans
sa liste des chevaliers de Malte de la langue de France, faisait porter à Jean de la Barre-Gerigny : *d'azur à
trois glands feuillés et renversés, ceux du chef affrontés*. Nous adoptons les armes présentées par Eustache-Cathe-
rine baron de la Barre des Troches, agréé pour être page de Sa Majesté en 1736; c'était le frère cadet de
Michel-Henri-Claude; preuves.

[2] Michel-Henri-Claude de la Barre, chevalier, baron de la Mothe-Josserand, etc., vota au bailliage
de Nivernais et Donziois, pour la nomination des députés de la noblesse aux États-généraux de 1789. (Louis
de la Roque.)

Nous renvoyons à la note précédemment faite sur Madeleine de la Barre, tout en faisant remarquer
que Marie-Françoise de la Barre qui était sœur de Mmes de Chiseuil, de Dreuille et de Bisseret était la
petite-fille de Marie de Reugny, mariée le 9 mars 1719 à Michel de la Barre, seigneur des Troches. Nous
verrons que les Destutt de Tracy s'allièrent quatre fois avec la famille de Reugny.

La terre de Vilatte, appartenant actuellement à la famille de Chiseuil, provient de Marie de Louzeau,
dame de Vilatte et du Pezeau, épouse de François de Reugny, seigneur de Faveray, arrière-grand-père de
Marie de Reugny. (Voir le tableau de parenté avec les Reugny.) Celle des Troches avait été apportée, en
1685, à Nicolas de la Barre, par Marguerite-Antoinette de Rolland, fille de François et de Marie de Montsaulnin.

cousines issues de germaines ; du côté du futur : par Jean-Jacques de la Bussières, chevalier de Saint-Louis, cousin ; par le chevalier Destut d'Assay, frère du futur ; par François de Blannay, ancien garde du corps du Roi, compagnie de Noailles, cousin, qui signa, ayant reçu, de la mère du futur, Pierrette-Marie de Bonin, douairière d'Edme-François Destutt d'Assay, procuration passée pardevant Arthaultz et Bigot, notaires à Avallon, le 30 janvier 1789, pour consentir, en sa place, audit mariage.

Le comte d'Assay, qui fut maire de sa commune pendant de longues années, mourut en son château de Tharoiseau (Yonne), le 8 décembre 1838, après avoir eu de son mariage les enfants dont les noms suivent :

     I. Henry DESTUT, comte d'ASSAY, qui suit.

     II. Louise-Alphonsine DESTUT D'ASSAY, mariée, le 18 août 1811, à François-Ambroise-Xavier FRÈRE DE VILLEFRANCON[1], d'où :

         Françoise-Caroline qui épousa, le 17 décembre 1832, Marie-Joseph-Léonce, marquis de TERRIER-SANTANS, fils de Marie-Antoine-Charles-Suzanne, marquis de Terrier-Santans, et de Jeanne-Claude-Marie-Ignace Faviere de Charme ; ils eurent :

             Mmes la comtesse de Buisseret ; Anatole de Scitivaux de Gresche ; la comtesse Gustave Destut d'Assay ; Ludovic Vyau de Lagarde.

     III. Henriette-Virginie DESTUT D'ASSAY, mariée le 5 mai 1819, à son cousin-germain Henri-Charles MAUBLANC, baron de Chiseuil[2], dont la mère était demoiselle Magdeleine-Louise-Henriette de la Barre, mariée,

---

[1] Le père et le grand-père de M. de Villefrancon étaient conseillers au Parlement de Besançon ; son oncle devint archevêque de Besançon. La famille Frère remontait à Claude Frère, sieur de Crolles, qui fut premier président du Parlement de Grenoble en 1616 ; son fils aîné, Alexandre, fut conseiller au Grand-Conseil, maître des requêtes, et inhumé à Saint-Germain l'Auxerrois, à l'âge de vingt-neuf ans ; le cadet, Louis, premier président du Parlement de Grenoble, mourut, à trente-trois ans, sans enfants de Charlotte de Philippeaux de Pontchartrain et de Charlotte Brûlart, des marquis de la Borde. Ils portaient : d'azur à une étoile d'argent, au chef d'or, chargé d'une croix pattée de gueules. (Lachesnaye-Desbois.)

[2] Les Maublanc, originaires de Franche-Comté, étaient établis en Bourgogne dès le xvie siècle ; ils marquèrent au Parlement de Dijon, et eurent plusieurs chevaliers de Saint-Louis. Ils faisaient partie, comme seigneurs de Chiseuil, de Martenet et de la Vesvre, des bailliages d'Autun et de Charolles, pour l'élection des députés de la noblesse aux États-généraux de 1789. (Louis de la Roque.) Ils portaient, avant l'érection du majorat : de sable au semis d'hermine d'argent ; mais à partir de cette époque, sur le désir de la baronne de Chiseuil qui était l'aînée des quatre demoiselles de la Barre, sans héritier de leur nom, les Maublanc de Chiseuil modifièrent ainsi leur écusson : parti au 1 de sable à 15 mouchetures d'hermine d'argent posées en fasces sur cinq rangs de trois ; au 2, d'azur à trois feuilles de chêne d'or, tigées, garnies chacune d'un gland et posées en pal 2 et 1, qui est de la Barre. (Voir l'art. de la Barre, *Armorial général* de d'Hozier.)

en décembre 1787, à François Maublanc de Chiseuil, capitaine aux dragons de Monsieur, qui, en 1813 et 1821, reçut le titre de baron avec érection de majorat sur sa terre de Chiseuil.

IV. Angélique DESTUT D'ASSAY, morte le 9 janvier 1859, sans avoir été mariée, après avoir prodigué ses soins aux enfants de son frère, qu'elle a déclarés être ses légataires universels, par son testament olographe fait à Tharoiseau le 27 mars 1856.

XV· DEGRÉ

Henri DESTUT, comte D'ASSAY, seigneur d'Assay (Loiret), Tharoiseau et Chastenay (Yonne), Blosset (Cher), Esne (Nord), et autres lieux, naquit en 1797; il passa, le 8 février 1827, pardevant Mᵉ Lebrun, notaire à Paris, un contrat par lequel, de l'agrément de Sa Majesté Charles X et de L. A. R. Madame la Dauphine, duchesse d'Angoulême, de Monseigneur le Dauphin, duc d'Angoulême, et de Madame la Duchesse de Berry, il épousa demoiselle Augustine-Ferdinande DE TULLE DE VILLEFRANCHE [1], fille de Joseph-

De Tulle de Villefranche porte: D'argent au pal de gueules chargé de 3 papillons d'argent volant mis en pal.

---

[1] Le marquis de Villefranche naquit le 28 septembre 1768, au château de Looze (près Joigny, Yonne), où il mourut le 31 octobre 1847, et a été inhumé le 3 novembre suivant, auprès de dame Marie-Charlotte-Alexandrine de Lannoy, son épouse, dans le caveau de la chapelle de la Sainte-Vierge de l'église de Looze. (*Registres paroissiaux.*) Pendant toute la Restauration il fut membre du Conseil général de l'Yonne, qu'il présida à plusieurs reprises; il se fit remarquer à la Chambre des Pairs où il soutint avec énergie les droits de la royauté, particulièrement dans la session de 1829. (Voir l'*Histoire de la Restauration* de Nettement, t. VIII, p. 292 et s.)

La maison de Tulle de Villefranche, originaire de Cornaye, en Piémont, vint se fixer à Avignon, en 1389, sous le pape Clément VII (Robert de Genève), qui retint, à son passage, Jacques de Tulle, accompagnant Amédée VII de Savoie auprès du Roi de France; depuis cette époque, les Tulle reconnus comme marquis de Villefranche dans le Comtat-Venaissin, dès l'an 1637, y ont toujours tenu le premier rang par leurs fonctions et leurs alliances. Ils ont fourni des viguiers d'Avignon, quatre évêques d'Apt, de Lavaur et d'Orange, six abbés de Saint-Eusèbe et de Blanche-Lande, des chevaliers de Malte, dont trois commandeurs, des pages du Roi, plusieurs maréchaux de camp, des ambassadeurs du Roi de France et de la ville d'Avignon. Le 12 avril 1736, ils s'implantèrent en Bourgogne par le mariage de Jean-Hyacinthe avec Marie-Liée-Claude de Bosredon de Vatange, dame de Looze et de Vatange. Le 9 septembre 1767, ils vendaient cette terre de Vatange à leur cousin Gabriel de Bosredon, devenu grand sénéchal d'Auvergne. La mère du marquis de Villefranche était demoiselle Louise-Julie de Ricard de Bréganson de Joyeuse-Gardes (Cette famille, de Provence, s'est illustrée, par les hauts dignitaires qu'elle a fournis, dès l'an 1364, à l'Ordre de Saint-Jean de Jérusalem; des commandeurs de Pontaubert, d'Aix, etc., des grands baillis, des grands prieurs de Saint-Gilles, dont un passe pour avoir été élu grand-maître en 1467, (mais certains auteurs portent Raymond Zaccosta, qui ne l'aurait emporté que d'une voix sur lui); les sœurs de ladite demoiselle étaient Mme de Galiffet, Mme de Lestang-Parade, et Marie-Anne-Pauline, devenue en 1759, la deuxième femme de François-Raymond-Joseph vicomte de Narbonne-Pelet, lieutenant-général des armées du Roi, d'où Marie-Blanche-Félicité, née en 1773, et depuis épouse du vaillant maréchal comte de Mailly d'Haucourt, guillotiné, à Arras, en 1794. (D'Hozier, 1ᵉʳ registre de l'*Armorial général*, p. 583. Lachesnaye-Desbois, l'abbé Vertot, *Histoire des chevaliers de Malte*. Moréri, *Dict. historique*.) Le bailli de Tulles de Villefranche était grand-commandeur de Malte en 1787. (Saint-Allais, XXᵉ vol., p. 228.)

Guy-Louis-Hercule-Dominique de Tulle, marquis de Villefranche, maréchal de camp, chevalier de Saint-Louis et de la Légion d'honneur, de Saint-Jean de Jérusalem, etc., ancien député du département de l'Yonne (1816), pair de France (1823), et démissionnaire en 1830, et de Marie-Charlotte-Alexandrine, comtesse de Lannoy et du Saint-Empire, décorée de la croix étoilée de Marie-Thérèse d'Autriche, décédée en 1818. Ledit mariage se fit, du côté du futur, en présence de M. Frère de Villefrancon, son beau-frère; de Mgr Paul-Ambroise, archevêque de Besançon (de Villefrancon); de M. le comte Destutt de Tracy, pair de France, membre de l'Académie française, son cousin; de Mlle Cullon d'Arcy, sa cousine; de M. le marquis de Pleurre, son cousin; de Mme la marquise de Pleurre, née Cullon d'Arcy, sa cousine; de M. le vicomte de Rancogne, son cousin; de M. Hyacinthe de Chiseuil, son cousin; de Mlle de Domecy, amie; de M. de Domecy, ami; de M. le baron de Klinglin, ami; de Mme la baronne de Klinglin; de M. le baron Augier, ami; de M. Raudot, ami. Du côté de la future, le mariage se fit en présence de M. le comte de Villefranche, son frère; de Mme la comtesse de Villefranche, née Alix de Béarn, sa belle-sœur; de Mme la vicomtesse de la Bourdonnaye, sa sœur; de M. le vicomte de la Bourdonnaye-Blossac, son beau-frère; de Mme la comtesse de Choiseul d'Aillecourt, sa sœur; de M. le comte de Choiseul d'Aillecourt, maréchal de camp; de Mlle Léontine de Tulle de Villefranche, sa sœur; de M. le marquis de Galiffet, son cousin; de Mme la marquise de Galiffet, sa cousine; de M. le comte de Mailly, son cousin; de M. le comte d'Angeville, son cousin; de M. le comte de Kergorlay, pair de France, ami; de Mme la comtesse de Kergorlay, amie; de M. le comte de la Bourdonnaye, ami; de Mme la comtesse de la Bourdonnaye, amie; de M. le comte de Chastellux,

---

Nous renvoyons aux *Grands officiers de la Couronne* du P. Anselme, au *Dictionnaire historique* de Moréri et à l'*Histoire d'Esne*, de l'abbé Louis Boniface, pour tous les renseignements particuliers à l'illustre famille de Lannoy, qui portait : d'argent à trois lions de sinople armés et lampassés de gueules couronnés d'or. Elle a fourni des généraux, des ambassadeurs, seize chevaliers de la Toison d'Or, et en plus, Charles de Lannoy, vainqueur du Roi de France, François Ier, à Pavie, en 1524, et devenu vice-roi de Naples où il a été enterré; la terre de Lannoy, tombée plus tard en quenouille, avait été érigée en comté par Charles-Quint, le 10 février 1526. Les gentilshommes du bailliage de Lille envoyèrent le comte de Lannoy aux États-généraux de 1789.

Le père de la marquise de Villefranche était François-Ferdinand, comte de Lannoy et d'Annapes, baron de Wasmes et chef de toute sa maison; né le 3 février 1732, il fut nommé, en août 1758, colonel du régiment de grenadiers de France, et est porté sur l'*Annuaire militaire* de 1782 comme maréchal de camps; le 4 novembre 1756, il épousa Marie-Françoise-Constance-Antoinette d'Assignies (maison très-ancienne de l'Artois), fille unique de Charles-François Florent, marquis d'Assignies, seigneur d'Alloignes, mort en 1753, et de Marie-Madeleine-Josèphe-Alexandrine de Tramecourt. La comtesse de Lannoy devint héritière de sa cousine Françoise-Caroline-Josèphe de Beaufremez, marquise d'Esne, morte en janvier 1774, sans avoir été mariée; elle en reçut entre autres la terre d'Esne, pairie héréditaire du Cambrésis, érigée en baronnie, en 1630, et en marquisat en 1723, en faveur d'Adrien de Beaufremez. Sans avoir été jamais vendue, cette terre appartient (1884) partie à M. le comte Henry d'Estutt d'Assay, partie à Mme la comtesse de Reviers de Mauny, née de Choiseul d'Aillecourt. Mme de Villefranche était sœur : 1º de Mme la marquise de Montaget, morte sans enfants; 2º de Charles-Adrien, comte de Lannoy, mort célibataire; 3º de Mme la comtesse de Nassau-Caurroir, qui eut pour fille unique : Mme la marquise de Trazegnies (Belgique).

pair de France, ami; de Mme la comtesse Héctor de Béarn, amie; de M. le comte Dupuy-Milguiel, ami; de M. le comte de Sainte-Marie, ami; de M. le baron de Pontin; de M. le baron de Vitrolles.

Les jeunes époux furent présentés à la Famille Royale; le comte d'Assay par son parent le comte Destutt de Tracy, pair de France, et la comtesse d'Assay par sa belle-sœur, Mme la comtesse de Villefranche, dame de S. A. R. Madame la Dauphine, duchesse d'Angoulême. (Elle était fille de demoiselle Pauline de Tourzel, devenue comtesse de Béarn et petite-fille de la duchesse de Tourzel, gouvernante des enfants de France, l'une et l'autre si célèbres par leur dévouement à la famille royale [1].)

Le comte d'Assay avait reçu en dot les terres du Blosset et de Vouzeron (Cher); son épouse prit part pour un cinquième dans la succession de sa sœur utérine, la vicomtesse de Menthon, fille unique du comte de Clugny [2], et dans celle d'Emérence-Rose-Adelaïde, comtesse de Lannoy, veuve de M. le marquis Malvin de Montazet, sa tante maternelle.

Après avoir eu une nombreuse postérité, la comtesse d'Assay mourut à Looze, le 10 avril 1840; ses enfants furent mis sous la tutelle de leur père et eurent pour subrogé-tuteur le comte Charles Tardieu de Maleysie [3] qui, en février 1832, avait épousé demoiselle Léontine de Tulle de Villefranche, leur tante maternelle.

Le comte d'Assay, qui a remplacé son père comme maire de la commune de Tharoiseau, a rempli ces fonctions presque sans interruption jusqu'à sa mort, arrivée à Vichy le 18 août 1852.

De cette union sont nés les enfants qui suivent :

I Joseph-Marie-Gustave DE STUTT, comte d'ASSAY, dont l'article suit.

---

[1] En face de ces deux noms devenus légendaires par le dévouement, nous ne pouvons nous empêcher de renvoyer le lecteur à l'ouvrage si intéressant intitulé : *Souvenirs de quarante ans, 1789-1830*, par la comtesse de Béarn, née Pauline de Tourzel, avec annotations de M. le comte de Béarn, son fils. Il y verra aux pages 201, 233, 292 et 299, la liste des précieux souvenirs, vrais monuments historiques, que détiennent le comte de Béarn et le marquis de Villefranche; il pourra se rendre compte de toutes les douleurs royales de cette famille si illustre, qui avait créé la France, et de tous les sacrifices accomplis par des sujets fidèles.

[2] La marquise de Villefranche avait épousé, en premières noces, le comte de Clugny (très ancienne famille de Bourgogne portant : d'azur à deux clefs d'or adossées et posées en pal, les anneaux en losange pometés et losangés; et ayant fourni des chevaliers de Malte, des comtes de Lyon, un intendant général de la marine, etc.) mort à Strasbourg, colonel d'un régiment d'infanterie; elle en eut la vicomtesse de Menthon, qui laissa à ses héritiers les terres de Darcey et de Thenissey (Côte-d'Or); cette dernière est possédée actuellement par le marquis Guy de Villefranche, ancien officier d'artillerie, et chef de sa famille.

[3] Le comte de Maleyssie qui s'était fait remarquer à la prise d'Alger, en qualité de capitaine d'état-major, donna sa démission à la chute du roi Charles X; malgré son grand âge, il prit du service, lors des désastres de 1870, pendant que ses trois fils se distinguaient à l'armée de la Loire.

II. Charles-Henri-Louis-Marie DE STUTT, comte D'ASSAY, dont l'article suit.

III. Henri-Léon-Marie DE STUTT, comte d'ASSAY, dont l'article suit.

IV. Eugène-Alphonse-Marie de STUTT D'ASSAY, né en 1835, à Tharoiseau, où il mourut le 2 avril 1854, sans avoir été marié ;

V. Léonce-Henri-Marie de STUTT, comte d'ASSAY, dont l'article suit.

VI. Constance-Ambroisine-Marie-Ferdinande de STUTT D'ASSAY, née à Looze, en septembre 1830, épousa, en 1851, son cousin Alfred-Léonard comte DE TRAMECOURT [1], fils de Marie-Albert-Eugène Regis, comte de Tramecourt, et de Louise de Brandt de Galametz. Elle mourut à Tharoiseau, le 5 avril 1856, sans laisser de postérité.

VII. Marie-Charlotte-Angélique de STUTT D'ASSAY, née à Looze, le 27 décembre 1831, épousa à Tharoiseau, le 5 juillet 1859, Marie-Arthur-Austrégésile PANTIN, marquis DE LA GUÈRE [2], né le 2 octobre 1828, fils de Ber-

[1] Les Tramecourt portent : d'or à la croix ancrée de sable. Ils remontent à Jean, qui vivait en l'an 1200, suivant un acte de donation qu'il fit à l'abbaye de Cercamps, au mois d'août 1242, et où il est qualifié *miles;* cet acte est toujours possédé par cette famille qui n'a pas cessé de posséder la terre de Tramecourt, depuis cette époque. Ils votaient aux États d'Artois, le 21 janvier 1789, pour la nomination des députés de la noblesse aux États-généraux. Nous avons vu plus haut que Marie-Françoise-Constance-Antoinette de Tramecourt était devenue marquise d'Assignies, elle était grand'tante d'Alfred de Tramecourt et grand' mère de la marquise de Villefranche. Le marquis de Tramecourt, chevalier de Saint-Louis, était député du Pas-de-Calais, en 1815. (*Nobiliaire de Saint-Allais,* vol. IX.)

[2] La famille Pantin porte : d'argent à la croix de sable cantonnée de 4 molettes d'éperon à 5 rais de gueules. (Voir l'original des maintenues de Bretagne de 1669, à la bibliothèque de l'Arsenal, à Paris.) Lainé (8e vol.), Stéphane de la Nicollière (*Armorial des évêques de Nantes,* p. 42) citent Geoffroy Pantin, comme évêque de Nantes de 1199 à 1213. Lachesnaye-Desbois, Saint-Allais (9e vol.), et le *Brevet de l'Ordre noble du Phénix de Hohenlohe* font remonter cette famille à Raymond, qui se croisa en 1248, d'après une fondation faite à l'abbaye de Saint-Nicolas d'Angers. Implantée sur les confins de la Bretagne et de l'Anjou, elle s'est fait remarquer par ses services militaires, les nombreuses charges remplies auprès des souverains de Bretagne et de France (dom Morice) et ses brillantes alliances. Elle a eu trois chevaliers de l'Ordre du Roi (Potier de Courcy) dont un, Jean Pantin de la Hamelinière, était maréchal de bataille à la journée de Pavie. (*Les chevaliers de Saint-Michel,* par d'Hozier.) Cette famille s'est divisée en deux branches principales : 1° les marquis de la Hamelinière, devenus les comtes de Landemont, 2° les comtes et marquis de la Guère. Par arrêt du Parlement de Paris du 4 juillet 1690, messire Julien Pantin, comte de la Guère, chevalier, devenu, en 1706, président de la noblesse de Bretagne aux États de Vitré, fut institué curateur aux personnes et aux biens des enfants mineurs de Samuel Pantin, marquis de la Hamelinière, chevalier. Par un acte de notoriété du 23 mars 1866, reçu par Me Patron, notaire à Bourges, enregistré, légalisé, et confirmé par jugement du tribunal civil d'Ancenis (Loire-Inférieure) en date du 23 janvier 1867, enregistré le 12 février suivant et dont copie a été délivrée, Bernardin-Jean Pantin, comte de la Guère, établit qu'il est petit-fils de Philippe-Auguste, marquis de la Guerre, qui reçut de Monsieur, frère du Roi, des lettres patentes du 12 juillet 1775, sous cette dénomination, et qui vota, en cette qualité, à l'assemblée de la noblesse, aux États de Bretagne, le 1er octobre 1761 (*Catalogue de la Noblesse de Bretagne,* par Louis de la Roque, p. 24), et que, en outre, il

nardin-Jean Pantin, marquis de la Guère (plus connu sous le titre de comte), ancien garde du corps de *Monsieur* frère du roi Louis XVIII, lieutenant (capitaine) dans le 3ᵐᵉ régiment de la garde royale, chevalier de l'ordre noble du Phénix de Hohenlohe, commandeur de l'ordre royal de Charles III d'Espagne, etc., et de Armande-Marie de Bengy de Puyvallée. De ce mariage sont issus :

A. Marie-Bernardin-Henry-Charles PANTIN DE LA GUÈRE, né à Bourges, le 25 janvier 1864.

B. Marie-Joseph-Henry-Étienne PANTIN DE LA GUÈRE, né à Deffens, le 1ᵉʳ décembre 1869.

C. Marie-Germaine-Jeanne PANTIN DE LA GUÈRE, née à Bourges, le 22 novembre 1860.

D. Marie-Aliette-Angélique-Armande PANTIN DE LA GUÈRE, née à Bourges, le 3 mai 1862.

E. Marie-Caroline-Berthe PANTIN DE LA GUÈRE, née à Deffens, le 27 mai 1866.

VIII. Marie-Ferdinande-Léontine de STUTT D'ASSAY, née à Tharoiseau, le 26 janvier 1836, épousa à Tharoiseau, le 6 février 1861, Emmanuel-François-Régis-Zéphyrin BERGER[1], comte DU SABLON, conseiller général du département du Rhône, fils de Marie-Louis-François-Camille Berger, comte du Sablon, et de dame Françoise-Éléonore-Eudoxie Mallard de Sermaize ; devenu veuf le 5 avril 1866, le comte du Sablon, se remaria à dame Virginie de Siffrédy, née de Jessé-Levas, après avoir eu dudit mariage les enfants dont les noms suivent :

A. Henri-Marie-Camille BERGER DU SABLON, né à Tharoiseau, le 1ᵉʳ décembre 1862.

B. Charles-Marie-Joseph BERGER DU SABLON, né à Arcy-sur-Cure le 13 décembre 1865.

---

est neveu de Philippe-André, marquis de la Guère, capitaine au régiment Royal-Dragons. (*États militaires de 1780 et 1782*.) Le comte de Landemont, accompagné de ses quatre fils et de son cousin-germain, le comte de la Guère, commandait une division de l'armée royale, en Bretagne ; il devint chevalier de Saint-Louis en 1814. (Mazas, t. III, p. 118 ; Crétineau-Joly, t. IV, p. 295 ; l'abbé Deniau.)

[1] Les Berger du Sablon qui sont originaires du Vivarais portent : d'azur au chevron d'or surmonté d'un soleil issant du chef d'or et accompagné en pointe d'un léopard également d'or et lampassé de gueules. Romain du Sablon, dont le père servit dans les gardes du corps, fut gendarme de la garde du Roi et chevalier de Saint-Louis ; pour la nomination des députés de la noblesse il vota le 14 mars 1789, en la sénéchaussée de Lyon. (*Catalogue des gentilshommes* de Louis de la Roque.)

C. Marie-Antoinette BERGER DU SABLON, née à Tharoiseau, le 7 décembre 1861.

IX. Marie-Caroline-Gabrielle-Philomène de STUTT D'ASSAY, née à Looze, le 2 décembre 1837, a épousé à Tharoiseau, le 9 avril 1861, son cousin, Léon-François-Gabriel, comte DE DREUILLE [1], lauréat du grand prix d'honneur sur les différents collèges de Paris, en l'année 1843, inspecteur des finances, veuf en premières noces de Marie Barbier de Charly, d'où madame la comtesse Fernand de Beaufranchet, et fils d'Henri-Amable comte de Dreuille, sous-préfet, démissionnaire en 1830, et d'Isaure-Eugénie-Anne de Chabannes, fille de Jean-Baptiste-Marie, marquis de Chabannes, ancien pair de France, chevalier de Saint-Louis, et de Cornélie-Zoé-Vitaline de Boisgelin.

De ce mariage sont issus :

A. Jacques-Eugène-Joseph DE DREUILLE, né à Franchaize, commune de Rocles (Allier), le 4 avril 1865.

B. Henri-Charles-Marie DE DREUILLE, né à Dreuille, le 5 octobre 1867.

C. Jean-Henri-Clément DE DREUILLE, né à Dreuille, le 17 janvier 1873.

D. Léonce-François-Marie DE DREUILLE, né à Dreuille, le 2 mai 1876.

E. Marie-Henriette-Angélique DE DREUILLE, née à Dreuille, le 7 juin 1863.

---

[1] L'orthographe du nom de Dreuille a passé par des phases diverses ; les titres mentionnent : Drulh, Druilh, Dreulle et enfin Dreuille. Sans s'arrêter à certaines traditions qui lui font donner son nom à la forêt de Dreuille dans laquelle elle aurait eu une résidence, cette famille a possédé, depuis les temps les plus reculés, en la paroisse de Cressanges (Allier), le château de Dreuille qui a occupé plusieurs emplacements. D'après le procès-verbal dressé le 5 octobre 1660, par M. Lambert d'Herbigny, intendant de la généralité de Moulins, elle remonterait à Jean, seigneur de Dreuille et d'Issards, qui, en 1280, épousa Brune de Bayet ; elle s'est alliée aux Murat, Culant, Troussebois, Montsaulnin, Digoine du Palais, Cadier de Veauce, Mareschal de Franchesse, Lichy, etc., etc. Elle a fourni des chevaliers de Malte en 1612, 1648, 1652, 1667, 1675, 1707, 1766 et 1700, (abbé Vertot,) un gentilhomme servant du Roi en 1650, de nombreux chevaliers de Saint-Louis. Par lettres datées du 1er avril 1675, à Versailles, le comte de Dreuille, reçut ordre de rejoindre l'armée avec sa compagnie.

François-Hyacinthe, comte de Dreuille, seigneur d'Avril-sur-Loire et chevalier de Saint-Louis, capitaine de cavalerie, ancien chevau-léger des gardes du Roi, votait au bailliage du Nivernais pour les États-généraux de 1789. (Catalogue du Nivernais, p. 21.) Il émigra en 1791, devint maréchal des logis de la première compagnie noble et fut tué à Berthzeim (en Alsace), le 2 décembre 1793, pendant que son cousin Jean de Dreuille mourait en Vendée, sous les ordres de Charette ; il avait épousé demoiselle de la Barre en 1784 et était le père du comte Henri de Dreuille. (Voir les Archives généalogiques de Lainé, Xe vol., et le tableau de

XVIᵉ DEGRÉ

JOSEPH-MARIE-GUSTAVE DE STUTT, comte d'ASSAY, né le 1ᵉʳ décembre 1827, au château de Looze, près Joigny (Yonne), devint maire de la commune de Tharoiseau, fonctions qu'il a remplies jusqu'à la fin de sa vie. Il se consacra avec un grand dévouement à la tutelle de ses frères et sœurs, ainsi qu'aux grandes œuvres sociales de son pays, comme on peut le voir en l'article nécrologique (*Dédicace de cet ouvrage*) écrit par son ami, le comte de Chastellux, dans le numéro du 17 novembre 1872 du journal l'*Union* (de Paris). Le 26 avril 1861, il avait épousé, à Besançon, sa cousine Angélique-Eugénie de TERRIER-SANTANS [1], fille de Marie-Joseph-Léonce, marquis de Terrier-Santans, et de Caroline-Françoise Frère de Villefrancon, qui s'étaient mariés le 17 décembre 1832. La marquise de Terrier-Santans était fille de François-Xavier Frère de Villefrancon et de Louise-Alphonsine Destut d'Assay. Le comte Gustave d'Assay, après avoir fait son frère Charles son légataire universel, mourut à Tharoiseau, le 6 novembre 1872, sans laisser d'enfants; sa veuve s'est retirée, en 1875, chez les Carmélites de Lons-le-Saulnier, dont est elle devenue prieure en 1883.

De Terrier-Santans porte: D'or à la croix ancrée et alésée de sable,chargée en cœur d'un écu de gueules à 3 gerbes de blé d'or,liées d'argent qui est de Terrier.

XVI· DEGRÉ

CHARLES-HENRI-LOUIS-MARIE DE STUTT, comte d'Assay, propriétaire d'Assay, de Tharoiseau, etc., frère du précédent, naquit à Paris, le 15 novembre 1828. Il entra à l'école militaire de Saint-Cyr, le 1ᵉʳ novembre 1847, devint sous-lieutenant de cavalerie, le 1ᵉʳ octobre 1849 (classé au 5ᵐᵉ régiment de hussards),

---

parenté des Reugny, aux pièces justificatives.) Dans son *Répertoire de la Nièvre*, p. 127, le comte de Soultrait raconte que les seigneurs d'Avril étaient placés dans la crypte de l'église, après leur mort, assis sur des fauteuils, en costume de cérémonie; en 1793, c'est ainsi que l'on trouva le comte de Dreuille.

[1] La famille de Terrier, originaire de Vesoul, a prouvé sa noblesse aux États de Salins de 1484, et a formé les branches des marquis de Monceil, des marquis de Terrier-Santans et des marquis de Terrier de Loray. La première a fourni un maréchal de camp, ministre plénipotentiaire, un ministre de l'intérieur de Louis XVI, et s'est éteinte dans la marquise de Vaulchier du Deschaux. (Lachesnaye-Desbois.) La seconde a donné au Parlement de Dôle de nombreux conseillers, et à celui de Besançon plusieurs présidents à mortier. François-Félix-Bernard, Président à Mortier au Parlement de Besançon, du 17 novembre 1760, ayant été institué héritier de son oncle de Santans, reçut par lettres patentes de 1783, le titre de marquis de Terrier-Santans, avec obligation de porter son nom et ses armes, ajoutés aux siens. Son fils aîné, Marie-Antoine-Charles-Suzanne, émigra et fut blessé à Bertzheim, le 2 décembre 1793; depuis le 22 février 1816, jusqu'au 10 août 1830, il fut maire de Besançon, et député du Doubs, depuis le 12 octobre 1820 jusqu'au 5 septembre 1830, époque où il donna sa démission. Il était gentilhomme honoraire de la Chambre du roi Charles X, chevalier de Saint-Louis, et officier de la Légion d'honneur. Son fils aîné, né le 21 août 1809, était Marie-Joseph-Léonce, marquis de Terrier-Santans, père de Mme d'Assay. (Communiqué.)

fut envoyé à l'école de Saumur, et placé au 8ᵐᵉ régiment de lanciers, le 1ᵉʳ octobre 1851 ; il fut nommé lieutenant le 1ᵉʳ mai 1854, capitaine le 24 décembre 1858, et capitaine adjudant-major, le 12 août 1861. Il donna sa démission en mars 1862.

Deschamps de Bisseret porte :
D'azur à 3 roses d'argent.

Il épousa, à Paris, le 30 avril 1862, sa cousine, Marie-Angélique-Henriette DESCHAMPS DE BISSERET [1], fille de François-Honoré Deschamps comte de Bisseret et de Marie-Alexandrine-Berthile de Saint-Mars, qui elle-même était fille de César-Joseph, vicomte de Saint-Mars, maréchal de camps, secrétaire-général de la Grande-Chancellerie de la Légion d'honneur, chevalier de Malte, commandeur de Saint-Louis, grand-officier de la Légion d'honneur, grand-croix de Sainte-Anne de Russie, de Saint-Ferdinand d'Espagne, etc. Les époux étaient cousins issus-germains par leurs grand'mères paternelles qui étaient demoiselles de la Barre-Ferrières et sœurs.

Par la mort de son frère aîné qui l'avait institué son légataire universel, le comte d'Assay devint maire de Tharoiseau ; son épouse mourut, à Tharoiseau, le 21 septembre 1879.

De ce mariage est né :

Gustave-Marie-Joseph-Alexandre DE STUTT D'ASSAY, né au château de Bisseret, près Montluçon (Allier), le 10 décembre 1865.

XVI· DEGRÉ

D'Érard porte :
D'azur à 3 pattes de griffons d'or, perchées d'argent.

HENRI-LÉON-MARIE DE STUTT, comte D'ASSAY, frère des précédents, naquit à Looze ; il se maria à Paris, le 19 novembre 1861, à Marie-Caroline d'ÉRARD [2], fille d'Armand-Aimé, comte d'Érard, capitaine-d'état-major démissionnaire en 1830, et de Louise de Boissière. De ce mariage sont nés les enfants suivants :

---

[1] Nous renvoyons à notre tableau de parenté des Reugny (pièces justificatives) qui établit que Jean-Louis-César Deschamps de Bisseret, officier de dragons, devenu chevalier de Saint-Louis en 1816, avait épousé Marie-Angélique-Catherine de la Barre, sœur de Mesdames de Chiseuil, de Dreuille et d'Assay. En 1690, Victor Deschamps, chevalier, seigneur de Bisseret et des Montets, épousait Jeanne de la Souche, dame de Pravier, des seigneurs de Saint-Augustin et de Noyan, qui ont fourni des chevaliers de Malte, dont Gabriel est devenu commandeur de la Vault-Franche, en 1579 ; en 1720, leur fils Jean Deschamps, seigneur de Bisseret et Pravier, épousait Marguerite de la Souche de Saint-Augustin. (Moréri, *Supplément de 1735*, et abbé Vertot) ; pour la nomination des députés de la noblesse aux États-généraux de 1789, les Deschamps de Bisseret ont voté en les châtellenies d'Hérisson et de Montluçon. (*Catalogue de la Noblesse du Bourbonnais*, de Louis de la Roque.)

Le vicomte de Saint-Mars qui était chevalier de Saint-Louis de 1814, fut nommé commandeur en 1823, après la campagne d'Espagne ; il devint gentilhomme honoraire de la Chambre du Roi. (Voir la note insérée à la p. 153 de l'*Histoire des Chevaliers de Saint-Louis*, par Mazas, et la p. 276, t. III.)

[2] Les différentes branches de la famille d'Érard se sont illustrées par leurs services militaires, mais

I. Alain-Louis-Marie-Joseph DE STUTT D'ASSAY, né le 15 décembre 1863.

II. Henry-Armand-Léon-Marie DE STUTT D'ASSAY, né le 5 mai 1864.

III. Marie-Charlotte-Angélique de STUTT D'ASSAY, née le 5 juillet 1865 ;

IV. Marie-Pia-Caroline-Georgina de STUTT D'ASSAY, née le 24 novembre 1867, morte le 31 janvier 1871 ;

V. Marie-Geneviève-Michelle de STUTT D'ASSAY, née le 25 septembre 1875 ;

VI. Marie-Louise-Aimée-Joséphine de STUTT D'ASSAY, née le 10 mars 1880.

XVIᵉ DEGRÉ

Léonce-Henri-Marie de STUTT, comte d'Assay, frère des précédents, naquit à Looze, le 10 juin 1839. Il a fait, comme engagé volontaire, la campagne de 1870 dans les zouaves du général de Charette, et a assisté aux différents combats livrés par la deuxième armée de la Loire, pendant sa retraite sur le Mans et Laval. Il a épousé à Paris, le 9 juillet 1868, demoiselle Geneviève d'Anthenaise [1],

D'Anthenaise porte : Bandé d'argent et de gueules de 8 pièces. (D'Hozier, preuves de page.)

en 1789 elles étaient réduites à deux rameaux, les marquis d'Hellenvilliers et les marquis de Ray, qui, pour la nomination des députés de la noblesse aux États-généraux, votèrent aux bailliages secondaires de Breteuil et de Beaumont-le-Roger. (*Catalogue des gentilshommes de Normandie*, p. 78 et 86, Louis de la Roque.) Lachesnaye-Desbois et Saint-Allais nous rapportent que cette maison, d'une origine danoise, était établie en Normandie depuis 985, ce qui serait prouvé par une charte octroyée à Pierson Érard, le 18 janvier 1436, par René, roi de Sicile et duc d'Anjou. On y verrait qu'un Érard, commandant un corps de troupes danoises, est venu au secours de Richard Iᵉʳ, duc de Normandie. Dans le catalogue des nobles et seigneurs normands qui accompagnèrent le duc Guillaume à la conquête d'Angleterre, en 1066, il est parlé d'Étienne, fils d'Érard, et dans l'*Histoire de Normandie* d'Odéric Vital, sous Henri Iᵉʳ, roi d'Angleterre et duc de Normandie en 1119, il est rapporté en latin ce qui suit : *Thomas, filius Stephani, regem adiit, atque marcum auri offerens, ait : Stephanus Eraldi filius, genitor meus fuit, et ipse in omni vitâ suâ patri tuo in mari servivit.*

Étienne et Thomas Érard étaient capitaines du vaisseau *la Blanche Nef*. Par cette charte Pierson est reconnu comme descendant d'Étienne.

[1] Le généalogiste de la maison d'Anthenaise (Angers, 1878) dit que c'est par erreur que, lors de l'érection de la terre de Saint-Philbert (arrondissement de Beaupréau) en majorat, au titre de *comte*, l'écu bandé d'argent et de gueules de huit pièces fut mentionné dans les Lettres patentes du 6 septembre 1828, attendu qu'Amaury d'Anthenaise avait adopté : trois jumelles de gueules en bande sur champ d'argent ; néanmoins il blasonne ainsi les armes complètes des d'Anthenaise : écartelé : aux 1 et 4 d'argent à l'aigle à deux têtes au vol abaissé ; aux 2 et 3 vairé d'or et de gueules de cinq tires ; sur le tout bandé d'argent et de gueules de huit pièces.

née le 28 janvier 1840, à Précigné (Maine-et-Loire), fille de Victor, comte d'Anthenaise, et de Marie-Charlotte-Louise-Geneviève-Catherine-Noémi de Rougé, née à Paris, fille d'Augustin-Charles-Camille comte de Rougé, ancien colonel, officier de la Légion d'honneur, et de Charlotte-Colombe de la Porte de Riantz.

De ce mariage sont issus :

I. Victor-Marie-Joseph de STUTT D'ASSAY, né le 16 mars 1875, à Saint-Germain-en-Laye.

II. Marie-Charlotte de STUTT D'ASSAY, née le 4 mai 1879, à Arcachon.

Par preuves authentiques, cette famille remonte à 980 ; plusieurs de ses membres se croisèrent en 1150 et 1188 ; son écusson se voit sous le numéro 430 de la seconde salle des croisades, au musée du palais de Versailles. (Ménage, *Histoire de Sablé*, p. 180 ; de Fourmont, *l'Ouest aux Croisades*, t. III, p. 66, 67 et 95, etc.)

Elle a fourni des pages de la Reine en 1733 et en 1761. Pendant que François-Pierre, qui avait émigré, recevait la croix de Saint-Louis, des mains du prince de Condé, François-Armand, son fils aîné, à 17 ans, se faisait tuer parmi les chouans, après avoir pris part à la première guerre de la Vendée, ayant eu pour compagnon, son frère, Armand-Charles, âgé seulement de 14 ans. Le 8 février 1809, ce dernier épousa à Angers, Guy-Françoise-Victoire de Contades, fille d'Érasme-Gaspard, comte de Contades, lieutenant-général, pair de France, commandeur de Saint-Louis, officier de la légion d'honneur, (petit-fils du maréchal de Contades, gouverneur d'Alsace). Ce fut en sa faveur que le majorat fut établi ; il était grand-père de Mme la comtesse Léonce d'Assay, dont le frère aîné Pierre, fut volontaire pontifical au corps des Guides du général de la Moricière, à Castelfidardo.

BRANCHE DES SEIGNEURS DE BLANNAY

ISSUE DE CELLE DES SEIGNEURS D'ASSAY, EN BOURGOGNE

XII° DEGRÉ

FRANÇOIS III° DESTUD, chevalier, seigneur de Blannay, lieutenant au régiment de Flandres, vi° fils d'Edme-François Destud, chevalier, seigneur d'Assay, et de dame Marie-Antoinette de Loron, naquit le 20 mars 1695 et fut baptisé en la paroisse de St-Martin-d'Arcy-sur-Cure, au bailliage d'Auxerre. Il épousa, par contrat passé au château de Blannay, le 13 mai 1732 *(copie conforme)*, devant Gramain et son confrère, notaires à Auxerre, damoiselle Alphonsine-Louise-Madeleine DE LONGUEVILLE [1], fille de messire Philippe de Longueville, chevalier, seigneur d'Ecrain et de Chamoreau, lieutenant au régiment de Noailles, et de dame Jeanne de Meun-de-la-Ferté-Challement. Leur mariage fut célébré, le même jour, en la paroisse de St-Hilaire de Challement, au diocèse de Nevers, où la damoiselle de Longueville était née, le 11 juin 1708.

Longueville porte : D'argent à un chevron de gueules.

---

[1] Pendant plus de cent-cinquante ans, jusqu'à la fin du XVII° siècle, les de Longueville furent seigneurs de Domecy-sur-le-Vault, (appelé aussi Domecy-les-Vignes), d'Island et de Santigny, ainsi qu'on le voit, en l'église de Domecy, dans des inscriptions funéraires et sur un tableau portant la date de 1653 ; vers 1840, on a trouvé la première pierre de fondation d'un château que Claude de Longueville et Marguerite de Villefranche construisirent, en 1553, au lieu dit Prélong, distant de 500 mètres de l'église de Domecy, et qui fut détruit, en 1509, par les protestants. (*Arrondissement d'Avallon*, par Victor Petit.) Ils ont fourni des demoiselles et des religieuses de Saint-Cyr (Th. Lavallée), et des chevaliers de Saint-Louis (Mazas).

Le 2 mai 1633, François de Longueville, seigneur de Domecy, écuyer de feu M. le duc de Nemours et capitaine de ses gardes, âgé de cinquante ans, est cité comme témoin de la noblesse de Georges de Chastellux, pour son entrée dans l'Ordre de Malte ; le 17 janvier 1640, il est témoin de Paul de Remigny qui épouse Catherine de Chastellux.

Le 20 février 1656, Dominique de Longueville, au nom de sa femme Marie de Laduz abandonne, moyennant 12,000 livres, la succession de sa belle-mère à François de Laduz, son beau-frère, qui épouse Marie de Chastellux. (Maison de Chastellux.)

Edme, comte de Longueville, chevalier, seigneur de Chamoreau, etc., chevalier de Saint-Louis, vota en 1789, dans le bailliage du Nivernais, pour la nomination des députés de la noblesse aux États-généraux. (Louis de la Roque.)

Françôis Destud fit les foy et hommage au duc dè Nivernais, en sa Chambre des comptes de Nevers, avec la dame son épouse, le 20 juillet 1748, pour raison des deux tiers du fief de Blannay, qui lui était échu par la succession de dame Alphonse Destud, sa tante, veuve de messire de Bernault, et il en présenta dénombrement, le même jour, en la dite Chambre (*expédition en parchemin*); l'on voit en ces actes que les deux tiers de ce fief relevaient du duché de Nevers, en la châtellenie de Châtel-Censoir, et l'autre tiers, du Roi, à cause de son duché de Bourgogne.

Il mourut en septembre 1771, ayant eu de son mariage douze enfants, savoir : quatre morts en bas-âge, et huit autres qui sont :

I. Jean-François-Gabriel DESTUD qui a continué la postérité.

II. N... DESTUD, chevalier, garde du corps du Roi, compagnie de Noailles, mort en 177... dans les dernières campagnes de Westphalie ou de Hanovre.

III. François, iv°, DESTUD, qui suit, après la postérité de son frère.

IV. Catherine DESTUD (de Chantal), religieuse au couvent des dames de la Visitation, à Avallon.

V. Jeanne DESTUD de Blémont, s'était retirée, à partir de 1770, chez son parent, M. Dupé de Louancé, curé d'Amblainvilliers, en Picardie.

VI. N... DESTUD de Blannay, pensionnaire à l'Abbaye des Isles, à Auxerre.

VII. Anne-Thérèse DESTUD, religieuse de Sainte-Marie à Autun.

VIII. Marguerite-Renée DESTUD, née en novembre 1742 à Arcy-sur-Cure, élevée aux Demoiselles de St-Cyr [1] où elle fut reçue par brevet, du 15 juillet 1752 (*original en papier*), se maria, à Tharoiseau, en avril 1770 à M. Thomas, S⁰ d'Island, dont elle fut douairière et eut de son mariage :

N.... née à Dijon, en la paroisse St-Michel, le 13 juin 1771, qui épousa, le 2 juillet 1788, à Island, N.... de Coutye.

---

[1] A la p. 454, de l'ouvrage intitulé : *Mme de Maintenon*, par Théophile Lavallée, 2° édit., Marguerite-Renée est désignée ainsi : *d'Estud d'Assay*, mariée, parmi les pensionnaires nées en 1742 ; il ne faut pas la confondre avec son homonyme née en 1692, reçue aussi à Saint-Cyr, et morte à vingt-deux ans, au couvent de l'Ave-Maria de Paris.

XIII° DEGRÉ

Jean-François-Gabriel DESTUD, chevalier, seigneur de Blannay, ancien garde du corps du Roi, avec commission de capitaine de cavalerie, chevalier de l'Ordre royal et militaire de St-Louis, né le 23 mars 1733 et baptisé le 24 du même mois (*extrait en papier timbré légalisé*), en la paroisse de St-Martin-d'Arcy-sur-Cure, a épousé par contrat du 7 février 1773 (*grosse en parchemin timbré*), passé devant Milletot d'Estimes et Bonhomme, notaires royaux à Clamecy, damoiselle Marie-Anne-Geneviève More, fille de messire Adrien-Léger-Nicolas More de Tauxerre, conseiller honoraire du Roi, et de dame Marie-Jeanne de Barre. Il a fait les foy et hommage au Duc de Nevers, en la Chambre des comptes du Nivernais, le 12 mars 1783 (*expédition en parchemin timbré*), pour raison des deux tiers du fief de Blannay, mouvants dudit duché en la châtellenie de Châtel-Censoir, et l'autre tiers, du Roi, à cause de son duché de Bourgogne, à lui échus de la succession de son père. Il est mort en 1783 ; sa veuve est inscrite sur la liste de la noblesse du bailliage d'Auxerre de 1789 : « Maure *Destud* » ; sur celle du Nivernais, elle est représentée par Edme, comte de Longueville, et est désignée : « dame Anne-Geneviève More, veuve « de Jean-François-Gabriel d'*Estutt*, écuyer, sʳ de Blannay, capitaine de cavalerie, « chevalier de St-Louis, au nom de ses enfants mineurs, sʳˢ de Blannay [1]. » Ils eurent de leur mariage :

I. Adrien-Louis-Gabriel DESTUD, qui suit.

II. François-Marie-Alexandre DESTUD, né le 9 juin 1775 et baptisé le 11 du même mois en la paroisse de St-Pierre et St-Paul de Blannay.

III. N... DESTUD, mort au berceau.

IV. Marie DESTUD, née le 15 août 1776, a été nommée par le Roi à une place en la maison royale de Saint-Cyr-lès-Versailles, le 19 novembre 1784, où elle a été reçue sur les preuves de sa noblesse ; elle est désignée sur les listes : *de Stut de Blanay* [2] ; elle mourut à Vezelay, en 1831.

V. Louise DESTUD, née à Blannay et baptisée le 8 avril 1781.

---

[1] *Catalogues de la Noblesse en 1789*, par Louis de la Roque.
[2] P. 469 de *Mme de Maintenon*, par Théophile Lavallée, 2ᵉ édit.

XIV' DEGRÉ

ADRIEN-LOUIS-GABRIEL DESTUD, chevalier, seigneur de Blannay et de Saint-Denis, né le 22 janvier 1774 et baptisé le lendemain en la paroisse de Saint-Étienne de Vezelay, diocèse d'Autun, a été nommé par le Roi à une place en l'école royale militaire, en février 1783, et y a été reçu sur les preuves de sa noblesse certifiées par M. d'Hozier de Sérigny, le 21 juillet suivant; il était, en l'année 1788, à l'école militaire de Brienne. Il mourut, le 7 septembre 1839, à Vezelay; il eut de son mariage deux filles qui sont devenues: Mmes de. Châteauvieux, mère de Mme Paul Destutt, et Mme Le Tort.

XIII' DEGRÉ

FRANÇOIS, IV° DESTUD, dit le chevalier Destud, était le troisième, fils de François III° Destud, chevalier, et de damoiselle Alphonsine-Louise-Madeleine de Longueville; il naquit à Arcy-sur-Cure, le 13 octobre 1744, a servi pendant neuf ans dans les gardes du corps du Roi, compagnie de Noailles, et s'est retiré pour épouser damoiselle Clotilde-Camille LE MUET DE BELLOMBRE, d'Auxerre. Le chevalier Destud a voté au bailliage d'Auxerre pour la nomination des députés de la noblesse aux États-Généraux de 1789; les Le Muet de Bellombre sont également inscrits sur la même liste[1].

Ils eurent de leur mariage les enfants dont les noms suivent:

I. N..., né le 6 avril 1781 et mort en bas âge.

II. Marie-François-Robert DESTUTT DE BLANNAY, qui suit.

III. Louis-Pierre-Antoine DESTUTT, né à Blannay, le 19 mai 1785, devint commandant de gendarmerie à Agen, et mourut sans avoir été marié.

[1] *Catalogues de la Noblesse en 1789*, par Louis de la Roque.

XIV· DEGRÉ

MARIE-FRANÇOIS-ROBERT DESTUTT DE BLANNAY naquit à Blannay, le 24 mars 1782 ; il servit sous le premier Empire et fut fait prisonnier par les Russes qui l'envoyèrent en résidence à Odessa, d'où il ne revint qu'après la chute de Napoléon Iᵉʳ. A sa rentrée en France, il fut incorporé comme lieutenant au 21ᵉ régiment d'infanterie de ligne, en garnison à Grenoble ; il donna sa démission en se mariant. Le 15 avril 1822, il épousa demoiselle Edmée-Agathe-Adèle BETTRERY ; et mourut à Vezelay, le 6 mai 1867.

De ce mariage sont nés les enfants qui suivent :

I. Philibert-Eugène DESTUTT DE BLANNAY, né à Vezelay, le 19 avril 1823, s'est marié à demoiselle N... DESMOLINS ; ils ont un fils.

II. Henri dit Gaston DESTUTT DE BLANNAY, né à Vezelay, le 6 février 1825, a épousé demoiselle CHAMPENOIS ; ils ont eu une fille unique qui est morte sans être mariée.

III. Paul DESTUTT DE BLANNAY, né le 4 janvier 1833, s'est marié à sa cousine, demoiselle DE CHATEAUVIEUX, dont le grand-père était Adrien-Louis-Gabriel Destud, chevalier, seigneur de Blannay et de Saint-Denis, qui précède ; ils ont pour fils unique, Léonce-Eugène-Louis Destutt de Blannay.

.13

PENNON GÉNÉALOGIQUE
de la Branche
de STUTT de TRACY.

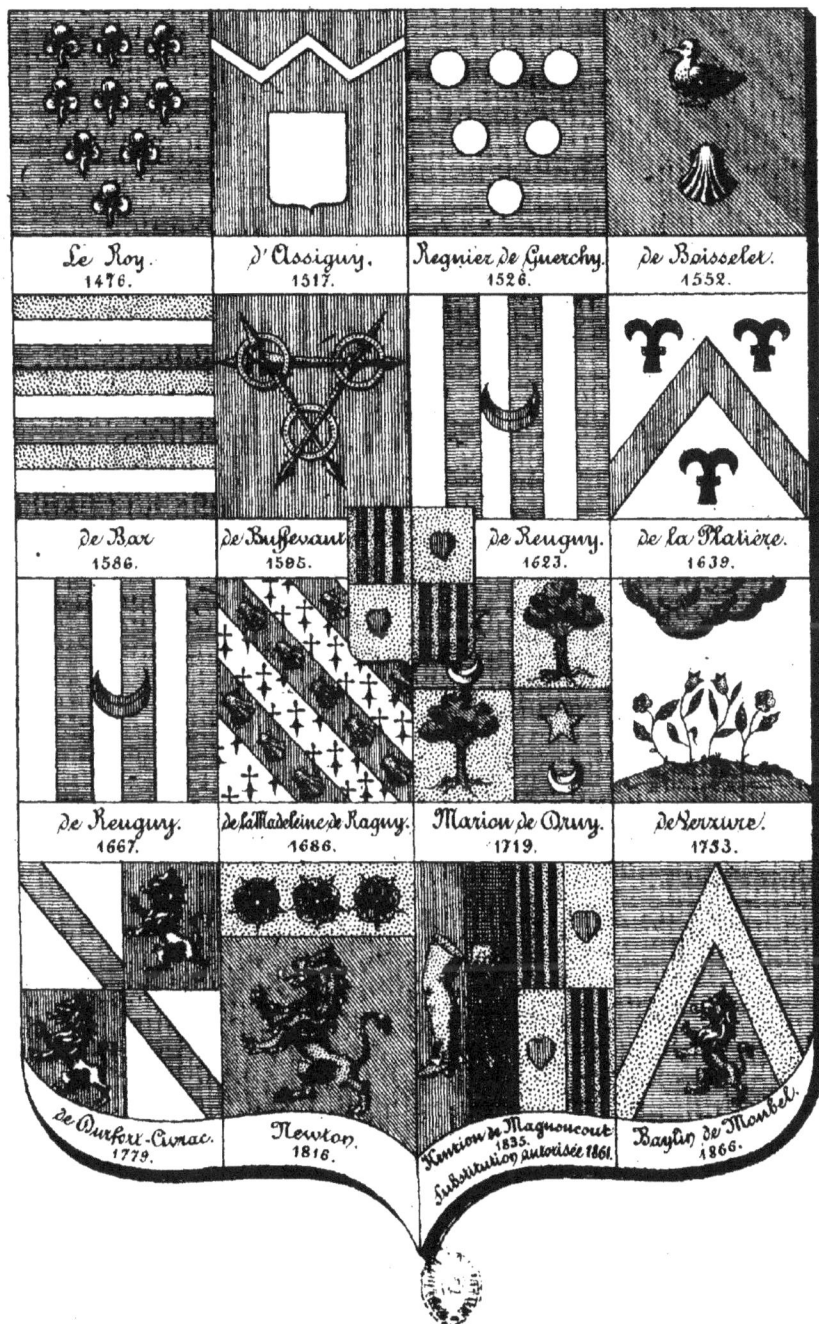

Le Roy. 1476.	d'Assigny. 1517.	Regnier de Guerchy. 1526.	de Boisselet. 1552.
de Bar. 1586.	de Buffevant. 1595.	de Reugny. 1623.	de la Platière. 1639.
de Reugny. 1667.	de la Madeleine de Ragny. 1686.	Marion de Druy. 1719.	de Serrure. 1753.
de Durfort-Civrac. 1779.	Newton. 1816.	Henrion de Magnoncourt. 1835. Substitution autorisée 1861.	Baylin de Monbel. 1866.

BRANCHE DE TRACY

COMTES ET MARQUIS DE TRACY, ISSUE DES SEIGNEURS D'ASSAY.

VI· DEGRÉ

LEXANDRE STUTT, écuyer, seigneur de Saint-Père, de Nuzy, près Cosne, cinquième fils de Thomas Stutt, écuyer, seigneur d'Assay, archer de la garde écossaise du corps du Roi, et de damoiselle Agnès Le Roy, sa deuxième femme, fut mis, le 11 septembre 1492, avec ses frères et sœurs, sous la tutelle de Guillaume Stutt, son oncle paternel, et de Florent Le Roy, son oncle maternel, par sentence (*original aux archives de M. d'Assay*) du bailli de Bourges, rendue du consentement de sa mère, et de ses parents et amis.

Il épousa, en premières noces, par contrat du penultième de septembre 1517 (*grosse originale en parchemin*), passé au lieu de Nuzy, sous le sœel de la châtellenie de Cosne, devant François Farineau, clerc et notaire, damoiselle Jeanne D'ASSIGNY[1], fille de Guillaume d'Assigny, écuyer, seigneur de Saint-Père, de Nuzy en partie, et de noble Jacqueline Vignier. Son frère, François Stutt, écuyer, seigneur d'Assay, fut présent à ce contrat. Ce mariage porta dans la famille de Stutt la seigneurie de Saint-Père, qui, étant tombée en deshérence en 1395,

D'Assigny porte : De gueules à l'écusson d'argent surmonté d'une vivre de même.

---

[1] Même observation que pour Barbe d'Assigny, femme de François Stutt, seigneur d'Assay; elles devaient être parentes; l'abbé Vertot dans sa liste des chevaliers du grand-prieuré de France, désigne Artus et Jean-Baptiste d'Assigny admis en 1706 et 1710, comme portant pour armes: d'hermine, au chef de gueules chargé d'une vivre d'or. Dans son *Répertoire archéologique de l'Yonne*, M. Quantin fait mention, à l'article de Saint-Aubin-Châteauneuf, d'inscriptions tumulaires au nom d'un sire d'Assigny, chevalier de l'Ordre du Roi, seigneur du Verger, mort en 1573, et de sa femme, Anne de Vieuvre, morte en 1576 ; Chevillard donne ces dernières armes.

Les archives de Saint-Père nous disent que : Guillaume Vignier, concessionnaire de Saint-Père à titre gracieux de Philippe-le-Hardi, de Bourgogne, en 1400, eut pour fils : Charles qui n'aurait eu que deux filles, Jacqueline, épouse de Guillaume d'Assigny; et Marguerite, épouse de Renaud d'Assigny. Jacqueline eut : Jeanne épouse d'Alexandre Stutt, Raoline épouse de Guillaume Boubeau et Marguerite épouse du sire de Boisselet.

fut revendiquée par Philippe le Hardi, duc de Bourgogne, et, après de longs démêlés, donnée par lui à Guillaume Vignier, son conseiller intime, et grand-père de Jacqueline (chartrier de Saint-Père).

Jeanne d'Assigny étant morte, Alexandre épousa, en secondes noces, par contrat du 13 décembre 1526 (*grosse originale en parchemin*), passé sous le scel de la prévôté de Bourges, devant Étienne Poyan, prêtre et notaire, damoiselle Anne REGNIER [1], veuve de défunt Guillaume du Parc, écuyer, seigneur de Courcelles-la-Ville, et fille de Pierre Regnier de Guerchy et de Perrette du Chesnay. Ce contrat fut passé en présence de François Stutt, seigneur d'Assay, et de Jean de Corguilleray, écuyer, seigneur de la Houlle-sur-Vic. Il partagea par acte (*grosse en parchemin*) du 14 octobre 1527, passé sous le scel de la prévôté de Cosne-sur-Loire, devant Jacques Naudin, notaire, avec noble dame Jacqueline Vignier, mère de sa première femme, quantité de vignes qui étaient en commun entre eux.

Regnier de Guerchy porte : D'azur à 6 besans d'argent, 3, 2, 1.

Il mourut en 1542. Anne Regnier, sa veuve, fit aveu de la terre de Saint-Père le 26 mai de la même année (*cet aveu est rapporté dans la maintenue de M. d'Amboise du 11 juillet 1586*).

Du premier mariage d'Alexandre Stutt avec Jeanne d'Assigny, est issu :

I. Jean STUTT [2], mort sans alliance, suivant une ancienne généalogie.

---

[1] Les six besans de Regnier que nous trouvons aux clefs de voûtes de l'église de Saint-Père sont aussi reproduits dans les vitraux et sur le portail de l'église de Guerchy, qui possède, dans la chapelle seigneuriale, les pierres tumulaires : 1º d'Edme de Regnier, enseigne de la compagnie du Duc d'Enghien, mort en 1544, et de Françoise d'Estampes, son épouse, morte en 1573 ; 2º de Louis Regnier, lieutenant-général, mort en 1748, et de son fils Claude-Louis-François de Regnier, ambassadeur en Angleterre, mort en 1767; 3º de dame Gabrielle-Lydie d'Harcourt, épouse de ce dernier, morte en 1801. Ces renseignements sont tirés du *Répertoire* de M. Quantin, qui, dans sa description du château de Guerchy où se trouvent deux magnifiques cheminées, énumère les portraits parmi lesquels se trouvent ceux d'Henry de Guerchy et d'un évêque de Laon, du XVIIᵉ siècle. Cette famille a été illustrée par un grand-prieur de France en 1602, par des chevaliers des Ordres du Roi, un maréchal de France en 1742, des lieutenants-généraux, dont un en 1748, précédemment ambassadeur à Londres, créés marquis de Guerchy, comtes de Druy, et marquis de Nangis par lettres patentes de 1749. Henri, marquis de Guerchy, s'était rendu ajudicataire, le 7 janvier 1668, de la baronnie de la Guierche (Cher), qui fut vendue le 24 décembre 1751 au marquis de Fougières. Guerchy, situé près Joigny, advint à cette famille en 1456 par le mariage de Jean Regnier avec Marie Regnier, fille d'autre Jean Regnier, acquéreur de ladite terre en 1440, grand bailli d'Auxerre pour le duc de Bourgogne, devenu poëte pendant un emprisonnement. Ce dernier portait : d'azur à la croix dentelée d'argent, cantonnée de 4 molettes d'éperon d'or. Il ne faut pas confondre ces deux familles avec les Thibaud de Guerchy ou de Garchy dont les armes se voient au portail de l'église de Saint-Père ; ils portaient : de gueules à trois tours d'or crénelées.

[2] Pour la description de l'église de Saint-Père du Trépas de Nuzy, nous renvoyons le lecteur à ce qu'en ont écrit MM. Morellet, Barat et Bussières, dans leur album historique dit le *Nivernais*, IIᵉ vol. p. 61 et 63, et M. le comte de Soultrait, dans son *Répertoire archéologique de la Nièvre*, p. 91 ; il y verra que cette charmante église d'un style gothique flamboyant du XVIᵉ siècle, ainsi que nous avons pu l'apprécier *de visu*, a un cachet tout particulier et semblerait être le résultat d'un ex-voto ou tout au moins d'une association de donateurs seigneuriaux de la localité. Nous voyons aux clefs de voûtes l'écusson des Stutt, celui d'Anne Regnier

Il est prouvé qu'il eut de son second mariage avec Anne Regnier :

II. François STUTT, qui suit :

VIIe DEGRÉ

FRANÇOIS 1er STUTT, chevalier, seigneur de Saint-Père et de Nuzy, capitaine exempt des gardes du corps des rois Charles IX, Henri III et Henri IV, (cette qualité est prouvée par deux lettres, l'une de Charles, duc d'Alençon, frère du Roi, du 19 novembre 1568 ; et l'autre de Henri, aussi frère du Roi, devenu depuis Henri III, du 27 février 1569 ; ces deux lettres sont en originaux), chevalier de l'Ordre du Roi et gouverneur de la ville de Cosne-sur-Loire, s'attacha, dès sa jeunesse, au service du roi Charles dont les successeurs lui conservèrent ces emplois et leurs faveurs. Il se comporta, dans ce gouvernement, pendant plus de vingt ans qu'il lui fut confié, avec une prudence et une fidélité inviolables. Ces monarques et les princes du sang lui en marquèrent souvent leur satisfaction dans les différentes lettres dont ils l'honorèrent. Il défendit cette ville de Cosne contre les entreprises des ennemis et y maintint les sujets sous l'obéissance du Roi, pendant les guerres de religion. Il eut beaucoup à souffrir de la part des ennemis et des rebelles qui lui brûlèrent en peu de temps deux maisons considérables, voisines de son gouvernement (*procès-verbaux originaux de ces incendies*). Sa correspondance avec le maréchal de Cossé fait bien voir que, par ses sages instruc-

---

mi-parti de Stutt, celui de Claude d'Ancienville, admis dans l'Ordre de Malte en 1523, devenu commandeur de Villemoison (fief de la paroisse), et plus tard commandeur d'Auxerre, enfin ceux d'inconnus, sans parler de ceux qui sont disséminés sur la façade ; mais l'objet sur lequel notre attention s'est portée et qui n'a pas reçu d'explication par les différents auteurs est la dalle funéraire brisée, reproduite au trait par le *Nivernais* ; cette dalle représente des chevaliers, en harnais de guerre, agenouillés devant un enfant emmailloté sur un coussin, sans aucune inscription. Serait-ce, de notre part, une supposition trop hasardée que d'attribuer cette tombe à Jean Stutt, fils d'Alexandre Stutt et de Jeanne d'Assigny, ayant pour protecteurs son père et ses oncles ?

Notre généalogie ne dit pas à quel âge Jean serait mort, mais il est positif que son décès rendit les Stutt seigneurs du fief de Saint-Père, dont il portèrent même le nom. Alexandre Stutt devenu héritier de son fils et remarié (1526) n'aurait-il pas été amené à manifester ses regrets et sa douleur aussi généreusement que possible, en prenant tout au moins une large part dans la construction de ce charmant édifice et en appelant le concours de ses parents ou voisins ?

Les chercheurs pourront peut-être résoudre cet énigme et dire si nos suppositions ont leur raison d'être, surtout en compulsant les dates citées plus haut et précisant l'époque de la construction.

Le château de Saint-Père sur les murs duquel se trouve aussi l'écusson des Stutt, l'église, et en plus l'ancienne commanderie de Villemoison forment un ensemble curieux et sont le but d'une charmante excursion, à la porte de Cosne, une petite lieue à peine.

Suivant les archives communiquées par M. Rameau, les débats, au sujet de la seigneurie de Saint-Père, ne se terminèrent qu'en 1435, et Philippe-le-Bon, duc de Bourgogne, maintint dans ses droits Guillaume Vignier, son chancelier, arrière-grand-père maternel de nos d'Assigny. Vignier portait : d'azur au semis de fleurs de lys, sur le tout, en abîme, un écu portant : d'or au chef de gueules, sur le tout une bande d'argent et de sable. (*Nobiliaire de Chevillard*, éd. 1726.)

tions et les avis qu'il lui donnait à propos des moindres mouvements des ennemis, il contribua beaucoup à empêcher leurs incursions dans l'étendue de son gouvernement.

Il fut nommé pour commander en la ville de Cosne[1], par commission du roi Charles IX, contresignée Robertet, du 8 mai 1562 (*original en parchemin*), et Sa Majesté, par ses lettres du 7 décembre 1564 (*original en parchemin*), fit imposer sur les habitants de cette ville une somme de 1,616 livres pour le paiement de ses gages et de ceux de vingt arquebusiers qu'il y commandait. Il fut confirmé dans les fonctions de son gouvernement par commission du 24 décembre 1567 (*original en parchemin*). Quelque temps après, le Roi ayant, par inadvertance, nommé le sieur de Buranlure[2], pour y commander à sa place, les habitants vinrent supplier ce monarque de leur laisser le sieur *de* Stutt (première apparition de la particule), attendu ses services importants et la sagesse de son gouvernement; sur leurs instances, il fut confirmé par commission du 15 mars 1568 (*original en parchemin*). M. de Conflans, capitaine des gardes du Roi, lui donna un certificat de sa qualité et de son droit de port d'armes, le 12 juillet 1572 (*original en papier*). Messieurs les maréchaux de Montmorency et de Cossé ayant été arrêtés et conduits prisonniers à la Bastille, la garde en fut confiée, après le sieur de Sommièvre qui en avait été d'abord chargé, au sieur de Magnane, chevalier de l'Ordre du Roi, lieutenant de la compagnie de ses gardes, et cela par commission du 26 juin 1574 (*copie*), de la reine Catherine de Médicis, mère du Roi; mais le maréchal de Cossé étant tombé malade à la Bastille, le roi Henri III, par ordre du 29 septembre de la même année 1574, permit qu'il fut transféré en sa maison sise au faubourg Saint-Antoine, avec injonction de le garder à vue. Le sieur de Magnane, en conséquence du pouvoir de sa commission, en donna une particulière au sieur de Saint-Père (François Stutt), le 11 octobre suivant (*original en papier*), pour commander une garde auprès de lui, ce dont il s'acquitta suivant trois certificats du dernier jour de janvier 1575 (*originaux en papier*). Il était capitaine exempt des gardes du corps du Roi, le 10 janvier 1584, suivant un autre certificat de M. de Châteauvieux.

De Boisselet porte : De sinople à la canette d'argent en chef et à la coquille du même en pointe.

François Stutt qui donne lieu à ce degré, épousa, par contrat du 12 janvier 1552 (*grosse originale en parchemin*) passé sous le scel de la prévôté de Cosne, devant Jean Everard notaire, damoiselle Reine ou Renée DE BOISSELET[3], fille d'Antoine de Boisselet, écuyer, seigneur de la Court en partie

---

[1] *Mémoires sur le département de la Nièvre*, Jean Née de la Rochelle, t. Ier, p. 253.

[2] Ce sieur de Buranlure était Antoine de Bar, chevalier de l'Ordre du Roi et gouverneur de Sancerre, en 1573, après le siège (La Thaumassière, p. 768); sa sœur Françoise devait épouser le fils aîné de François Stutt en 1586.

[3] Quoique La Thaumassière, p. 1139, et Lachesnaye-Desbois donnent à la famille de Boisselet pour armes : de gueules à trois merlettes d'or, 2 et 1; nous maintenons à Reine de Boisselet celles que nous indique le généalogiste, attendu qu'Antoine, son père, en qualité de cadet, devait avoir brisé les armes de son

et du Bois-Taché, et de damoiselle Marguerite d'Assigny. Ce contrat fut inséré au bailliage d'Auxerre le 11 avril 1553. Le roi Charles IX, par ses lettres datées de Saint-Germain-en-Laye du 17 décembre 1561 (*original en parchemin*) lui confirma l'office de maître des eaux et forêts de Gien, dont il avait été pourvu sous les feus rois Henry et François, père et frère de Sa Majesté. Il fut fondé de procuration de la part de Guillaume de Fleury, chevalier de Saint-Jean de Jérusalem, passée devant Charles Maheut et Severin Godart, notaires à Paris (*grosse en parchemin*), le 30 décembre 1567. Il assista au contrat de mariage du 26 décembre 1580, qui fut passé au château de Saint-Père, devant Vernesson notaire, entre damoiselle Antoinette Stutt, sa fille, et Jacques du Vernay, écuyer, sieur de Port au Berry, en la paroisse de Saint-Aignan de Cosne, fils d'Edme du Vernay, seigneur du même lieu et de dame Emée Chuyn. Ce contrat fut aussi passé en présence de Jean de la Platière, écuyer, sieur de Montigny, de François Destutt, le jeune, seigneur d'Assay, son cousin, et de plusieurs autres seigneurs alliés.

Il produisit les titres justificatifs de sa noblesse jusques et compris Thomas Stutt, son aïeul, venu d'Écosse, devant François d'Amboise, conseiller du Roi au parlement de Bretagne et commis par Sa Majesté pour la recherche des faux nobles, lequel, sur le vu de ses titres et les conclusions du procureur du Roi, le maintint dans son ancienne noblesse d'extraction, par son ordonnance rendue à Cosne, le 11 juillet 1586 (*original en parchemin*). L'on voit, parmi les titres de cette production, que, le 29 mai 1575, il avait fourni au duc de Nevers le dénombrement de sa terre de Saint-Père. (*Cet acte ne se trouve plus dans les archives de la Maison.*)

Il mourut le 31 octobre 1591, et il fut inhumé au milieu du chœur de l'église de Saint-Père, où il lui fut érigé une tombe ainsi qu'à sa femme où sont gravés ces mots :

Ci-gît noble seigneur François de Stut, écuyer, seigneur de Saint-Père du Trépas, capitaine exempt de l'ancienne garde du corps du Roi, trépassé le 31 octobre 1591, âgé de 68 ans ; et noble damoiselle Reine de Boisselet sa femme, trépassée le 11 septembre 1606, âgée de 68 ans.

Leurs figures sont représentées en cette tombe [1].

---

aîné. Voir la note (p. 56) pour Jeanne Destud d'Assay, épouse de Jean de Boisselet en 1592, cousin germain de Reine. François Stutt, comme héritier de son frère Jean, était propriétaire d'un tiers de la terre de Saint-Père ; en épousant la fille de Marguerite d'Assigny, il eut un autre tiers ; de plus, en 1556, la veuve de Guillaume Boubeau, demoiselle d'Assigny, lui délaisse le dernier tiers. Il fit de nombreuses acquisitions. (Archives du château de Saint-Père.)

[1] La représentation de ces figures ne fait que fortifier notre opinion sur la tombe de Jean Stutt. Les débris de ces deux tombes sont réunis ensemble et servent actuellement de marchepied de l'autel situé à gauche du chœur de l'église de Saint-Père. Nous n'avons pu vérifier le dire de certaines personnes qui prétendent que, dans le caveau en dessous du chœur, on trouverait la statue d'un chevalier armé de toutes pièces, qui serait vraisemblablement celle de François de Stut.

Nous ne saurions trop appuyer sur la différence d'orthographe du nom de famille dans les diverses branches ; nous suivons celle des actes, ainsi que nous l'avons déjà dit à la p. 51.

Sa veuve, par un acte du 13 mai 1593 (*grosse en parchemin*), passé devant Barnabé Denisot, notaire du Nivernais et Donziois, en qualité de tutrice de leurs enfants mineurs, fit sommation à Jean de Bussy, écuyer, seigneur de la Monthoise, de recevoir la somme de 293 écus deux tiers, en déduction de la dot qui lui avait été promise par son contrat de mariage avec Jeanne Destut, leur fille ; ce paiement fut effectué par contrat du 20 juin 1594 (*grosse en parchemin*), passé au lieu de Donzy, devant Jean de la Rue notaire, portant vente par noble homme François de Broc, en faveur du même Jean de Bussy, de deux métairies sises en la paroisse de Guerchy (ou Garchy) moyennant la somme de 600 écus sol, à compte de laquelle somme le vendeur déclare avoir reçu celle de 400 écus sol, en l'acquit de l'acquéreur, des deniers de Reine de Boisselet, tant en son nom qu'en ceux de François Destut, écuyer, seigneur de Saint-Père et de Tracy, de Pierre et d'Étienne Destut, écuyers, ses enfants. Elle mourut, comme on vient de le voir, le 11 septembre 1606, et fut inhumée au milieu du chœur de l'église de Saint-Père, au tombeau de son mari.

Du mariage de François Iᵉʳ Destut avec Reine de Boisselet sont issus trois fils et quatre filles, savoir :

I. François IIᵉ DESTUT, qui a continué la postérité.

II. Pierre DESTUT, nommé dans l'acte du 20 juin 1594, que l'on vient de rapporter, a épousé demoiselle Anne MARÉCHAL [1], qui était veuve de lui en 1598 et avait la garde noble de Pierre, leur fils unique :

> Pierre IIᵉ DESTUT, seigneur de Saint-Martin [2], est passé au service du Roi de Danemarck, avec commission de capitaine de 300 hommes qui lui fut donnée par M. le comte de Montgommery. Il repassa en France sur un passeport du Roi de Danemarck, du 10 janvier 1629. Il est mort sans postérité, ainsi qu'il se voit en une donation du 22 novembre 1644, que fit Étienne Destut, son oncle, de certains biens qui lui provenaient de sa succession.

III. Étienne DESTUT, écuyer, seigneur d'Insèche, qui a formé la branche des seigneurs d'Insèche, rapportée plus loin.

---

[1] Nous ne pouvons dire positivement à quelle famille Maréchal appartient Anne, mais nous serions très-porté à croire qu'elle était des Maréchal-Franchesse, du Bourbonnais, qui avaient pour armes : d'or à trois tourteaux d'azur, chargés chacun d'une étoile d'argent. Seigneurs d'Apicourt, en 1291, et de Cressanges, depuis 1300, ils ont produit un chambellan du duc de Bourbon, en 1446, et six chevaliers de Malte, de 1627 à 1716, en la langue d'Auvergne. (Abbé Vertot, *Nobiliaire d'Auvergne* de Bouillet, et Dom Bétencourt.)

[2] Saint-Martin est situé à un myriamètre de Pouilly (Nièvre).

Fac-simile d'une pierre tombale
tirée du Nivernais par M.M. MORELLET, BARAT & BUSSIÈRES, 2.me volume page 61.
Cette pierre serait attribuée à JEAN de STUTT
et se trouve dans l'Eglise de St Père-du-trépas,
près Cosne (Nièvre).

IV. Renée DESTUT, mariée, par contrat du 19 décembre 1575, à Jean DE LA PLATIÈRE [1], fils de Philippe, lieutenant du Roi et capitaine de la ville de Nevers, et de damoiselle Madeleine de Bondy, et frère d'Imbert et de Roch de la Platière.

V. Antoinette DESTUT mariée par contrat du 26 décembre 1580, à Jacques DU VERNAY [2], écuyer, seigneur du Port-au-Berry, fils d'Edme du Vernay, écuyer, seigneur du même lieu, et de dame Emée Chuyn.

VI. Jeanne DESTUT, mariée par contrat du 1er mars 1590, à Jean DE BUSSY [3], écuyer, sieur de la Monthoise et de la Motte-au-Gras.

VII. Emée DESTUT, femme de Gabriel DE GERBAULT, sieur de la Serre, dont le fils, se portant fort pour elle, céda, le 11 février 1640, à Estienne d'Estutt, seigneur d'Insèche, la somme de 2,400 livres à elle due par Louis d'Estutt, seigneur de Saint-Père, par contrat d'août 1637, pour prix du fief de Saint-Martin. (Communication de M. Rameau.)

VIII° DEGRÉ

FRANÇOIS II° DESTUT, chevalier, seigneur de Saint-Père, de Tracy, les Ormes-Secs, Villemoys, Roziers et La Grange-Rouge, capitaine-exempt des gardes du corps du Roi, fut successivement attaché, dès sa jeunesse, aux rois Henri III et Henri IV. Il épousa, en premières noces, par contrat du 18 octobre 1586 passé en la présence et du consentement de son père, au château de Tracy, devant Pierre de Ville, notaire royal, Françoise DE BAR,

De Bar porte : Burelé d'argent, d'or et d'azur de 9 pièces.

----

[1] Nous verrons que plusieurs alliances se sont faites entre les maisons de Stutt et de la Platière; du côté de la Platière, ce fut dans la branche des seigneurs de Montifaut et de Torcy que se firent ces unions; elle portait pour armes : d'argent au chevron de gueules, accompagné de trois rocs d'échiquier de sable, posés 2 et 1. Elle a fourni deux chevaliers de Malte, l'un au grand-prieuré d'Auvergne en 1687, et l'autre au grand-prieuré de France en 1683. Les généalogistes ne disent pas à quelle époque elle se sépara de la branche aînée; le P. Anselme fait remonter cette famille à Louis de la Platière qui héritait, en 1449, de la seigneurie des Bordes, près Nevers. De cette famille était Imbert de la Platière, fils puîné de Philibert et d'Anne de Jaucourt, seigneur des Bordes, qui s'éleva successivement par sa valeur jusqu'à obtenir le bâton de maréchal de France, il était connu sous le nom de maréchal de Bourdillon. Il épousa : 1° Claude de Damas, dame de Ragny, veuve de Girard de la Magdeleine, 2° Françoise de Birague. Il mourut à Fontainebleau sans laisser de postérité. Sa nièce, Françoise de la Platière, hérita de lui, et épousa Louis d'Ancienville; leur fille unique, dame des Bordes et d'Espoisses, fut la troisième femme d'Antoine de la Grange-d'Arquian (Lachesnaye-Desbois et Moréri.)

[2] L'abbé Vertot fait porter aux du Vernay : d'argent à la croix d'or raccourcie de gueules, chargée en cœur d'un sautoir d'argent, à la bordure dentelée d'azur.

[3] Les Bussy portent : d'azur au lion d'argent armé et lampassé de gueules. (Cte de Soultrait.)

dame DE TRACY [1], veuve de noble homme Louis de Chesnevert, écuyer, et fille de François de Bar, chevalier de l'Ordre du Roi, gouverneur et maître des eaux et forêts de Sancerre, seigneur de Buranlure, et de noble dame Paule du Chesne (plutôt Chesnay). En faveur de leur mariage, sa future épouse lui fit donation, en toute propriété, de la seigneurie de Tracy et ses dépendances, relevant du comté de Sancerre, et de l'usufruit des terres de Villemoys, des Ormes-Secs et de la Grange-Rouge, à la charge, dans le cas où il n'y aurait point d'enfants de leur mariage, de payer à Jean de Bar, son neveu, second fils d'Antoine de Bar, seigneur de Buranlure, la somme de 400 écus. Ils n'eurent point d'enfants, car cette clause fut exécutée, après la mort de l'un et de l'autre, par les enfants du second mariage du même François II° Destut. En conséquence de cette donation, François offrit les foy et hommage de la terre de Tracy au comte de Sancerre (Jean IV° sire de Bueil), dont les officiers le taxèrent, par acte du 6 juin 1587, à la somme

[1] La Thaumassière, page 764, fait remonter cette famille, devenue l'une des plus illustres du Berry, à Jeannin de Bar, dont il cite différents actes de l'an 1276 ; mais celui qui en a commencé l'élévation fut Jean, chambellan des rois Charles VII et Louis XI, bailli de Touraine, capitaine des châteaux de Tours et d'Amboise, etc., etc., il est cité par les chroniqueurs au nombre des guerriers les plus en renon de l'époque. Il se rendit adjudicataire, en 1445, de la terre de Baugy, et acheta, le 24 juillet de la même année, les seigneuries de la Guierche et du Gravier, à Claude de Beauvoir, vicomte d'Avallon et de Chastellux ; il mourut en 1469.

Cette famille a fourni deux évêques, des comtes de Lyon, deux chevaliers de l'Ordre du Roi, de nombreux chevaliers de Malte, des demoiselles de Saint-Cyr, etc ; elle s'est alliée aux meilleures familles, et était largement possessionnée, spécialement notre François de Bar dont les propriétés s'étendaient dans vingt-trois paroisses.

La paroisse de Tracy, actuellement du canton de Pouilly-sur-Loire, avec une population de 1237 habitants, faisait partie autrefois du diocèse d'Auxerre, comme dépendance de l'abbaye de Saint-Laurent du Tronsec ou des Aubats, dont elle était voisine.

Nous renverrons aux différents ouvrages ayant traité du *Nivernais* et plus particulièrement au *Répertoire archéologique de la Nièvre*, par le comte de Soultrait, page 110, pour la description du château de Tracy, restauré si artistement par M. le comte de Laubespin, et dont les de Stutt de Tracy ont illustré le nom. On ne peut s'empêcher d'admirer la position de cette belle résidence dont la vue s'étend sur tout le val de la Loire, sur les coteaux boisés du Sancerrois, et ayant pour principal objectif la ville de Sancerre perchée sur sa montagne, avec ses châteaux pour ornement.

La seigneurie de Tracy appartenait, au xv° siècle, à la famille de Corguilleray, dont on voit encore les armes (trois faces ondées) à la clef de voûte de la porte d'entrée du château. Le 14 décembre 1489, Louis de Corguilleray, fils de noble homme Guillaume de Corguilleray, seigneur de Tracy et de Champfleury, prévost des marchands de France, épousa Rosine Rabute, fille de noble Philippe Rabute, seigneur de Froidefont.

En 1571 Michel des Rivauldes, seigneur de Tracy, un des cent gentilshommes de la Maison du Roi, plaidait, devant le bailli de Berry, contre le sieur Jean de Tournemotte, au sujet de la seigneurie de Tracy, en défense des droits de ses enfants mineurs qu'il avait eus de défunte Jeanne de Corguilleray, sa femme.

En 1575 (15 août), Louis de Chesnevert, seigneur des Ravoirs, gentilhomme de Monsieur, frère du Roi, épouse Françoise de Bar, fille de François de Bar, seigneur de Buranlure, de Billeron, Vinon, les Estivaux, etc., (propriétés provenant de sa mère, Françoise de Vinon), gouverneur capitaine et maître des eaux et forêts du comté de Sancerre, et de damoiselle Paule du Chesnay. Il n'est nulle part question de la seigneurie de Tracy. En 1576, deux actes des 8 et 12 juillet ne mentionnent pas la qualité de seigneur de Tracy, mais celle de seigneur de Ravoir, à Louis de Chesnevert, bailli de Gévaudan, gentilhomme servant de Monsieur, frère du Roi. En 1584, Louis de Chesnevert est qualifié seigneur de Tracy, dans un acte où il autorise sa femme à emprunter, sur ladite terre, 300 livres tournois pour 25 livres tournois de rente. Françoise de Bar est donc devenue propriétaire de Tracy, de 1576 à 1584 ; il est probable que ce fut par acquisition, ou sans cela, son frère en eût hérité, et non pas elle. (Communication.)

de 80 écus d'or, pour les droits de rachat, qu'il paya le dernier jour de mai 1588.

Il obtint, du roi Henri III, des lettres de *committimus* (*original en parchemin*), les 17 janvier 1588 et 18 mars 1589, où l'on voit qu'il était attaché à ce monarque, en qualité de capitaine-exempt de la garde de son corps.

Sa première femme mourut au mois de mars 1593, ainsi qu'il se voit en l'inventaire qu'il fit faire de ses meubles et effets par la justice de Tracy, les 11 mai et 12 juin suivants.

François de Stutt épousa, en secondes noces, par contrat du 28 septembre 1593 (*grosse en parchemin*), passé au lieu de la Grange-Rouge, sous le scel du comté de Sancerre, devant Mᵉ André Pobeau, notaire, damoiselle Marie DE BUFFEVANT, fille de noble seigneur Louis de Buffevant [1], chevalier, gentilhomme ordinaire de la Chambre du Roi (à partir du 12 janvier 1585), capitaine et gouverneur des ville et château d'Auxerre, seigneur de la Grange-Chaumont, de la Celle-sur-Loire, et de noble dame Marguerite de Viaulx-Champlivaut. Il fut assisté, à ce contrat, d'Étienne de Stutt, son frère ; de Louis d'Aventigny, chevalier, gentilhomme ordinaire de la Chambre du Roi, seigneur de la Brunetière ; et de Pierre de Cholet, écuyer, seigneur de Regnard, gentilhomme servant de feu Monseigneur, frère du Roi, ses alliés. Sa future y fut assistée de ses père et mère, et de noble damoiselle Perrine de la Porte, son aïeule, dame du Mesnil-Simon, veuve de Jacques de Bar, écuyer, sieur de Baugy, en partie, de Creu et de Polanon.

Il transigea, par acte du 20 décembre 1595 (*grosse en parchemin*), passé

De Buffevant porte : De gueules à 3 lances d'or mises en triangle, briséees dans 3 anneaux d'argent.

---

[1] Voir La Thaumassière, p. 1139, à l'article de Buffevant.

Il ne faut pas confondre cette famille avec les Buffevent, du Bourbonnais, éteints au XVIᵉ siècle et portant des armes différentes, pas plus qu'avec les Buffevent, du Dauphiné, cités par le P. Ménétrier, en sa *Méthode du Blason*, p. 174 et 176.

L'un des registres paroissiaux de Saint-Bouize (Cher) nous apprend, aux actes de baptême, que :

« Le 23 mars 1663, Charles de Buffevant, fils de Louis de Buffevant, seigneur de la Grange-Chaumont, « fut parrain ; et en un autre endroit, le registre mentionne pour marraine, le 20 janvier 1669, Anne « Marguerite de Buffevant, fille de feu messire Louis de Buffevant, vivant seigneur de la Grange-Chaumont, « la Celle-sur-Loire et autres places, et de très-haute dame Anne-Marie de Bretagne ; il est signé : Mᵗᵉ de « Buffevant. » Le château actuel de la Grange est toujours désigné sous le nom de La Grange-Chaumont ; suivant la tradition, il aurait été construit en 1610, sur les plans de ce qu'était le Palais des Tuileries. L'ancien fief était à un kilomètre plus éloigné. Cette propriété fut achetée en 1809 par le comte de Montalivet, ministre de l'Empire. A partir des dates sus-mentionnées, les registres paroissiaux de Saint-Bouize qui ont été exceptionnellement bien tenus de 1615 à 1789, ne nous donnent aucune trace de la présence des Buffevant à la Grange-Chaumont. (Communication de M. Mac-Nab, habitant Saint-Bouize.)

Dans son nouveau supplément de 1749, Moréri nous signale, à l'article Mescrigny, Marie-Françoise de Mescrigny, petite-fille du maréchal de Vauban, comme épouse de René de Buffevant, marquis de Percey, décédé sans postérité. Cette famille fut admise aux honneurs de la cour, en 1772 ; elle avait un maréchal de camp et des membres de chapitres nobles, en 1789. (Bouillet, *Nob. d'Auvergne*.)

Les archives du château de la Grange-Chaumont ont fourni à l'abbé Poupard, pour son *Histoire du siège de Sancerre*, édition de 1777, l'original du traité passé, le 19 août 1573, entre le maréchal de la Châtre et les protestants de Sancerre qui avaient défendu cette ville, pendant plus de huit mois ; ce traité eut lieu, grâce à l'intervention du *Sire de Saint-Pierre*, autrement dit François Stutt, seigneur de Saint-Père, qui, de passage à l'armée royale, retournait à Paris, après avoir accompli une mission à Nîmes.

en la ville de Cosne, devant Bouloys, notaire, avec Antoine de Bar, écuyer, seigneur de Buranlure, au sujet de la succession de Françoise de Bar, sa première femme, dont il avait acquitté les dettes considérables, et pour s'en remplir, ce même Antoine de Bar (son beau-frère), du consentement de Guillaume de Bar, son fils, lui abandonna la pleine et entière propriété des terres et seigneuries de Villemoys, des Ormes-Secs et de la Grange-Rouge, dont sa première femme lui avait seulement donné l'usufruit, par leur contrat de mariage.

Le roi Henri. IV, par ordre daté du camp devant Amiens, du 17 juillet 1597 (*original en papier*), l'exempta des comparution et contribution au ban et arrière-ban, attendu son service auprès de sa personne, en son armée. Il céda, par acte du 9 mai 1598 (*original en papier*), à dame Reine de Boisselet, sa mère, certains droits de lods et ventes qui leur avaient été abandonnés en commun par la dame de Villemolin. Il prêta les foy et hommage, le 14 juillet 1598 (*expédition en parchemin*), à Henriette de Clèves, duchesse de Nivernais, pour raison de la terre et fief de Roziers qu'il avait acquis. Il passa un acte le 12 avril 1599 (*expédition en parchemin*), devant M⁰ Princelet, notaire royal au bailliage de Saint-Pierre-le-Moutiers, avec Jean de la Platière, écuyer, seigneur de Cheveroux. MM. de Lussan et de Praslin lui donnèrent leur certificat de service près la personne du Roi, le dernier de mars 1601 et 26 mars 1602 (*original en papier*). Il reçut quittance, le 21 mai 1602, devant Jean Tolleron, notaire au lieu de la Monthoise, de la part de Jean de Bussy, écuyer, seigneur dudit lieu de Monthoise, et de Jeanne Destud, sa femme, son beau-frère et sa sœur. Cette quittance fut aussi faite en faveur d'Étienne Destud, leur frère, écuyer, seigneur de Saint-Père, et l'on y voit que François Destud avait acquis les droits de Gabriel de Gerbault, écuyer, seigneur de la Serre, son beau-frère, et de damoiselle Renée Destud, sa femme [1]. Il obtint encore du roi Henri IV des lettres de *committimus* datées du 10 février 1608 (*originaux en parchemin*). Il mourut le 20 avril 1622, ainsi qu'il se voit en un débat de compte rendu par François Destud, son fils aîné, à Louis, son frère puîné. Il avait fait un projet de testament olographe dont l'exécution fut consentie par ses enfants qui furent :

I. François III⁰ DESTUT, qui a continué la postérité.

II. René DESTUT, écuyer, seigneur de Saint-Père et de Roziers,

---

[1] Les archives du château de Saint-Père nous dénoncent l'acquisition qu'il fit de la moitié du domaine des Rosiers, vendu par Jean Bourgeois et Madeleine Babaut, le 15 décembre 1597, un délaissement de biens fait, en 1598, par Reine de Boisselet en faveur de ses trois fils, un partage entre François Stutt, seigneur de Tracy, et Étienne Stutt, seigneur d'Insèche et de Saint-Père, du 27 octobre 1607, et une acquisition de vignes, de 1615. (Communication de M. Rameau.)

épousa par contrat de mariage du 24 mai 1629 (*grosse en parchemin*), demoiselle Madeleine DE REUGNY [1], fille de François de Reugny, chevalier, seigneur de Faveray, et dame Marie de Louzeau, dame de Vilatte et du Pezeau, près Léré (Berry). Il mourut, sans enfants, à l'armée du Roi, en Savoie, au mois de mai 1630, ainsi qu'il se voit, en l'inventaire qui fut fait, les 12 et 18 juillet de la même année, des biens et effets de sa succession, devant le juge de Cosne, à la requête de sa veuve et de François Destud, son frère aîné, qui en hérita avec ses autres frères. Madeleine de Reugny se remaria à Jacques Grasset, sieur de Rouillé, capitaine gouverneur de la Grosse-Tour de Bourges, dont elle eut N. Grasset, sieur de Faveray, échevin de la ville de Bourges, à plusieurs reprises et particulièrement en 1676-1677.

III. Louis DESTUT, fut reçu, le 27 février 1625, chevalier de l'Ordre de Malte, au prieuré de la langue de France. L'abbé de Vertot le désigne : *Louis de Stut de Tracy*, étant du diocèse de Sens, et portant les armes de famille indiquées.

Il plaida en 1647 et 1648, au Parlement de Paris, contre son frère aîné qui lui devait des comptes de tutelle.

Le 11 août 1637, reconnaissance souscrite entre Louis Destud seigneur de Saint-Père et de Roziers et le sieur de Gerbaut, son cousin (*archives de Saint-Père*). Le 28 septembre 1672, il est désigné comme seigneur de Saint-Père et des Roziers, dans l'acte de partage de sa succession, ayant pour héritiers, ses neveux, ainsi qu'il est rapporté à l'article de François IV°, sieur de Tracy et Jacques d'Estutt, seigneur d'Insèche et de Saint-Père.

IV. Jean DESTUT [2], écuyer, seigneur de Chassy, Carroble, Lalemende, a épousé par contrat du 28 octobre 1629, passé devant Jean-Antoine des Molins, notaire royal au baillage de Saint-Pierre-le-Moutiers, résidant à Mousseaux, damoiselle Gilberte DE CARROBLE [3], fille de Guy de Carroble, écuyer, seigneur de Chassy, Carroble, Lalemende, et de damoiselle Jacqueline d'Aubigny. Il fut assisté à ce contrat, de René Destut, écuyer, seigneur de Saint-Père et de Roziers, et de Louis Destut, chevalier de Saint-Jean de Jérusalem, ses frères, d'Étienne Destut, son oncle, chevalier, seigneur d'Insèche, Parigny, Voyenne, son cousin. Il fut lui-même présent au contrat de mariage du 26 juillet 1639, de François III° Destut,

---

[1] Voir le tableau de parenté des Reugny avec les Stutt.
[2] A l'article Sauvage, Lachesnaye-Desbois fait porter à Jean Destut le titre de comte de Tracy.
[3] Carroble porte pour armes : d'azur à la tête de vieillard d'argent. (*Armorial du Nivernais* du comte de Soultrait.)
Lalemende et Prémaison étaient des fiefs dépendant de la seigneurie de Chassy, située en la commune de Vignol, canton de Tannay, département de la Nièvre.

son frère aîné, avec Émée de la Platière, et transigea le 14 mars 1645 avec son frère. De ce mariage naquirent :

A. François DESTUT, écuyer, seigneur de Chassy, qui produisit ses titres de noblesse devant M. Lambert d'Herbigny, intendant de Moulins, avec Guy et Pierre Destut, ses frères, en conséquence de laquelle production, il fut maintenu avec eux, le 1ᵉʳ mars 1668.

B. Guy DESTUT, écuyer, seigneur de Chassy, de Lalemende, a épousé damoiselle Françoise DE BONY [1], fille de Balthazard de Bony, seigneur de Talon et de demoiselle de Testefort, et petite-fille de Parceval de Bony, seigneur de Fourveil, et de demoiselle de Blosset, sa seconde femme. Balthazard de Bony avait eu de sa première femme nommée Charlotte de Lanvaux, fille de Pierre de Lanvaux et de Philiberte de Carroble, Louis de Bonin de Bony, seigneur du Cluzeau, trisaïeul de Pierrette, épouse de Philibert Destut, comte d'Assay. Guy Destut, ratifia, avec sa femme, l'échange qu'il avait passé le 28 septembre 1672, avec François IIIᵉ Destut, son oncle, écuyer, seigneur de Tracy. De ce mariage naquit :

Laurence D'ESTUTT, née en 1677, et reçue pensionnaire à la maison royale de Saint-Cyr, où elle fut admise en juillet 1688, après justification de ses preuves de noblesse. Sur les listes, elle est portée comme morte [2].

C. Edme DESTUT, écuyer, seigneur de Prémaison.

D. Françoise DESTUT, mariée, par contrat passé au château de Tracy, le 1ᵉʳ novembre 1662, devant Pellin, notaire à Sancerre, à Philibert DE SAUVAGE [3], son cousin par les Carroble, écuyer, seigneur de Montbaron, Monttuis et Nuarre, qui devint commandant au régiment de Navarre et fut très-estimé du maréchal de Vauban, son parent. Par actes des 12 et 14 avril 1673, ils ratifièrent l'échange passé avec François IIIᵉ Destut, le 28 septembre 1672. Ils eurent de nombreux

---

[1] Voir l'*Armorial général* de d'Hozier, à l'article de Bonin de Bony du Cluseau, et plus haut le treizième degré de la branche d'Assay.
[2] Voir à la p. 424 de l'ouvrage : *Mme de Maintenon*, par Théophile Lavallée, et Lachesnaye-Desbois, à l'article Estutt.
[3] Les Sauvage, famille ancienne et militaire des confins du Nivernais et de la Bourgogne, portaient : bandé d'or et d'azur de six pièces, les bandes d'azur chargées chacune d'une étoile d'argent. (Lachesnaye-Desbois.)

enfants. Leur arrière-petite-fille, Marie-Geneviève-Madeleine, fut l'héritière de sa branche, et épousa Edme-Antoine de Moncorps, chevalier de Saint-Louis, seigneur de Chéry, par contrat passé le 4 mai 1774, devant Ragon, notaire, à Saint-Aubin des Chaulmes.

IX⁰ DEGRÉ

FRANÇOIS IIIᵉ DESTUT, chevalier, seigneur de Tracy, Maltaverne et autres lieux, capitaine-lieutenant de la compagnie de chevau-légers du duc de Sully, entra fort jeune au service du Roi. Il fut nommé maréchal-des-logis de la compagnie de M. le duc d'Enghien, par brevet (*original en parchemin*) de Henri de Bourbon, prince de Condé, daté de Valence du 16 décembre 1627, passa ensuite, en qualité de lieutenant, dans la compagnie de cavalerie légère du comte d'Arquien. Le maréchal de Brézé lui donna un passe-port (*original en papier*) daté de la Haye, du 3 décembre 1635, pour repasser en France, avec sept valets, sept chevaux et son bagage. Il fut nommé lieutenant de la compagnie de chevau-légers du duc de Sully, par brevet daté de Paris, du 13 avril 1643 ; il prit possession de ce nouveau grade, suivant certificat du duc de Sully, daté de Paris du 20 avril de la même année. Le maréchal de Gassion lui donna ordre le 21 juin suivant, d'aller joindre son corps à Guise, et après la campagne, il se retira en sa maison, par congé (*original en papier*) de M. de Chaulnes, intendant de Picardie, en date du 11 décembre de la même année 1643.

Il avait épousé par contrat (*copie collationnée*) du 4 juin 1623, passé au lieu du Tremblay, devant Jean Darneau, notaire royal au bailliage de Saint-Pierre-le-Moutier, damoiselle Gabrielle DE REUGNY[1], fille de haut et puissant seigneur messire Jean de Reugny, chevalier, seigneur du Tremblay, Espernay et autres lieux, et de dame Charlotte de Regnier de Guerchy ; il fut assisté à ce contrat, de René Destut, son frère, écuyer, seigneur de Saint-Père ; de René de Buffe-

De Reugny porte : Palé d'argent et d'azur de 6 pièces au croissant de gueules en cœur brochant sur le tout.

---

[1] Les de Reugny remontent à Jean qui vivait en 1330 ; ses descendants possédèrent la terre de Reugny, près Saint-Saulge (en Nivernais), jusque vers la fin du XVIᵉ siècle. Leur alliance avec l'héritière des Courvol les rendit seigneurs du Tremblay et autres terres. Ils se sont particulièrement distingués par leurs services militaires et leurs emplois à la cour. Ils se sont alliés aux de Courvol, de la Rivière, de Loron, de Regnier de Guerchy de Choiseul d'Esguilly, de Champfeu, de la Barre, de Maréchal, de Bréchard, etc., etc. Georges de Reugny, frère de Gabrielle, est cité comme étant témoin, le 17 janvier 1640, au mariage de messire Paul de Remigny, dont il était parent, avec Catherine de Chastellux ; il y est désigné comme baron, tandis que Lachesnaye-Desbois le qualifie de comte. D'après une note qui nous fut envoyée, Monsieur le comte de Dreuille conserverait précieusement de beaux pistolets qui avaient été donnés, en 1701, à l'un de ses ancêtres, M. le marquis de Reugny, par M. le duc de Bourgogne dont il était le premier menin ; la date et les noms y sont gravés sur une monture d'argent. (La Thaumassière, p. 957, Lachesnaye-Desbois, dom Bétencourt, et le comte de Chastellux.)

Pour se renseigner sur les différentes alliances des de Stutt avec les de Reugny, nous renverrons au tableau de parenté que nous avons dressé.

vant, écuyer, seigneur de la Celle ; de Étienne Destud, son oncle paternel, écuyer, seigneur d'Insèche et de Saint-Père en partie ; et encore de Guillaume de la Platière, écuyer, seigneur de Cheveroux, son cousin-germain. Les parents de la future épouse y sont nommés en cet ordre : haut et puissant seigneur Georges de Reugny, son frère ; haut et puissant seigneur Claude de Regnier, chevalier, baron de Guerchy, cornette de la compagnie de chevau-légers de Monseigneur le Prince ; messire Jacques de Regnier, chevalier, vicomte d'Aunay, bailli et gouverneur d'Auxerre ; haut et puissant seigneur François de Popillon-du-Ruault, baron dudit lieu, vicomte d'Azay, beau-frère de la future ; Gilbert de Chevigny, écuyer, seigneur de Champrobert, oncle ; Jean de Chevigny, écuyer, cousin ; haut et puissant seigneur messire Georges des Gentils, capitaine d'une vieille compagnie au régiment de Champagne, cousin-germain ; et messire Adrien des Gentils, chevalier de Saint-Jean de Jérusalem, cousin-germain.

Il transigea par acte (*grosse originale en parchemin*) du 29 juillet 1630, passé devant Thibault Nizon et Louis Tolleron, notaires au bailliage d'Auxerre, résidant à Cosne, ainsi que Jean Destut, son frère, seigneur de Chassy, et Louis Destut, chevalier de Saint-Jean de Jérusalem, avec Madeleine de Reugny, leur belle-sœur, veuve de René Destut, chevalier, seigneur de Saint-Père, au sujet de ses reprises sur la succession de son mari.

Il épousa, en seconde noces, par contrat du 26 juillet 1639, (*grosse en parchemin*), passé au château de Cheveroux, devant Pierre Guillerault, notaire royal en la ville de Pouilly-sur-Loire, damoiselle Émée DE LA PLATIÈRE [1], fille de haut et puissant seigneur Guillaume de la Platière, chevalier, seigneur de Cheveroux, et de dame Claude de Villars, dame de Paray-le-Fraisil. Cette dame lui apporta en dot, entre autres biens, la seigneurie de Paray, en Bourbonnais. Il fut assisté à ce contrat de Jean Destut, son frère, écuyer, seigneur de Chassy ; de puissant seigneur Louis de Buffevant, seigneur de la Grange ; de Jacques Destut, chevalier, seigneur d'Insèche, son cousin-germain, et d'autres parents. Comme il était parent de la future épouse au degré prohibé, attendu les différentes alliances avec la maison de la Platière, il se pourvut en

De la Platière porte :
D'argent au chevron de gueules accompagné de 3 rocs d'échiquier de sable posés 2, 1.

---

[1] Nous renvoyons aux notes insérées, sur les La Platière, au VIIᵉ degré de la branche de Tracy, et au XIᵉ degré de la branche Destut d'Insèche.

Les de Thianges, dès le commencement du XIVᵉ siècle, tenaient, de la mouvance de Bourbon-Lancy, la terre de Paray-le-Fraisil, qui, successivement, porta les noms de Parede, Parede-Frédéric, Paray-le-Frayry, Paroy-le-Fiery (Dom Bétencourt).

Lachesnaye-Desbois nous apprend que les terre, seigneurie et ancienne baronnie de Paray-le-Fraisil furent démembrées du duché de Bourbonnais par Anne de France et données, par échange d'autres terres, à Claude de Popillon, son chancelier, dont la fille porta ladite terre en mariage à N. de Villars, qui fut père de Claudine de Villars, dame de Paray, qui s'est mariée à Guillaume de la Platière, d'où Edmée de la Platière apporta la susdite baronnie à François IIIᵉ d'Estut, seigneur de Tracy. En 1514, Imbert de la Platière était évêque de Nevers. Antoine-César-Victor de Stutt de Tracy, ancien colonel, ancien député et ancien ministre de la marine, y mourut, en 1864, après en avoir fait sa résidence habituelle ; cette belle terre, située dans le canton de Chevagnes (Allier), fut entièrement transformée par les travaux intelligents qu'il y pratiqua, et la valeur de ses 3,600 hectares fut considérablement augmentée par toutes ses améliorations qui eurent des imitateurs dans le voisinage. (Notice biographique par M. Antoine Passy.) Elle appartient maintenant à son petit-fils, ancien préfet.

L Mullen aq. f.

TRACY-SUR LOIRE (Nièvre)
1884

cour de Rome et obtint dispense du pape Urbain VII, en date du 13 août de la même année 1639 (*original en parchemin*).

Il transigea par acte du 14 mars 1645 (*grosse en parchemin*) passé devant Edme Guilleroult en la prévôté de Sancoins, avec Jean Destut, son frère, seigneur de Chassy et Lalemende, au sujet de leurs différends sur les successions de leurs père et mère. Il transigea encore par acte passé à Donzy, le 16 juin de la même année 1645 (*grosse en parchemin*), devant François Lucquet, notaire, avec Louis Destut, son autre frère, au sujet de certaines dispositions faites par leur père, en un écrit en forme de testament signé de sa main, par lequel il voulut que ledit François Destut, son fils aîné, eut la terre de Tracy et ses dépendances, que René Destut, son second fils, eut les terres de Saint-Père et de Roziers, et que Louis et Jean Destut, ses autres enfants, eussent chacun quinze mille livres.

Comme François Destut qui donne lieu à ce degré avait été tuteur, après la mort de son père, de Louis Destut, son frère, il fut dans le cas de lui rendre un compte de tutelle, mais il s'éleva entre eux, à cette occasion, un procès qui fut porté en la cour du Parlement de Paris, en vertu de lettres de chancellerie du 10 décembre 1647 ; ce qui se voit pour les débats que Louis Destut fournit contre ce même compte, le 15 mars 1648.

Du premier mariage de François Destut avec Gabrielle de Reugny est issu un fils qui est :

I Jean DESTUT, chevalier, seigneur de Tracy, né le 25 février 1631 et baptisé en l'église de Tracy. Son père lui fit abandon, par acte passé au château de Tracy, le 20 décembre 1662, devant Pessin, notaire royal, du comté de Sancerre, de la terre et seigneurie de Maltaverne et ses dépendances pour tenir lieu de la dot de défunte Gabrielle de Reugny, sa mère. Il fit déclaration le 14 avril 1667 (*expédition originale*), devant les commissaires à la recherche de la noblesse en la généralité d'Orléans, que sa maison était originaire d'Écosse et portait pour armes : écartelé aux 1 et 4 d'or, à trois pals de sable et aux 2 et 3 d'or, au cœur de gueules ; qu'il était issu de François Destut, écuyer, seigneur de Tracy et de damoiselle Gabrielle de Reugny ; qu'il avait épousé damoiselle Marie DE REUGNY dont il n'avait point d'enfants et qu'il ne reconnaît pour être de la famille, que François Destut, son frère, sieur de Paray, demeurant en Bourbonnais, Louis Destut, son oncle, chevalier de Malte, et les enfants de Jean Destut, écuyer, sieur de Chassy, habitués en Nivernais, ses cousins-germains. Il fut maintenu dans son ancienne noblesse, par jugement (*original en papier*) de M. de Machault, avec le même Louis Destut, le 16 avril 1667. Il mourut sans enfants ; son frère lui succéda.

Du deuxième mariage de François III⁰ Destut avec Émée de la
Plątière, est issu :

  II FRANÇOIS IV² DESTUT qui suit.

X⁰ DEGRÉ

FRANÇOIS IV⁰ DESTUT, chevalier, seigneur comte de Tracy, baron
de Paray-le-Fraisil, Faveray et autres lieux, servit le Roi au ban et arrière-ban de la province du Bourbonnais, ainsi qu'il se voit en un certificat (*original*) de M. le marquis de la Vallière, gouverneur de cette province, en date du 18 septembre 1674. Il devint officier de cavalerie très-dis-
tingué et fut nommé chevalier de Saint-Louis, à la promotion de 1694; il en est
parlé ainsi dans l'*Histoire des chevaliers de Saint-Louis*, par Mazas (p. 112, vol. I,
2⁰ édit.) ; « Le 29 juillet 1693, le comte de Tracy, brigadier exempt d'une des
« compagnies des gardes du corps, conduisait, à la bataille de Nerwinde la
« seconde colonne de cavalerie qui manœuvrait parallèlement à celle que
« menait le lieutenant-général de Feugères, manœuvre qui donna la victoire.
« Tracy jouissait déjà de beaucoup de renommée comme officier de cavalerie;
« il l'augmenta à Nerwinde en précipitant la défaite de l'ennemi. On le nom-
« ma, en récompense de sa belle conduite, maréchal de camp. *Estropié d'un*
« *bras et d'une jambe*, telle est la mention glorieuse faite sur les registres
« de l'Ordre. »
  Il produisit les titres justificatifs de sa noblesse devant M. Lambert
d'Herbigny, intendant de Moulins et de Bourges, jusqu'à Alexandre Stutt, son
trisaïeul; ce commissaire, par son jugement du 26 juin 1667 (*original*), le déclara noble et issu de noble race, tant sur le vu des titres qu'il avait pro-
duits que de ceux présentés par François, Guy et Edme Destut, ses cousins-
germains, sieurs de Chassy et de Lalemende.
  Son frère Jean Destut, étant mort sans enfants de son mariage avec
Marie de Reugny, il lui succéda dans ses biens en qualité de son unique
héritier, ce qui donna lieu à un procès qu'il eut à soutenir au présidial de
Bourges, lequel fut terminé par une transaction (*grosse en parchemin*) passée à
Sancerre, le 26 mai 1670, devant François Dugué, notaire royal à Bourges,
entre dame Émée de la Platière, sa mère, en qualité de sa gardienne
noble, et dame Suzanne Gay, veuve de Jean de Reugny, écuyer, sieur de
Vilatte, héritière, quant aux meubles, de Marie de Reugny, sa fille, en son
vivant femme dudit Jean Destut. Il était encore sous la garde noble de sa
mère, le 23 janvier 1671, lorsque par sentence du bailliage de Bourges (*grosse*

en parchemin), celle-ci fut condamnée, en cette qualité, à payer une somme de douze mille livres qui était due par le même Jean Destut à François de Reugny, en qualité de donataire de François Gay, son oncle. Émée de la Platière mourut peu de temps après, et il passa sous la tutelle de Michel Hervé de la Barre, chevalier, seigneur de Cheveroux (*n'était pas des de la Barre des Troches*), lequel, pour raison de la même créance, fut condamné par autre sentence du même bailliage de Bourges, du 15 juillet 1672.

FRANÇOIS DESTUT, qui donne lieu à ce degré, fit un échange (*grosse en parchemin,*) le 28 septembre 1672, qui fut passé au lieu d'Insèche, devant François Voille, notaire royal à Donzy; il y fut assisté de son curateur, et par cet acte, il abandonna concurremment avec ses cousins, François Destud, seigneur de Chassy, Guy Destud, écuyer, sieur de Lalemande, et damoiselle Françoise de Bony, sa femme, ainsi que Edme Destud, sieur de Prémaison, tous demeurant en la paroisse de Vignolles (près Tannay), à Jacques Destud, seigneur d'Insèche en partie, de Saint-Père et autres lieux, leur oncle, les fiefs, terres et seigneureries de Saint-Père et de Roziers, provenant de la succession de Louis Destud, leur oncle, chevalier de Malte, dans lesquels il avait droit, tant en son nom que comme héritier de Jean Destud, son frère. Ses cousins avaient droit au surplus, ainsi que leur sœur Françoise Destud, femme de Philibert de Sauvage, écuyer, sieur de Montbaron. En contre-échange, Jacques Destud leur abandonna quantité de rentes ; cet acte mit fin à l'indivision qui subsistait depuis plusieurs générations.

Il épousa, par contrat (*grosse en parchemin*) du 15 juin 1676, passé sous le scel de la châtellenie de Léré, devant René Bouthilier, clerc et notaire, damoiselle Madeleine DE REUGNY[1], fille de défunt Jean de Reugny, vivant chevalier seigneur de Vilatte, en la paroisse de Léré, de la Madeleine, de Bigny et d'autres lieux, et de dame Suzanne Gay. Il était encore mineur, lorsqu'il se maria, aussi fut-il assisté de son curateur, ainsi que de Jacques Destud, seigneur d'Insèche, et de Thomas de la Barre, écuyer, seigneur de Loigues, en Bourbonnais, ses cousins-germains. Par ce contrat, la mère de la future épouse promit lui faire abandon de la seigneurie de Maltaverne, outre 50,000 livres qu'elle lui constitua en dot. Madeleine de Reugny mourut au commencement de l'an 1683, lui laissant une fille unique dont il eut la garde noble ; il transigea pour elle en cette qualité, par acte du 30 mai de la même année, passé devant François Jarry, tabellion au comté de Sancerre, avec François de Reugny, chevalier, seigneur de Vilatte, oncle maternel de sa pupille, au sujet du partage des biens des successions de ses aïeul et aïeule

De Reugny porte : Palé d'argent et d'azur de 6 pièces, au croissant de gueules en cœur brochant sur le tout.

---

[1] Pour cette alliance, nous renvoyons au tableau de parenté des Reugny.

maternels ; par cette transaction, il se chargea d'une fondation de 15 livres de rente au principal de 300 livres, en faveur du prieur de Tracy.

François IV⁰ Destut épousa, en secondes noces, par contrat (*grosse en parchemin*) du 11 août 1686, passé au château d'Espiry devant Hugues du Bled, notaire royal à Autun, damoiselle Catherine-Charlotte DE LA MAG-DELAINE DE RAGNY [1] (dite Mademoiselle de Ragny), fille de défunt haut et puissant seigneur messire Claude de la Magdelaine comte de Ragny, cheva-lier, bailli de Châtillon-sur-Seine, seigneur d'Espiry, Tintry, Colonge, la Ma-deleine, Saint-Auhrot, Esturny, Villers-le-Bois et autres lieux, et de haute et puissante dame Madame Catherine de Sommièvre. La future épouse fut as-sistée à ce contrat de la dame sa mère ; de dame Anne de la Grange de Montigny, veuve de haut et puissant messire Jacques de Sommièvre, cheva-lier, seigneur de Jully et autres places, son aïeule ; de haut et puissant sei-gneur Bernard de la Magdelaine, marquis de Ragny, capitaine au régiment royal-cavalerie, son frère ; de haut et puissant seigneur messire Louis de Per-nes, seigneur et comte d'Espinac, son curateur ; de haute et puissante dame de Pernes, femme de haut et puissant seigneur messire François de Toulongeon, chevalier, comte de Toulongeon.

De la Mag-
delaine de Ra-
gny porte :
D'hermine à
3 bandes de
gueules char-
gées de 11 co-
quilles d'or, 3,
5, 3.

---

[1] La maison de la Magdelaine de Ragny remontait à Girard de la Magdelaine, vivant en 1313 et bailli du Charollais, dont elle était originaire. Elle a fourni des lieutenants-généraux des armées du Roi, deux chevaliers du Saint-Esprit, des premiers gentilshommes de la Chambre, un évêque d'Autun, des chevaliers et commandeurs de Malte, un prieur de la Charité, un procureur du chapitre noble de Saint-Claude, etc., etc ; elle s'est alliée aux plus grandes familles du royaume, les Courtenay, les Damas, les Créquy-Lediguières, les Gondy de Retz, etc.

Cette famille a été particulièrement illustrée par François de la Magdelaine de Ragny, fils de Girard tué, en 1522, à Landrecies, et de Claudine de Damas. Il fut l'un des généraux les plus distingués de son épo-que, il était l'ami dévoué du roi Henri IV qui ne l'appelait que *son fidèle Ragny*. Gouverneur du Nivernais, lieutenant de Roi des pays de Bresse et de Charollais, maréchal de camp, capitaine de 50 hommes d'armes, créé chevalier du Saint-Esprit le 7 janvier 1595, il sauva son maître, lors de l'attentat de Châtel, et mit souvent sa bourse à sa disposition. Il avait reçu de sa mère la terre de Ragny qui fut érigée en marquisat, par lettres-patentes du 27 novembre 1597. Le château de Ragny, l'un des plus considérables de l'Avallonnais, est situé en la paroisse de Savigny-en-terre-plaine ; il y mourut en 1626, âgé de quatre-vingt-trois ans. Sa statue age-nouillée et celle de sa femme, Catherine de Marcilly-Cipierre, se voient encore dans l'église où il avait un mausolée (*Victor Petit*). Le père de Catherine-Charlotte était leur petit-fils et mourut en 1666. — Nous ne saurions oublier un homme de bien de cette famille, dont tous les historiens du Nivernais parlent avec éloges, Jean de la Magdelaine qui fut le 39⁰ prieur de la Charité (ordre de Cluny), de 1504 à 1518 ; il fut le bienfaiteur de son monastère et de la ville. On voit encore le grand portail du logis prieural dont il fut le fondateur et sur lequel ses armes sont sculptées ainsi qu'à la clef de voûte du porche de l'église de Pouilly-sur-Loire ; on lui devait le dortoir, les infirmeries, l'aumônerie du prieuré, les halles de la ville, le pressoir commun, ainsi que le clocher de la Bertrange. En 1645, un terrible ouragan, en renversant le sommet de ce clocher, fit décou-vrir dans l'une des pierres tombées des reliques et le memorandum suivant écrit sur parchemin :

Fulminis ictu conquassatum me restaurari
Fecit Domnus Jo de Magdelena, utriusque
Juris doctor, hujus monasterii prior,
Anno Domini 1505, Die quinta mensis novembris.

Ce bon prieur mourut le 17 avril 1537, prévoyant tous les malheurs qui allaient fondre sur sa commu-nauté, par le fait des guerres civiles. (*Le Nivernais, Répertoire de la Nièvre, Mémoires sur la Nièvre*, Lachesnaye-Desbois, etc., etc.)

Il fit enregistrer ses armoiries (*quittance originale*) au bureau établi à Moulins, le 4 janvier 1698, et il mourut le 23 mars 1710, laissant, de son premier mariage avec la demoiselle de Reugny, une fille unique :

I. Madeleine DESTUTT, mise sous la tutelle et garde noble de son père, après la mort de sa mère, épousa Guy DU CREUZET [1], chevalier, marquis de Richerant, maréchal des camps et armées du Roi, fils de Jacques du Creuzet, écuyer de la grande écurie du Roi et plus tard l'un des chevau-légers de la compagnie du Roi en 1660, et de dame Élisabeth de Saint-Martin. Elle reçut en dot les terres de Maltaverne et de Fontenille demembrées de Tracy. Elle était veuve en 1705, et, en 1708, elle rendit foy et dénombrement, au duc du Nivernais, du fief de Bois-Gavard situé en la paroisse de Champvoux, à cause de la châtellenie de la Marche. (Arch. dép. de la Nièvre, série E, 902, liasse.) Elle mourut le 15 juin 1723, et fut inhumée dans l'église de Chaulgnes, ainsi que l'avait été sa belle-mère, le 23 mars 1671. De ce mariage naquit :

Antoine-Louis du CREUZET, chevalier, marquis de Richerant, grand bailli du Nivernais et du Donziois. Le 31 octobre 1719, il assistait au mariage d'Antoine-Joseph Destutt comte de Tracy, son oncle, et le 15 avril 1753 il faisait abandon des terres de Maltaverne et de Fontenille à Claude-Louis-Charles Destutt, marquis de Tracy, son cousin-germain, en faveur de son mariage avec Marie-Émilie de Verzure.

François IVe laissa de son second mariage, avec la demoiselle de la Magdelaine de Ragny :

II. Antoine-Joseph DESTUTT, qui suit.

III. Louise-Marie DESTUTT DE TRACY, née le 31 octobre 1691, entrée, à l'âge de huit ans, comme pensionnaire, au monastère de la Visitation de Moulins, où elle fit profession de religieuse; elle en devint

[1] Les du Creuzet ou Creuset portaient : d'or à la croix de gueules cantonnée de quatre creusets de même. (Cte de Soultrait, *Armorial du Bourbonnais*, d'après le manuscrit de la généralité de Moulins.)
Les du Creuzet, seigneurs de Plaineval, vinrent s'établir, un peu avant 1650, dans la paroisse de Chaulgnes, canton de la Charité, où était situé le château de Richerant, aujourd'hui détruit. (Tous ces renseignements nous ont été fournis par M. le vicomte Ch. de Laugardière, ex-conseiller à la Cour de Bourges, Cher.)
Il ne faut pas les confondre avec les Thianges (d'argent à trois roses de gueules) qui portaient parfois le nom de du Creuzet, du fief de ce nom en la paroisse de Coust (Cher), qu'ils avaient appelé ainsi, dès le XIVe siècle, en souvenir de celui qui se trouvait dans la mouvance de Thianges advenue aux Damas par héritage ; de même qu'il ne peut y avoir confusion avec les marquis du Crozet, portant d'azur à la bande d'argent chargée de trois roses de gueules.

successivement portière, économe, maîtresse des pensionnaires; elle fut élue supérieure par les sœurs de Bourbon-Lancy, qu'elle gouverna pendant six ans; elle revint à Moulins pour laisser ces fonctions à sa sœur qui les a remplies, pendant trois ans; elle en fut de nouveau investie, mais, à la fin de la seconde année de supériorité, épuisée par la fatigue, elle mourut le 26 février 1746, en laissant une grande réputation de sainteté [1].

IV. Marie-Regis DESTUTT DE TRACY, née le 26 février 1696, et confiée, jusqu'à l'âge de quatorze ans, à Mme l'abbesse de Saint-Julien d'Auxerre, née de Ragny, sa tante. Elle vécut dans le monde jusqu'à l'âge de vingt-trois ans, après quoi elle entra au monastère de la Visitation de Moulins; en 1741, elle fut élue supérieure à Bourbon-Lancy; revenue à Moulins, elle devint maîtresse des novices, puis assistante, et mourut le 19 janvier 1768, après quarante-neuf ans de profession, en laissant de grands regrets à sa communauté [2].

XI° DEGRÉ

ANTOINE-JOSEPH DESTUTT comte de Tracy, chevalier, seigneur de Tracy et de Paray-le-Fraisil, né le 2 octobre 1694, fut d'abord reçu chevalier de minorité de Malte [3], par bulle du Grand-Maître (*original en papier*) en date du 9 juillet 1698, en vertu du bref de dispense du Pape Innocent VII, donné à Rome le 30 mai précédent; les droits de son passage furent payés, suivant quittance (*expédition en papier*) du 19 juillet 1700. Il entra ensuite au service du roi Louis XIV, en qualité de page, en mars 1711, et ce monarque, par brevet (*original en parchemin*) daté de Marly du 18 novembre 1713, le fit cornette de la compagnie de Nettancourt au régiment du mestre-camp-général de cavalerie où il fut nommé capitaine par commission (*original en parchemin*) datée de Versailles du 15 novembre 1714; il fut ensuite réformé, et le roi Louis XV, par brevet (*original en papier*) daté de Paris du 21 août 1721, lui donna ordre de

---

[1] La vie de la mère Louise-Marie Destutt de Tracy a été publiée dans l'*Année sainte de la Visitation*, II° vol., p. 698.

[2] Les détails donnés sur ces deux religieuses nous ont été fournis par Sœur Geneviève-Stéphanie Lauras, supérieure de la Visitation Sainte-Marie de Moulins, dans sa lettre du 15 mars 1884.

[3] Sur la liste des chevaliers de Malte de la langue d'Auvergne, on trouve: Antoine-Joseph de Stud, reçu le 9 juillet 1698 comme étant du Berry. (Abbé Vertot, VII° vol., p. 170.)
Sur les registres des Pages de la petite Écurie, il est ainsi désigné: M. *d'Estut de Traci* (Antoine-Joseph), de la province du Bourbonnais, âgé de seize ans et demi, a été reçu page du Roy, le vingt mars 1711.
(Recueil de M. du Bourgnon, gouverneur des Pages et maréchal de camp.)

servir au même régiment en qualité de capitaine en second de la compagnie de la garde, ce qu'il fit jusqu'au 4 avril 1740, suivant un certificat *(original en papier)* de M. le duc de Châtillon.

(Destutt de Tracy, capitaine au Royal-Croate, est sur la liste des chevaliers de Saint-Louis reçus en 1741 ; *Histoire des Chevaliers de Saint-Louis* par Mazas, t. I, p. 317.)

Antoine-Joseph avait été mis sous la tutelle de sa mère par sentence *(grosse en parchemin)* du siége présidial de Moulins, rendue le 17 mai 1710, sur l'avis de ses parents paternels qui furent : messire Gaspard de la Platière, chevalier, seigneur de Larcy, qui fut nommé son curateur ; messire Paul de Grivel, comte d'Aurous *(lisez : d'Ourouër) ;* messire François d'Escorailles, chevalier, comte de Soubertitte et baron de Bouan ; et messire François de Sennetaire de Breville, chevalier, seigneur de la Lande. Ses parents maternels furent : messire Anne-Bernard de la Madelaine, chevalier, marquis de Ragny, messire Félician de Sommièvre, chevalier, comte d'Ampilly ; et messire François de Toulongeon, chevalier, comte du dit lieu.

Par contrat *(grosse en parchemin)* passé devant Mᵉ Boscheron et son confrère, notaires, à Paris, le 31 octobre 1719, il épousa damoiselle Charlotte-Benedicte-Victoire MARION DE DRUY[1], fille de défunt haut et puissant seigneur Eustache-Louis Marion de Druy, marquis de Courcelles et de Bonnencontre, exempt des gardes du corps, major-général de la gendarmerie de France, tué à la bataille de la Marsaille, le 4 octobre 1693, et de haute et puissante dame Marguerite-Henriette de Saulx-Tavannes de Mirebel, veuve de Louis de Montsaulnin, marquis

Marion de Druy porte : Écartelé au 1 et 8 d'azur au croissant d'argent surmonté d'une étoile d'or, 2 et 3 d'or, à un arbre de sinople, terrassé de même.

---

[1] Simon Marion, né à Nevers en 1540, y fut avocat pendant vingt-cinq ans ; son savoir et son talent oratoire acquirent un si grand renom que la reine Catherine de Médicis et les Princes lui confièrent leurs intérêts dans diverses circonstances, et ce, à leur grande satisfaction ; ils le nommèrent successivement conseiller-clerc, président aux enquêtes, conseiller d'état et enfin avocat général au Parlement en 1597, après lui avoir accordé des lettres de noblesse en 1583 ; il s'était rendu acquéreur de la baronnie de Druy (canton de Decise) qui fut érigée en comté, en 1658, à la demande de son arrière-petit-fils Claude ; plus tard cette seigneurie fut donnée par Jean-Baptiste, lieutenant des gardes du corps, et mort en 1729 sans enfants, à sa sœur Jeanne-Louise Cassandre, épouse de Louis de Regnier, marquis de Guerchy, lieutenant-général des armées et chevalier des Ordres du Roi, morte en 1743.

On voit encore dans l'église de Druy une litre aux armes de Marie de Damas d'Anlezy veuve de Claude Marion comte de Druy. *(Répertoire du Nivernais.)*

Catherine, fille dudit Simon et de Catherine Pinon, épousa en 1585 le célèbre Antoine Arnauld d'Andilly, procureur général du Parlement, dont douze filles ou petites-filles furent religieuses de Port-Royal, où, après la mort de son mari, en 1619, elle-même se retira, sous l'autorité de sa fille, sœur Marie-Angélique devenue abbesse. Cette famille, qui s'était élevée à une haute situation, a fourni des conseillers d'État, des brigadiers et un lieutenant-général des armées du Roi, et s'est alliée aux Damas d'Anlezy, aux Montsaulnin de Montal, aux Regnier de Guerchy, aux Saulx-Tavannes, etc., etc., ces derniers, très-considérables en Bourgogne, dès le XIᵉ siècle, se sont illustrés par les hautes fonctions qu'ils ont remplies ; Gaspard devint maréchal de France en 1570, et Jean le fut en 1616 ; ils eurent un cardinal, de nombreux lieutenants-généraux chevaliers des Ordres, ainsi que des grands baillis de Dijon, etc. ; ils portaient : d'azur au lion d'or armé et lampassé de gueules.

(Voir le supplément de 1735 du *Dictionnaire de Morèri* ; Lachesnaye-Desbois ; *La Maison de Chastellux ;* les Mémoires du temps, et ceux de Née de la Rochelle sur la Nièvre.)

de Montal, mestre de camp de cavalerie, mort en 1686. Ce contrat fut passé en présence de messire Antoine-Louis du Creuzet, fils de damoiselle Destutt, sa sœur consanguine, chevalier, grand-bailli de Nivernais et Donziois, neveu du futur époux ; de haute et puissante dame Marie-Anne-Félicité de Druy de Vitry, prieure de Tournehen, sœur de la future ; de haute et puissante dame Louise de Druy, aussi sœur ; de très-haute et très-puissante dame Catherine Daguesseau, veuve de très-haut et très-puissant seigneur Charles-Marie de Saulx-Tavannes, comte de Tavannes, lieutenant-général dans l'Autunois et l'Auxerrois, tante de la future ; de très-haut et très-puissant seigneur Henri, sire de Saulx-Tavannes, cousin issu-germain, mestre de camp, lieutenant du régiment d'Orléans, cavalerie ; de très-haut et très-puissant seigneur Henri-Charles de Saulx, comte de Tavannes, lieutenant-général des armées du Roi, chevalier des Ordres et plus tard gouverneur de Bourgogne, et de dame. Marie-Anne-Ursule Amelot, cousin et cousine ; de très-haut et très-puissant seigneur Nicolas de Saulx, abbé de Mont-benoît, cousin (plus tard : archevêque de Rouen, pair, cardinal, et grand-aumônier de France) ; de très-haut et très-puissant seigneur Charles-Henri de Tavannes, marquis de Saulx, enseigne de la compagnie des gendarmes, sous le titre de Flandres, cousin ; de très-haut et très-puissant seigneur Charles-Henri-Gaspard de Saulx, vicomte de Tavannes, lieutenant-général des armées du Roi, cousin (plus tard : chevalier des Ordres du Roi et gouverneur du Mâconnais) ; et de haut et puissant seigneur Émry de Durfort, comte de Blagnac, grand-sénéchal et gouverneur de Bazadois, aussi cousin. Il mourut le 31 mars 1776, et sa femme, le 14 janvier 1780.

De ce mariage sont issus les enfants dont les noms suivent :

I. Bernard DESTUTT DE TRACY, né le 25 août 1720, au château de Paray-le-Fraisil, entré dans l'Ordre des Théatins, à l'âge de seize ans, après avoir cédé ses droits et ses espérances à son frère puîné, le marquis de Tracy, mort maréchal des camps et armées, en 1766. Il se fit estimer par sa piété, sa douceur, son humilité, refusa plusieurs fois la supériorité, et ne voulut jamais accepter d'autre charge que celle de maître des novices, parce qu'elle se conciliait avec son goût de la vie spirituelle. Il mourut à Paris, le 14 août 1786, ayant une grande réputation de sainteté, et après avoir laissé de nombreux ouvrages ascétiques qui renferment ses prédications et ses panégyriques ou autres sujets [1].

---

[1] Feller, *Dictionnaire historique*, vol. X^e, p. 183.
Allier, *Histoire du Bourbonnais*.
Ses œuvres renferment ses conférences, son traité des devoirs de la vie chrétienne, la vie de saint Gaëtan, la vie de saint Bruno, un panégyrique de la B. de Chantal prononcé en 1753, lors de sa béatification ; etc., etc.

L.Muller ag. l.

PARAY-LE-FRÉSIL (Allier)
1884

II. Claude-Louis-Charles DESTUTT DE TRACY, qui suit.

III. N. DESTUTT, mort jeune.

IV. N. DESTUTT DE TRACY, née le 31 octobre 17....

XIIᵉ DEGRÉ

CLAUDE-LOUIS-CHARLES DESTUTT, marquis de Tracy, chevalier, seigneur de Tracy, de Paray-le-Fraisil, etc., capitaine-lieutenant des chevau-légers sous le titre de Flandres, maréchal des camps et armées du Roi, chevalier de l'Ordre royal et militaire de Saint-Louis. Destiné, dès le berceau, pour l'Ordre de Malte, il obtint, du Grand-Maître de cet Ordre, un bref du 2 juin 1726 (original en papier), pour être reçu de minorité en la langue d'Auvergne, il en reçut un autre du 30 août 1730 (original), mais il entra au service du Roi, en qualité d'enseigne au régiment d'Ouroy [1], par brevet du 24 juin 1737 (original en papier), fut nommé lieutenant par brevet du 26 avril 1739 (original); il fit, étant en ce régiment, une ou deux campagnes en Corse où il fut pris par les rebelles et pensa être pendu par représailles, à l'âge de quatorze ou quinze ans; il fut fait capitaine au régiment Royal des Croates, par commission du 1er mai 1743 (original), cornette en la compagnie des chevau-légers d'Anjou, par brevet du 14 décembre 1744 (original); enseigne en la même compagnie, par brevet du 2 décembre 1745, passa ensuite lieutenant en la compagnie des gendarmes de Mgr le Dauphin, par brevet du 12 janvier 1748, avec rang de mestre de camp de cavalerie; fut fait chevalier de Saint-Louis, par lettre du 5 février 1752, et prêta serment en cette qualité le 19 du même mois [2]; fut ensuite nommé capitaine-lieutenant de la compagnie de chevau-légers sous le titre d'Orléans, par brevet du 12 septembre 1754, passa ensuite, en la même qualité en celle sous le titre de Flandres, par provisions du 22 mai 1759.

« Il se distingua dans les campagnes de Bohême et de Hanovre; il commandait la gendarmerie du Roi, en 1759, à la bataille de Minden. Dans cette journée funeste, voyant la victoire se déclarer pour l'armée du duc de Brunswick, dont les manœuvres étaient plus savantes, il la chargea à la tête

---

[1] Ce régiment appartenait au sire de Grivel, comte d'Ourouër (Berry), et c'est par une faute d'impression qu'il était inscrit : Ouroy.
[2] *Histoire de l'Ordre royal et militaire de Saint-Louis*, par Mazas, p. 426, vol. I.

« du corps d'élite qu'il avait sous ses ordres ; mais il tomba percé de balles,
« fut laissé pour mort sur le champ de bataille et fait prisonnier par les
« Anglais [1] ; » ayant été échangé, il revint à Paris, dangereusement blessé,
ainsi qu'il se voit en une lettre de M. le maréchal de Belle-Isle du 13 novembre
de la même année, où il le remercie de l'avoir averti de son arrivée à Paris
et lui marque un grand désir que l'état de ses blessures lui permette bientôt
de venir à la Cour [2].

Il en était encore fort incommodé, le 28 avril 1760, ainsi qu'il se voit
en une lettre que ce Ministre lui écrivit pour lui conseiller d'aller prendre
les eaux de Barèges. Il fut nommé brigadier de cavalerie, suivant une
lettre de M. le duc de Choiseul, ministre de la guerre, du 22 février 1761 ;
ce même ministre, par une autre lettre du 8 avril suivant, lui fit part que le
Roi à qui il avait rendu compte de sa mauvaise santé le dispensait de faire
la campagne et lui permettait de prendre tout le temps nécessaire pour son
rétablissement. Il fut fait maréchal de camp par brevet du 25 juillet 1762.

« Après avoir langui et souffert pendant deux ans, le marquis de Tracy [3]
« succomba aux blessures dont il était couvert. Il vit approcher sa fin avec
« la fermeté d'un soldat et la résignation d'un chrétien, et s'adressant à son
« fils à peine âgé de huit ans : — *N'est-ce pas, Antoine*, lui dit-il, *que cela ne*

---

[1] *Notice sur la vie du comte de Tracy*, par M. Mignet, p. 5.

[2] Nous ne pouvons mieux faire que de reproduire textuellement les états de service du marquis
de Tracy insérés dans la *Chronologie historique et militaire des Généraux français*, t. VII° p. 571 et 572. (Bibl.
Nation.) :

« Tracy (Claude-Charles-Louis d'Estut, marquis de), né en 1723, enseigne au régiment d'infanterie
« d'Ouroy, le 24 juin 1737 ; il passa en Corse avec ce régiment au mois de janvier 1738. Parvint à une
« lieutenance le 26 avril 1739. Servit en Corse jusqu'au mois d'avril 1741. Se rendit à l'armée de Bohême
« au mois de mars 1742 ; se trouva au combat de Sahay, au ravitaillement de Fravemberg, à la défense et à
« la retraite de Prague, la même année. Capitaine au régiment de Cravates par commission du 1er mai
« 1743, il commanda sa compagnie à la bataille de Dettingen et sur les bords du Rhin pendant la fin de
« cette campagne : aux sièges de Menin, d'Ypres, de Furnes et au camp de Courtray en 1744, et obtint, le 14
« décembre de cette année, la charge de deuxième cornette de la compagnie de chevau-légers d'Anjou avec
« rang de lieutenant-colonel de cavalerie, par commission du même jour. Il se trouva avec cette compagnie à
« la bataille de Fontenoy, aux sièges des ville et citadelle de Tournay, d'Oudenarde, de Dendermonde et
« d'Ath en 1745, et passa le 1er décembre à l'enseigne de la compagnie des gendarmes d'Anjou, avec
« laquelle il servit aux sièges de Mons, de Charleroy, de Namur, et à la bataille de Raucoux en 1746, à la
« bataille de Lawfeld en 1747. Sous-lieutenant de la compagnie des gendarmes Dauphin par brevet du 1er
« janvier 1748 avec rang de mestre de camp de cavalerie, par commission du même jour, il servit au
« siège de Maëstrick cette même année. Capitaine-lieutenant de la compagnie des chevau-légers d'Orléans par
« commission du 12 septembre 1754, il la commanda à la conquête de l'électorat d'Hanovre et aux camps de
« Closterseven et de Zell en 1757, au combat de Sundershausen, à la prise de Cassel, à la bataille de Lut-
« zelberg en 1758. Capitaine-lieutenant de la compagnie des gendarmes de Flandre en se démettant de celle
« des chevau-légers d'Orléans par provisions du 22 mai 1759 ; il la commanda à la bataille de Minden le
« 1er août suivant, et à l'armée d'Allemagne jusqu'à la paix. Il a obtenu le grade de brigadier, par brevet
« du 20 février 1761, et a été déclaré, au mois de mai 1763, maréchal de camp avec rang du 25 juillet 1762,
« jour de la date de son brevet. Il s'est alors démis de la compagnie des gendarmes de Flandre. »

[3] *Notice historique sur la vie de M. Destutt de Tracy*, par M. Mignet, secrétaire perpétuel de l'Académie
des sciences morales et politiques, lue à la séance publique du 28 mai 1842, p. 5.

« *te fait pas peur et ne te dégoûtera pas du métier de ton père?* Le jeune enfant,
« que ce spectacle remplissait d'émotion .et qu'animaient déjà les instincts
« belliqueux de sa race, pleura et promit ; son père mourut plus content,
« en juillet 1766, et il fut inhumé en la paroisse de Saint-Laurent, à
« Paris. »

Il avait épousé, par contrat (*grosse en parchemin*) du 15 avril 1753, passé
devant M⁰ Chomel, qui en a la minute, et son confrère, notaires au Châtelet
de Paris, damoiselle Marie-Émilie DE VERZURE [1], fille de messire Nicolas-
Bonaventure de Verzure, écuyer, sieur de Vaudry, les Grand et Petit Pamphon,
conseiller, secrétaire du Roi, Maison et Couronne de France, et de ses
finances, et l'un des syndics de la Compagnie des Indes, et de dame Marie
Pamier d'Orgeville. Ce contrat fut passé de l'agrément du roi Louis XV,
de la Reine, de Mᵍʳ le Dauphin et de Mesdames de France, qui l'honorèrent de leur signature. Les parents du futur époux qui y assistèrent furent :
Haut et puissant seigneur Louis, comte de Montal, chevalier des Ordres du
Roi, lieutenant-général de ses armées, oncle maternel ; dame Marie-Anne-
Félicité de Druy, chanoinesse et prieure de Tournehen, tante maternelle ; haut
et puissant seigneur François de Damas, marquis d'Anlezy, lieutenant-général
des armées du Roi, oncle maternel ; haut et puissant seigneur Claude-Louis Regnier,
comte de Guerchy, lieutenant-général des armées du Roi, colonel de son
régiment d'infanterie, et dame Gabrielle d'Harcourt, son épouse, cousins ;
haut et seigneur Henry-Charles Arnauld de Pomponne, doyen du Conseil
d'État, commandeur, chancelier, garde des sceaux et surintendant des finances
des Ordres du Roi, abbé de Saint-Médard, cousin maternel ; haut et puissant
messire Joseph-Guy-François-Pierre d'Auberjon, marquis de Murinais, officier
de gendarmerie, cousin maternel ; messire Jacques Dubois de la Rochette,
capitaine de cavalerie, cousin issu-germain maternel ; haut et puissant seigneur
Paul, comte de la Rivière, vicomte de Tonnerre et de Quincy, et dame Anne-
Marie de Montsaulnin de Montal, son épouse, cousine-germaine maternelle ;
haute et puissante dame Charlotte-Angélique de Fraulin, veuve de haut et
puissant seigneur Louis Bernard, comte du Prat, colonel du régiment d'infanterie de son nom, cousine maternelle ; haut et puissant seigneur messire Alexis,
duc de Châtillon, et haute et puissante dame Gabrielle Le Veneur, son
épouse, amis.

De Verzure
porte :
D'argent au
ciel d'azur, en
chef, et au ter-
rain de sinople
chargé de deux
rosiers et deux
ancoliers aux
fleurs d'or et
tigés de sino-
ple en pointe.

---

[1] La famille de Verzure était originaire de Gênes.
Dans le *Catalogue des Gentilshommes de l'Isle de France*, 2ᵉ livraison, p. 74, bailliage de Clermont en
Beauvoisis (Louis de la Roque), nous trouvons la mention suivante : Mme Marie-Émilie Verzure, veuve de
Claude-Louis-Charles Destut, marquis de Tracy, maréchal de camp.
Et dans le *Catalogue du Nivernais et Donziois*, on lit : dame Marie-Émilie Vesvre (c'est Verzure), mar-
quise de Tracy, veuve de Claude-Louis-Charles Destut, marquis de Tracy, maréchal de camp, dame du fief
de l'Épineau.

La future épouse est assistée de ses père et mère, de haut et puissant seigneur Jean-Luc-Ignace, comte de Balby, brigadier des armées du Roi, et de haute et puissante dame Claude-Marie Thomas de Verzure, son épouse, sœur et beau-frère. En faveur de ce mariage, haut et puissant seigneur messire Louis-Antoine du Creuzet, marquis de Richerant, fait donation au futur époux, son cousin-germain, du fond et propriété de la terre de Maltaverne et Fontenille et dépendances enclavées dans la terre de Tracy. La duchesse de Luynes, sa parente, présenta la marquise de Tracy à la Famille royale.

De ce mariage naquit :

Antoine-Louis-Claude DESTUTT DE TRACY, qui suit :

XIII° DEGRÉ

A NTOINE-LOUIS-CLAUDE DE STUTT, comte de Tracy, chevalier, seigneur de Tracy, de Paray-le-Fraisil et autres lieux, né le 20 juillet 1754, et baptisé en la paroisse de Saint-Sauveur, à Paris. Après avoir terminé ses études à l'Université de Strasbourg où il se fit remarquer, il entra au service dans les mousquetaires le 10 janvier 1770, fut fait lieutenant en second du corps royal d'artillerie, régiment de Besançon, le 3 février 1771, avec lettre de capitaine ; capitaine réformé au régiment de Bourgogne-cavalerie, par commission du 4 août 1772 ; il est passé en cette qualité au régiment Dauphin-cavalerie, par ordre du Roi du 17 mai 1773 ; reçu capitaine de la compagnie vacante par la démission du sieur de Mazancourt par lettre du 6 mars 1774, y est redevenu capitaine en second, lors de la création, par l'ordonnance du 25 mars 1776 ; a été fait chef. d'escadrons, par lettre du 8 avril 1779; est passé en cette qualité dans le 5° régiment des chevau-légers de la cavalerie, lors de leur formation, le 1er juin 1779 ; a été mestre de camp en second du régiment Royal-cavalerie, par brevet du 13 avril 1780, et devint colonel de Penthièvre-infanterie en 1788, et enfin maréchal de camp en 1792, époque où il prit un congé (registre du 78° (Penthièvre) de 1788 à 1793, fol. 2.) Il avait été nommé chevalier de Saint-Louis en 1788 [1]. Il fut envoyé à la Cour de Turin comme conseiller de l'Ambassade de France, par brevet du 19 mai 1774. Le Roi, par brevet du 1er novembre 1779, confirmatif d'un précédent du 12 septembre 1766, lui a accordé une pension de mille livres sur son trésor royal, en considération des services de son père, et Monsieur,

---

[1] A la p. 434, du t. II de l'*Histoire des chevaliers de Saint-Louis*, Mazas, en donnant les états de service du comte de Tracy, termine avec la mention portée en 1781, au registre de Royal-Cavalerie : *plein de bonne volonté et de zèle, imbu des meilleurs principes sur la subordination, dont il donne l'exemple.*

frère du Roi, lui a accordé uue gratification annuelle de quatre mille livres, en attendant qu'il soit pourvu en titre d'une place de gentilhomme d'honneur près sa personne. Sur le *Mémoire* de Chérin, généalogiste du Roi, le comte de Tracy monta dans les carrosses de Sa Majesté, en l'année 1773.

Par contrat du 6 avril 1779, passé à Paris, devant Maigret qui en a la minute, et son confrère, notaires au Châtelet de la ville, il épousa très-haute et très-puissante demoiselle Émilie-Louise DE DURFORT-CIVRAC, fille de défunts très-haut et très-puissant seigneur François Aimery de Durfort-Civrac, marquis de Civrac, comte de Blaignac, seigneur de Certes, Rigault, La Marche en Bourgogne et autres lieux, maréchal des camps et armées du Roi, menin de Monseigneur le Dauphin, et de très-haute et très-puissante dame Marie-Françoise de Pardaillan-d'Antin, elle-même fille de Louis, duc d'Antin et de Françoise Gillonne de Montmorency-Luxembourg, morte le 1er juin 1764. Ce mariage a été conclu avec la permission et de l'agrément du Roi et de la Famille royale, qui en ont honoré le contrat de leurs signatures. S. A. R. Madame Adelaïde de France a fait don, à la future, de la somme de cinquante mille livres, en considération des services de Mme la comtesse de Civrac, sa mère, qui avait été sa dame d'honneur. Le futur époux y a été assisté de Mme la marquise de Tracy, sa mère, et la future épouse y a procédé de l'autorisation de très-haut et très-puissant seigneur Mgr Emmanuel-François de Crussol, duc d'Uzès, premier pair de France, maréchal des camps et armées

De Durfort-Civrac porte : Écartelé au 1 et 4 d'argent à la bande d'azur; au 2 et 3 de gueules au lion d'argent.

[1] Par cette alliance, nous touchons aux plus grandes illustrations de la France, et même nous nous rapprochons des Princes de la Famille Royale. (Voir Lachesnaye-Desbois, etc.)

Les seigneurs de Durfort, originaires du Languedoc, présentent des titres depuis l'an 1093, et étaient considérés parmi les premiers de la province, puisqu'ils s'engagèrent, envers le Roi de France, à faire exécuter le traité conclu par lui, en 1242, avec le comte de Toulouse.

Cette illustre maison, outre divers rameaux, s'est partagée en trois branches principales qui se sont élevées aux plus grands honneurs, ce sont : les ducs de Duras, les ducs de Lorges et les marquis et ducs de Civrac, qui les uns et les autres avaient abandonné le Languedoc pour s'implanter en Guyenne, par le mariage d'Arnaud de Durfort avec Marquesie de Goth, nièce de Clément, archevêque de Bordeaux et devenu pape sous le nom de Clément V, d'où leur advint la terre de Duras, le 16 janvier 1305 ; ils reçurent celle de Civrac le 29 août 1528. Il serait trop long d'énumérer tous les hommes marquants de cette famille à qui la France doit la conquête de la Franche-Comté ; disons seulement qu'elle a fourni cinq maréchaux de France, des ducs et pairs, des gouverneurs de provinces, des ambassadeurs et un nombre considérable de hauts dignitaires des Ordres du Roi, (Voir Mazas, *Histoire de l'Ordre de Saint-Louis*.) Leurs alliances se sont faites dans les premières familles du royaume, et ce sans en excepter les Donnissan et les Lescure, dont les noms furent illustrés par la marquise de la Rochejacquelein. Dom Bétencourt, en ses *Noms féodaux*, signale Éméric, marquis de Civrac, captal du Buch, sénéchal du Bazadais, grand-père de notre Émilie-Louise de Durfort, comme donataire universel de sa nièce, feue Henriette-Françoise de Durfort, épouse de Charles-Louis Fouquet, comte de Belle-Isle, (depuis duc et maréchal de Belle-Isle) 1724-1727.

Par son arrière-grand-mère, Marie-Victoire-Sophie de Noailles qui, après avoir perdu Louis de Pardaillan-Gondrin, marquis d'Antin, s'était remariée, le 22 février 1723, à Louis-Alexandre de Bourbon, comte de Toulouse, et mourut en 1766, Émilie-Louise de Durfort-Civrac était petite-nièce de Louis-Jean de Bourbon, duc de Penthièvre (mort à Vernon en 1793), père de Louis-Alexandre-Joseph-Stanislas prince de Lamballe, mort sans enfants le 6 mai 1768, et de Louise-Marie-Adélaïde de Bourbon, mariée, le 5 avril 1769, à Louis-Philippe-Joseph d'Orléans, duc de Chartres, plus tard (1785) duc d'Orléans, dont les enfants étaient cousins issus-germains du comte et de la comtesse de Tracy. Cette princesse, par lettre testamentaire conservée précieusement, fit don de divers objets précieux à M. le comte de Tracy.

du Roi, son tuteur honoraire ; elle y a été assistée de très-haute et très-puissante dame Madeleine-Julie-Victoire de Pardaillan d'Antin, épouse de mondit seigneur le duc d'Uzès, oncle et tante ; de très-haut et très-puissant seigneur M. le comte de Civrac, frère de la demoiselle future, et de Mme la comtesse de Civrac, son épouse, belle-sœur ; de très-haut et très-puissant seigneur M. le comte d'Ecquevilly et de Mme la comtesse d'Ecquevilly, son épouse, sœur ; de Mme la marquise de Tonnerre, aussi sœur ; de très-haut et très-puissant Mgr le duc de Crussol, et de Mme la duchesse de Crussol, son épouse, cousins-germains ; et de très-haut et très-puissant seigneur M. le chevalier de Tonnerre.

Le futur époux désirant par ce contrat perpétuer la propriété de la terre de Paray dans sa descendance masculine, en fait don par droit d'institution d'héritier à celui des enfants mâles, non engagé dans les ordres, qu'il lui plaira de choisir, et en cas de non choix, à l'aîné, et il lui substitue graduellement l'aîné mâle et aux aînés les puînés, tant que substitution peut avoir lieu[1].

Le comte de Tracy, fut envoyé par la noblesse de la sénéchaussée de Bourbonnais, comme député, aux États-Généraux de 1789[2] ; à la Constituante, il fut du nombre de ces gentilshommes qui se réunirent au Tiers-État avec le duc d'Orléans, le vicomte de Noailles et tant d'autres qui devaient payer de leur vie ou de leur liberté leur enthousiasme pour la Révolution. Nommé à l'armée du Nord commandant de la cavalerie, sous les ordres du général la Fayette, son ami, il se refusa à émigrer avec lui, disant qu'ils étaient responsables des malheurs de la France et qu'ils devaient supporter les conséquences de leurs actes. Le 2 novembre 1793, le comte de Tracy fut arrêté à Auteuil et conduit à la prison de l'Abbaye où il resta six semaines ; il en sortit pour être transféré à celle des Carmes qu'il ne quitta que par le fait du 9 thermidor 1794. Dans sa prison, il approfondit et élabora tout son système philosophique que l'on accusa de matérialisme, accusation contre laquelle il ne cessa de protester. Il avait été l'élève de Buffon, de Lavoisier et de Condillac. Un an après sa sortie de prison il fit partie jusqu'en 1803 de l'Institut national des sciences morales et politiques, il fut élu membre et secrétaire du Comité de l'instruction publique et contribua à la réorganisation de l'instruction en France.

Après le 18 brumaire, il fut nommé l'un des trente premiers sénateurs

---

[1] Ici s'arrêtaient les documents réunis par le comte de Tracy ; leur complément nous a été transmis par son arrière-petit-fils, M. le marquis de Tracy, pour ce qui regarde la branche de Tracy. Nous avons transcrit textuellement ce qui nous est parvenu, tout en renvoyant, pour plus amples renseignements, sur le comte Antoine de Tracy, à la notice de M. Mignet, et sur le marquis Victor de Tracy, à celle écrite par M. Antoine Passy, dans le n° du 20 février 1865 du *Journal d'Agriculture pratique*.

[2] *Catalogue des Gentilshommes du Bourbonnais*, Louis de la Roque.

inamovibles, siège qu'il garda jusqu'en 1814. En 1808, il avait été appelé à l'Académie française, en remplacement de Cabanis, pour qui il avait une affection toute particulière. En 1815, il avait été nommé à la Chambre des Pairs, où il vota avec le parti constitutionnel. Sa longue vie fut consacrée à la philosophie, aux sciences et aux lettres ; doué d'un cœur droit, d'une générosité à toute épreuve, et d'une rare élévation intellectuelle, les erreurs qu'on lui reproche furent celles de son temps, il obtint, au milieu des plus grands troubles politiques et sociaux, la déférence de ses adversaires eux-mêmes.

Il mourut à Paris le 9 mars 1836.

De ce mariage naquirent les enfants dont les noms suivent :

I. Alexandre-César-Victor-Charles DE STUTT DE TRACY qui suit.

II. Françoise-Émilie DE STUTT DE TRACY, née le 5 octobre 1780 et baptisée le même jour, se maria en 1802 à Georges-Washington MOTIER DE LA FAYETTE, fils unique du général marquis de la Fayette et de Marie-Adrienne-Françoise de Noailles, deuxième fille du duc d'Ayën et petite-fille du maréchal de Noailles. De ce mariage sont issus :

A. Oscar-Thomas-Gilbert MOTIER DE LA FAYETTE né le 20 août 1815, marié en juillet 1848 à Nathalie-Geneviève BUREAU DE PUSY, décédé le 26 mars 1881 sans enfants.

B. Edmond-François MOTIER DE LA FAYETTE né le 11 juillet 1818.

C. Nathalie-Renée-Emilie MOTIER DE LA FAYETTE née en 1803, mariée en janvier 1828 à Adolphe PÉRIER et décédée le 16 mai 1878, d'où :

A. Octavie PERIER née le 26 novembre 1828, mariée le 17 mars 1848 à Sigismond de POURCET DE SAHUNE décédé le 8 mars 1876, d'où :

AA. Sigismond DE SAHUNE né le 28 mars 1849.

BB. Gaston DE SAHUNE né le 9 décembre 1855.

CC. Paul DE SAHUNE né le 1er novembre 1861.

DD. Jacques DE SAHUNE né le 30 juillet 1868.

EE. Jeanne DE SAHUNE née le 20 novembre 1851.

FF. Marie DE SAHUNE mariée le 11 décembre 1879, à Louis DE PISTOYE, d'où Henri né le 27 septembre 1880.

GG. Marthe DE SAHUNE née le 27 février 1867.

B. Émilie PERIER née le 26 février 1830, décédée le 4 mai 1878.

D. Charlotte-Mathilde MOTIER DE LA FAYETTE née le 7 mai 1805, mariée le 12 janvier 1832 à Maurice BUREAU DE PUSY, d'où :

A. Octave-Gilbert BUREAU DE PUSY né le 16 novembre 1832, marié le 12 juillet 1870 à Marie-Caroline LE FEBVRE DE PLINVAL, d'où :

AA. Marie-Antoine-Charles Gilbert DE PUSY né le 19 août 1871.

BB. Oscar-Pierre-Maurice DE PUSY né le 16 décembre 1872.

CC. Maurice-Clément-Georges DE PUSY né le 25 juillet 1875, décédé le 16 août 1882.

DD. Paul-Antoine-Xavier DE PUSY né le 17 mars 1877.

B. Sarah-Antoinette BUREAU DE PUSY née le 12 août 1835.

E. Adrienne-Clémentine MOTIER DE LA FAYETTE née en 1809, mariée en 1836 à Auguste-Gustave DE LA BONINNIÈRE DE BEAUMONT d'où :

A. Émile-Jules-Antonin DE LA BONINNIÈRE DE BEAUMONT né le 24 juillet 1838.

B. Paul DE LA BONINNIÈRE DE BEAUMONT né le 28 juillet 1851, décédé le 13 juin 1883.

C. Alix DE LA BONINNIÈRE DE BEAUMONT morte à l'âge de 5 ans en 1851.

III. Augustine DE STUTT DE TRACY, née le 29 août 1787 et morte le 17 février 1850, se maria à Emmanuel comte de LAUBESPIN né en 1780 et mort en 1848; de ce mariage naquit :

Léonel comte DE LAUBESPIN né le 11 septembre 1810, marié en 1850 à Juliette SYEYÈS, d'où :

Antoine DE LAUBESPIN né en 1862 et mort en 1870.

XIVᵉ DEGRÉ.

ALEXANDRE-CÉSAR-VICTOR-CHARLES DE STUTT, marquis de TRACY, naquit à Paris, le 8 septembre 1781. Admis en 1797 à l'École polytechnique, il entra ensuite à l'école d'application de l'artillerie et du génie à Metz, fut employé successivement au camp de Boulogne, en Italie, dans le huitième corps d'armée où il fortifia, comme capitaine du génie, l'île de Lesina, et se rendit de là, avec le colonel (depuis général) Foy, à Constantinople ; il y fut aide de camp du général Sebastiani, fit, avec lui, les campagnes de 1808 et de 1809 en Espagne, et se distingua à Almonacid et à Ocâna où il fut blessé. Devenu chef de bataillon et décoré (1810), il guerroya en Andalousie jusqu'au moment où une nouvelle blessure reçue à Albuera dans la main droite l'obligea en 1811 à rentrer en France. A peine guéri, il eut, en 1812, mission de conduire à la grande armée une demi-brigade de recrues ; il rejoignit le corps du maréchal Augereau, et après plusieurs actions d'éclat, tomba, en se défendant dans un petit château d'où il protégeait la retraite de l'armée, entre les mains des Russes. Il resta prisonnier à Saint-Pétersbourg jusqu'à la paix. Il avait obtenu le grade de colonel. En 1815, il reprit du service pendant les Cent-Jours, et bien que son père fut pair de France, il fut soumis à la surveillance de la haute police. En 1818, il quitta le service pour se livrer aux études politiques et littéraires, et à l'agriculture.

En 1822, Victor de Tracy fut choisi par les électeurs de l'Allier comme leur député. Il prit place au centre gauche ; il ne fut pas renommé en 1824, après l'expulsion de Manuel. Mais en 1827, il reprit son siége, et quoique absent de Paris, au moment des journées de 1830, il fut un des 221 qui offrirent la couronne à Louis-Philippe. Il contribua à sauver la vie des ministres de Charles X, en faisant, au milieu des troubles occasionnés par leur procès, la proposition de l'abolition de la peine de mort, et reçut, à cette occasion, les remerciements du prince de Polignac. Il monta souvent à la tribune pour parler en faveur des réfugiés politiques, de la liberté d'enseignement et de l'émancipation des esclaves. En 1839, il ne fut pas réélu dans l'Allier, mais fut nommé dans l'Orne, en remplacement du général Desprès, son ami.

En 1848, Victor de Tracy fut élu colonel de la première légion de la Garde nationale de Paris, et le département de l'Orne l'envoya le premier de onze députés à l'Assemblée nationale, où il vota presque constamment avec la droite. Il avait été nommé ministre de la marine, le 20 décembre 1848, dans le cabinet Odilon-Barrot, où il organisa l'expédition de Rome. Il put trouver enfin satisfaction aux deux grands buts de sa vie politique, la liberté de l'enseignement, avec son ami, M. de Falloux, et l'émancipation des esclaves, dans toutes nos colonies. Le 31 octobre 1849, lors du message présidentiel, il remit son portefeuille, s'opposa par ses votes à la politique particulière du Président, et protesta contre le coup d'État. Il rentra ensuite dans la vie privée.

Agronome éclairé, M. de Tracy contribua à mettre en valeur les terres jusqu'alors incultes de la Sologne bourbonnaise. Il écrivit, en 1857, une série de Lettres adressées à l'aîné de ses petits-fils, Raymond de Magnoncour; dans ces lettres il indique la manière d'améliorer matériellement et moralement le sort des populations rurales.

Newton
porte :
De sinople
au lion d'or
au chef de
même chargé
de trois rose
de gueules.

Il avait épousé à Paray, en 1816, Sarah NEWTON, veuve en premières noces du général comte Lefort, aide de camp de l'empereur Napoléon Ier qui en eut une fille mariée au général de division d'artillerie, vicomte Beuret. Sarah Newton [1] descendait de la famille du célèbre mathématicien, Isaac Newton ; elle était née à Stocport, comté de Chester (Angleterre), le 30 novembre 1789. La marquise de Tracy mourut à Paray le 27 octobre 1850; elle avait une intelligence supérieure ; elle laissa trois volumes d'œuvres littéraires et de souvenirs. Sa vie a été tracée par Sainte-Beuve.

Le marquis de Tracy mourut à Paray le 13 mars 1864, ne laissant qu'une fille de son mariage :

Marie-Élisabeth-Claudine DE STUTT DE TRACY, dont l'article suit.

Henrion de
Staal de Ma-
gnoncour
porte :
Parti : au
1, de gueules
au houseau
d'or, armé et
éperonné du
même qui est
de Henrion ;
au 2, de sable
à la griffe d'ai-
gle d'or qui
est de Staal.

XV⁰ DEGRÉ

MARIE-ÉLISABETH-CLAUDINE DE STUTT DE TRACY née à Paris le 18 juin 1817 se maria le 27 octobre 1835 à Césaire-Emmanuel-Flavien HENRION DE STAAL DE MAGNONCOUR, né le 25 décembre 1800 à Besançon, et décédé le 29 décembre 1875 à Paris.

---

[1] Isaac Newton né en 1642 mourut en 1727.

William Newton, âgé de 33 ans, né en Angleterre, colonel de cavalerie de l'École militaire de Paris, par jugement du 6 juin 1794, faisait partie des guillotinés qui furent ensevelis dans le cimetière de Monceaux, suivant procès-verbal d'exécution de Chasteau, et d'après la liste certifiée par Nelrot commis-greffier (*Vie de Madame Élisabeth* par M. de Beauchêne, p. 392, IIe vol., éd. in-12.) ; c'était le père de Mme la marquise de Tracy.

Dans le numéro, du 3 janvier 1876, du Journal le *Moniteur Universel*, M. Valfrey s'exprimait ainsi : « Nous avons annoncé, dans un de nos « derniers numéros, la mort de M. de Magnoncour, ancien pair de France, « (*ordonnance du 4 juillet* 1846) et père de l'honorable préfet des Bouches-du- « Rhône, M. de Tracy. Par ses aptitudes, par les fonctions qu'il a occupées « sous le Gouvernement de Juillet, par ses relations de famille enfin, M. de « Magnoncour appartenait à l'élite de la société française, et y représentait des « traditions, un genre d'esprit et des habitudes de penser et de juger qu'il « faut regretter davantage à mesure qu'elles tendent à disparaître tout à fait. « Henrion de Magnoncour [1] descendait d'une vieille famille de gentilshommes « francs-comtois qui joua un rôle considérable dans les événements à la suite « desquels la province de Franche-Comté fut séparée de l'Espagne et réunie « à la France. Son père, royaliste ardent, fut emprisonné sous la Terreur, mais « il resta au milieu des siens, sur le territoire français, et refusa d'aller grossir, « sur les bords du Rhin, les rangs de l'émigration.

« Le jeune de Staal de Magnoncour entra, à quinze ans, dans les gardes

---

[1] Sans parler de Charles-Henri Henrion de Bussy, portant les mêmes armes que les Magnoncour et votant à Riom, lors de l'assemblée de la noblesse de la sénéchaussée d'Auvergne (*Nobiliaire* de Bouillet), nous voyons (*Catalogue des Gentilshommes de Franche-Comté*, par Louis de la Roque, p. 6, 7, 15 et 30), que pour la nomination des députés de la noblesse aux États-Généraux de 1789, les différents membres de la famille Henrion de Magnoncour votèrent à Vesoul et à Besançon, particulièrement François-Gabriel, grand-père du marquis de Tracy, Charles-Joseph, doyen des lieutenants des maréchaux de France, et Claude-François-Ignace, chevalier de Saint-Louis, ancien capitaine de cavalerie.

Les Henrion de Magnoncour, originaires de Jussey, près Vesoul (Franche-Comté), remontent à Jean qui apparaît dans une charte passée, en 1410, avec Louis de Toulongeon ; ils présentent une filiation non interrompue depuis autre Jean, échevin de Vesoul, en 1510. Avant la conquête de la Franche-Comté par la France, et ce pendant plusieurs générations, ils furent chargés des gouvernement et défense des villes de Dôle et de Faucogney, et furent tout dévoués à la cause de leur pays ; ce fut à cette circonstance qu'ils durent la perte de leurs archives, lors de la prise de cette dernière ville, en 1674, par les Français, commandés par Louis de Clermont d'Amboise. Ce fait nous est attesté par le certificat suivant qui est encore dans leurs mains.

« Ferdinand comte de Grammont, lieutenant-général des armées du Roi, commandant au comté de « Bourgogne :

« Nous certifions à tous qu'il appartiendra en qualité de seigneur et baron de Faucogney, que nous « avons une entière connaissance de la ville de Faucogney, laquelle fut incendiée entièrement le 4 juillet 1674, « y ayant perdu moi-même tous mes meubles, joyaux, titres et papiers dans la maison à nous appartenant, « où dame Claude-Françoise de Poitiers, notre mère, s'était retirée. Que le sieur Jean-Baptiste vivant seigneur « de Magnoncour, Aillevillers, la Branleure et autres, qui était pour lors *commandant* de ladite ville où il « avait une maison qui fut enveloppée dans la dite incendie comme toutes les autres, y perdit *tous ses titres*, « meubles et papiers concernant sa famille, et qu'il vivait *fort noblement*, et a toujours passé et été res- « pecté pour *noble* dans la province ainsi que nous l'avons reconnu par des reprises de fief dans ses susdites « terres relevantes de notre dite baronnie de Faucogney, tant par lui que par ses auteurs. Que le sieur « Clément Henrion, son fils, à présent vivant, tient et possède les mêmes terres ci-dessus, ayant toujours pris « le titre de *noble* et d'*écuyer* partout sans aucun obstacle ni opposition, s'étant allié et ses enfants à des « familles nobles, que même le père du dit Clément Henrion a été mandé aux États de la noblesse, pour « lors se tenant au comté de Bourgogne, ce que nous avons signé le présent à Besançon, le 20 avril 1717.

« Par Monseigneur : Le Lurez. »

« Grammont. »

Cette attestation servit de preuve pour le jugement, du 14 septembre 1721, de la Cour des comptes de Dôle, confirmé par la Cour de Nancy, par lequel la qualité de *noble* est reconnue à Clément ; par suite de

« du Corps où il servit pendant deux ans, mais sa santé s'accommodant mal
« des fatigues de la vie militaire, il dut donner sa démission. Il employa les
« loisirs de sa retraite à achever ses études, fort incomplètes jusque-là ; mais
« il sut réparer le temps perdu par un travail opiniâtre. Il acquit ainsi en
« histoire et en géographie de grandes connaissances qu'une mémoire prodi-
« gieuse lui permit de développer, pour ainsi dire, jusqu'aux derniers jours de
« sa vie. Il fit alors de longs voyages en Italie et en Angleterre, qui ne
« furent pas sans influence sur le cours de ses idées politiques. A ce
« moment, le mouvement libéral était dans toute son intensité, et le jeune de
« Magnoncour le suivait avec ardeur, sans se mêler toutefois aux agitations
« révolutionnaires qui brisèrent le trône de Charles X. Nommé maire de
« Besançon, après la révolution de Juillet (il avait alors 29 ans), M. de
« Magnoncour vit de nouveau sa santé faiblir, et il fut obligé, après avoir
« donné sa démission, de retourner en Italie pour y trouver un climat répa-
« rateur. Mais les électeurs du Doubs ne l'y laissèrent pas longtemps et ils
« l'envoyèrent, en 1833, à la Chambre des députés. M. de Magnoncour appuya
« le ministère où siégeait M. Thiers, dont il devint l'ami, et il ne rompit avec
« lui qu'en 1840, à propos de la question égyptienne. Il devint alors un des
« soutiens les plus énergiques du cabinet Guizot ; en 1846, il fut nommé
« pair de France, et il siégea à la Chambre haute jusqu'à la révolution de
« Février.

« A partir de ce moment, M. de Magnoncour quitta la politique mili-
« tante, tout en faisant son devoir dans les rangs de la garde nationale pour
« la cause de l'ordre ; il vit de près, alors, la différence qui sépare la liberté de
« la révolution, la pente qui conduit de l'une à l'autre, et il se tourna définitivement
« vers les études historiques.

« Quelques années plus tard, le comte Waleski lui donna une mission dans
« le Nord de l'Europe d'où il rapporta les documents les plus curieux sur la guerre
« de Trente-Ans.

« La fin de sa vie fut éprouvée par de grandes souffrances physiques ; mais
« il les supporta avec courage, et elles ne purent jamais altérer ni la finesse de
« son esprit ni l'égalité de son caractère. Jusqu'à son dernier moment, M. de Ma-

quoi, en 1768, d'Hozier, généalogiste du Roi, put leur donner un certificat de *noblesse antérieure* à la conquête pour l'obtention d'une place de page dans la maison du Roi, et des lieutenances des maréchaux de France. Jean-Baptiste épousa, en 1724, Thérèse-Véronique de Staal, d'une illustre famille originaire de Westphalie; par ordonnance royale du 3 mars 1816, leur petit-fils obtint de relever le nom et les armes de Staal ; par décret impérial du 14 juin 1861, le dernier représentant releva le nom de Tracy ; ils se sont alliés, en outre, aux Heyde, aux Cordemoy, aux Froissard, etc. Pour plus amples renseignements, nous renvoyons le lecteur à la généalogie insérée dans le *Nobiliaire universel* de L. de Magny qui blasonne actuellement leur écusson de la manière suivante: Parti: au 1, de gueules au houseau d'or, armé et éperonné du même, qui est de Henrion ; au 2, de sable à la griffe d'aigle d'or, qui est de Staal ; et sur le tout, à l'écu de Stutt de Tracy. Couronne de marquis; supports, deux lions. Devise : *Nil desperandum.*

« gnoncour est resté un homme du monde de charmantes manières, d'exquise
« politesse et d'une rare bienveillance. C'est dans un voyage qu'il venait de
« faire à Paris qu'il a succombé, laissant dans la douleur son fils, qui est un
« des fonctionnaires les plus marquants du gouvernement actuel, M. Jacques de
« Tracy, préfet des Bouches-du-Rhône.

« M. de Magnoncour avait épousé Marie Destutt de Tracy, fille de l'ancien
« ministre de la marine et l'un des esprits les plus éclairés et les plus originaux de
« la précédente génération. »

De ce mariage sont nés :

I. Raymond HENRION DE STAAL DE MAGNONCOUR, né à
Besançon le 31 août 1836, et mort, à Paris, le 8 décembre 1867, sans
postérité. Son grand-père, Victor de Tracy, lui adressa plusieurs de ses
Lettres sur la vie rurale (*Journal des Économistes.*)

II. Jacques-Victor-Flavien DE STAAL DE MAGNONÇOUR,
devenu marquis de Tracy, par substitution autorisée le 14 juin 1861, dont
l'article suit.

XVI· DEGRÉ

JACQUES-VICTOR-FLAVIEN HENRION DE STAAL DE MAGNONCOUR,
marquis de Tracy, né le 7 juin 1838, fut destiné, dès son enfance à porter
le nom de Tracy, et son grand-père, Victor de Tracy, surveilla son éducation avec beaucoup de sollicitude. Reçu, avant seize ans, bachelier, il entra à
dix-sept ans à l'École polytechnique, puis à l'école d'application d'artillerie
de Metz ; nommé, en 1861, lieutenant en second au 18e régiment d'artillerie à
cheval, il passa, avec le même grade, en 1862, au régiment d'artillerie de la
garde. Il donna sa démission en 1867 et se retira à Paray-le-Fraisil, où il
fut nommé, en 1870, conseiller général, par le canton de Chevagnes (Allier).
Il reprit du service dans la garde mobile pendant la guerre avec l'Allemagne.
Après la paix, en 1871, il accepta le poste de préfet de l'Aube, y resta un
an, et fut envoyé à Chambéry, en 1872. Dans cette contrée, il engagea une
lutte très-vive avec le parti radical, interdit les banquets préparés pour M. Gambetta, et, en récompense de ses services, il fut nommé, après le 24 mai 1873,
préfet de première classe à Saint-Étienne, puis à Marseille, le 25 décembre de la
même année ; il y resta jusqu'au 22 mars 1876. Nommé préfet de Bordeaux, après le 16 mai 1877, il donna sa démission, au mois de décembre suivant.

Il avait été nommé, le 19 août 1874, chevalier de la Légion d'honneur. Le roi d'Espagne, Alphonse XII, qu'il reçut, à son passage à Marseille, pour aller prendre possession de son trône, le nomma grand-croix de l'Ordre d'Isabelle-la-Catholique ; le vice-roi d'Égypte lui envoya la croix de commandeur du Medjidié.

Baylin de Monbel porte : L'azur à un chevron d'or haussé accompagné en pointe d'un lion du même.

Sur la demande de son grand-père, il fut autorisé à prendre le nom de Tracy, par décret de l'Empereur, en date du 14 juin 1861. Le chef du gouvernement a reconnu, en 1872, l'existence en sa faveur, du titre de marquis.

Il épousa, le 29 novembre 1866, Marie-Thérèse BAYLIN DE MONBEL, (d'une ancienne famille noble de l'Armagnac), fille de Pierre-Marie Baylin de Monbel, mort préfet du Cantal, en 1852.

De ce mariage sont nés :

I. Gauthier-Victor-Raymond, né le 8 novembre 1867.

II. Victor-Léonel-Élie, né le 21 juin 1869.

III. Jules-Raymond, né le 29 juillet 1878.

BRANCHE DESTUTT D'INSÈCHES

ISSUE DE CELLE DE TRACY

VIII· DEGRÉ

TIENNE DESTUTT, écuyer, seigneur de Saint-Père-lès-Cosne, en partie d'Insèches, du chef de sa femme, et autres lieux, troisième fils de François I·ʳ Destutt, chevalier, seigneur de Saint-Père, et de damoiselle Renée de Boisselet, épousa par contrat du 27 février 1580, (*grosse en parchemin*) passé à Chaumont sur (?....), devant Claude Charlot, notaire ordinaire sous le scel aux contrats du comté de Sancerre, damoiselle Madeleine DE BUFFEVANT, devenue doublement belle-sœur de François II· seigneur de Tracy, fille de puissant seigneur messire Louis de Buffevant, chevalier, gentihomme ordinaire de la Chambre du Roi, capitaine et gouverneur pour Sa Majesté des ville et château d'Auxerre, seigneur de Chaumont, ainsi que de la Celle-sur-Loire, en Nivernais, et de la Grange, en Berry, et de dame Marguerite de Viaulx-Champlivault [1].

De Buffevant porte : De gueules, à trois lances d'or mises en triangle, brisées dans trois anneaux d'argent.

Par son contrat de mariage, sa femme lui apporta en dot les terres de Vailly, Terrenoire, Mongogier, les Seichots, avec la moitié de la terre d'Insèche en Donziois [2]; il y fut assisté de François II· Destutt, son frère aîné, écuyer, seigneur de Saint-Père et de Tracy, et de damoiselle Marie de Buffevant, sa femme, sœur de la future; de Jean de la Platière, écuyer, seigneur

---

[1] Voir les registres paroissiaux de Saint-Bouize (Cher), l'*Histoire du Berry* de la Thaumassière, p. 1139 à l'art. de Buffevant et l'*Armorial du Nivernais*, du comte de Soultrait.
Antoine de Buffevant de Percey fut reçu, le 23 août 1688, chevalier de Malte, en la langue de France, il portait les mêmes armes que ci-dessus (Vertot).
[2] Le fief d'Insèches est situé en la paroisse d'Alligny, à dix kilomètres de Cosne, sur la route qui va de cette ville à Saint-Amand en Puysaie; il est sorti de la famille Destutt, par le mariage de Lucie Destutt avec François de Foucault, seigneur du Coupoy, dont les enfants, jusqu'à la fin du xviii· siècle, s'appelètent : Foucault d'Insèche.
Ce Vailly dont il est question ici est un village qui fait partie d'Alligny et qu'il ne faut pas confondre avec Vailly-sur-Sauldre (Cher).

de Montigny et de Cheveroux, son beau-frère ; de Guillaume de la Platière, son neveu, fils du dit seigneur de Montigny et de damoiselle Renée Destutt, sa sœur. La future fut assistée de sa mère, tant en son nom qu'en celui de son mari ; de damoiselle Peronne du Mesnil, son aïeule maternelle ; de Claude de Menou, chevalier, seigneur de Mantelay et du Mesny ; de François de la Grange, écuyer, seigneur dudit lieu, Chantereine et Vallière, et de René de Buffevant, son frère:

Il assista, avec sa femme, au contrat de mariage du 5 juin 1601 (*grosse en parchemin*) passé au château de Saint-Père, devant Jacques Vernesson et Guillaume Robinet notaires à Cosne, entre damoiselle Émée Destutt, sa sœur, et Gabriel de Gerbault, écuyer, seigneur de la Sarre, fils de défunt Antoine de Gerbault, écuyer, seigneur du dit lieu de la Sarre, et de damoiselle Marguerite d'Apvril. Le futur époux y fut assisté de Pierre de Gerbault, écuyer, son cousin-germain paternel ; de Louis d'Apvril, écuyer, seigneur du dit Apvril, son frère maternel, et de Renault de Marcellange, écuyer, seigneur de la Grange.

Étienne Destutt fit les foy et hommage (*voir les preuves faites à Malte par Gaspard de la Platière en* 1626) au duc de Nevers, les 26 août 1606 et 24 avril 1619, pour raison des fiefs de Briards, Ferrières, Vailly, Mongogier et Saint-Père. Il fut présent au contrat de mariage du 4 juin 1623 de François iii⁰ Destutt, son neveu, avec Gabrielle de Reugny.

Il transigea, ainsi que sa femme, par acte du 27 novembre 1626 (*grosse en parchemin*) passé en la ville d'Auxerre, en l'hôtel de noble Claude Chevalier, lieutenant-général au bailliage de la ladite ville, devant Étienne Daulmoy, notaire, avec messire René de Buffevant, tant en son nom qu'en celui de Louis de Buffevant, chevalier, sur les différends qui étaient entre eux à l'occasion de la succession de messire Jacques de Buffevant, en son vivant, chevalier, gentilhomme ordinaire de la Chambre du Roi, seigneur de Percey, Villiers, Vineux et Jaulge en partie. Il assista au contrat de mariage du 24 mai 1629 de René Destutt, son autre neveu, avec Madeleine de Reugny.

Sa noblesse fut reconnue par jugement (*expédition en parchemin*) rendu en l'élection de Gien le 16 juin 1634, sur les conclusions du procureur du Roi, d'après la production qu'il fit de ses titres. Il fit donation, par acte du 22 novembre 1644 passé devant Charles Nizon, notaire royal à Cosne-sur-Loire, à Charles et à Jacques Destutt, ses fils, savoir : à ce dernier, des droits qui lui appartenaient en la seigneurie de Saint-Père, par la succession de ses père et mère et du seigneur de Saint-Martin, son neveu, Pierre, fils d'autre Pierre Destutt et d'Anne Maréchal.

De ce mariage sont issus :

I. Jacques DESTUTT, qui suit

II. Charles DESTUTT, chanoine, archidiacre de Bourbon, en l'é-
glise de Bourges [1], chanoine de Saint-Austrégésile du Château de Bourges,
doyen de Mehun-sur-Yèvre, et vicaire-général de l'Archevêque de Bourges,
qui, par acte du 26 mars 1662 (*grosse en parchemin*) passé devant Tous-
saint Cormier, notaire à Bourges, fonda un obit solennel en l'église de
Saint-Austrégésile du Château-lès-Bourges, moyennant la somme de mille
livres tournois, lequel serait célébré à pareil jour que celui où il décéderait ; il fit un testament le 12 novembre 1663 (*grosse en parchemin*), qu'il
remit clos le 16 du même mois à Me Cormier, notaire à Bourges, par
lequel il lègue à Messieurs du Chapitre de Bourges, la somme de deux
mille livres pour la fondation d'un obit à perpétuité pour le salut de son
âme, et un salut le jour de Sainte-Cécile ; rappelle pareille fondation qu'il
a faite en l'église de Saint-Austrégésile du Château-lès-Bourges, lègue à
Messieurs du Chapitre de Mehun la somme de dix-huit cents livres pour
pareille fondation d'un obit en leur église ; il lègue à Mme d'Insèches, sa sœur,
supérieure des Ursulines de Saint-Pierre-le-Moutier, la somme de deux cents
livres ; il fait un legs de meubles à Mme d'Insèches, sa belle-sœur ; à Roch
Destutt, son neveu ; à Mme de Bacouët, sa sœur ; il nomme pour héritiers : M. d'Insèches, son frère, et Mme de Bacouët sa sœur. Il mourut
le 6 novembre 1663, et ses héritiers accomplirent les fondations qu'il avait
ordonnées par son testament, où l'on voit qu'il avait élu sa sépulture en
l'église de Saint-Étienne, de Bourges, près M. de Beaujeu.

III. François DESTUT, écuyer, mort sans postérité ; il a partagé,
avec ses frères, la succession de sa mère, le 30 janvier 1637. (*Archives
de Saint-Père.*)

IV. Gabrielle DESTUTT, femme d'Antoine LE BRETON [2], écuyer,
sieur de Bacouët, qui a paru au contrat de mariage de Jacques Destutt,
son frère du 12 février 1634 ; elle a été légataire de Charles Destutt,
son frère, en son testament du 12 novembre 1663. Elle n'a point eu d'enfants de son mariage. Elle fit donation de tous ses biens à Roch Destutt,

---

[1] L'archidiacre Destutt est cité parmi les beaux esprits de l'époque qui composèrent un recueil de vers français et latins, en l'honneur du duc d'Enghien, lors de la prise de la ville de Dunkerque, le 7 octobre 1646. Ce recueil fut imprimé sous ce titre : *Triomphe de la ville de Bourges sur la prise de Dunkerque à Monseigneur le Duc d'Enghien*. (*Histoire du Berry*, de Raynal, IVe vol., p. 307.)

[2] Les Le Breton, porteraient : d'hermine à la croix alésée d'or ; d'après l'*Armorial du Nivernais*, du comte de Soultrait ?

Les archives départementales du Cher nous présentent un aveu et dénombrement rendu, en présence de Sylvain Petitbon, notaire aux Aix, le 20 mars 1656, par Jacques d'Estutt, chevalier, seigneur d'Insèches, et demoiselle Gabrielle d'Estutt, veuve de messire Antoine Le Breton, dame de Bacouët et de Bussèdes, à François de Beauvilliers, lieutenant-général des armées du Roi, chevalier, seigneur de la châtellenie des Aix, pour les fiefs et seigneuries de Bacouët et de Bussèdes, situés dans la paroisse de Rians.

son neveu, par acte du 18 février 1686, devant Monicault, notaire à Bourges.

V. N..... DESTUTT, supérieure des Ursulines de Saint-Pierre-le-Moutier, légataire de Charles Destutt, en son testament du 12 novembre 1663.

Voici ce que rapporte le journal des illustres religieuses de l'ordre de Sainte-Ursule qui ne laisse pas d'être erronné sur certains points.

« La vénérable mère Marie des Anges, Destutt d'Insèches, première « supérieure du couvent des Ursulines de Saint-Pierre-le-Moutier, était « fille de Marie de Bissevant (c'est de Buffevant) qui avait épousé « M. Destutt, seigneur d'Insèches. Ils eurent de ce mariage trois fils et « deux filles. Le cadet s'était fait remarquer dans les armées du Roi et « mourut à son service ; l'aîné fut seigneur d'Insèches et autres lieux ; le « troisième fut chanoine et doyen de la cathédrale de Bourges. Marie « des Anges vint au monde en 1616, elle fut élevée aux Ursulines « d'Auxerre et entra au couvent de Corbigny, avec sa sœur cadette, « l'une âgée de 14 ans et l'autre de 12 ans ; la plus jeune mourut novice « en juin 1631, elle se nommait Françoise de Saint-Charles ; Marie des « Anges fit ses vœux le 18 juillet 1632, quelque temps après, elle fut « maîtresse des novices, puis supérieure en 1641, plus tard elle fut avec « six religieuses fonder un couvent à Saint-Pierre-le-Moutier, où elle mou-« rut le 9 novembre 1681, âgée de 65 ans, pleine de mérites devant Dieu, « lui ayant acquis un grand nombre d'âmes. »

IX· DEGRE

De Racault porte : D'azur à la bande d'ar-gent.

JACQUES DESTUTT, écuyer, seigneur d'Insèches, du Berceau et de Baurin, (voir les preuves faites à Malte par Gaspard de la Platière en 1686), capitaine au régiment de Langeron, a épousé, par contrat du 12 février 1634, passé au château de Lucy, en la paroisse de Merer, devant Sylvain Mercier, notaire juré en la châtellenie de Lucy, damoiselle Emée DE RACAULT [1], fille de défunt Roch de Racault, vivant écuyer, sieur de Reuly, et de damoi-

---

[1] Nous voyons dans la liste des chevaliers de Malte de la langue de France que Roch de Racault de Reuly fut reçu le 18 mars 1638 (l'abbé Vertot) ; il était du diocèse de Sens.
Joseph de Racault, seigneur de Cordeilles, épousa, le 13 juin 1705, Marguerite de Ladus (maison de Chastellux).

selle Anne de Regnier. Il fut assisté de son père tant pour lui que pour la dame
son épouse ; de sa mère ; de Charles Destutt, son frère, chanoine en l'église de
Bourges et doyen de Mehun-sur-Yèvre ; d'Antoine Le Breton, écuyer, sieur
de Bacouët et de Naubois, son beau-frère, à cause de damoiselle Gabrielle
Destutt, son épouse ; de nobles et puissants seigneurs, de Buffevant, chevalier,
seigneur de Percey, Louis de Buffevant, chevalier, seigneur de la Grange-
Chaumont et de la Celle, ses oncles maternels ; et de messire François Destutt,
chevalier, seigneur de Tracy, son oncle paternel. La future épouse fut assistée de Gabriel de Lerable, écuyer, seigneur de Château, son oncle et
curateur, à cause de damoiselle Louise de Regnier, son épouse, tante maternelle ; de Georges de Racault, écuyer, sieur de Reuly, son frère aîné ; d'Olivier du Coudray, écuyer, sieur de la Mouhonnière, son beau-frère, à cause
de damoiselle Anne de Racault, sa femme ; de Roch et Claude de Racault,
ses frères ; de damoiselle Jeanne Herpin, mère du dit Gabriel de Larable ; de
damoiselle Marie de Chanzy, femme de Charles de Morainville, écuyer, sieur
de Villechauve ; de damoiselle Marie de Erachet, épouse d'Auguste de Bassart,
écuyer, sieur du Bois du Lys ; de damoiselle Isabelle de Morainville, fille du
sieur de Villechauve. Comme la demoiselle de Racault était sa parente au
quatrième degré, il obtint dispense, en Cour de Rome, le 6 juin 1635, en vertu
de laquelle l'official ordonna au curé d'Alligny de les marier, ce qu'il fit,
suivant son certificat du 29 du même mois, lequel se trouve au bas de ce
jugement.

Il partagea par acte du 30 janvier 1637 (*grosse en parchemin*) passé devant
François Luquet, notaire au duché de Nivernais, en la baronnie de Saint-
Verain-des-Bois, les biens de la succession de sa mère et de la communauté
qui avait été entre elle et son mari. Il fit ce partage avec son père et avec
noble et scientifique personne René de Buffevant, en qualité de curateur de
François Destutt, frère mineur du dit Jacques. Jacques Destutt stipula en ce
partage tant en son nom qu'en celui de Charles Destutt, son autre frère,
archidiacre de Bourbon en l'église de Bourges. Il eut pour son lot les trois
quarts de la seigneurie d'Insèches, les terre et seigneurie de Perrière, de Saint-
Verain, le fief de Byart, sis en la même paroisse, la métairie de la Crotte et
autres héritages. Son père lui fit donation ainsi qu'à Charles Destutt, son frère,
par acte du 22 novembre 1644, passé devant Charles Nizon, notaire et tabellion royal au bailliage d'Auxerre, résidant à Cosne-sur-Loire, de ce qui lui
appartenait en la seigneurie de Saint-Père, par les successions de ses père et
mère et du seigneur de Saint-Martin, son neveu, à la charge de payer à
damoiselle Gabrielle Destutt, leur sœur, veuve d'Antoine Le Breton, écuyer, sieur
de Bacouët, la somme de quinze cents livres. Il fonda, avec la dame de Bacouët,
sa sœur, par acte du 27 décembre 1664 (*grosse en parchemin*) passé au lieu
d'Insèches, devant Cormier, notaire à Bourges, une procession annuelle,

qui serait faite le 5 août, en l'église Saint-Austrégésile du Château-lès-Bourges pour aller en celle des Capucins ; il paya une somme de mille livres, pour être employée en ornements, sur lesquels seraient empreintes en broderies les armes de Charles Destutt, son frère, chanoine en ladite église, et cela conformément aux dispositions de son testament, en vertu duquel il fonda encore, par acte du 24 janvier 1665 (*grosse en parchemin*) passé devant le même notaire, en l'église de Mehun-sur-Yèvre, un obit annuel pour le repos de l'âme du défunt, le 10 novembre de chaque année.

Il fut maintenu dans son ancienne noblesse par jugement (*original en papier*) de M. Lambert d'Herbigny du 1ᵉʳ mars 1668, avec François, Gui et Edme Destutt, seigneurs de Chassy et de Lalemende. L'on voit en ce jugement qu'il était alors âgé de 60 ans.

Jacques Destutt qui donne lieu à ce degré, désirant entretenir la paix entre ses enfants, avait fait un testament (*original en papier*) en forme de partage, le 22 mars 1661, avec sa femme, par lequel ils veulent qu'il soit délaissé à Charles Destutt, leur fils aîné, les lieu et maison d'Insèches, les lieu et domaine d'Escuilly, le lieu seigneurial de Vailly (c'est un village qui est dans la paroisse d'Alligny et qui ne doit pas être confondu avec le Vailly-sur-Sauldre du Berry, dont nous avons parlé à la branche d'Assay), la métairie de la Crotte, le domaine et seigneurie de Saint-Père, le lieu et métairie de Saint-Martin, celui d'Aubigny-sur-Loire et autres biens, à la charge de payer à Roch Destutt, son frère, la rente annuelle de neuf cents livres, rachetable de dix-huit mille livres ; pareille rente à Marguerite Destut, sa sœur ; et à Marie-Anne Destutt, son autre sœur, femme du seigneur de Montigny, outre la dot qu'elle avait eue, la somme de mille livres ; ils veulent qu'il soit délaissé à Jacques Destutt, leur autre fils, les lieux et seigneuries du Berceau et de Baurin qu'ils avaient acquis en la paroisse de Saint-Aubin. Ils firent un codicille, le 22 février 1664, par lequel ils déclarent que leur fils Roch Destutt n'ayant plus dessein d'être d'église, ils veulent qu'au lieu de la somme de dix-huit mille livres qu'ils lui avaient léguée, il ait tout ce qu'ils possédaient à Saint-Père, à Cours, à la Celle et à Saint-Martin, si mieux il n'aimait prendre la somme de vingt mille livres. Ils firent un pareil testament, le 17 janvier 1672, par lequel ils confirment les dispositions qu'ils avaient précédemment faites ¹.

---

¹ Il nous a été donné connaissance d'un acte de partage qui se trouve dans les archives du château de Saint-Père, ainsi résumé : le 28 septembre 1672, par devant François Toille, notaire à Donzy, ont comparu : messire Jacques d'Estutt, seigneur d'Insèches et en partie de Saint-Père et François Destutt, chevalier, seigneur de Tracy, tant de chef que comme héritier de feu Jean Destutt, son frère, vivant chevalier, seigneur du dit lieu de Tracy, assisté de messire Hervé de la Barre, son curateur.— François d'Estutt, écuyer et sieur de Chassy, Guy d'Estutt, écuyer, sieur de Lallemand.—Edme Destutt, écuyer, sieur de Prémaison, demeurant tous trois en la paroisse de Vignoles, ont fait ensemble les arrangements suivants : Ledit sieur de Tracy procédant en l'autorité de son curateur, et les sieurs de Chassy, de Lallemand et de Prémaison délaissent à titre d'échange

De ce mariage sont issus :

I. Charles DESTUTT, écuyer, seigneur d'Insèches et autres lieux, nommé dans le testament de ses père et mère, a servi aux ban et arrière-ban, suivant deux certificats, l'un de M. le marquis de la Vallière et l'autre de M. le comte de la Rivière, des 18 septembre 1674 et 18 septembre 1689. Il avait épousé Anne DE FOUCAULT, fille de François de Foucault [1], conseiller au bailliage et siége présidial de Bourges, seigneur de Rozay [2], et de Marie de Sauzay, avec laquelle il assista au contrat de mariage du 1er mars 1677, de Marguerite Destutt, sa sœur, avec Pierre de Neuchèze. Il n'eut point d'enfants de son mariage, ainsi qu'il se voit en son testament du 2 août 1705, par lequel il élit sépulture dans le chœur de la chapelle de Saint-Père, auprès de ses père et mère; il lègue à M. de la Platière, son neveu, à Mme de Servandé, sa nièce, à M. Duplessis, et à M. le chevalier Duplessis, aussi ses neveux, la terre de Saint-Père-Rozière, le domaine de Saint-Martin et leurs appartenances; à M. de Nailly, son neveu, et à Mlle du Berceau, sa nièce, les domaines de Nailly-la-Crotte et des Bouleaux avec leurs appartenances; à Lucie Destutt, épouse de messire François de Foucault, seigneur du Coupoy, la terre d'Insèches et dépendances, et confirme la donation qu'il lui avait faite de la terre d'Alligny qu'il avait acquise, et fait un legs à Charles de Foucault, leur fils.

II. Roch DESTUTT, qui a continué la postérité.

III. Jacques DESTUTT, chanoine prébendé en l'église de Bourges, mort le 27 octobre 1684. Ses frères ont fondé un obit, en l'église de Bourges, pour le repos de son âme, par un acte du 24 novembre de la même année.

IV. Marie-Anne DESTUTT, mariée par contrat (copie en papier) passé au château d'Insèches, le 1er octobre 1657, devant Nizon, notaire royal, à

au dit sieur d'Insèches les fiefs de Saint-Père et de Roziers qui leur appartiennent comme héritiers de feu messire Louis d'Estutt, vivant chevalier, seigneur de Saint-Père et Roziers.
[1] Les Foucault portent : d'azur à la fasce d'or, accompagnée de trois étoiles de même 2 et 1, à un croissant montant d'argent mis au point d'honneur.
Le grand-père de François était Jean qui, en 1570, fut président aux enquêtes du Parlement de Bretagne, puis, en 1585, président au présidial de Bourges. (Histoire du Berry de La Thaumassière p. 1062; et P. Potier de Courcy, dans le Nobiliaire de Bretagne.)
Lachesnaye-Desbois les fait venir de Bavière et leur donne une origine très-ancienne.
[2] Le château de Rozay qui est situé dans la paroisse de Saint-Gorges-sur-la-Prée, sur les bords du Cher, à 45 kilomètres de Bourges, fut acheté à la famille Sardé, en 1599, par Jean de Foucault, et passa vers 1750 (Tausserat, p. 56.) par héritage, dans la famille de Durbois et ensuite dans celle de Bonnault. (Histoire de Vierzon, comte de Toulgoët, p. 231.)

messire Gilbert DE LA PLATIÈRE[1], écuyer, seigneur de Montifault, fils de
Charles de la Platière, écuyer, seigneur du même lieu, et de feue damoiselle Anne de Tianges; l'on voit en ce contrat qu'elle avait épousé en
premières noces Henry DE BOYAUX[2], écuyer, sieur de Trucy et de Trolon,
et qu'elle en avait eu une fille, Gabrielle des Boyaux. Les futurs époux
furent assistés à ce contrat de Gabriel de Tianges, chevalier, seigneur
du Taillet, et de damoiselle Madeleine de la Platière, son épouse; de
François et de Gabriel de la Platière, frères du futur; de noble et scientifique personne messire Charles Destutt, doyen de Mehun, chanoine et
archidiacre de Bourbon en l'église de Bourges, oncle de la future; de
messire Georges de Racault, chevalier, seigneur de Reuly; de noble
et religieuse personne Roch de Racault, chevalier de Saint-Jean de
Jérusalem, oncles maternels de la future; de Charles, de Roch et de Jacques
Destutt, ses frères. Elle a été légataire particulière de son père en son
testament du 22 mars 1661; elle a été donataire de Gabrielle Destutt, sa
tante, veuve d'Antoine Le Breton, écuyer, par acte du 7 février 1682,
devant Monicault, notaire à Bourges. Elle a eu entre autres enfants de ce
mariage :

A. Gaspard DE LA PLATIÈRE, reçu, le 22 septembre 1687,
chevalier de Malte, sur les preuves qu'il fit de sa noblesse les 21,
22, 24, 25 et 26 octobre 1686.

---

[1] Article La Platière, dans le *Dictionnaire de la Noblesse*, Lachesnaye-Desbois. Cette famille illustre a
produit un maréchal de France, du 6 avril 1564, connu sous le nom de maréchal de Bourdillon, enterré dans
l'église d'Epoisse (Côte-d'Or) le 7 juin 1567; sa branche portait : écartelé, aux 1 et 4 d'argent au chevron de
gueules accompagné de trois fers de moulin de sable, qui est de la Platière, et aux 2 et 3 de gueules à 3
molettes d'éperon d'or, qui est des Bordes. Pour plus amples renseignements sur cette illustre famille et sur
les château et seigneurie des Bordes, on peut lire dans le *Bulletin de la Société nivernaise*, l'étude historique
de M. Adrien Bonvallet.
   Nous avons vu plus haut que la branche qui nous occupe n'écartelait pas. Dans le *Catalogue des gentilshommes de la généralité de Montpellier* (Louis de la Roque), p. 48, nous trouvons dans le gouvernement militaire du Languedoc de 1789, parmi les lieutenants des maréchaux de France, le comte Imbert de la Platière en
résidence à Pézenas;
   Dans ses *Noms féodaux*, Dom Betencourt signale : « Gabriel de Thianges, écuyer, sᵣ du Taillet,
« fils de Gabriel de Tiange, écuyer, et de Magdel. de la Plattière, fief du Coudray, par le Veurdre,
« Bourbon. 1703 (r. 476, p. 93.) Signe : du Coudray. »
[2] Les de Boyaux, du Bourbonnais, portent : d'azur à trois boyaux d'argent en face, les extrémités de
gueules entremêlées de six trèfles d'or, 3, 2 et 1.
   Jacques de Boyaux fut reçut chevalier de Malte le 20 octobre 1579; et autre Jacques de Boyaux-
Colombierre le fut le 3 janvier 1663. Langue d'Auvergne. (Vertot, et comte de Soultrait.)
   Louis Boyau, gentilhomme de Sologne, fut envoyé à Poitiers, le 24 mars 1421, par les généraux français
pour annoncer au Dauphin la victoire de Baugé. Il devint chambellan. (*Histoire de Charles VII* par Vallet de
Viriville, p. 259 et 374, t. Iᵉʳ.)
   Robert Boyau, seigneur de la Garde, est inscrit parmi les nobles, comme ayant pris part à la réformation de
la *Coutume du Berry*, d'après les lettres de convocation du roi François Iᵉʳ, en date du 23 mars 1538. (*Coutumes
du Berry* de La Thaumassière.)

B. Antoinette DE LA PLATIÈRE.

V. Marguerité DESTUTT, mariée, par contrat du 1ᵉʳ mars 1677 (*grosse en papier*) passé au château d'Insèches, devant Simon Moyreau, notaire royal à Cosne-sur-Loire, à Pierre DE NEUCHÈZE[1], fils de Charles de Neuchèze, chevalier, seigneur du Plessis en partie, Saint-Léopardin et Augy, et de défunte dame Françoise des Ulmes; elle y fut assistée de ses père et mère, et de ses frères Charles Destutt, chevalier, seigneur d'Insèches, Roch Destutt, chevalier, seigneur du Berceau et de Nailly, et Jacques Destutt, chanoine en l'église de Bourges; de messire Gilbert de la Platière, son beau-frère, chevalier, seigneur de Montfault, baron de Torcy et de Trolon; de dame Anne de Foucault, sa belle-sœur, femme de Charles Destutt; de dame Marie de Bretagne, aussi sa belle-sœur, femme du seigneur du Berceau; de messire Joseph de Racault, chevalier, seigneur de Cordeil, capitaine au régiment royal de la marine, son cousin-germain; de messire Gabriel de Tianges, chevalier, seigneur du Coudray, aussi cousin; de messire Gabriel de la Platière, chevalier, seigneur de Montigny, aussi cousin; de messire Charles de la Platière, chevalier, fils du dit seigneur; de messire Jean-Charles de Gerbault, écuyer, seigneur de la Serre et de Champagny, cousin issu de germain; de damoiselle Emée du Parré, cousine; de messire Jacques d'Arzy, colonel du régiment royal-Irlande, et de messire Alexandre Gillot, chevalier, baron d'Alligny, amis. Le futur époux y fut assisté de son père, de messire Georges de Bongard, écuyer, sieur de Grosbois et de Maumigny, son oncle maternel, et de messire François de Saunier, seigneur de Fontarault, oncle paternel. Elle est nommée dans le testament de son père, du 22 mars 1661; elle a aussi été donataire de Gabrielle Destutt, sa tante, femme d'Antoine Le Breton, écuyer.

La terre de Saint-Père est passée aux enfants de Marguerite Destutt, par les dispositions du testament de Charles Destutt, leur oncle, du 2 août 1705, et fut vendue le 9 juin 1712, moyennant 29,500 livres, par les héritiers de Charles Destutt qui étaient: Gaspard de la Platière, Michel de Neuchèze, capitaine de cavalerie, Claude des Ulmes, à cause de sa femme Antoinette de la Platière, Edmée de Neuchèze et Mathias de Neuchèze[2], chevalier de Malte, à M. Louis Rameau, secrétaire

---

[1] Les Neuchèze portent: de gueules à neuf molettes d'argent, en bannière. La Thaumassière, p. 610, les fait remonter à 1334; ils étaient seigneurs de Baudiment, en Poitou; ils eurent un grand-prieur d'Aquitaine, un chevalier de l'Ordre du Roi gouverneur de Soissons, plusieurs chevaliers et un commandeur de l'Ordre de Malte vice-amiral, un évêque de Châlons-sur-Saône; Jean-Jacques épousa Marguerite Frémiot, sœur de Monseigneur Frémiot, archevêque de Bourges; Pierre de Neufchaise, seigneur du Plessis, en Bourbonnais, faisait partie du conseil de famille des enfants de Marie-Charlotte Neufuy, veuve de Gabriel des Cros, de 1691 à 1696. (Lachenay-Desbois, Moréri, dom Bétencourt.)

[2] Communication due à l'obligeance de M. Rameau et tirée du chartrier de Saint-Père où se trouvent

général de l'intendance de Normandie, sous le marquis de Richebourg, et dont les héritiers, en la personne de madame Bichier des Ages, la possèdent encore.

Xe DEGRÉ

ROCH DESTUTT, chevalier, seigneur du Berceau et de Baurin, a assisté au contrat de mariage, en date du 1er octobre 1657, de damoiselle Marie-Anne Destutt, sa sœur, avec messire Gilbert de la Platière. Il a été légataire de son père, en son testament du 22 août 1661, par lequel il lui léguait une somme de 18,000 livres, attendu qu'il se destinait à l'état ecclésiastique, mais l'ayant abdiqué, il changea cette disposition par son codicille du 22 février 1664, par lequel il déclara qu'il voulait que Roch eut en partage ce qu'il possédait à Saint-Père, à Cours, à la Celle et à Saint-Martin, ou la somme de 20,000 livres, à son choix, ce qu'il confirma par son testament du 17 janvier 1672. Roch épousa, par contrat du 13 novembre de la même année, passé devant Laurent Leclerc, notaire et tabellion juré au comté de Tonnerre, demeurant à Stigny, près Ancy-le-Franc, damoiselle Marie Antoinette DE BRETAGNE [1], fille de défunt messire Jacques de Bretagne, vivant chevalier, seigneur de la Villeneuve, La Truchère et autres lieux, et de dame Marie Gontier. Il fut assisté, à ce contrat, de messire Charles Destutt, son frère aîné, au nom de fondé de procuration de leurs père et mère. Sa future fut assistée de messire Antoine de Bretagne, son oncle, chevalier, baron et seigneur de Jully, et de dame Antoinette d'Assigny, son épouse; de Claude-Joseph de Bretagne, chevalier, seigneur de la Villeneuve et autres lieux; de messire Nicolas Deschamps, chevalier, seigneur de Riel-Dessus, et dame Marie Bernard de Bretagne, son épouse, frère, beau-frère et sœur de la future. Le frère de Roch Destutt lui constitua en dot, au nom de ses père et mère, la terre du Berceau, en la paroisse de Champlemy, et celle du Baurin, en la paroisse de Saint-Aubin de Châteauneuf.

De Bretagne porte : D'azur à une fasce ondée d'or, accompagnée en chef de trois grelots de même, et en pointe d'un croissant montant d'argent.

---

tous les titres de propriété (1883); dans la visite que nous avons faite à la charmante église de Saint-Père, il nous a été donné d'y voir les restes d'une litre funéraire aux armes des Rameau, en dessous de la litre des Stutt : d'argent à la colombe tenant un rameau en son bec, au chef d'azur chargé de trois étoiles d'argent; le tout surmonté d'un casque garni de ses lambrequins. Il est vraisemblable qu'elle fut peinte en l'honneur de Louis Rameau, mort à Saint-Père, en 1763, à l'âge de 95 ans.
[1] Les Bretagne, établis dans l'Avallonnais, ont été maintenus dans leur noblesse, par arrêt des commissaires du Conseil, du 9 mai 1669; ils ont fourni, au Parlement, de Metz deux premiers présidents, et à celui de Dijon, un premier président ainsi que de nombreux conseillers. Ils se sont alliés aux Montholon, (la tombe de Nicole de Montholon, 1550, se voit dans la cathédrale d'Autun) aux Bossuet, aux Massol, etc. (Lachesnaye-Desbois.)
Ils prirent part aux délibérations de la noblesse des bailliages de l'Auxois, de Semur et de Dijon pour la nomination des députés aux États-Généraux de 1789. (Louis de la Roque.)

Il assista, avec sa femme, au contrat de mariage, du 1er mars 1677, de Marguerite Destutt, sa sœur, avec Pierre de Neuchèze, fils de Charles de Neuchèze, chevalier. Ayant succédé à son frère Jacques Destutt, chanoine de l'église de Bourges, décédé le 27 octobre 1684, et voulant remplir les intentions portées en son testament, il fonda un obit perpétuel en l'église de Bourges, le 27 octobre de chaque année, pour le repos de son âme. Charles Destutt, son frère aîné, concourut à cette fondation, dont l'acte fut passé en la ville de Bourges, le 24 novembre 1684, devant Clerjault, notaire, et fut ratifié le 27 du même mois par le Chapitre de ladite église. Sa tante, Gabrielle Destutt, veuve d'Antoine Le Breton, écuyer, sieur de Bacouët, lui fit donation de tous ses biens, par acte du 18 février 1686 passé, en la ville de Bourges, devant Monicault, notaire royal; elle s'y réserve seulement les choses dont elle avait fait donation devant le même notaire, le 27 février 1682, à Gilbert de la Platière, écuyer, seigneur de Montifault, et à dame Marie-Anne Destutt, son épouse, nièce de la donatrice, comme aussi ce qu'elle avait donné à Marguerite Destutt, son autre nièce, femme de messire Pierre de Neuchèze, chevalier, par acte du 10 février 1682.

D'après les *Mémoires* d'Étienne Gassot, sieur de Priou, Roch Destutt serait mort le 14 septembre 1696, et sa veuve se serait remariée, le 16 mars 1706, à René de Légalis, avocat au Parlement de Paris; mais avant ce second mariage, Marie de Bretagne procéda, le 5 mai 1697, à la liquidation de ses reprises sur la succession de Roch Destutt et sur celle de leur fils Joseph, par acte passé devant Coutin, notaire à Bourges, avec Charles Destutt, chevalier, seigneur d'Insèches en qualité de tuteur des autres enfants de leur mariage. Marie de Bretagne rendit aveu et dénombrement pour la terre de Bacouët, paroisse de Rians, le 20 octobre 1719; elle mourut entre cette date et celle du 31 décembre 1725, époque de la licitation entre son mari et ses enfants [1].

De son mariage Roch Destutt eut les enfants qui suivent :

I. Jacques IIe DESTUTT qui suit.

II. Joseph DESTUTT, mort avant le 5 mai 1697, époque à laquelle sa mère traita de ses droits en sa succession.

III. Lucie DESTUTT, dame du Berceau, épousa, le 7 juillet 1705,

---

[1] Voir le volumineux dossier déposé aux archives départementales du Cher ; l'inventaire sommaire, série E. 386, (liasse) cote 24 pièces en papier et 28 pièces en parchemin, sur les d'Estutt d'Insèches, du Berceau et de Nailly.

François DE FOUCAULT, dit le chevalier de Rozay, seigneur du Coupoy [1], capitaine commandant au régiment de Condé-infanterie, fils de Charles de Foucault, sieur de Rozay, et de Claude de Fradet [2] ; Charles Destutt, son oncle, par son testament du 2 août 1705, lui légua la seigneurie d'Insèches et ses dépendances, et confirma la donation qu'il lui avait déjà faite de celle d'Alligny, d'où son mari se fit appeler le baron d'Alligny. Elle a partagé avec son frère et sa sœur les biens des successions de leurs père et mère, par acte sous-seing privé du 1ᵉʳ décembre 1703 ; il lui est échu, par ce partage, ainsi qu'à Anne Destutt, sa sœur, la seigneurie du Berceau et ses dépendances, qu'elle vendit pour acheter la terre de Bacouët, paroisse de Rians, près les Aix-d'Angillon, moyennant la somme de 20,000 livres ; cette acquisition se fit, le 31 décembre 1725, par devant Poncet, notaire à Bourges, par suite de la licitation qui eut lieu entre elle et Jacques Destutt, chevalier, seigneur de Nailly, et dame Anne Destutt veuve de messire de Grandry de Chauvances, demeurant à Alligny, ainsi que le sieur René de Légalis, avocat au Parlement, veuf de Marie de Bretagne, leur mère [3]. Ils eurent pour enfants :

A. Charles DE FOUCAULT, qui est nommé au testament, du 2 août 1705, de Charles Destutt, son grand-oncle, mourut en 1765.

B. Jean DE FOUCAULT, chevalier, seigneur des Fontaines, de Bacouët, de Marcilly, de Sevry, ancien capitaine commandant au régiment de Hainaut, était plus connu sous le nom de Marcilly ; avant d'avoir hérité de son frère, mort sans enfants, il s'était marié, en premier lieu, à Marie-Anne GAUDINOT ; ensuite il épousa, le 11 septembre 1766, dans la chapelle du château de Deffens, Anne-Catherine GASSOT DE DEFFENS, fille de Étienne-François Gassot de Deffens et de Rose Moreau de Chassy, laquelle mourut sans enfants, le 17 janvier 1810, à l'âge de 71 ans.

Jean de Foucault, en présence d'Edme Lauverjat, notaire aux Aix, rendit foy et hommage, le 3 novembre 1750, à messire Claude-Léon marquis de Bouthilier, pour les fiefs de Bacouët et de Bussèdes, la dixme de Villaine et le moulin de Pettereau, sis à Rians, à cause de la châtellenie des Aix [4].

---

[1] La seigneurie du Coupoy était située en la paroisse de Gron, à 28 kilomètres de Bourges. (*Statistique monumentale du Cher*, par M. B. de Kersers, canton de Baugy.)
[2] La Thaumassière, p. 1149 ; et *Mémoires* de Gassot, sᵣ de Priou.
[3] Archives départementales du Cher.
[4] Archives départementales du Cher.

IV. Anne DESTUTT, demoiselle du Berceau, qui a partagé avec son frère et sa sœur, a été légataire de Charles Destutt, son oncle, en son testament du 2 août 1705, des domaines de Nailly, de la Crotte et des Bouleaux. Nous avons vu que dans l'acte de licitation du 31 décembre 1725, elle était veuve de messire GRANDRY DE CHAUVANCES[1], colonel-capitaine de cent bombardiers; « d'après les renseignements fournis par le regretté et savant M. Riffé et concordant avec l'*Armorial du Nivernais* de M. le comte de Soultrait, elle aurait épousé en deuxième noces Pierre BERNOT[2], écuyer, sieur de Passy, dont le neveu, Louis-Sébastien Bernot de Mouchy aurait épousé Lucie-Anne de Grandry, qualifiée dame de Ferrières et de la Cour-Giraud, fille de Guillaume de Grandry-Chauvances, colonel, et d'Anne d'Estud. »

XIᵉ DEGRÉ

JACQUES DESTUTT, IIᵉ du nom, chevalier, seigneur de Nailly[3], a été mis avec ses sœurs sous la tutelle de Charles Destutt, son oncle, chevalier, seigneur d'Insèches, ainsi qu'il se voit en l'acte qu'il passa, le 5 mai 1697, avec leur mère, au sujet de ses reprises sur la succession de son mari. Ce même oncle lui fit donation, par son testament du 2 août 1705, ainsi qu'à Anne Destutt, sa sœur, des domaines de Nailly, la Crotte et des Bouleaux. Il a partagé les successions de ses père et mère, par acte sous-seings privés du 1er décembre 1703, et il lui est échu la terre de Nailly. Nous le voyons figurer, le 31 décembre 1725, dans l'acte de licitation, par lequel la dame de Foucault, sa sœur, se rend acquéreur de la terre et seigneurie de Bacouët, se composant de trois domaines, de trois moulins à eau, de prés, de chenevières, terres, bois, vignes, de droits seigneuriaux et de la dixme de Villaine, moyennant la somme de 20,000 livres, dont 8,000 livres servirent pour le paiement des dettes, 6,000 livres pour la portion héréditaire de M. de Nailly, et les autres 6,000 livres se partagèrent entre les héritiers, y compris M. de Legalis.

Jacques Destutt a épousé, en 1707, Emée DE GAUVILLE[4], fille de Claude de Gauville, seigneur de Saint-Maurice, et de Marie Marchand, sa seconde femme,

De Gauville porte : De gueules au chef d'argent semé d'hermines.

[1] Les Grandry de Chauvances portent: d'argent à trois trèfles de sinople. (Comte de Soultrait.)
[2] Les Bernot de Charrant et de Mouchy portent: d'argent, à la fasce d'azur, chargée d'un croisette pattée d'or, entre deux étoiles de même. (*Armorial du Nivernais*, comte de Soultrait.)
[3] Le château de Nailly est situé dans la commune de Saint-Moré canton de Vezelay (Yonne).
[4] *Histoire Généalogique de la maison de Chastellux*, par le comte de Chastellux.

et dont la grand'tante, Anne de Gauville, avait épousé Alexandre de Chastellux, baron de Coullanges et du Val de Mercy[1], le 18 octobre 1615; d'où :

N. DESTUTT, mariée, en 1739, à Edme-Henri DE BEAUJEU [2], chevalier, seigneur de la Motte-Ponceaux, dont il y a eu des enfants (Lachesnaye-Desbois, à l'article Gauville, t. IX, p. 87), parmi lesquels une fille née en 1744 et admise parmi les demoiselles dela maison royale de Saint-Cyr, sous le nom de : de Beaujeu de Nailly (page 455, de l'ouvrage de M. Théophile Lavallée intitulé : *Mme de Maintenon*, 1857.)

---

[1] La famille de Gauville est une maison très-ancienne, originaire de Normandie, à laquelle Lachesnaye-Desbois donne le nom primitif de Harrenc, dont il fait plusieurs de ses membres compagnons du duc Robert, en 1087, pour la conquête de la Terre-Sainte, mais la lignée non interrompue ne remonterait qu'à Guillaume, sire de Gauville, chevalier, châtelain d'Orbec, qui donna quittance, en 1377, pour divers biens à lui restitués. Alliances : les du Merle en 1368, d'Ailly-Péquigny, de Baveuse, d'Illiers, de Courtenay, Guyot de Villiers, de Chastellux, de Ravenel, de Beaujeu, d'Esterlin, etc., etc. Le père de Claude était Jean, vicomte de Fessard, marié à Éléonore de Radevenel, le 12 décembre 1618 ; la duchesse de Bouillon était leur petite-nièce.

[2] Les Beaujeu portent pour armes : de sable à trois jumelles d'argent; l'abbé Vertot leur donne : d'argent à cinq fasces de gueules. Ils ont fourni des chevaliers de Malte, en 1566, 1576, etc., prieuré de Champagne.
Voir la description du monument funéraire du XVIe siècle de la famille de Beaujeu se trouvant dans l'église de Bitry, canton de Saint-Amand. (*Répertoire de la Nièvre*, comte de Soultrait.)

APPENDICES

ORDRE CHRONOLOGIQUE

DES PIÈCES JUSTIFICATIVES EXTRAITES DES ARCHIVES
DE THAROISEAU

ET COLLATIONNÉES PAR M. DAUVOIS, ARCHIVISTE ADJOINT DU CHER

ASCENDANCE MATERNELLE (Voir BOREL D'HAUTERIVE)

I — Audale Riche

II — Randwer, roi d'Upsal en Suède, 670-717, épousa Ada de Norwège.

III — Sygurt-Ring, roi d'Upsal 717, de Danemark 754-774, épousa Alphoid, fille de Gundalf, roi d'Alphem

IV — Ragna, roi d'Upsal, d'où la maison de Suède (Bouillet, atlas.) — Thebotorw, duc de Sleswig et de Stormach en 721, avait épousé Gundella de Bellansted, fille de Vitellan, seigneur de Bellansted en Germanie, dont il eut :

V — Harold, roi de Jutland — Sigismond, prince de Danemark, épousa Ilke de Finlande

VI — Herman, épousa Relle de Suède

VII — Théodore de Danemark, épousa, vers 860, Thileye de Norwège

VIII — Euslin ou Ouslin, surnommé Ghinzice, chevalier danois, épousa Ascda, fille de Ragenwald et petite-fille de Alaüs, roi de Norwège. (Les cinq générations qui le précèdent sont au cabinet des titres n° 585.)

IX — Regenwald ou Regnald, surnommé Le Riche, comte danois, seigneur de Nord et de Sud-Mura, épousa 1° Hilder, fille d'Harold ; 2° Groe, fille d'Unemond, comte de Feoden. Du premier lit était issu :

X — 1° Rollon, d'où les ducs de Normandie, seigneurs de Brossard, de Burgards, le Vaillant, Cacqueray, Annel, Harcourt, etc., etc. — 2° lit, Eynord, comte d'Orkneys, fils de Regnald, reçut le nom de Turff-Eynord, épousa Alefa, fille d'Harold de Norwège, et en eut :

XI — Torlin, comte d'Orkneys et des Iles Shetland, qui épousa Gailcote, fille de Duncan, comte de Gaithnesse, dont il eut un fils :

XII — Lothaire, comte d'Orkneys, épousa Africa d'Argile, fille de Samerlad, prince d'Argile et lord des Iles. De lui est né :

XIII — Sygurt (le Corpulent), comte d'Orkneys, épousa Alice, fille de Malcolm II, Roi d'Écosse.

XIV — Bruce, comte de Gaithness, épousa Astrida, fille de Regnald, comte de Gothland et de Vigin.

XV — Regerwald eut pour femme Arlogia, fille de Waldemar duc de Russie. (Elle était cousine de la Reine de France Anne de Russie.)

XVI — Robert de Bruce, Ier du nom, fit bâtir le château de Brusce, près Valognes. Sa femme Emma, fille d'Allan, comte de Bretagne, le rendit père de :

XVII — Robert II de Bruce, épousa Agnès de Saint-Claire, dont :

XVIII — Robert III de Bruce, vint en Écosse et y reçut la terre d'Annandale. Il épousa Agnès Paynell, dont :

XIX — Robert IV de Bruce, lord d'Annandale. Il épousa Euphémie et laissa :

XX — William Bruce, 1215.

XXI — Robert de Bruce, Ve du nom, lord d'Annandale, 1245, épousa Isabelle d'Huntingdon, fille de David, frère du Roi d'Écosse.

XXII — Robert Bruce, VIe du nom, lord d'Annandale, prétendant au trône d'Écosse, épousa Isabelle de Clare, issue de Guillaume le Conquérant.

XXIII — Robert Bruce, lord d'Annandale, épousa Marguerite, comtesse de Carrick. — John, chef de la 3e branche des Bruce.

XXIV — Robert, roi d'Écosse, né en 1274, régna de 1306 à 1329. Il épousa, 1° Isabelle, fille de Donald, comte de Mar ; 2° Élisabeth, fille d'Aymar de Burgh, comte d'Ulster. — Thomas (Voir Burke 1863 et Borel d'Hauterive 1866.)

Robert Bruce, épousa Isabelle Stewart (Stuart).

XXV —
1er Lit : Marguerite ou Marjorie Bruce, épousa Walter Stuart. — 2e Lit : David Bruce II, épousa Jeanne d'York, roi en 1331-1370. — Robert Bruce de Clackmanan épousa en 1405, la fille de sir John Scrimgesur de Dudhope.

XXVI — Robert II. Stuart roi en 1371. — Jeanne Bruce, épousa Jean Herries.

XXVII — Robert III. — Élisabeth Herries de Jerréagles, épousa Walter Stutt de Laggan.

NOTA. — Les 4 degrés soulignés en doubles traits font partie de l'arbre généalogique envoyé d'Écosse en 1788, au comte de Tracy.

(Les ancêtres sont dans Borel d'Hauterive, volume 1866, famille Bruce, depuis le père de Rollon.)

Jean Stutt de Laggan, neveu de Geoffroy Stutt qui... 1296, p...

Jean Stutt IIe, épousa Jeanne Swinton.

Guillaume Stutt de Laggan, épousa Marie

Guillaume Stutt de Laggan, épousa Élisab...

Walter ou Gaultier passa en France vers 1420, fut archer de la Garde écossaise, reçut du Roi,en 1445,la terre d'Assay,il épousa Ponon ou Mathurine de Briseformée, veuve de Jean Racault, d'où :	Thomas Stutt,archer de la Garde écossaise,épousa,le 5 septembre 147... Agnès Le Roy de Saint-Florent, obtint, le 19 mai 1489, des lettres de jussion le confirmant dans la propriété d'Assay dont il avait hérité... son neveu.			Guill...
Jean Stutt mort, sans avoir été marié, en 1476.				
Berault Stutt fut sous la tutelle de Guillaume Stutt et de Florent Le Roy, en 1492, ne fut pas marié.	Jean Stutt dans la tutelle de 1492, fut archer de la Garde écossaise.	Michelet Stutt,dans la tutelle de 1492, fut auteur de la branche de Solminiac, en Périgord.	François 1er Stutt, sous... de 1492, seigneur d'Assay,se 15 juin 1519 à Barbe d'A... était morte, ainsi que son ma... 21 décembre 15.., date de l... de leurs successi...	
Hector, sans postérité.	Étienne, sans postérité.	Charles l'aîné, sans postérité.	Charles le jeune, seigneur... d'Assay, fut sous la tutelle de... Roland de Bourbon, seigneur de... Grosbois, se maria à Jeanne de... Harlu, le 30 octobre 1550, il... fit plusieurs campagnes où il fu... blessé.	Rein... 11 mai
François IIe épousa, le 15 mai 1585, Françoise de Maubruny, dame d'Aubusset, près Vierzon.	Anne mariée à Jean d'Orléans dont elle était veuve le 18 novembre 1592.			Émée... sans avc...
Georges rendit dénombre- ment d'Assay à Guy Dufaure, le 1er août 1625, n'eut pas d'enfants.	Gilbert,reçu le 10 janvier 1619, chevalier de Malte, procureur de la langue d'Auvergne, à Malte.	Jean épousa, le 14 juillet 1621, Catherine de Barville,dame de la Planchette, du Gâtinais, comparut au ban et arrière-ban, en 1635 et 1639.	Adrien,seigneur de la Brosse-te, sans postérité.	Cla... vier 1... seigne... enfant...
Georges, né le 22 octobre 1622, épousa, le 16 février 1648, Claude de Monceaux, dame de Blannay, qui mourut à Aubusset le 25 octobre 1656 et fut enterrée dans l'église de Blannay; il prouva sa noblesse le 20 janvier 1668.	Charlotte, née le 10 juin 1624, épousa,le 27 septembre 1650, Guillaume du Deffend, d'où des enfants.			Franc... de la V...
Edme-François, né le 27 février 1656 et baptisé à Asquins-sous-Vezelay, fut lieutenant dans le régiment de Piémont, épousa, le 8 janvier 1684,demoiselle Antoinette-Marie de Loron, dame de Chastenay d'Arcy.	Claude-Madeleine, né en 1661, fut capitaine dans le régiment de Touraine, n'eut pas d'enfants de son mariage avec la fille d'un sénateur de Chambéry.			Cath... dont ell...
François-Claude, servait dans le régi-ment de Saulx, tué en duel à 16 ans.	Gabriel-Alphonse naquit le 18 juin 1689, devint capitaine et chevalier de Saint-Louis; il épousa, le 31 octobre 1727, Marie-Anne de Damoiseau, et en 2e noces, en 1737, Madeleine de la Barre, dont il n'eut pas d'enfants.	Louis, capucin. David, sans enfants.	Alphonse-Gabriel, mort en 1733, célibataire.	Françoi... auteur de la branche de Blannay, existan...
Edme-François IIe, né le 21 juillet 1731, mousquetaire du Roi, capitaine du 27 avril 1757, épousa, le 10 janvier 1756, Pierrette de Bonin du Cluseau, qui, veuve, acheta Tharoiseau, le 25 mars 1767.	Étiennette morte pensionnaire des Ursulines d'Avallon,à 9 ans.			
Philibert-Marie, comte d'Assay, né le 10 octobre 1757, page de la Reine de France, Marie-Antoinette,capitaine dans Royal-Cavalerie,puis, major dans Cambrésis-Infanterie, épousa, le 9 février 1789, Marie-Françoise de la Barre, et mourut le 8 décembre 1838 à Tharoiseau.	Gabriel-Alphonse, fut reçu chevalier de Malte de minorité, le 25 septembre 1766, fit campagne sur les vaisseaux de l'Ordre.			Loui... Tharois...
Henry,comte d'Assay, né en 1797, se maria,le 8 février 1827, à Paris, de l'agrément de Sa Majesté Charles X et de la famille royale,à Augustine-Ferdinande de Tulle de Villefranche,fille du marquis de Villefranche, pair de France et maréchal de camp, et de Charlotte, comtesse de Lannoy. Il mourut le 18 août 1852.	Alphonsine, mariée le 18 août 1811, à François-Ambroise-Xavier Frère de Villefrancon, qui n'eut qu'une fille, mariée au marquis de Terrier-Santans.			Henri... baron d...
Joseph-Marie-Gustave, comte d'Assay, né le 10 décembre 1827, marié, le 26 avril 1861, à Angélique de Terrier-Santans, mort le 6 novembre 1872, sans enfants.	Charles-Henry-Louis-Marie, comte d'Assay, né à Paris,le 15 octobre 1828,élève de Saint-Cyr,devint capitaine-adjudant-major au 8e Lanciers; il se maria à Paris, le 30 avril 1862, à Marie-Angélique Deschamps de Bisseret, sa cousine, d'où un fils.	Henry-Léon-Marie, comte d'Assay, né à Looze, le 29 août 1835, marié à Paris, le 9 novembre 1861, à Marie-Caroline d'Erard, d'où deux fils et trois filles.	Eugène-Aphonse-Marie, né le 1er janvier 1835, mort à Tharoiseau, en avril 1854, sans avoir été marié.	Léonce-Henry-Ma... comte d'Assay,né le 10... 1839, à Looze, engagé... les Volontaires de l'O... en 1870, se maria, le 9... let 1868, à Geneviève d... thenaise; d'où un fils an... fille.

...N DE STUTT (VENUE D'ÉCOSSE VERS 1420) (BRANCHE D'ASSAY)

...qui...n 1296, prêta serment à Édouard Ier, roi d'Angleterre.

...e ...winton.

...n, é...usa Marie Manswel.

...a, é...sa Élisabeth de Herries.

Guillaume Stutt, arch:r de la Garde écossaise, ne se maria pas. — Jean Stutt, archer de la Garde écossaise, seigneur du Sollier, n'eut de son mariage qu'une fille qui se maria à Gilbert Conighan.

...r Stutt, sous la tutelle d'Assay, se maria, le ...9 à Barbe d'Assigny qui ...ins... que son mari avant le 15... date de l'inventaire ...essi... — Alexandre Stutt, sous la tutelle de 1492, se maria, 1º à Jeanne d'Assigny, d'où Jean mort jeune, et 2º à Anne de Regnier, d'où François Ier Stutt, auteur des branches de Tracy et d'Insèche (voir le tableau suivant). — Catherine Stutt, sous la tutelle de 1492. — Marie Stutt, sous la tutelle de 1492, se maria.

...neur ...e de ...r de ...e de ...o, il ...l fut — Reine, nommée au partage du 11 mai 1543. — Françoise, nommée au partage du 11 mai 1543. — Barbe, nommée au partage du 11 mai 1543. — Jacqueline, nommée au partage du 11 mai 1543.

...vem... — Émée, nommée dans l'acte de foy et hommage du 17 octobre 1583, sans avoir été mariée. — Jeanne mariée, le 18 octobre 1592, à Jean de Boisselet, gentilhomme de S. A. Emmanuel de Savoye.

...sset... — Claude, mariée le 29 janvier 1618, à Blanchet Le Fort, seigneur de Villemandeur, d'où enfants. — Anne, épousa Gabriel Anjorrant. — Françoise, religieuse. — Charlotte, religieuse.

...Guil... — Françoise, née le 29 avril 1629, se maria le 31 janvier 1656, à Charles de la Verne, seigneur de Sury-ès-Bois, d'où des enfants.

...nt de ...ateu... — Catherine, mariée à Ludovic de la Souche, seigneur de Chevigny, dont elle eut Mme de Sarre. — Alphonsine-Marie épousa Joseph de Bernault, major de la citadelle de Perpignan, est morte sans enfants, après 1739.

...nçoi... auteur de ...ranche de Blan- ...exista...te. — Edme et Thomas, jumeaux, morts jeunes. — Claudine, religieu- se à Auxerre. — Marie, religieuse à Crisenon. — Marguerite reçue, le 19 avril 1700, à Saint - Cyr, comme pensionnaire du Roi. — Jeanne, religieuse à Crisenon. — Thérèse, morte en 1733, à Arcy.

...té, le — Louise-Françoise, née posthume le 16 décembre 1759, décédée à Tharoiseau le 5 septembre 1782.

...Xavier ...uis de — Henriette-Virginie, mariée, le 5 mai 1819, à Henri-Charles Maublanc, baron de Chiseuil, son cousin, d'où des enfants. — Angélique, morte le 9 janvier 1859, sans avoir été mariée.

...nce - Henry - Marie, d'Assay, né le 10 juin à Looze, engagé dans ...olontaires de l'Ouest ...o, se maria, le 9 juil- ...8, à Geneviève d'An- ...e; d'où un fils et une — Constance - Ambroisine - Ferdinande, née le 7 septembre 1830, épousa, en 1851, Alfred, comte de Tramecourt, et mourut en avril 1856, à Tharoiseau, sans enfants. — Marie - Charlotte - Angéli- que, née à Looze, le 23 décembre 1831, se maria, le 5 juillet 1859, à Arthur Pantin, marquis de la Guère, à Tharoiseau, d'où deux fils et trois filles. — Marie - Ferdinande - Léon- tine, née le 25 janvier 1836, mariée, le 6 février 1861, à Marie - Zephirin - Emmanuel Berger, comte du Sablon, d'où deux fils et une fille, morte le 6 avril 1866. — Marie-Caroline-Gabrielle-Philomène, née le 2 décembre 1837, mariée le 10 avril 1861, à Léon-François-Gabriel, comte de Dreuille, d'où quatre fils et une fille.

TABLEAU GÉNÉALOGIQUE DE LA MAISON DE STUTT (BRA

Alexandre Stutt, v⁰ fils de Thomas Stutt, seigneur d'Assay, et d'Agnès Le Roy, était en tutelle en 1492, il épousa : 1° Jeanne d'Assig

Jean, né du premier mariage, mourut sans enfants ; c'est de lui que vient la terre de Nuzy et Saint-Père, près Cosne.

François I⁰ʳ du nom, seigneur de Saint-Père, capitaine exempt des gardes du I dénombrement de Saint-Père, le 29 mai 1575. Il mourut en 1591 et sa femme en 160

François II⁰, seigneur de Saint-Père, de Tracy, etc., fut capitaine exempt des gardes du Roi, et attaché aux personnes des Rois Henri III et Henri IV. Il épousa : 1° Françoise de Bar, le 18 octobre 1586, il en reçut la terre de Tracy, sans avoir d'enfants ; 2° Marie de Buffevant, le 28 septembre 1593.

Pierre, mort avant 1598, avait épousé Anne Maréchal, d'où :

Pierre II⁰, seigneur de Saint-Martin, passé en Danemarck et mort sans enfants.

Renée, épousa Jean de la Platière, le 19 décembre 1575.

Antoinette, épousa Jacques nay, le 26 décembre 1580.

François III⁰, seigneur de Tracy et de Maltaverne, capitaine-lieutenant de Chevau-Légers jusqu'au 11 décembre 1643, épousa : 1° le 4 juin 1623, Gabrielle de Reugny, fille de Jean, seigneur du Tremblay, dont il eut Jean, seigneur de Tracy ; 2° le 26 juillet 1639, Emée de la Platière, dame de Paray-le-Fraisil.

René, seigneur de Saint-Père en partie, épousa, le 24 mai 1629, Madeleine de Reugny, fille de François et de Marie de Louzeau, mort sans enfants.

Louis, chevalier de Malte, le 27 février 1625.

Jean, seigneur de Chassy, Carroble, Lalemende, épousa, le 28 octobre 1629, Gilberte de Carroble, fille de Guy et de Jacqueline d'Aubigny, d'où :

Jacques I⁰ʳ, sèches, du Bercea rin, capitaine au Lamberon, épous vrier 1634, Emée

---

François, seigneur de Chassy, sans postérité.

Guy, seigneur de Lalemende, marié à Françoise de Bony, ayant eu Laurence, pensionnaire de Saint-Cyr.

Edme, seigneur de Prémaison, sans postérité.

Françoise, mariée, le 1⁰ʳ septembre 1662, à Philibert de Sauvage, d'où postérité.

Jean, seigneur de Tracy, né le 25 février 1631 du premier lit, fut maintenu dans sa noblesse le 16 avril 1667, et se maria à Marie de Reugny, dont il n'eut pas d'enfants.

François IV⁰, seigneur de Tracy, de Paray-le-Fraisil, etc., comte de Tracy, chevalier de Saint-Louis, major-général d'Infanterie, devenu maréchal de camp après la bataille de Nerwinde, où il fut estropié d'un bras et d'une jambe. Il épousa : 1° le 15 juin 1676, Madeleine de Reugny, qui mourut en 1683, après avoir eu une fille ; 2° le 11 août 1686, Catherine - Charlotte de la Magdelaine de Ragny. Il mourut en mars 1710.

Charles, seigneur d'Insèches, servi au ban et arrière-ban en 167 et 1689, avait épousé Anne de Fou cault dont il n'eut pas d'enfants par son testament du 2 août 170 il élit sa sépulture dans la chapel de l'église de Saint-Père, près Cosne

Roch Baurin, Marie-A se rema sa mort

Madeleine, née du premier lit, épousa Guy du Creuzet, marquis de Richerant ; ils eurent Louis-Antoine, grand-bailly du Nivernais et du Donziois, qui, le 15 avril 1753, fit don des terres de Maltaverne et de Fontenille à Claude-Louis-Charles de Stutt, marquis de Tracy, se mariant à Marie-Émilie de Verzure.

Antoine-Joseph, seigneur de Tracy et de Paray-le-Fraisil, comte de Tracy, né le 2 octobre 1694, fut d'abord reçu chevalier de Malte de minorité, puis capitaine de Royal-Croate, chevalier de Saint-Louis en 1740. Il épousa, le 31 octobre 1719, Charlotte - Benedicte - Victoire de Marion de Druy, qui mourut le 14 janvier 1780 et lui trépassa le 31 mars 1776. Ils eurent :

Louise-Marie, née le 31 octobre 1691, supérieure de la Visitation de Bourbon-Lancy, morte le 26 février 1746.

Marie-Régis, née le 26 février 1696, supérieure aussi de la Visitation de Bourbon-Lancy, morte le 19 janvier 1768.

Jacques vendit la ter Mme de P bre 1725. I de Ganville maria, en Beaujeu.

Bernard, religieux théatin, né à Paray-le-Fraisil, le 25 août 1720, auteur de nombreux ouvrages ascétiques, mourut en 1780, en odeur de sainteté.

Claude-Louis-Charles, marquis de Tracy, destiné à l'Ordre de Malte par bref du 20 août 173 Louis du 5 février 1752 ; il fit les différentes campagnes de Bohême et de Hanovre en 1759 ; fu du Roi : fut nommé maréchal de camps le 25 juillet 1762 ; il mourut en juillet 176, il avait é

Antoine-Louis-Claude, comte de Tracy, né le 20 juillet 1754, chevalier de Saint-Louis de 1788, entra dans les Mousquetaires le 10 janvier 17?0, devenu mestre de camp dans Royal-Cavalerie le 13 avril 1780, colonel du régiment de Penthièvre-Infanterie en 1788, maréchal de camp en 1792, il fut conseiller d'Aml d'honneur, Député de la noblesse du Bourbonnais aux États-Généraux de 1789 ; le 2 novembre 1793, emprisonné dans l'Abbaye jusqu'en octobre 17?; il fit pa inamovible jusqu'en 1814 ; pair de France en 1815. Il fut auteur de nombreux ouvrages philosophiques ; il mourut le 9 mars 1836. Il avait épous le 6 avril

---

Alexandre-César-Victor-Charles, marquis de Tracy, chevalier de la Légion d'honneur de 1810, né à Paris, le 9 septembre 1781, reçu à l'École F Polytechnique où il fut major de promotion ; il en sortit capitaine du Génie, fit toutes les campagnes de l'Empire, devint colonel, après avoir été bless à Wa plusieurs reprises, et fut prisonnier des Russes de 1812 à 1814. Ayant quitté le service en 1818, il fut député de l'Allier de 1822 à 1848, et de l'O rie, riqu plus tard. Du 20 décembre 1848 au 31 octobre 1849, il fut ministre de la Marine. A partir de 1851 jusqu'à sa mort, arrivée le 13 mars 1864, il ne fils s'occupa plus que d'agriculture. En 1816, il avait épousé la veuve du général Lelort, tué à Fleurus, née Sarah Newton et morte en 1850, il en eut

---

Marie-Élisabeth-Claudine de Stutt de Tracy, mariée le 27 octobre 1835, à Flavien-Césaire-Emmanuel Henrion de Staal de Magnoncour, ancien ga du corp

---

Jacques-Victor-Flavien Henrion de Staal de Magnoncour, marquis de Tracy (décret impérial du 14 juin 1861), né le 7 juin 1838, ancien officier d'ar tillerie, s Grand-Croix de l'ordre d'Isabelle-la-Catholique et commandeur du Medjidié. Il épousa, le 19 novembre 1866, Marie-Thérèse Baylin de Monbel, ?oi :

Gauthier-Victor-Raymond, né le 8 novembre 1867.

Victor-Léonel-Élie, né le 21 juin 1869.

Jules-Raymond, né le 29 juillet 1878.

1º Jeanne d'Assigny, dame de Saint-Père, le 30 septembre 1517, et 2º Anne de Regnier, le 13 décembre 1526. Il mourut en 1542.

t des gardes du Roi, chevalier de l'Ordre du Roi, gouverneur de la ville de Cosne-sur-Loire, le 15 janvier 1552, il épousa Reine de Boisselet; il fournit le
t sa femme en 1606, l'un et l'autre furent enterrés dans l'église de Saint-Père.

e, épousa Jacques du Ver- décembre 1580.	Jeanne, épousa Jean de Bussy, le 1er mars 1590.	Émée, épousa Gabriel de Gerbault, seigneur de la Serre.	Étienne, seigneur de Saint-Père en partie et d'Insèches, épousa, par contrat du 27 février 1580, Madeleine de Buffevant, fille de Louis de Buffevant, gouverneur d'Auxerre, et sœur de la dame de Tracy.
Jacques 1er, seigneur d'In- sèches, du Berceau et de Bau- rin, capitaine au régiment de Lauderon, épousa, le 12 fé- vrier 1634, Émée de Racault.	Charles, chanoine, archi- diacre de Bourbon à Bourges, doyen de Mehun-sur-Yèvre, mort le 9 novembre 1663.	François, mort sans en- fants.	Gabrielle, épouse d'An- toine Le Breton, seigneur de Bacouët, mourut en 1686.	N., supérieure des Ursuli- nes de Saint-Pierre-le-Mou- tier, morte en odeur de sainteté, le 9 novembre 1681.

ches, en 167 le Fou enfants 1709 chapel Cosne	Roch, seigneur du Berceau et de Baurin, épousa, le 13 novembre 1672, Marie-Antoinette de Bretagne, qui se remaria le 16 mars 1706, après sa mort arrivée le 14 septembre 1696.	Jacques, chanoine prébendé de Saint-Étienne de Bourges, mort en 1684.	Marie-Anne mariée, le 10 octo- bre 1657, à Gilbert de la Platière, d'où un fils, chevalier de Malte.	Marguerite, mariée le 1er mars 1677, à Pierre de Neuchèze; leurs enfants vendirent la terre de Saint- Père, en 1712, à la famille Rameau.
696, a de jan-	Jacques IIe, seigneur de Nailly, vendit la terre de Bacouët à sa sœur, Mme de Foucault, le 31 décem- bre 1725. Il épousa, en 1707, Émée de Gauville, dont la fille unique se maria, en 1739, à Edme-Henry de Beaujeu.	Joseph, mort avant le 5 mai 1697.	Lucie, dame du Berceau, épousa, le 7 juillet 1705, François de Fou- cault, capitaine au régiment de Condé. Ils eurent des enfants.	Anne, dame de Nailly, de la Crotte et des Bouleaux, le 31 décembre 1725, elle était veuve de Grandry de Chauvances, colonel, et se remaria à Pierre Bernot de Passy.

ref du 20 août 1730, capitaine-lieutenant de Chevau-Légers, chevalier de Saint-
novre en 1759; fut laissé pour mort à Minden, où il commandait la gendarmerie
et 1764, il avait épousé Marie-Émilie de Verzure, dont il eut :

N., mort jeune.   N., née le 31 octobre 17....

vier 177o, devenu lieutenant d'Artillerie dans le régiment de Besançon, capitaine de Cavalerie dans Bourgogne, le 4 août 1772, chef d'escadrons le 8 avril 1779,
at conseiller d'Ambassade à Turin, le 19 mai 1774; pensionnaire du Roi, de mille livres et de Monsieur, de quatre mille livres, avec une place de gentilhomme
obre 1 4; il fit partie de l'Institut national jusqu'en 1803, et du Comité de l'Instruction publique; membre de l'Académie française, à partir de 1808; sénateur
épousa le 6 avril 1779, Émilie-Louise de Durfort-Civrac, dont il eut :

gu à l'école été blessé à de l'Orne, 1864, ne en eut	Françoise-Émilie, née le 5 octobre 1780, se maria, en 1802, à Georges Washington-Motier de la Fayette, qui, après avoir séjourné en Amé- rique, servit dans l'armée française de 1798 à 1807; ils eurent deux fils et trois filles.	Augustine-Émilie, née le 29 août 1787 et morte le 17 février 1850, se maria, en 1808, au comte de Laubespin, d'où Léonel, comte de Laubespin, né le 11 septembre 1810, marié en 1850, à Juliette Syeyès, d'où un fils mort enfant.

cien garde du corps, maire de Besançon, député du Doubs, pair de France (par ordonnance royale du 4 juillet 1846), mort le 25 décembre 1876, ils ont laissé :

ficier d'artillerie, successivement préfet de Troyes, de Chambéry, de Saint-Étienne, de Marseille et de Bordeaux, fut chevalier de la Légion d'honneur en 1874,
onbel, où :

juillet 1878.

A PARTIR DE :

Jean de Reugny, écuyer, seigneur dudit lieu situé près Saint-Saulge (Nièvre), vivait
Guillaume de Reugny, écuyer, épousa, le 5 avril 1379, Marguerite de Chaseaux, d'
Jean de Reugny, écuyer, seigneur de Riéjot, Cercy-lès-Decize, etc, épousa Jeannette
Guillaume de Reugny, écuyer, seigneur de Reugny, etc., épousa Catherine de Tra
Philippe de Reugny, écuyer, seigneur de Reugny, épousa, le 11 janvier 1489, Cathe
Jacques de Reugny, écuyer, seigneur de Riéjot, épousa, le 8 octobre 1526, Jeanne de
Charles de Reugny, écuyer, seigneur du Tremblay, d'Issenay, etc., épousa, le 13 se

Jean de Reugny, chevalier, seigneur du Tremblay, d'Issenay, etc., capitaine de cavalerie, gentilhomme
de la Chambre du Roi, épousa, le 7 novembre 1594, Charlotte de Regnier de Guerchy, grand'tante de
Louis de Regnier de Guerchy, lieutenant-général et chevalier des Ordres du Roi, d'où :

Georges de Reugny, chevalier, comte du Tremblay, seigneur d'Issenay, etc.,etc., mestre de camp d'infanterie, en 1645, commandant la noblesse du Nivernais, au passage du Rhin, le 7 avril 1672, mort le 28 novembre 1686; il avait épousé, le 26 juin 1635, Claude-Anne de Choiseul-d'Esquilly, d'où :	Catherine de Reugny, mariée le 3 juin 1622, à François Popillon, baron du Réau.	Gabrielle de Reugny, mariée le 4 juin 1623, a François III de Stutt, seigneur de Tracy, qui se remaria, en 1639, à Emée de la Platière après avoir eu :	Jean de Magdele

Jacques de Reugny, vicomte du Tremblay, lieutenant de chevau-légers en 1667, mort sans enfants de Marie-Anne-Louise de Bretagne de Nansouty.	Louis de Reugny, chevalier comte du Tremblay, né en 1647, épousa, le 19 septembre 1688, Madeleine Garnier, d'où :	Jean de Stutt, seigneur de Tracy, né le 25 février 1631, reçut en dot, le 20 décembre 1662, Maltaverne, en épousant Marie de Reugny, fille de Jean de Reugny, seigneur de Vilatte, de la Magdeleine, du Pezeau, et de Suzanne Gay, sans postérité.	Franç et du Tr Fin, part etc., cap avec bre mort le tionne a dame de prix du

Louis de Reugny du Tremblay, né le 29 juin 1696, tenu sur les fonts baptismaux, le 17 avril 1702, par S. A. R. Mgr le Dauphin, père de Louis XV et par Madame la Duchesse de Bourgogne, mort sans alliance.	Autre Louis-Alexandre de Reugny, chevalier, comte du Tremblay, né le 3 mars 1701, épousa, le 7 janvier 1732, Marie-Étiennette Hugon de Pouzy, d'où :	Anne-Édouard de Reugny, chevalier, seigneur de Poussery, né le 4 juillet 1703, mort le 14 septembre 1753,épousa,le 3 novembre 1749, Gabrielle Millot de Montjardin, morte le 18 ventôse, an XII, à Poussery, d'où :	Marie 1718, se Laché-A (Nièvre) de la B Troches

Anne-Élisabeth de Reugny, née le 20 janvier 1738, mariée à Issenay, le 17 septembre 1752,à Nicolas,marquis de Fussey, seigneur de Serniay, etc; elle devient dame de Montaron, etc.	Anne-Édouard de Reugny, né le 25 octobre 1750, chevau-léger à la garde du Roi, mort le 17 décembre 1772, inhumé à Montaron sans postérité ; sa sœur Gabrielle épousa,le 30 juin 1773, Pierre-Étienne Bruneau, marquis de Vitry, auquel elle porta la seigneurie de Poussery.	Michel-Henry-Claude de la serand, seigneur de Ferrières (désigné sur les listes de la nob senté par le comte de Rafélis) de François de Boisselet, mo

Madeleine-Louise-Henriette de la Barre, mariée en décembre 1787, à François - David - Constant - Amant Maublanc de Chiseuil, depuis baron de Chiseuil (1813 et 1821), dont le fils aîné a épousé, le 5 mai 1819, Henriette-Virginie de Stutt d'Assay et possède le château de Vilatte.	Marie-Madeleine de la Barre, décédée à Lépeau, près Donzy, le 14 septembre 1837, s'était mariée, le 23 mars 1784, devant Sabathier, notaire à Léré, à François-Hyacinthe comte de Dreuille, seigneur d'Avril, capitaine de cavalerie, chevalier de Saint-Louis, du 15 août 1775, maréchal des logis de la 1re compagnie noble à l'armée de Condé, tué à Berthzeim, en Alsace, le 2 décembre 1793. Leur pétit-fils a épousé Marie-Gabrielle - Philomène - Caroline de Stutt d'Assay, en avril 1861.	Marie-A Barre, épou Jean-Louis seret, office de la Rei Louis, pro Leur per avril 1862, de Stutt, c adjudant-m

A PARTIR DE :

ulge (Nièvre), vivait en 1330, eut :
rite de Chazeaux, d'où :
etc., épousa Jeannette de Champrobert, d'où :
sa Catherine de Traves, d'où :
janvier 1489, Catherine de Marrey, d'où :
obre 1526, Jeanne de Courvol, dame du Tremblay, d'Issenay, de Faveray, etc, d'où :
etc., épousa, le 13 septembre 1568, Catherine de Loron, d'où :

François de Reugny, écuyer, seigneur de Faveray, etc., épousa : 1º Claude de la Rivière, dame d'honneur de la Reine Marguerite, morte sans enfants, à 20 ans, le 19 avril 1606 (sa tombe se voit dans l'église de Saint-Martin-du-Pré-Donzy); 2º Marie de Louzeau, dame de Vilatte et du Pezeau, près Léré (Cher), fille de Jean et de Gabrielle Le Fort, d'où :

1623, a
, qui se
re après

Jean de Reugny, chevalier, seigneur de Faveray, de Vilatte et de la Magdeleine, épousa, le 13 février 1643, Suzanne Gay, d'où :

Madeleine de Reugny de Faveray, mariée, le 24 mai 1629, à René de Stutt, seigneur de Saint-Père et des Roziers, mort en mai 1630 sans enfants; elle se remaria à Jacques Grasset, seigneur de Rouillé et de Thaumiers, gouverneur de la grosse tour de Bourges.

2; fé-
e 1662,
ay, fille
, de la
ay, sans

François de Reugny, chevalier, marquis de Reugny et du Tremblay, baron de Vilatte, de Chasnay, de la Fin, paroisse de Thiel (Allier), seigneur de Vernières, etc., capitaine de cuirassiers, écuyer ordinaire du Roi avec brevet (portraits au château de Vilatte); il était mort le 21 juin 1718 (Dom Bétencourt le mentionne encore en 1717.) Il épousa Anne de Champfeu, dame de la Fin, qui toucha, avec ses trois filles, le prix du brevet d'écuyer, d'où :

Marie de Reugny, épousa, le 20 décembre 1662, Jean de Stutt de Tracy, frère consanguin de François IV, de Stutt de Tracy, mort sans enfants.

Madeleine de Reugny épousa, le 16 juin 1676, François IV de Stutt, seigneur de Tracy et de Paray, mineur, qui n'ayant eu qu'une fille, se remaria, le 11 août 1686, à Catherine-Charlotte de la Madeleine de Ragny, d'où les seigneurs de Tracy.

Marie de Reugny, majeure en 1718, se maria en la paroisse de Laché-Assards, près Saint-Révérien (Nièvre), le 18 mars 1719, à Michel de la Barre, écuyer, seigneur des Troches et des Cloux.

Marie-Anne de Reugny, majeure en 1718, mariée à N. de Mareschal.

Catherine-Suzanne de Reugny, émancipée en 1718, se maria à N. de Bréchard.

Madeleine de Stutt, épousa Guy du Creuset, marquis de Richerant, maréchal de camp des armées du Roi, auquel elle apporta en dot les terres de Maltaverne et de Fontenilles.

Henry-Claude de la Barre, baron de Vilatte et la Motte-Jos-
igneur de Ferrières, de Byarre, etc., ancien officier d'artillerie
ur les listes de la noblesse du Nivernais de 1789, comme repré-
le comte de Rafélis) marié à Louise-Edmée de Boisselet, fille
uis de Boisselet, mousquetaire du Roi, en 1754, d'où :

N. de Mareschal a épousé Jean-Baptiste de Doullé, seigneur de la Forêt-Thaumiers (en 1772).

Antoine-Louis du Creuset, marquis de Richerant, grand bailli du Nivernais et du Donziois, qui, le 15 avril 1753, fit donation des terres de Maltaverne et de Fontenilles, à Claude-Louis-Charles de Stutt, marquis de Tracy, en faveur de son mariage.

dé-
y, le
ée, le
hier,
nthe
vril,
er de
ma-
gnie
ué à
cern-

Marie-Angélique-Catherine de la Barre, épousa, au château de Vilatte, Jean-Louis-César Deschamps de Bisseret, officier de dragons du régiment de la Reine, chevalier de Saint-Louis, promotion de 1816;
Leur petite-fille épousa, le 30 avril 1862, à Paris, Charles-Louis de Stutt, comte d'Assay, capitaine adjudant-major au 8e lanciers.

Marie-Françoise de la Barre-Fer-rières épousa, au château de Vilatte, près Léré, le 9 février 1789, Phili-bert-Marie de Stutt, comte d'Assay, seigneur d'Assay, de Tharoiseau, etc, ancien page de la Reine Marie-An-toinette, capitaine dans Royal-Cava-lerie, puis major dans Cambrésis; il mourut le 8 décembre 1837;
De cette union descendent les différents membres de la famille de Stutt d'Assay.

Henriette de Doullé, dame de Thaumiers, mariée à Philippe-Armand, comte de Bonneval, pair de France, dont le fils, Armand, comte de Bonneval, se maria à Anastasie de la Panouse et eut des enfants.

Marie-
ae de

GRAND SCEAU ROYAL

(Avec son contre-sceau, et le sceing du Chancelier Legouz)

ATTACHÉ PAR DES LACS DE SOIE VERTE ET ROUGE A LA CHARTE DE NATURALISATION
ACCORDÉE, EN 1474,
PAR LE ROI LOUIS XI A THOMAS STUTT.

(Cire verte, grandeur naturelle, état actuel)

ARCHIVES DE THAROISEAU

LETTRES DE NATURALITÉ (SOUS FORME DE CHARTE)

FÉVRIER 1474

I

Loys par la grace de Dieu roy de France savoir faisons a tous presens et a venir nous avoir receue humble supplicacion de notre bien ame Thomas Stuch usque ic archier de la garde de notre corps de la nacion descoce contenant que ja pieca et des son jeune aage il est venu demourer en nostre royaume et aucun temps apres lavons retenu en nostre service a la garde de nostre dit corps ou il nous a servy par aucun temps pendant lequel il y a acquis des biens et tellement que il sest marie en icellui en esperance de y faire sa residence le demeurant de ses jours Mais il doubte que obstant ce que il nest pas natif de nostre dit royaume que apres son deces on vousist mettre empeschement en sesdits biens et les prendre de par nous ou autre comme biens aubeines et len frustrer et semblablement sa femme et autres heritiers saucuns en avant sil nestoit par nous habilite a pouvoir tester et disposer de sesdits biens requerant humblement nos grace et provision luy estre sur ce imparties pour ce est il que nous ces choses considerees a icellui suppliant pour ces causes et consideracions et autres a ce nous mouvans et mesmement en faveur desdits services quil nous a par longtemps fais a la garde de nostre dit corps avons octroye et octroyons de nostre grace especial plaine puissance et auctorite royal pres de ceux quil y a ja acquis ordonner et disposer par son testament ou autrement ainsique bon luy semblera et que sadicte femme et autres ses heritiers quil a a present ou quil pourra avoir ou temps avenir luy puissant succeder et apprehender sadite succession tout ainsi et par la forme et maniere que se lui et sesdis hoirs estoient natifs de nostre dict royaume et lesquels quant a ce nous avons habilites et habilitons de nostre dite grace et auctorite par ces dictes presentes sans ce que aucun empeschement leur soit ou puisse estre mis ou donne ores ne pour le temps a venir en aucune maniere au contraire Ne que par ce il soit ou puisse estre tenu nous en paier aucune finance et laquelle a quelque somme quelle puisse monter nous en faveur desdis services luy avons donnee et quicte donnons et quictons de nostre dite grace especial par cesdictes presentes signees de notre main Si donnons en mandement a nos ames et feaulx gens de nos comptes et tresoriers au bailli de ..... et a tous noz autres justiciers ou officiers ou a leurs

20

lieuxtenants ou commis presens et a venir et chascun deulx Si comme a lui appartiendra et qui requis en sera que ledit Thomas Stuch ensemble sesdis hoirs et ayans cause facent seuffrent et laissent joyr et user de nos presens graces don congie licence et octroi paisiblement et a plain sans pour ce leur faire ne seuffrir estre fait aucun destourbier ou empeschement au contraire lequel se fait mis ou donne leur avoit este ou estoit ores en pour le temps avenir le ostent ou facent oster et mettre sans delay a plaine delivrance et au premier estat ..... eu car ainsi le voulons et nous plaist estre fait non obstant que ladite finance ne soit cy declairee ne tauxee par lesdis gens de nos comptes que des charge n'en soit levee par le changeur de nostre tresor et quelz conques autres ordonnances mandemens restrinctions ou deffenses a ce contraires et afin que ce soit chose ferme et estable a tousiours nous avons fait mectre nostre scel a cesdites presentes sauf toutes voyes en autres choses nostre droit et autruy en toutes donne a Paris au moys de feuvrier lan de grace Mil CCCC soixante quatorze et de nostre regne le quatorziesme

Signé : LOYS

Au dos est écrit : Par le Roy : LEGOUZ — à côté est encore écrit :

Expedita in camera compotorum domini nostri Regis et ibidem libro cartarum hujus temporis fº Cº IXº Registrasasine financia proviso quod heredes supplicantis sint incole regni ordinatione dominorum Actum ad burellum decime die Martis millesimo CCCCLXXIIIIº

Signé : CHEVALIER

Vu et collationné.

Bourges, le 14 février 1884.

Signé : V. DAUVOIS

Archiviste adjoint à la Préfecture du Cher.

CONTRAT DE MARIAGE DE THOMAS STUD ET D'AGNÈS LE ROY

DU 5 SEPTEMBRE 1476 [1]

II

A tous ceulx qui ces presentes lettres verront Philippe Bouer licentye en loix et garde du scel estably aux contraictz en la prevoste de Bourges salut scavoir faisons que en la presence de Jacques Compaing clert jure et notaire du Roy nostre sire de par luy estably en la dicte prevoste et ressort pour ce personnellement establiz Noble homme Thomas

---

[1] Ce titre est la copie collationnée sur l'original d'un contrat de mariage entre Thomas Stud et Agnès Le Roy, reçu le 5 octobre 1476, par Jacques Compaing, clerc juré et notaire du Roi en la prévôté de Bourges.
Cette copie a été délivrée le 7 mai 1602 à François DESTUT (*sic*) par Mesurier et Pineau notaires au comté de Sancerre.

Stud esguiier archier de la garde du corps du Roy nostre sire pour luy et ses hoirs d'une part
et Agnes fille de feu noble homme Jacques Leroy en son vivant esguiier seigneur de sainct
florent sur chair et deffuncte Marie Brisefornee sa seconde femme ycelle aynee donne comme
dessus testant en loy et aage quand a contracter mariage pour elle et les siens daultre part
lesquelles partyes de ca et de la certains proveus bien conseillez en cest faict et advisez non
par forme ceductive circonvoisine ne contraincte ne en aulcune maniere comme de leur bon gre
bonne vollonte propre mouvement et certaine science cy comme ilz disoient ont cogneu et public-
quemant confesse recognoissent et confessent mariage par parolle avoir este et estre prepare
a faire entre les dicts Thomas Stud et la dicte Agnes cest assavoir que le dict Thomas Stud
prendra et a promis et promect prendre la dicte Agnes a femme et espouse et semblablement la
dicte Agnes par le conseil et consentement de venerables et discrettes personnes Maistre Guillaume Le Roy et ..... Le Roy licentye en loix chanoyne de l'Esglise de Bourges et Florent
Le Roy freres de la dicte Agnes et maistre Pierre Gentilz licentye en loix Mary de Philix sœur
de la dicte Agnes aussy a promis et promect prendre le dict Thomas Stud a mary et espoux sy
Dieu et saincte Esglise cy accordent et ou contract et prolocution de se present mariage a este
dict et accorde antre les dictes parties que le dict Thomas Stud prendra la dicte Agnes avec tous
et chascuns ses biens droicts quelconques et quil a heu et telz qui luy sont advenuz par le partage qui a este faict entre elle et ses freres et sœurs des biens de la succession de feu son dict
pere qui sont telz cest assavoir cent escuz dor que Martin Le Roy frere de la dicte Agnes luy
doibt a cause du dict partage et la somme de cent livres tournoys aussy a cause du dict partage
deu a la dicte Agnes par Jehan Le Roy le jeune Florent Le Roy Pierre Le Roy et Guillaume
Stud a cause de Annette Rayne [1] sa femme et daultre part la somme de cent escuz que la dicte
feu mere de la dicte Agnes luy donne par son testamant que les dictz Stud a cause de sa dicte
femme et Jehan Le Roy le jeune debvoient a la dicte feu Marie a cause de la restitution de son
dict mariage lesquelles sommes qui monte deulx cens escuz dor sol et cent livres tournoys sont
et sortiront nature de meubles de la dicte Agnes et les siens et avec ce a la dicte Agnes en
heritages quatre pieces de prez assis en la parroisse de Villeneufve sur cher Item le four bannal
du dict bien de Villeneufve avec les boys et aultres appartenances du dict four Item certains
chezaulx et terres assis en la dicte parroisse Item huit septiers de bled par moutye froment et
seigle de rente annuelle et perpetuelle sur les maisons et appartenances des Myas de la Lande
comme il appert plus a plain par le dict partage lesquelz heritages sont et demeureront heritages
perpetuel de la dicte Agnes et des siens desquelles sommes dessus declarrees le dict Thomas
sera tenu bailher lettres de quittance et recognoissance a la dicte Agnes appres et incontinant
quil les aura receuz Item le mariage faict et solennize en face de saincte Esglise les dictz espoux
auront et seront ungs commungs chascun pour moitye en tous biens meubles et aussy en conquestz quilz feront et acquerront durand leur mariage Item a este dict et accorde que en faveur
et contenplacion du dict mariage le dict Thomas a donne Agnes lusufruict et jouissance de la
meileure maison qui demeurra par le decedz dicelluy Thomas au choix de la dicte Agnes pour
en jouir et user sa vye durent seullement Item en faveur du dict mariage le dict Thomas au cas
quil y aura de vye a trespas davant la dicte Agnes avec hoirs ou sans hoirs desendant de leur
corps a dhoue et dhoue icelle Agnes de vingt livres tournoys de rente chascung au tant quelle
vivra ou de six vingtz escuz d'or du coing du Roy a present ayant cours pour une foys payes au
choix et eslection des heritiers du dict Thomas a icelluy donne prendre et avoir par la dicte
Agnes sur tous les biens et heritages du dict Thomas Item a este dict et accorde que au dict cas
que le dict Thomas ira de vye a trespas avant la dicte Agnes avec hoirs ou sans hoirs decendant

---

[1] On doit lire Le Roy : c'est évidemment ce nom patronymique féminisé.

de leur corps en cest cas la dicte Agnes aura choix et eslection de soy tenir et demeurer commune par moitye avec les heritiers ou ayant cause du dict Thomas en tous biens meubles et conquestz immeubles faictz et acquis durend et constant leur dict mariage ou de soy tenir a ses convenences ou quel cas quelle eslira les convenences elle aura et prendra la dicte somme de deulx cens escuz et cent livres tournoys ou ce qui en aura este paye et des tournoys les Parisis et aura temps et espace dung moys appres le deceds du dict Thomas pour faire la dicte eslection pendant lequel moys elle pourra vivre et user des biens de la dicte communaulte sans prejudice delle et de son eslection et quelque chose quelle eslise elle aura ses robbes vestures bagues saintures et joyaulx de peur advantage avec son dict heritage franct et quitte de toutes charges ypotaiques mesme et imposes sur icelle par le dict Thomas ou par elle de son actoritte Item a este dict et accorde entre les dictes partyes que au cas ou la dicte Agnes yra de vye a trespas avant le dict Thomas sans hoirs decendant de leur corps et au dict cas il ne sera tenu de rendre et restituer aux heritiers de la dicte Agnes de la dicte somme de deulx cens escuz et de cent livres tournoys ou de ce quil en aura receu des Parisis que les Tournoys avec les dictz heritages franctz et quittes comme dessus Item par cest present contract le dict Thomas espoux a venir et la dicte Agnes de son consentement ont voullu loue consenty ratiffye et heu agreables les partages et divisions faictz entre la dicte Agnes et ses freres et sœurs des biens tant meubles que immeubles de la succession de feu Jacques Le Roy son pere lesquelles convenances accortz pactyons promesses et aultres choses dessus dictes et chascunes dicelles les dictes partyes de ca et de la ont voullu loue consenty ratiffye et approuve par ses presentes Promettant les dictes partyes de ca et de la par leur foy pour ce corporellement baillée en la main du dict jure et par convenance appres que comme les dictz convenuz accordz pactyons promesses et aultres choses dessus dictes ou aulcunes dicelles elles ne vouldroient ne venir feront par elles ne par aultres ne aulcuns en aulcunes manieres et ne donneront a aulcung ou aulcungs cause matiere ou occasion taisiblement expressement de jamais contredire et tous processtz perdes dommages interestz missions et despens et loyalement a faire par faulte daccomplissement et observance des dictes choses dessus dictes et chascungs icelles ont promis et promettent les dictes partyes de ça et de la cest assavoir chascunes partyes entent que son faict touche et poura toucher a laultre partye ou aux siens entierement rendre et restituer et quand aux choses dessus dictes chascunes dicelles faire tenir garder et observer accomplir et non contrevenir ont oblige et obligent les dictes partyes de ca et de la cest assavoir chascune partye entend que son faict touche et pourra toucher a laultre partye et aux siens elle leur hoirie et tous chascungs leurs biens meubles et immeubles presentz et advenir quelconques quelles ont pour ce soubzmis et soubzmettent du tout en tout sans decliner a la jurisdictyon force vigilio cohesion compulsyon et contraincte du dict scel royal de la dicte prevoste du dict Bourges Renonçant en cest faict par les dictes partyes de ca et de la a toute actyon et exceptyon de dol de mal de fraulde de barat derreur cession et circonventyon et des choses dessus dictes a lexception des dictes convenances accordz actyons promesses obligatyons et aultres choses dessus dictes ou aulcungs dicelles non avoir este faictes dictes passees consentyes et accordees en la maniere que dict est et que plus nous a este dict que escript et escript que dict a la relaptyon de foy et serment au benefice denteriner restitution a tout ayde du droict escript ou non escript canon et civil a tous huz stilles coustumes et establissements de pais et de lieulx ad ce contraires et par especial le dict faict comme dessus au benefice du senat conseil velleyan a tous aultres privilleges et benefices introduictz et a introduire en la faveur des femmes et generalement et chascungs aultres actyons et exceptyons desceptyons cautelles cavillations oppositions appellatyons raisons et deffences ad ce contraires et au droict disant la generalle renonciacion nouvallons cy lespecial ne procedde cy comme Jacques Compaing clert jure et notaire jure du Roy nostre sire fils du dict Jacques Compaing nagueres trespasse et comme par nous Gilles Pain licentye en loix a present garde du dict scel a grosseilher mettre et rediger en forme publicque et autenticque les nottes et escriptures receuz par le dict feu Compain soubz le dict secl nous a rapporte les choses dessus dictes estre contenues et escriptes estant et subsistant en une notte au registre escripte et enregistree en ung livre de papier es grand volume qui est ung des notulaires et registres ordinaires dicelluy feu Compaing et a la relatyon duquel comme et en tesmoing des choses dessus dictes le dict scel royal de la dicte prevoste de Bourges avons mis et appose a ces presentes lettres comme a la receptyon dicelle le jeudy cinquiesme jour de septembre lan mil quatre soixante et seize et quand a la grossiatyon dicelles le vingtdeuxielme jour doctobre lan mil quatre cent quatre vingt et dix.

Collatyon de la presente couppye a este faicte a son orriginal par nous notaire au comte de Sancerre soubzsigne a la requeste de noble seigneur Francoys Destut escuyer sieur de s'pierre et tracy capitaine exsant des gardes du corps du Roy auquel le dict original a este mis entre mains cejourdhuy septiesme jour de May mil six cent et deulx

Ainsi signé : Mesurier : Pineau

Pour copie certifiée conforme.

Bourges le 9 janvier 1884.

V. Dauvois.

Archiviste adjoint à la Préfecture du Cher.

FOY ET HOMMAGE D'ASSAY

DU 9 SEPTEMBRE 1476

III

Loys de la Tremoille comte de Benon seigneur de Sully et de Vierson conseiller et chambellan du Roy nostre sire a noz Bailly ou son lieutenant procureur et receveur de notre terre et seignourie de Saint Gondon salut savoir vous faisons que nostre cher et bien ame Thomas Stuth escuier est aujourdhuy venu par devers nous lequel tant en son nom que pour Jehan et Guillaume Stuths escuiers ses freres heritiers de feu Gaultier Stuth en son vivant escuier nous a offert faire les foy hommaige baiser et serment de fidelite quils nous estoient tenuz faire et que le dict feu Gaultier et ses predecesseurs ont accostume le temps passe a nos predecesseurs et avons pour raison de lostel lieu terre et appertenances d'Assay assis en la terre et seignourie de Courcelles le dict hostel et appertenances tenuz de nous a cause de nostre chastel et seignourie de sainct Gondon lequel escuier apres ce quil nous a eu gaige le prouffict en nos mains que lui avons done et quicte avons receu et recevons par ces pieces sauf nostre droict et lautruy et lui avons enjoingt de bailler son adveu et denombrement des dictes choses tenues de nous dedans le temps de la costume sus la perne appartenant en tel cas si vous mandons et a chascun de vous si comme a lui appartiendra que au dict escuier ne a ses dicts freres a cause des dictes foy et hommaige baiser et serment de fidelite non faictz vous ne mettez ou donnez ne souffrez estre mis ou donne aucuns destourbier ne empeschements es dictes choses tenuez de nous aincois sancun empeschement ou destourbier leur estoit par vous ou les aucuns de vous fust en tout ou en partie leur oster le dict empeschement et leur mectre le tout en plaine delivrance et joissance et vous receveur tenez quictes et paisibles pour ceste foys les dicts escuiers du prouffict qui par eulx nous estoient deu a cause du dict hommaige sans aucune chose leur en demander ne faire payer duquel prouffict demourrez semblablement quictes envers nous sans contredict en rapportant vidimus de ces presentes aveques reconnaissance de lun deulx de les en avoir tenuz quictes car tel est nostre plaisir. Donne en nostre chastel de Sully le IX* jour de septembre lan mil XXXX soixante et seize — signe Loys de la Tremoille.

Pour copie certifiée conforme.

Bourges le 20 janvier 1884.

V. DAUVOIS

Archiviste adjoint à la Préfecture du Cher.

SENTENCE ARBITRALE ENTRE PIERRE ANQUETILZ SGR DE COURCELLES-LE-ROI ET THOMAS STUD

3 JUILLET 1480[1]

IV

A tous ceulx qui ces presentes lectres verront Jehan Peloux escuier licencie en loix lieutenant assesseur au siege et ressort de Concorsault de noble et puissant seigneur Monseigneur Berault Stuart seigneur daubigny et de Sainct Quantin conseiller chambellan du Roy nostre sire cappitaine et gouverneur des ville et visomte de Vize en normandye de cens lances de la grant ordonnance du dict seigneur son bailly et gouverneur de Berry salut comme proces feust espece de mouvoir entre nobles hommes Pierre Anquetil seigneur de Corcelles le Roy dune part et Thomas Stud escuier archer de la garde du corps du Roy nostre sire et seigneur dassay daultre pour raisons de plusieurs chezaulx manoirs prez terres boys buissons pastures eaux cens rentes fiefz et arrierefiefz et droict de justice des dictes terres et seigneuries de Corcelles et Assay que les dictz Anquetil et Stud a cause de leurs dictes seigneuries pretendoient a eulx appartenir les ungs sur les aultres au moien des enclaveures qui de toute anciennete estoient es dictes seigneuries quilz disoient avoir este entreprinses les ungs contre les aultres pour lesquelz differans et debatz entre se feussent les dictes parties condescendues et rapportées aux dictz et ordonnances de nous comme privee personne honorables hommes et saiges maistre Guillaume Flagy licencie en loix maistre Leon Housse de Loys Barbelade lesquelz ils eussent pris et esleuz en ceste partie comme arbistres arbitrateurs et amyables compositeurs le dit et ordonnance

---

[1] Ce titre est de 1480 et non de 1489 comme l'indique l'annotateur.

desquelz arbistres Veu par eulx leurs productions tant par lecttres que par tesmoings ilz eussent promis croire sur certaines paines et avec ce consenty et volu par expres leur sentence arbitrataire sur ce estre omologuee par mon dict sieur le bailly ou ses dicts lieutenants et assesseur ainsy que plus a plain peut apparoir par les dictes lectres de compromis et arbitraiges passe soubz le scel de la chastellenie de Chastillon sur Loire du sixiesme jour de May parmy lesquelles ces presentes sont annexces pour vacquer au fait et decision desdictz differans et debatz nous feussions transpourtez au dict lieu de Chastillon sur Loire en lostel de Jehan Rancry ou quel lieu les dictes parties entreprisdrent et nous firent venir avec les dessus dictz arbitres qui pareillement se y trouverent et illec les dictes parties comparans en leurs personnes le lundy quinzyiesme jour de juing dernier mardy et mercredy en suyvans les eussions oys sur leurs dictz debatz et differans dont eussions prins et reddige leurs faitz par contestacion contraire par escript par devers nous et sur iceulx examins aucuns tesmoins a nous produictz de la part du dict sieur de Corcelles seullement receu de chacune des dictes parties leurs productions SAVOIR est du couste du dict sieur de Corcelles troys cayers de comptes anciens en pappier des dictes terres de Corcelles et Assay avec une lectre dacquisicion par luy faicte de la dicte terre et seigneurie de Corcelles de noble et puissant seigneur monseigneur Loys seigneur de la Tremoille soubz le scel de la prevoste dyssoldung et une coppie en pappier dung vidimus soubz le scel de la baronnie de Sully signe corcy de la vente originalle faicte par feu maistre Estienne Barbelade a noble homme Jehan Racguault de la dicte terre et seigneurie dassay et de la partie du dict sieur dassay le double de deulx vidimus dadveuz lung fait de la terre dassay appartenant à Henry Guerry escuier date de lan C.C.C. IIII ×× et douze (1392) soubz le scel de la chastellenie du dict Chastillon et laultre de ladveu fait de la terre dassay par Jehan dassay soubz le scel de la chastellenie dAubigny Desquelles productions eussions fait faire inventoire pourtant les fins ausquelles les dictes parties les employoient Et pour ce que sur icelles productions sans aultre chose vouloir dire alleguer ne contredire dune part ne daultre icelles parties consentiren et accepterent de prandre droit sommairement et sans signer de proces eussions prealablement et deslors par notre sentence diffinitive et arbitratoire dit que par ce que les dictes parties avoient dit allegue et produict dune partie et daultre elles se pouvoient bien vuyder et partant en procedant a la dicte decision et jugement dit oultre que ferions delivrance au dict Thomas Stud de la dicte place terre et seigneurie dassay et des appartenances dicelle et en ce faisant que luy ferrions assiecte et delivrance des chezeaulx declairez et adveuz par luy produictz joignant a la dicte place et de quatre vingt seize septrees et de demye de terres labourables mesure des lieux de quarante quatre arpens de prez et de vingt deulx arpens et demy de vigne en desert comme estant et appartenant anciennement de la dicte seigneurie dassay non compris ce qui estoit contenu et compris es dictz adveuz et declairacion de terres et de prez non estimez desquelz pareillement luy ferions assiecte et delivrance tant sur ce que le dict seigneur de Corcelles tenoit et tient comme le dict sieur dassay laquelle assiecte en seroit faicte et distraicte en ostant toutes enclaveures pour en faire limitacion separce en ayant regard aux valleurs et equivaleurs de ce quil adviendroit estre et attribue lung a laultre tout a un tenant et le plus justement que faire se pourroit au moins dommageable pour chacun des dictz sieurs par ladvis et deliberacion des laboureurs et gens du pays non suspectz ne favorables a lune ne a laultre des dictes parties et tout le reste des heritaiges cens rentes et aultres redevoirs seigneuriaulx tant a la dicte terre de Corcelles que de la dicte terre dassay apres la dicte assiecte et delivrance faicte seroit et demourroit et l'adjugeasme au dict sieur de Corcelles et quant à la justice et cognoissance pretendue par le dict sieur dassay luy eussions adjugee et adjusgeames jusques a la somme de soixante sols parisis sur les heritaiges qui seroient declairez par la dicte assiecte et delivrance et selon la declaracion et bournaiges que entandions sur ce faire pour la dicte justice avoir et exploicter par Prevost et Sergens pour l'exercice dicelle selon la dicte limitacion Et au dict Anquetil seigneur de Corcelles eussions adjugée et adjugeasme la haute justice et ressort en toute la dicte terre de Corcelles et

Assay le tout sans prejudice des droicts que pourroient pretendre Monseigneur de la Tremoille a cause de sa chastellenie de sainct Gondon et tous aultres A laquelle sentence les dictes parties eussent acquiesce et partant pour proceder a lexecucion dicelle savoir est a faire les dictes assiecte et delivrance distractions bournaiges et limitacions dessus dictes eussions assigne jour aux dictes parties au mardy apres la Sainct Jehan Baptiste prochan en suivant Au quel jour de Mardy mercredy et jeudy en suivant avec tous les dictz arbitres dessus dictz nous feussions trouvez et transpourtez de rechef au dict lieu de Chastillon sur Loire et de la sur les dictz lieux de Corcelles et dassay appelez ave nous noble homme Guyon Debray seigneur de la Borde Vrayret Potot Jehan Vallee Medard Housse Simon Maubailly Pierre Potot Marc Piquart tous laboureurs demourans es dictz lieux et seigneuries et ou pays de alantour Par ladvis et oppinion desquelz en procedant a lexecucion de nostre dicte sentence eussions fait la dicte assiecte et delivrance au dict Thomas Stud ad ce present par la maniere qui sensuict premièrement du chastel du dict lieu dassay ainsi quil se compourte en murailles foussez et appartenances de alantour jusques au chemin par lequel on va de la rive de Loire a Corcelles dune part plus de troys chezaulx estans alentour du dict chastel a prandre au chemin allant de Chastillon a Beaulieu et au chemin alant de la Croix aux Oueyes a Loire tous jours selon icelluy chemin jusques a lassembleure du chemin par lequel lon va du puys dassay au Carroir Tixier et en retournant selon le dict chemin de Chastillon a Beaulieu jusques a une bourne qui sera plantée sur ung dohau qui fait separacion de lusaige qui tient a icelluy dohau du couste de Beaulieu qui visera a une aultre bourne qui sera assise sur le bourt dung fousse qui separe le dict usaige tirant selon icellui fousse et usaige droit au fousse qui sépare le chezau Tabordet autrement dit Valin appartenant au dict sieur de Corcelles le coing de laquelle masure Valin sera bourne ainsi que les marques ont este faictes aux arbres qui les jouxtent et enseignent Et de la derniere bourne qui sera assise sur le bourt du dict fousse en tirant droit selon icellui fousse au coing du dict chastel dassay et en ce demourera compris ung petit cortil foussoye tenant au fousse dessus dict par ung bout et au grand fousse du dict chastel Item dung aultre chezeau estant sur le chemin par lequel lon va du puys dassay et le chemin par lequel lon va de Corcelles a la riviere de Loire et du dict puys selon le chemin par lequel lon va du dict puys au dict Chastillon Item de cinquante septrees de terre a prendre entre les chemins par lesquelz lon va de lung des dicts chemins du dict chastel au puys aux avenatz et de laultre chemin a Corcelles jusques au chemin par lequel lon va de Chastillon a Beaulieu au carrefour qui croise les dictz chemins vulguairement appelle le carroir aux oyes et du dict carroir tirant le dict chemin alant du dict carroir au dict Chastillon jusques aux heritaiges de Charpignon appartenant a Loys Barbelade lesquelles cinquante septrees sont delivrees au dict sieur dassay pour le finaige appelle Jarrasin en ce compris dix septrees de terre appelleez la terre du poisier Jehan dassay qui sont assises de laultre part du chemin alant du dict Assay a Corcelles et tenant au chemin de la croix aux oyes et tenant Jarrassin Item de lostel feux Guerry grange maison courtilz et appartenances dicelui dune part aux foussez du dict chastel dassay daultre au chemin par lequel lon va du dict puys dassay a Loire au chemin par lequel lon va du dict puys a Chastillon daultre part ensemble dune masure contenant une septree semence dune part au dict chemin par lequel du dict puys dassay au pont dassay daultre a la terre qui souloit estre le boys de Rivieres a present desfriche ung fousse entre deulx daultre part et retournant selon le dict fousse au dict chemin alant du dict puys a Loire Item dung petit cortil fossoye de coste et environ une toise pres du coing de derriere de la grange de Vrayret Potot assis en leritaige qui fut Rivieres le dict fousse tenant par le bout a ung aultre petit cortil qui est aussi fossoye qui tient aux fousses du chastel du dict Assay du couste de leritaige du dict Poutot qui fut au dict Rivieres Item de trente septrees de terre et vingt deulx arpens et demy de vigne tous les heritaiges au dedans de la limitacion cy apres declairee SAVOIR est a prendre au chemin par lequel lon va du dict carroir Tixier qui est devant la maison ou demoure Pierre Potot qui fut a la Grousse en quel carroir sera assis une bourne tirant

droit au chesne Nardoyn jusques a la terre de Chastillon et depuys le dict carroir Tixier selon
le chemin descendant de la Croix aux oyes qui trancisse le dict carroir Tixier tirant droit jusques
au carroir de Bergerot et du dict carroir Bergerot tirant selon le chemin de lestang jusques a la
terre de Beaullieu descendant aux prez dassay et a ung hault dohau qui separe les Nohees de
maistre Leon Housse Item de six septrees de terre assises a la costure tenant au dict carroir de
Bergerot et au chemin par lequel lon va du dict carroir a lestang et aux teres de Rivieres ung sentier entre deulx et par le hault au chemin par lequel lon va de Chastillon a Beaulieu passant par
derriere lostel du dict Pierre Potot qui fut a la Grousse Item du finaige assis ou ban de Loire
delivre pour seize septrees et demye reste de lassiecte et terres et pour quinze arpens de prez en
desducion des dicts XLIIII arpens dont convenoit lassiecte a prendre le dict finaige depuis le
pont dassay tirant selon le chemin de la Rablee par lequel lon va au pourt du Seust jusques au
chemin par lequel lon va de Chastillon a Bonny auquel chemin de la Rablee seront assises six
bournes ou plus si besoing est qui seront la separacion Et depuis le bout du dict chemin de la
Rablee qui assemble au dict chemin de Bonny selon le dict chemin de Bonny jusques au pou-
teau ouquel passe la riviere de lestang tirant selon la dicte riviere a la rive du pre de Guyon
Debray lequel pre de Guyon Debray est oultre delivre au dict sieur d Assay pour troys arpens en tirant selon la rive des prez dassay retournant selon les dictz prez elles hayes diceulx sur lesquelles
rives des prez seront pareillement assises huit ou dix bournes tant que besoing sera a revenir jusques au dict pont dassay Item est assavoir que le dict pre aultrement nomme le Cloudiz Guyon
Debray est tenant a la dicte prairie dassay le fousse entre deulx dune part a la riviere de lestang
pardessus daultre Item les prez Guerry assis en la dicte prairie dassay tenant aux foussez qui despartent la terre de Beaulieu dune part aux prez de Loys Barbelade de lung des longts daultre aux
prez de lestang une douhe entre eulx et par dessoubz aux prez du dict seigneur de Corcelles et
contenant les dictz prez Guerry dix huit arpens Item du pre des Chaulmes pour troys arpens
assis en la dicte praerie dassay tenant aux prez de Vrairet Potot par dessoubz dune part aux prez
du dict seigneur de Corcelles daultre et aux prez Pierre Potot qui furent a la Grousse daultre part
Item dung pre appelle Bongrant pour quatre arpens assis en la dicte praerie tenant dune part pardessus au pre de Blancasson du long au pre des Forveaulx appelle les Longuerelles par dessoubz
au pre Turieau et de laultre long au pre du dict sieur de Corcelles a la charge de recompenser
par le dict seigneur de Corcelles ce que le dict Turieau et le dict pre Potot ont dedans les dictes enclaveures ou dict ban Item dung pre assis aux nohes maistre Leon Housse pour ung arpens
tenant de deulx parts aux dictz nohes maistre Leon qui furent a ceulx Debray daultre part au
buisson Guerry le fousse entre deulx et au du boys de dessus lesquelles choses font entierement
lassiecte des dictes quatre vingt seize septrees et demye de terre quarente quatre arpens de pre
et vingt troys arpens et demy de vignes et deserts estimez par les adveuz du dict seigneur dassay
Item et pour cinq arpens de pasturaulx et aussi pour leritage qui fut feux Pierre Delasle qui sont
declairez et non estimez par les dictz adveuz eust este fait delivrance au dict seigneur dassay de
tout leritaige qui joinct au vivier du dict assay le dict vivier compris jusques a la terre de Chastillon le long des nohes du dict maistre Leon Housse ung fousse entre deulx dune part et daultre
part du couste de Loire tenant a leritaige du dict Vrayret Potot selon la haye qui est de present
ou feront planter bournes pour limitacion perpetuelle Et en ce faisant eussent les dictz arbitres
dit et declaire que pour ceste presente annee des blez issus en joyroit et leveroit comme il avoit
accoustume et pour le temps passe demoureroient les dictes parties quictes les ungs envers les
aultres des fruictz et revenuz sans en povoir faire demande ne peticion sans prendre de la dicte
assiecte pour le temps avenir Et par ce moien eust este au dict seigneur dassay fourny et este fait
delivrance de tout ce qui estoit dit par la sentence des dictz arbitres dont il se fust tenu pour
content Et pareillement le dict seigneur de Corcelles qui eust declaire y acquiescer Par quoy
eussions aux dictes parties assigne jour au lendemain venredy troysiesme jour du moys de
juillet en la terre de sainct Brisson estant ou dict ressort de Concorsault a estre et com-

paroir par devant nous au carrefour ou il y a une bourne qui separe la terre du dict Chastillon et de Sainct Brisson prez la maison Chesnoy pour ouyr sur ce nostre sentence omologatrive de de toutes et chascunes les choses dessus dictes SAVOIR faisons que le dict jour de venredy comparans les dictz Anquetil et Stud pardevant nous en leurs personnes ou dict carrefour Veriz les dictes lectres de compromis et arbitraiges les proces sentence et execucion des susdictes Nous de leur consentement les avons condampnees et par ces presentes condampnons a les tenir fermes et estables entretenir et avoir agreables a tous jour fins despenz compensez dune part et daultre qui se paieront par moictie Et en ce faisant avons les choses dessus dictes omologguees confirmees et approuvees omologons confirmons et approuvons En tesmoing de quoy avons ces presentes signees de nostre seing manuel et fait signer aux dessus-dictz nos coharebitres et a Jehan Bergevin greffier ordinaire du dict ressort de Concorsault et notaire royal ad ce present et a icelles fait mectre et apposer le scel royal du dict ressort les dictz jour III° de juillet et an mil C.C.C.C. IIII xx (1480)

Signé : BERGEVIN — PELOUX — FLAGY LOYS — BARBELADE ET L. HOUCE

Ensuite est écrit : Scellé à Avallon le trois avril 1784

R. Trente solz — Signé : MALOT.

Pour copie certifiée conforme.

Bourges le 31 janvier 1884.

V. DAUVOIS

Archiviste adjoint à la Préfecture du Cher.

COPIE DE L'ARRÊT RENDU AU GRAND CONSEIL DU ROY

LE 28 JUILLET 1489

maintenant Thomas Stut en la possession de la seigneurie d'Assay contre Guillaume Perrin qui la réclamait à tort.

V

CHARLES par la grace de Dieu roy de France a tous ceulx qui ces presentes lectres verront salut Comme proces ait este despieca meu et pendent en nostre grant conseil entre Guillaume Perrin nagueres marchant demourant a Monpeslier et a present demourant a Bourges et feue Michelle Rogiere sa femme et a cause delle et comme heritiere de Jehanne Racault fille de feu Jehan Racault en son vivant demourant a Mirevaulx en Languedoc ou diocèse de Maguelonne demandeurs et requerans lenterinement de certaines lectres royaulx dune part et nostre cher et bien ame Thomas Stuc escuier archer de la garde de nostre corps deffendeur et opposant dautre part pour raison de la place terre et seigneurie dAssay situee et assise au pays et duche de Berry et de ses appartenances et autres terres et seigneuries et heritaiges de la succession et qui furent et appartindrent audict feu Jehan Racault et Jehanne

Racault sa fille ouquel proces eust este tellement procede entre lesdictes parties quelles eussent
este appoinctees a escripre et a produire et eussent produit dun couste et dautre baille contre-
ditz et salvacions et feust ledict proces prest a juger entre lesdictes parties Savoir faisons que
aujourduy icelles parties comparans en nostrdict grant conseil cest assavoir ledict Guillaume
Perrin par maistre Regnault Garnier son procureur quant a ce souffisamment fonde par lectres
de procuracion a ce expresses cy dessoubz transcriptes dune part et ledict Thomas Stuc comparant en sa personne et par maistre Pierre Combault son procureur dautre part pour le bien de la
paix par le moyen daucuns de leurs parens et amys et autres notables gens et pour nourrir
amour entre elles eviter a plaitz questions et poces mises et despenses sont venues et condescendues a laccord appoinctement et transaction qui sensuit cest assavoir que ledict Garnier
ou nom et comme procureur dudict Guillaume Perrin et pourtant que lui touche et peut toucher
et pour tous ses droiz et actions a voulu et conscenty veult et concent quil soit dit et declaire
par arrest et jugement deffinitif de nostre dict grant conseil et a droit que lesdictes lectres
royaulx par icellui Guillaume Perrin obtenues sont surreptices obreptices incivilles et desrai-
sonnables et que a tort et sans cause et au moyen et par vertu dicelles a este fait commandement audict Stuc deffendeur et opposant de partir et de laisser la possession et saisine dudict
lieu terres et appartenances dAssay situe et assiz ou pays de Souloigne et que a bonne et juste
cause ausdiz commandemens qui sur ce ont este faiz audict Stuc deffendeur il sest oppose et
quil soit dit sadicte opposicion estre bonne vallable et recevable et que en ce faisant ledict Stuc
soit absolt des impeticions et demandes dudict Perrin demandeur pour tant que luy touche
Et fera en ce faisant ladicte terre et seigneurie dassay appartenances appendances choses dont
est question par ledict proces entre lesdictes parties declarrees compecter et appartenir audict
Styc deffendeur ce qui a este accepte conscenty et accorde par ledict Stuc tous despens dommaiges et interetz compenses tant dung couste que dautre auquel accord dessus declaire garder
tenir entretenir et accomplir de point en point selon sa forme et teneur Les gens de nostre
grant conseil ont condempne et condempnent lesdictes parties et chascune delles a leur requeste
et de leur consentement SENSUIT la teneur de ladicte procuracion dudict Guillaume Perrin
A tous ceulx qui ces presentes lectres verront Gilles Pain licencie en loix garde du scel royal
estably aux contractz de la prevoste de Bourges salut en nostre Seigneur comme proces et debatz
feussent ja pieca meuz intentez et pendans et encores indecis par devant nos sieurs tenans
le grant conseil du Roy nostre seigneur juges en ceste partie entre preudent homme Guillaume
Perrin marchant de Montpellier et feue Michelle Rogier jadis mariez a cause delle heritiers
comme ils disoient de Jehanne Racault fille de feu Jehan Racault en son vivant demeurant
a Mirevaulx en Languedoc et diocèse de Maguelonne demandeurs et impetrains de certaines
lectres royaulx dune part et noble homme Thomas Stuc escuier archer de la garde du corps du
roi nostre sire tant en son nom prive que comme soy portant héritier Gaultier Stuc jadis son
frere deffendeur dautre a loccasion de certains héritaiges situez et assiz au pays de Berry
desquels ledict feu Racault et Jehanne sa fille estoient seigneurs et posesseurs quand ils vivoient
c'est assavoir du chastel terre et seigneurie dAssay en Berry assiz en la parroise de Beaulieu
pres Chastillon sur Loire et de plusieurs autres beaulx heritaiges assiz audict pays de Berry la
joissance et detencion desquels lesdicts demandeurs disoient par leurs escriptures ledict deffendeur avoir prinse de fait et sans aucun tiltre ne moyen et en iceulx sestoit intruz par force et
violence et oultre le gre voulente desdictz demandeurs lesquels iceulx demandeurs disoient
et pretendoient leur compecter et appartenir et a ce moyen requeroient iceulx demandeurs
que le dessus dict deffendeur feust contrainct et condempne a soy desister et deppartir de loccu-
pacion et joissance desdictes terre justice et seigneurie dAssay et de leurs dictes appartenances
ensemble de toutes les autres terres et heritaiges que ledict deffendeur detenoit audict pays de
Berry qui furent ausdictz deffuncts Jehan Racault et Jehanne jadiz sadicte fille et diceulx en
laissassent joir et user plainement et paisiblement iceulx maries demandeurs et plusieurs autres

causes et raisons disoient et proposoient iceulx demandeurs par leurs dictes escriptures quilz avoient sur ce baillees par devant nos dictz sieurs a lencontre dudict deffendeur aux fins tiltres et moyens par eulx eslevez par icelles et ledict deffendeur par ses escriptures responsives a celles desdicz demandeurs quil avoit semblablement baillees contre eulx disoit au contraire par plusieurs causes et raisons par lui proposees par icelles et lesdiz heritaiges lui compectoient et appartenoient a bon et juste tiltre et moien ouquel proces lecdictes parties eussent procede lune contre lautre pardevant nos dicz sieurs par plusieurs et diverses journees et jusques a ce que ladicte feue Michelle Rogere en son vivant femme dudict Guillaume Perrin feust allee de vie a trespas delaisse ledict Guillaume Perrin son dict mary son heritier par le contrat de leurs convenances ainsi quil disoit lequel Guillaume Perrin apres le trespas de laquelle comme heritier delle par ledict contrat de sesdictes convenances eust resume et reprins tout ledict proces en lestat quil estoit et feust demoure demandeur seul en icellui Apres laquelle resompcion dudict proces lesdicts demandeurs et deffendeurs eussent procede en icellui proces pardevant nos dicts sieurs lun contre lautre par plusieurs et plusieurs et diverses journees et tellement que par la dicte procedeure ledict proces aye este mis en droit ou quasy comme on dit toutes ces choses et autres plus a plain apparoir tant par les dictes escriptures des dictes parties comme par les actes et munimens dudict proces quon dit estre sur ce faiz au moyen duquel proces lesdictes parties feussent et soient en voye de cheoir en grans despens et involucion de proces savoir faisons que de son bon gre et certaine science si comme il disoit pour et moyennant certain traicte et appoinctement par luy audict jourduy date de cesdictes presentes fait et passe entre luy et ledict Thomas Stuc et domoyselle Agnes Rayne sa femme et par ledict jure receu a ledict Guillaume Perrin fait constitue estably et ordonne et par ces presentes fait constitue ordonne et establist ses procureurs generaulx et certains messaigers especiaulx honorables hommes et saiges maistres Regnault Garnier et Jehan de Bailleul exhibeurs et porteurs de ces presentes et chascun diceulx seul et pour le tout ausquelz procureurs dessus nommez et a chascun deulx pour le tout ledict Guillaume Perrin constituant a donne et octroye donne et octroye par icelles presentes pleine puissance auctorite et mandement especial de renoncer a tout ledit proces et a leffect dicellui et au prouffit dudict Thomas Stuc et damoiselle Agnes mariez pardevant nos sieurs tenant le grant conseil du Roy nostre Sire et consentir pardevant iceulx nosditcz sieurs que les fins et conclusions par ledict Thomas Stuc prinses et eslevees par sesdictes escriptures a lencontre dicelluy Guillaume Perrin soient par nosdictz sieurs adjugees audict Thomas Stuc et a sadicte femme selon la forme et teneur dicelles escriptures et de consentir aussi par devant nosdictz sieurs que tout ledict proces et pieces dicelluy tant dun couste que dautre soient rendues baillees et delivrees ausdictz mariez ou a leur procureur pour eulx toutes et quantesfois que bon leur semblera les vouloir recouvrer tous les despens dudict proces compensez dune part et dautre et generallement de faire dire et procurer toutes autres choses qui a ce sont et seront necessaires et convenables et que ledict constituant feroit et faire pourroit se present y feroit en sa personne Combien que les choses requeissent mandement plus especial promectant ledict constituant par sa foy et soubz hypothecque et obligacion de tous ses biens avoir agreable tenir ferme et estable a tousjours mais tout ce que par sesdictz procureurs ou lun deulx aura este fait dit consenti procure ou autrement besoigne en tout ce que dessus est dit et declaire En tesmoing desquelles choses dessus dictes et a la relacion dudict jure auquel nous creons fermement et adjoustons pleine foy ledict scel royal de ladicte prevoste de Bourges avons mis et appose a ces presentes lectres.

. Donne et passe audict Bourges le vingtiesme jour du moys de septembre lan mil CCCC quatre vingts et huit ainsi signe Babou et au reply Billain prosigillo En tesmoing de ce nous avons fait mectre notre scel a cesdites presentes donne en nostre dict grant conseil a Ambroise le XXVIII° jour de juillet lan de grace mil CCCC quatre vingt neuf et de nostre regne le sixiesme

Au repli est écrit : Par le Roy a la relacion des gens de son grant conseil

Signé : VILLEBRESME

Vu et collationné sur l'original.

Bourges, le 14 février 1884.

V. DAUVOIS

Archiviste adjoint à la préfecture du Cher.

SENTENCE DE TUTELLE

DU 11 SEPTEMBRE 1492

à la suite d'une procuration pour tutelle du 19 septembre 1498.

VI

A tous ceulx qui ces presentes lectres verront Gilles Pain licencie en loix garde du scel royal estably aux contractz de la Prevoste de Bourges Salut Savoir faisons que en presence de Arnoul Belin clerc notaire jure du Roy nostre sire et de par luy institue commis estably et ordonne notaire du dict scel en la ville Prevoste et ressort de Bourges fut personnellement estably noble homme Florant Le Roy escuier lequel ou nom et comme tuteur des enffans de feu noble homme Thomas Stud en son vivant archier de la garde du corps du Roy nostre sire et de damoiselle Agnes Roynne [1] jadis sa femme souffisamment de lectres de tutelle dont la teneur est cy apres incorporee certain pourveu bien conseille en cest fait et advise et de son bon gre bonne volonte propre mouvement et certaine science se comme il disoit a fait nomme constitue estably et ordonne et par la teneur de ces presentes fait nomme constitue establist et ordonne ses procureurs generaux et certains messagers especiaulx noble homme Pierre Le Roy son frere [2] . . . . exhibeurs et pourteurs de ces presentes lectres et chascun deulx seul et pour le tout en telle maniere que la condicion de lung occuppant ne soit pas pire ne meilleure de lautre non occupant mais tout ce que par lung deulx aura este encommence lautre puisse entreprandre poursuivre et mener en toutes ses causes quellesconques venues et a courir tant en demandant comme en deffendant contre quelzconques personne ou personnes que ce soient et pardevant tous juges tant d'Eglise comme seculiers commissaires arbitres ou leurs lieuxtenans de quelque povoir et auctorite quilz usent ou soient fondez. Donnant et octroyant le dict constituant a ses devant dicts procureurs et a chascun deulx pour le tout plain povoir auctorite commission et mandement especial destre et comparoir pour luy en juge-

---

[1] C'est le nom patronymique Le Roy féminisé.
[2] Ces points représentent une demi-ligne restée en blanc dans l'acte.

ment et dehors sa personne representer excuser exomer ses causes et droitz deffendre plaict ou
plaictz entamer poursuivre moienner et mener afin convenir reconvenir cognoistre nyer advoher
desadvoher proposer et bailler par escript ou dire de bouche faitz raisons et articles les affermer
dire les veritez jurer en lame du dict constituant et faire tous sermens que ordre de droit requiert
et enseigne produire et actraire tesmoings les faire jurer exhiber et examiner mectre toutes
lectres actes tesmoings justimmens et autres enseignemens en forme de preuve veoir jurer les
tesmoings produitz par partie adverse dire contre leurs ditz et deppositions demander jour d'ad-
vis d'absence de veue de garend et tous autres delais de court prandre festz et charge de garentie
replicquer dupplicquer tripplicquer faire veue et estencion de lieux eslire domicile decliner
court et juge en tous cas et a toutes fins soustenir l'opposition si mestier est conclure en cause
ou causes oyr droitz arrestz interloqutoires et sentences deffinitives appeler de tous griefz ou sentences lappel ou appeaulx relever poursuivre ou y renoncer si mestier est et faire faire toutes
inhibitions et deffenses de par le Roy nostre dict sire et autres avecques toutes adjonctions et
renvoys de causes et les demander et ce que droit requiert et enseigne demander et requerir
lenterinement et execucion de quelzconques lectres royaulx et autres par le dict constituant
impetrees ou a impetrer respondre par credit vel non demander jurer et faire tauxer despens et les
recevoir si adjuxgez luy sont ou tauxez ET PAR ESPECIAL a le dict Florant Le Roy constituant
donne et donne par ces dictes presentes plain povoir auctorite commission et mandement especial au dict Pierre Le Roy son dict frere de transiger pàciffier et accorder pour et au nom de son
dict frere tuteur dessus dict avecques noble et puissant seigneur Messire Berault Stuard chevalier de lordre du Roy nostre sire Seigneur d'Aubigny et du Crotet touchant certaines rentes
de deniers et de ble seigle que doit le dict Monseigneur d'Aubigny aux enffans du dict feu Tho-
ctas Stud dont le dict Florant Le Roy est tuteur comme dict est des dictes transactions pacifi-
cacions et accords aussi de la somme de deniers que en recevra le dict Pierre Le Roy en passer
au dict chevalier et autres de par luy quictances et acquietz . . . . [1] ellui
seigneur d'Aubigny ou autres pour luy et en son nom en forme deue vallable et autenticque pour
luy servir en. temps et lieu et genarement . . . . [2] faire procurer prou chasser
toutes autres choses a ce necessaires et convenables de faire et que le dict constituant feroit et
faire pourroit si par sa personne y estoit. Jacois ce que le cas dessus dict requist mandement plus
especial PROMECTANT le dict constituant ou nom que dessus par sa foy pour ce corporellement
baillee en la main du dict jure et soubz lipotecque et obligation de tous ses biens avoir agreable
tenir ferme et estable a tousjours tout ce par ses dicts procureurs ou lung deulx sera sur ce fait
dict procure plaidoye transige paciffie accorde et autrement ordonner ester a droit et paier lad-
juge se mestier est avec ses clauses et les relever de toutes charges de satisdacion En tesmoing
desquelles choses dessus dictes et à la relacion du dict jure auquel nous creons fermement qui
nous a les choses dessus dictes rapportees rapportees estre vrayès le dict scel royal avons mis et
appose à ces presentes lectres DONNE le dixneuf[me] jour de septembre l'an mil CCCC quatre-
vingts et dix huit. SENSUIT la teneur des dicte slectres de tutelle dont cy-dessus est faict men-
cion [3] A TOUS ceulx qui ces presentes lectres verront Jehan Barbarin licencie en loix lieutenant
commis et accesseur de honorable homme saige Monseigneur Maistre Jehan Salat aussi licencie en
loix conseiller du Roy nostre sire lieutenant general de noble seigneur Messire Jehan de Moustier
chevalier seigneur de la Ferte Gilbert et de briente conseiller chambellan du Roy nostre sire
son Bailly et gouverneur de Berry salut savoir faisons que aujourd'huy a la sommation et requeste

---

[1] Manque deux ou trois mots rongés par les rats.
[2] Même observation.
[3] 11 septembre 1492.

de venerables et discretes personnes maistres Renaut Le Roy chanoine et archidiacre de Bourbon en leglise de Bourges Messire François Tullier docteur en loix chanoine de Bourges maistre Pierre Gentilz Esme Gentilz son fils licencie en loix Nobles hommes Jehan de la Berthonniere seigneur Dumbligny Marie [1] Royne sa femme Gilbert Conigan seigneur du Soulier Florent Le Roy escuiers et damoiselle Agnes Royne vefve de feu noble homme Thomas Stud en son vivant archier de la garde du corps du Roy nostre sire et a present femme de Mathelin de La Roque tous prouchains parens et affins de Berault Jehan Michellet Francois Alexandre Catherine et Marie Stutz freres et sœurs mineurs enffans du dict feu Thomas Stud et de la dicte damoiselle Agnes Nous avons donnez et descernez tuteur ausdicts mineurs Noble homme Guillaume Stud escuier oncle paternel et le dict Florent Le Roy oncle maternel des dicts enffans mineurs et chascun deulx seul et pour le tout Lequel Florent pour ce present a accepte la dicte tutelle et prins le festz et charge en luy dicelle et nous a promis et jure es sainctes evangilles de Dieu la main touche le livre que bien justement et loyaument il traictera regira et gouvernera les corps et biens des dicts mineurs aux bien proufict et utilite procurera gardera et deffendra et leur dommaige exercera et eschevera a son povoir Et tous leurs biens quelque part que trouver et scavoir les pourra il prandra par bon et loyal inventaire et prisee diceulx Rendra bon compte et reliqua quant temps et mestier sera et ou il appartiendra et touchant le dict Guillaume Stut il fera le serment quant de par de ca il viendra et avons ordonne commissaire pour faire le dict inventaire Robert Bonju et a la dicte vefve jure de monstrer et exhiber tous les biens de la dicte succession pour faire inventaire et desquelles choses dessus dictes et chascune dicelles faire tenir garder et accomplir en la maniere que dict est Et aussi de garder et deffendre les droicts et actions des dicts mineurs et comparoir pour eulx en toutes leurs causes et querelles tant en demandant que en deffendant et pardevant tous juges tant deglise comme seculiers commissaires arbitres ou leurs lieuxtenans quelque povoir et auctorite quilz usent ou soient fondez et generallement de faire et procurer pour les dicts mineurs toutes autres choses a ce necessaires et convenables de faire et que ung bon et loyal tuteur peut et doit faire en tel cas Nous a icelluy Florent tutteur dessus dict avons donne et octroye donnons et octroyons par ces presentes plaine puissance auctorite de par le Roy nostre dict sire Fait en nostre hostel a Bourges par nous lieutenant commis dessus dict Et donne soubz le scel et causes du dict bailliage en tesmoing de ce le mardy unziesme jour de septembre lan mil CCCC quatre vingts et douze ainsi signe R. Villain et scelle en cire rouge sur double queue signe A Belin.

Ensuite est écrit : Scellé à Avallon le vingt-huit février 1784 ; R. neuf sols. Signe Malot.
Sur le replis, on lit : Touchebœuf pro sigillo.

Pour copie certifiée conforme.

Bourges le 22 janvier 1884.

V. DAUVOIS

Archiviste adjoint à la Préfecture du Cher.

[1] C'est le nom patronymique Le Roy féminisé.

SENTENCE DE LA REQUÊTE D'AGNÈS LE ROY

DU 29 JUILLET 1512.

VII

Pierre Joubert licentie en loix lieutenant general de Monseigneur le Bailly de sainct Gondon au premier sergent de Monseigneur qui sur ce sera requis Sallut de la partie de Damoiselle Agnes Roy veufve de feu Thomas Stuth en son vivant escuier seigneur de la terre et seignourie Dace et ses appertenances assis en la chastellenie du dict sainct Gondon tenue et mouvent en fief de mon dict seigneur a cause de son chastel et chastellenie du dict sainct Gondon et du procureur de mon dict seigneur adjoint avecques elle nous a este expose et donne a entendre que ung appelle Loys Hancquetils soy disant seigneur de Courcelles en vertus de certaines lectres de commission esmanens du bailly du dict Corcelles et aussi en vertu de certaines lectres royaulx portant main confortative le dict Loys Hancquetils auroit par ung appele Simon Fontenay sergent du dict Corcelles en vertu des lectres de commission du dict Bailly de Corcelles et Jehan Champion sergent royal en vertu des dictes lectres royaulx auroist saisy et et mys en la main du dict Hancquetils le dict lieu Dace et ses dictes appertenances pour faulte de foy et hommaige non faictz lequel lieu Dace est tenu comme dict est de mon dict seigneur en fief a cause de son chastel et chastellenie du dict sainct Gondon requerant icelle Damoiselle a estre receue a opposicion pour est il que nous vous mandons que a la requeste de la dicte Damoiselle et du dict procureur de Monseigneur adjoint avecques elle vous adjornez a jour certain et compectant a ester et comparoir pardevant vous le dict Loys Hancquetils soy disant seigneur de Corcelles pour soutenir le dict empeschement icelluy vous dire et declairer nulz et abusif si mestiet est et en oultre proceder ainsi que de raison en nous certiffiant souffisamment au dict jour de ce que sur ce en aurez de ce faire vous donnons povoir puissance et auctorite de par mon dict seigneur mandons a vous estre obey Donne soubz mon dict scel le vingtneufviesme jour du moys de juilhet lan mil cinq cent et deulx — *Signé :* Girart.

Au-dessous est écrit : Scellé à Avallon ce vingt huit février 1784 — R. sept sols six deniers

Signé : Malot.

Pour copie certifiée conforme.

Bourges le 20 janvier 1884.

V. Dauvois

Archiviste adjoint à la Préfecture du Cher.

VENTE D'ASSAY PAR MICHELLET STUD A SON FRÈRE FRANÇOIS STUD

1ᵉʳ AVRIL 1516

VIII

A tous ceulx qui ces presentes lectres verront Jehan Lesculier clerc recepveur a Beaulieu
sur Loire pour Messieurs les venerables doyan et chapitre de leglise de Bourges seigneurs du dict Beaulieu et clerc du scel estably aux contractz de la Prevoste du dict
lieu salut Scavoir faisons que pardavant Jehan Choppard notaire jure du dict scel et escripteur
de la dicte Prevoste est venu en sa personne noble homme Michellet Stud escuier lequel certain
pourvu bien conseille et advise non contrainct ne deceu en ce faict si comme il disoit a congnu et
confesse avoir vendu cedde cesse quitte transporte et delaisse des maintenant et a tousjours perpetuellement et promis garentir delivrer et defendre en jugement et dehors envers et contre
toutes personnes de tous troubles charges servitudes et empeschements quelconques toutes et
quanteffoys que mestier et requis en sera a noble homme francoys Stud aussi escuier son frere
achepteur ad ce present stippulant et acceptant pour luy les siens ses hoirs et ceulx qui de luy auront cause en temps advenir Pour le prix et somme de sept cens trente trois livres six sols huict
deniers tournoys monnoie courant a present paie nombree baillee et delivree par le dict achapteur au dict Michellet vendeur si comme le dict vendeur disoit dont et de quoy le dict vendeur sest
tenu a contant bien paie et satisfaict du dict achapteur pardavant le dict notaire et dont et de laquelle
somme dessus declairee le dict vendeur sest tenu reddevable den quitter en a quitte et clame
quitte le dict achapteur et ses aians cause a tousjours perpetuellement CEST ASSAVOIR tout
tel droit nom part et porcion de manoir lieu seigneurie justice et ce que le dict ecuier vendeur
a et peult avoir au lieu terre justice et seigneurie de Assay en la paroisse du dict Beaulieu sur
loire tant en maison fort lieu seigneurial en prez terres maisons grange bois buissons landes
gastz que aultres heritaiges quelconques comment quilz soient dictz nommez et appelez sans
riens en reserver ne retenir partans et a partir avec le dict francoys Stud escuier et tant en cen-
sive aultres droicts seigneuriaulx que aultrement comme ce puisse estre ainsi et comme le dict droict
est escheu et advenu au dict vendeur a luy est spectant et appartenant luy peult et doibt compecter et appartenir pour raison pour raison et a cause des hoirries successions et escheoistes des
feuz pere et mere diceulx Michellet Stud vendeur et francoys Stud achapteur allez de vie a trespas depuys certain temps en ca Dont et de ce que dessus tellement vendu cedde et transporte
comme dict est ensemble de tout le droict nom cause raison action seigneurie propriete profession
fonds tresfonds et saisine de ce et entierement et generalement que et comme ainsy pouvoit le
dict vendeur par quelque moien que ce puisse comprandre et ce soit sest le dict ecuier vendeur
desmis dessaisy devestu en la main du dict notaire jure et en a saisi vestu et mis en bonne profession et saisine le dict achapteur susnomme et ses aians cause a tousjours perpetuellement par le
bail teneur et octroy de ces dictes presentes lettres en le faisant constituant creant et ordonnant
quand ad ce procureur et acteur comme en sa propre chose vraie quand ad ce acquisicion et loyal
conquest. PROMECTANT le dict vendeur par sa foy pour ce donnee et mise corporellement en la
main du dict jure avoir et tenir agreable lentier contenu de ces presentes lettres garder enteriner
accomplir et de ses aians cause le faire tenir observer et accomplir de point en point sans jamais
enfraindre ce ne corrompre. Et pour raison de laquelle vente dessus declairee le dict vendeur a
promis par sa dicte foy que le dict droict part et porcion de ce que dessus et des aisances et
appartenances de ce tellement vendu comme dict est il garentira delivrera et deffendra comme

ja eu devant est exprime et declaire a la charge que sur ce porroit estre sy aulcune charge y est. Promectant le dict vendeur rendre et paier envers le dict achapteur et ses aians cause entierement les fraiz interestz mises coustz et despens faictz euz et soustenuz seroient ou pourroient estre par deffault de observance garrantie et entretenement des choses dessus dictes ou auculnes dicelles tout au simple serment du direct porteur de ces presentes lettres sans aultre preuve faire traire ne amener. Et quand ad ce tenir observer garentir et entretenir selon et par la maniere que dict est a le dict vendeur oblige par sa dicte foy donnee comme dessus envers le dict francois Stud achapteur et ses aians cause en soubzmectant pour ce à la jurisdiction compulsion et contraincte de toutes justices quelconques luy ses hoirs ensemble ses aians cause et les biens de luy et de ses aains cause tant meubles que immeubles presens et advenir quelconques quelque part quilz soient seuz veuz ou trouvez a vandre prandre et exploicter jusques a lobservance garentie et entretenement des choses dessus dictes ou aulcunes dicelles. RENONÇANT en ce faict le dict vendeur sa dicte foy a toutes fraudes et malices et expressement et generalement a toutes les choses quelconques que tant de faict que de droict pourroient estre dictes proposees et alleguees en venant ou allant a lencontre de leffect substance et teneur de ces dictes presentes lettres mesmement au droict disant general renonciation non valloir si lespecial nest precedant. Si comme le dict notaire jure auquel nous croions fermement nous a les choses dessus dictes et chascune dicelle rapportees estre vraies a la relation duquel et en tesmoing de ce le dict scel estably ausdictz contractz de la dicte Prevoste de Beaulieu avons mis et appose a ces dictes presentes lettres lesquelles furent et ont este faictes passees et donnees es presences de noble homme Guillaume du Parc et Alexandre Stud frere des dicts vendeur et achapteur escuiers honorable homme et saige maistre Estienne Barbellade licencie en loix lieutenant general du bailliage de Chastillon sur Loire nous garde dessus dict et aultres tesmoings ad ce par le dict notaire jure requis et appelez au dict lieu dassay en la dicte parroisse du dict Beaulieu le premier jour du moys dapvril lan mil cinq cens et seize avant Pasques

      Signé : CHOPPART — Ensuite est écrit : Scellé à Avallon le vingt huit février 1784 — R. trente sols — *Signé :* MALOT.

Pour copie certifiée conforme.

Bourges le 10 janvier 1884.

V. DAUVOIS

Archiviste adjoint à la préfecture du Cher.

QUITTANCE DE PIERRE D'ASSIGNY ENVERS FRANÇOIS STUT ET BARBE D'ASSIGNY[1].

20 JUIN 1519

IX

A tous ceulx qui ces presentes verront Pierre Lehongre escuier licencie en loix Bailly de Bleneau et garde du scel aux contracts de la chastellenye du dict Bleneau Salut savoir faisons que pardevant Guillaume Thomas clerc notaire et tabellion jure du dict scel et escripture de la dicte chastellenie fut present en sa personne en sa personne [2] noble homme Pierre d'Assigny escuier seigneur de la Mothe Jarriz lequel de sa bonne voulonte sans aulcune contraincte a promys et promect par ces presentes a noble homme a noble homme [3] Francois Stut et Barbe d'Assigny sa femme et a Susanne d'Assigny sa seur ad ce presens de les acquiter et rendre indempnes envers et contre tous des maintenant et a tousjours de toutes et chascunes les debtes faictes par feu noble homme Guillaume d'Assigny et damoiselle Jehanne Delacaille leurs pere et mere promectant le dict d'Assigny escuier par sa foy pour ce par luy corporellement bailhee et mise es la main du dict jure soubzsigne lobligation et hipothecque de tous et chascuns ses biens meubles heritaiges propres et conquestz presens et advenir par luy soubzmis a justice par toutes justices et jurisdictions quelconques ou trouvez seront non jamais aller ne venir a lencontre du contenu cy-dessus renoncans a toutes chouses a ce contraires En tesmoing de ce nous garde dessus dict au rapport du dict jure avons scelle ces presentes lettres du dict scel qui passees furent en presence de messire Jehan Horry et M° Loys Mean prebtres tesmoingz a ce requiz et appelez le vingtiesme jour de junig mil cinq et dix neuf

Signé : THOMAS.

Pour copie certifiée conforme

Bourges le 14 janvier 1884.

V. DAUVOIS.

Archiviste adjoint à la préfecture du Cher.

---

[1] Ce titre est du 20 juin 1519 et non du 11 mai, comme l'a indiqué l'annotateur qui a mal lu.
[2,3] Répétitions textuelles.

PROCURATION DE FRANÇOIS STUD A ALEXANDRE STUD SON FRÈRE

DU 3 AOUT 1522[1]

X

A tous ceulx qui ces presentes lectres verront Jehan Lesculier clerc recepveur de Beaulieu
sur Loire pour Messieurs les venerables doyan et chapitre de lesglise de Bourges
seigneurs du dict Beaulieu et garde du scel estably aux contractz de la prevoste et
chastellenie du dict lieu Salut Savoir faisons que es presence de Messire Estienne Poyan
prebtre et Jehan Saborin clers notaires jurez du dict scel usant de nostre auctorite et commandement est venu en sa personne noble homme Francois Stud escuyer seigneur dAssay lequel de
son bon gre et bonne volente a faict passe nomme constitue estably et ordonne ses procureurs
generaulx et certains messaigiers especiaulx honorables hommes et saiges maistres[2]. . . . . . .
. . . . . . noble homme Alexandre Stud . . . . exhibeurs et procureurs
de ces presentes lectres chascun deulx seul et pour le tout en telle maniere que la condicion de
lun occupant ne soit pas pire ou meilleure de lautre mais tout ce que par lun deulx aura este
encommence lautre puisse entreprandre poursuir et mener affin en toutes ses causes menes et a
mouvoir tant en demandant comme en deffendant et pardevant tous juges tant desglise que
seculiers commissaires arbitres et leurs lieutenants de quelque povoir et auctorite quils usent ou
soient fondez donnant et octroyant le dict constituant a ses dictz procureurs destre et comparoir
pour luy en jugement et deshors sa personne representer excuser examiner ses causes deffendre
plait ou plaictz entasmer poursuir et mener affin convenir reconvenir cognoistre nyer advoher
desadvoher proposer et bailler par escript ou dire de bouche faiz raisons et articles les affermer
dire les verites jurer en lame du dict constituant et faire sermens que ordre de droict
requiert et enseigne produire et actraire tesmoingz les faire jurer exhiber et examiner mectre
toutes lectres actes instrumens et aultres enseignemens en forme de preuve veoir jurer et reprou-
cher si mestier est les tesmoingz produitz par partie adverse dire contre leurs dictz et despositions
demander jour dadvis dobstencion de veue de garend et tous aultres delaiz de court prendre les
faiz et charges de garentie faire vue et obstencion de lieux eslire domicille adjoindre en cause ou
causes quil appartiendra demander renvoy decliner la court et juge opposer en tous cas et a
toutes fins soustenir l'opposition ou y renoncer si mestier est demander lentherinement et
execution de toutes lectres impetrees ou a impetrer conclure en cause ou causes oyr droict
arrestz interlocutions et sentences deffinitives appeler de tous griefz et sentences dappel ou
appeaulx relever poursuir et y renoncer si mestier est demander jurer et faire tauxer
despens et les recepvoir si adjugez luy sont ou tauxez et par especial le dict constituant
donne et par ces presentes donne plain povoir puissance auctorite et mandement especial
au dict Alexandre Stud son dict frere et procureur de quereller et demander la somme
de soixante neuf livres cinq sols dix deniers tournois ou telle par et porcion qui luy peult
estre deue de la dicte somme en laquelle somme est tenue et obligee Jehan Rougier
marchant demourant a[3] Bourges envers feue damoiselle Agnes Le Roy leur mere pour les causes
conténues es lectres obligatoires confaictez et passeez soubz le scel de lofficialite de Bourges

---

[1] En marge est écrit : Vu : Cherin.
[2] Ces points représentent deux demi-lignes restées en blanc.
[3] Et non à Limoges, comme avait lu et écrit l'annotateur de ce titre.

signee B. Guillot lesquelles le dict François en noz presence a mise entre les mains du dict Alexandre en contraindre pour en avoir paiement de la dicte somme ou de sa dicte porcion que le dict Jehan Rougier ses hoirs ou aultres qui pour ce seront a contraindre et du receu en passer acte lectre de quictance une ou plusieurs ou nom du dict François et en icelles obliger le dict François Stud constituant comme si present en sa personne y estoit et faire porroit et generallement de faire tout ce que au cas de plederie appartient que le dict constituant ferroit et faire porroit si present en sa personne y estoit promectant le dict constituant par sa foy pour ce donnee corporellement en la main des dictz jurez soubz lypothecque et obligacion de tous ses biens meubles et immeubles presens et advenir quelzconques lavoir et tenir pour agreables a tousjoursmais tout ce que par ses dictz procureurs et chascun diceulx sera sur ce faict dict et procure pledoie et besoigne es chouses dessus dictes ce que en despend estre a droict et paier la jugie si mestier est En tesmoing de ce nous au rapport des dictz jurez ausquelz nous adjouxtons pleniere foy le dict scel de la dicte prevoste de Beaulieu sur Loire avons mis et appose a ces presentes lectres Donne le troysiesme jour daoust lan mil cinq cent et vingt deux

Signé : SABORIN ET POYAN.

Pour copie certifiée conforme

Bourges le 26 janvier 1884.

V. DAUVOIS.

Archiviste adjoint à la préfecture du Cher.

INVENTAIRE DES TITRES ET PAPIERS

21 DÉCEMBRE 1540

XI

INVENTAIRE en presence de nous notaires a Beaulieu sur Loire des lectres et enseignements estant en la maison seigneurialle du chastel dAssay delaissez par le deces et trespas de feux noble homme Francois Stud en son vivant escuyer seigneur du dict Assay et de Barbe dAssigny jadis sa femme le xxi° jour de decembre lan mil cinq cens quarante.

Et premierement une lectre dachapt faicte par le dict seigneur dAssay acquis de noble homme Michellet Stud de sa part et portion de la seigneurie du dict Assay en date du premier jour du moys dapvril mil V° et seize Signe J. Chope notaire au dict Beaulieu Cotte p. A.

Item deux lectres dachapt contenant ung mesme faict attache lune a laultre contre noble homme Alexandre Stud en date du premier jour dapvril lan mil cinq cens et seize Signe J. Lesculier et Chope Cotte p. B.

Item une lectre de quitance contre le dict Alexandre Stud en date du dixneufiesme juing lan mil V° XVIII Signe Mennuet Cotte p. C.

Plus une aultre quictance en papier attachee a la quictance susdicte contre le dict Alexandre Stud en date du VII° jour de janvier lan mil cinq cens dix sept Signe Farineau Cotte p. C.

Item une lectre darrentissement et faicte par le dict sieur d'Assay a Pierre Patet de III solz IX deniers tournois et deux chappons de rente en date du XIIII° septembre lan mil cinq cens dix sept Signe J. Chope Cotte p. D.

Plus une aultre lectre darrentissement contre Jehan Delas en date du XIIII° de septembre lan mil cinq cens et dix sept Signe P. Chope Cotte p. E.

Item une lectre de arrentissement faicte par le dict sieur d'Assay a Laurent Corsange en date du II° aoust mil IIII° IIII²² XIX (1499) Signe Salon Cotte F.

Plus une lectre a adcense faicte par le dict seigneur d'Assay de la mestairie faicte a Gracian Potot et Jehan Potot en date du cinquiesme jour de decembre lan mil cinq cens XXXII Signe Saborin. G.

Signé : SABORIN ET FOUCHARD.

Pour copie certifiée conforme

Bourges le 29 janvier 1884.

V. DAUVOIS.

Archiviste adjoint à la préfecture du Cher.

INVENTAIRE DES BIENS MEUBLES ET IMMEUBLES DE LA SEIGNEURIE

D'ASSAY

DU 11 MAI 1543

XII

AUJOURDHUY le unzeiesme jour de May lan mil cinq cent quarante troys Nous Gracian Potot Prevost de la terre et seignorie d'Assay appelle avec nous Andre Fouchard nostre greffier sommes transportez ou chastel du dict Assay a la requeste de noble homme Hectord Stud escuier seigneur d'Assay et nous arrivez en icelluy chastel le dict seigneur d'Assay nous a requis que eussions a mectre par inventaire tous ungs et chascuns les biens meubles lectres tiltres et enseignemens sedulles brevez et obligations tant actives que passives qui sont ou dict chastel pour estre faict partaige diceulx meubles dentre le dict seigneur d'Assay et nobles hommes Piérre d'Assigny seigneur de la Mothe ou nom et comme tuteur et Roulland de Bourbon seigneur de Groux bois curateur de Regne Barbe et Charles le jeune Studz enffans myneurs dans de deffunctz noble homme Francoys Stud et noble damoyselle Barbe d'Assigny leurs pere et mere par nous japieca ester des le vingtseptiesme jour doctobre lan mil cinq cent quarante ung et pour lequel faire le dict seigneur d'Assay a faict assembler au dict chastel d'Assay les dictz

dAssigny et Bourbon es dictz noms comme tuteur et curateur presens ausquelz avons demande
qui volloient sur ce dire et silz volloient consentir ou discentir le dict inventaire lesquelz nous
ont respondu quilz consentoient que le dict inventaire fust par nous faict desdicts biens meubles
lectres tiltres et enseignemens sedulles brevez et obligacions qui sont ou dict chastel dAssay
Veu lequel consentement avons procedde au faict du dict inventaire en la maniere quilz
sensuict

Et Premierement

En la chambre haulte du dict Assay tirant vers Courcelles avons trouve deulx lictz garny
de couest cuissin couverture quatre linceulx deulx chasliz ouvrez garny a chascun de ung sciel
de serge et frangest avecques courtyne de serge une table garnye de deulx tourteaulx une ban-
celle troys escabelles deulx landiers de fert Et dillecq nous sommes transportez en une aultre
chambre joignant la dicte chambre susdicte a laquelle avons trouve ung chaslict de bois ouvre
dans lequel y a ung lict garny de couest cuissin couverture et deulx linceulx une table de bois
garnie de deulx tourteaulx quatre fust a mectre vin ung collet a escaille une selle a chevaulcher
avec une bridde Et dillecq sommes descenduz en la cave des dictes chambres en laquelle avons
trouve ung tonneau de vin blanc et cleret une queue tirant troys tonnaulx ou environ huict fust
a mectre vin ung petit salloir ouquel avons trouve deulx lars sallez deulx verguteres ouquel y a du
vergust environ demy a chascun une chairette de bois a mener feumier Et du dict lieu sommes
transportez en une chambre basse appelee la curyne en laquelle avons trouve deulx routissoires
de fert deulx landiers de fert colle dont lung est rompu troys sostes de fert telz quelz deulx
pouesles a queue deulx rachauffoires de cuivre ung pot de cuivre tenant huict escuelles quatre
chandelliers deulx grands et deux petits un petit pot de fert tenant deulx escuelles deulx aultres
grand potz de fert telz quelz ung bassin a laver mains une bassinoire a chauffer lictz ung escherey
a faire buys vingt huict assiettes que saccierre destaing une pelle de fert a queue deulx petz de
fert rompuz une paire de tenaille de fert a feu avec un tirefeu de fert troys chaudieres telles
quelles une mect fermant a clef une table garnie de deulx tourteaulx ung bassin dazin vingt une
grandes escuelles et platz deulx lechefroixe deulx covescles de fert Et ou grenier de dessus les
dictes chambres de la grande maison den bas avons trouve ung millier de secle de couldre sept
vesseaulx a mectre vin deulx septiers advene huict boisseaulx vesse Et du dict grenier sommes
transportez en aultre grenier joignant avons trouve six septiers seigle et huict septiers froment
troys mynes advene quarente livres chanbre ferre que a ferrez quatre panniers a mouches huict
tynes huict boissaulx poix Et du dict grenier sommes dessenduz en une garde roube en laquelle
avons trouve deulx lictz garny de couestes cuissins deulx couvertures de laine deulx chaslitz de
bois plains ung couffre auquel y a deulx douzaines de serviettes six nappes et ung coffre ferment
a clef ouquelz y a dedans quatre sacs des lectres tiltres et enseignemens de la dicte terre dAssay
et ung petit couffret en fasson de bahuz dedans lequel a este trouve certaines quictances faictes
par Maistre Barbeladde des arreraiges de vingt troys livres de rente constitue par le dict feu
Francoys Stud pere du dict seigneur dAssay avec ung memoire en papier ouquelz sont contenues toutes les debtes qui estoient deubz par les dictz deffunctz Francoys Stud et la dicte Barbe
dAssigny qui monte en somme toute la somme de neuf cent quarante livres cinq solz Et de la
dicte chambre sommes passez en une aultre chambre en laquelle avons trouve un buffet ferment
a clef deulx landiers de fert une courmaillaire ung verriez a troys estaiges de bois ung dressouer
ferment a quatre clefz une table garnye de deulx torteaulx de bois ung tapy ung petit couffre
dedans lequel sont les dictes serviettes ung bain a selle une chesze six hescabelles une grille cinq
arbalaiste dassier garnie de bandaige ung flaccon destaing deulx espiez troys haquebuttes Et de
la dicte chambre sommes transpourtez en la derriere chambre estant pres le pont en laquelle

avons trouve ung lict garny de coueste cuissin et une couverture avec un chaslict ouvre une petite couchette garnie de coueste cuissin couverture une table ung ban deulx tourteaulx une chere fermént a clef servant de table troys haquebuttes Et du dict lieu sommes dessenduz en la grange du dict Assay en laquelle avons trouve une lassure et demye de foin En lestable des chevaulx avons trouve deulx chevaulx lun bayard et laultre moureau une vache avec ung veau de ceste annee unze pors tant grand que petis deux chevaulx sur poil noir Et du dict lieu sommes descenduz en la mestairie de la basse court ouquel avons trouve six beufz a tret trente deulx chefz de barbiz dix chefz de porz et truys dix chefz de vaches grand que petites En la segonde mestairie avons trouve quatre beufz a tret quinze chefz de barbiz cinq vaches quatre veaulx et ung toureau Et a afferme le dict Hectord Stud seigneur du dict Assay par foy et serment par nous de luy prins ne scavoir aultres biens meubles que les dessus nommez et lesquelz ont este exstimez et prisez par Estienne Bourgeoys et Estienne Housset par serment par nous deulx prins qui est rappourte tous les meubles dessus dictz valloir la somme de deulx cens soixante treize livres quinze solz tournois desquelz biens meubles susdictz en appertient au dict Hectord Stud la moictie comme le plus aynet ainsi que dient les dictz dAssigny et Bourbon es dict noms Et pour ce que la part des dictz biens meubles appertenant ausdictz Charles le jeune Regne et Barbe Studz myneurs susdictz ne vallent pas la somme de six vingtz quatorze livres sept solz six deniers tournois pour leurs pourcions de la dicte somme de neuf cens quarante livres cinq solz tournois contenues es dictes debtes de laquelle somme susdicte conviendroict ausdictz myneurs en payer la moictie qui seroit quatre cens soixante dix livres deux solz six deniers tournois Et pour recompanse de laquelle somme susdicte pour la dicte part et pourcion desdictz myneurs susdictz qui excedde plus et davantage que les dictz meubles ne peulvent valloir iceulx dAssigny et Bourbon esdictz noms comme tuteur et curateur des dictz myneurs susdictz ont cedde et delaisse a perpetuel au dict Hectord Stud seigneur du dict Assay les droicts parts et pourcions que iceulx myneurs pourroient avoir en la maison chastel du dict Assay ainsi que ce compourte fossoye en lentour le vol du chappon et arpam de terre suyvant la coustume ensemble leurs pars et pourcions de tous et chascuns les meubles cy dessus nommez et declairez Oultre iceulx tuteurs et curateurs ont delaisse au dict Hectord Stud tous aultres bastimens comme granges maisons toictz bourie cours courtiz aisances et appertenances du dict lieu dAssay le tout ainsi quil ce compourte avec compris les rentes quilz leurs pourroient appertenir en la dicte seigneurie dAssay et ausdictz myneurs escheuz et advenuz comme des successions des dictz deffunctz Francoys Stud et Barbe dAssigny leurs pere et mere japieca accorde entre eulx A la charge que le dict Hectord Stud sera tenu et a promis rendre quicte et indampn les dictz Charles le jeune Regne et Barbe Stud myneurs susdictz ensemble les dictz tuteur et curateur de la dicte somme de neuf cens soixante treize livres quinze solz tournois qui excedde plus que leur pourcion de leurs dictz meubles ne vallent Ce faict le dict Hectord Stud nous a requis a la presence des dictz dAssigny et Bourbon es dictz noms que eussions a procedder au faict du partaige quant aux heritaiges estant de la seigneurie du dict Assay Lesquelz dAssigny et Bourbon es dictz noms ont consenty que partaige soit faict des dictz heritaiges des dictes terres et seigneurie dAssay a party par moictie avec le dict Hectord Stud comme le plus aynet et les dictz Charles le jeune Redgne Barbe Charles laynet Francoyse et Jacquelline Stud tous ensemble pour lault moictie Et veu le consentement desdictz dAssigny et Bourbon es dictz noms avons procedde a lesgard des dictz heritaiges en la maniere quil sensuict Cestassavoir que a la part et pourcion du dict Hectord Stud est escheu et advenu les heritaiges quilz sensuyvent Premierement La maison chastel vol de chappon et arpam de terre tout a lentour ainsi quilz se extend et compourte tant en bastymens cours vergiers aisances et appertenances diceulx granges bouries estant en la basse court et ainsi que le tout est fossoye tout a lentour plus la moictie dune piece de terre estant en bois et pesturaiges assis derriere le chastel dAssay contenant la dicte moictie quatre arpens ou environ a prandre du couste devers Beaulieu jouxte le chemin par lequel ou va de Beaulieu a Chastillon daultre la terre de monseigneur de Courcelles Plus la moictie dune piece de terre tant en terre que bruerre assise aux terres fours contenant cinquante arpens ou environ a prandre la dicte moictie vers la terre des heritiers feu mastre Estienne Barbeladde jouxte au dict Barbeladde daultre a la terre de monsieur de Courcelles le chemin entre deulx daultre ou chemin par lequel on va du dict Beaulieu a Chastillon Plus la moictie dune piece de terre en bois estant devant le dict chastel du dict Assay contenant ung arpam et demy ou environ a prandre vers Beaulieu jouxte aux hoirs feu henry Potot daultre au chemin par lequel on va du dict Assay a lestang le compourte (sic) Plus la moictie dune aultre piece de terre appellee Aux Coustures contenant la dicte moictie sept arpens ou environ a prandre devers Beaulieu jouxte la terre feu Jehan Potot daultre ou chemin par lequel on va de Chastillon au dict Lestain le compte (sic) Plus la moictie dune piece de terre assise en Bergerot contenant la dicte moictie quinze arpens ou environ jouxte dun long au cheral (sic) des Pellault dict Pignars et a Jehan Potot dun bot Plus la moictie dune piece de terre assise aux Arpans contenant quinze arpens ou environ a prandre vers la garenne jouxte dun long la garaine du dict Assay daultre et pardessoubz aux prez dassay Plus la moictie dun bois contenant dix arpens ou environ jouxte la terre de la maison Dieu de Beaulieu dault et par dessoubz a la prarie du dict Assay Plus la moictie dune piece de terre appellee la Garaine en bois et buissons a prendre vers les prez du dict Assay contenant deulx arpens ou environ jouxte dun long au chemin par lequel on va du dict Assay au pourt du sust Plus la moictie dun cloux de vigne a prandre vers le chemin de Chastillon jouxte au dict chemin susdict daultre au chemin par lequel on va du dict Assay au Ponct dassay Plus la moictie dune piece de pre contenant cinq arpens appelle le grand pre a prandre du couste le pre des heritiers maistre Barbelladde jouxte au dict Barbeladde dun bot et dun long Plus la moictie dune piece de pre a prandre de vers le pre des hoirs maistre Leon Housse le fousse entre deulx contenant deulx arpens ou environ jouxte le dict pre du dict Housse et dessoubz aux heritiers feu maistre Barbellade Plus la moictie dune piece de terre en taillys bois et buissons contenant cinq arpens ou environ a prandre vers Chastillon jouxte au chemin par lequel on va de Beaulieu a Chastillon et pardessoubz au pre des hoirs feu maistre Leon Housse Plus une aultre piece de pre appellee les Chaulmes contenant troys arpens jouxte au seigneur de Courcelles des deulx pars daultre part aux hoirs feu henry Potot Plus la moictie dune aultre piece de terre en taillys a prandre de vers Beaulieu contenant neuf arpens ou environ jouxte pardessus au chemin par lequel on va de Beaulieu a Chastillon et par dessoubz les nouhes des hoirs maistre Léon Housse Plus la moictie dune piece de terre assise ou ban de Loire tant en terre que buissons contenant cinquante arpens ou environ vers le couste de Chastillon jouxte au chemin par lequel on va de Bonny a Chastillon sur Loire daultre au seigneur de Courcelles daultre au chemin par lequel on va du dict Assay au pourt du sust Et a la part et pourcion des dictz Charles Laynet Jacquellyne Barbe Francoyse Charles le jeune et Regne Studz enffans susdicts tous ensemblement Leurs est escheu et advenu laultre moictie des heritaiges estant en la dicte terre dassay ainsi que sensuyvent Et premierement la moictie dune piece de terre estant en bois et pesturaiges assise derriere le chastel du dict Assay contenant la dicte moictie quatre arpens ou environ a prandre du couste vers Chastillon sur Loire jouxte au chemin par lequel on va de Beaulieu a Chastillon dault au chemin de la croix aux champs Plus la moictie dune piece de terre tant en terre que bruerre assise aux terres fours contenant cinquante arpens ou environ a prandre la dicte moictie vers le chemin par lequel on va du dict Courcelle au pont dassay jouxte par dessus et par dessoubz aux chemins par lequel on va du dict Beaulieu a Chastillon Plus la moictie dune piece de terre en bois estant devant le dict chastel contenant ung arpens et demy ou environ a prandre vers Chastillon jouxte le chemin par lequel on va du dict Beaulieu a Chastillon pardessoubz au Chezal de la Gresse Plus la moictie dune aultre piece de terre appellee aux Coustures contenant sept arpens ou environ a prandre vers Chastillon jouxte le chemin par lequel on va du dict Chastillon au pourt du seust daultre part a ung chemin par lequel on va du dict Lestaing au dict Chastillon Plus la moictie dune piece de terre assise en Bergerot contenant quinze arpens ou environ a prandre vers la riviere de Loire jouxte le chemin par lequel on va du dict Chastillon au dict Beaulieu daultre part au chemin par lequel on va du dict assay au port du seust Plus la moictie dune aultre piece de terre assise aux Arpens contenant quinze arpens ou environ a prandre vers le bois de Riviere jouxte le chemin par lequel on va de Chastillon a Lestaing daultre pardessoubz aux prez du dict Assay Plus la moictie de ung bois contenant cinq arpens ou environ a prandre vers Chastillon jouxte pardes- soubz aux prez dassay daultre part aux Arpens Plus la moictie dune piece de terre appellee la Garenne en bois et buissons contenant deulx arpens ou environ a prandre vers la Plainte jouxte au dict chemin par lequel on va du dict Assay au port de Seust Plus la moictie de ung cloux de vigne a prandre vers la garenne contenant deulx arpens ou environ jouxte a la garenne du dict Assay daultre au dict chemin par lequel on va au dict port de Seust Plus la moictie dune piece de pre appellee le grand pre contenant cinq arpens ou environ a prandre vers les nouhes au Roy jouxte par dessus la terre de Beaulieu pardessoubz au seigneur de Courcelle Plus la moictie dune piece de pre contenant deulx arpens a prandre vers le pre des hoirs feu Jehan Potot lequel jouxte pardessus au pont dassay par dessoubz la terre de Chastillon Plus la moictie dune piece de terre en taillie bois et buissons contenant cinq arpens ou environ a prandre vers Beau- lieu. . . . .

(Le reste de ce titre manque)

Pour copie certifiée conforme.

Bourges le 28 janvier 1884.

V. DAUVOIS.

Archiviste adjoint à la Préfecture du Cher.

ACTE DE CESSION DE LA SEIGNEURIE D'ASSAY PAR HECTOR STUD À CHARLES STUD SON FRERE

DU 16 AVRIL 1545

XIII

A TOUS ceulx qui ces presentes lectres verront Pierre Picard recepveur procureur general et garde du scel estably aux contraulx de la prevoste et chastellenie de Beaulieu sur Loire salut scavoir faisons que pardevant maistre Loys Paulmier et Jehan Saborin clercs notaires jurez soubz ledict scel et de lescripture de la dicte prevoste comparant en sa personne noble homme hectord Stud escuyer seigneur dassay en la paroisse de Beaulieu sur Loire tant en son nom que comme soy faisant et portant fort en ceste partie pour Regne Francoise et Barbe ses sœurs heritiers avec Charles Stud laynet de nobles personnes francois de Stud et Barbe dassi- gny leur pere et mere en leur vivant seigneur et dame du dict Assay lequel hectord es dict nom de sa propre et liberalle vollonte recognoist et confesse avoir ce jourdhuy baille et delaisse baille cedde et delaisse par ces presentes et promect garentir et deffendre a noble homme charles

Stud aussy escuyer son frere ad ce present Stippulant et acceptant pour luy ses hoirs et ayans cause en temps advenir cest assavoir les terres Justice et Seigneurie des terres fors le Chesgne Ardoyn et Bergerot avec la maison grange estables bories vigne et pre le tout assis en la seigneurie du dict Assay avec les appertenances et deppendances aisances et circonstances dicelles pour en joyr et user doresnavant par le dict Charles acceptant et en prandre les fruictz proufficts revenuz et esmolumens appartenant et aultrement en faire et disposer comme bon luy semblera comme de sa propre chouse bonne et loyalle succession de ses dictz feux pere et mere PROMECTANT le dict recognoissant par especial fornir livrer garentir faire eschoir et venir des a present pour tousjours les dictes terres heritaiges Justices et Seigneuries au dict acceptant son dict frere comme sy partaige et division estoient ja faictes et passeez entre les dictes parties toutes heritiers des dictz deffunctz vollant et consentant par le dict recognoissant que des a present le dict Charles acceptant sen puisse dire nommer declairer ou appeller vray seigneur titulaire heritier et juste possesseur comme·a luy advenuez et escheuez a cause des dictes successions pour le regard de sa part et contingente porcion indivise avec le dessus dict hectord es dict nom pour ce desquellez successions moiennant les chouses dessus dictes icelluy acceptant cest tenu et tient pour content et justement parti lotti et divise de tous les biens et successions dessus-dictes RENON-CANT pour le surplus dicelles aux prouffictz et utillites du dict hectord escuyer es dict noms sans esperance de jamais aller ne venir aultour chouse contredire ou debattre au contraire sur peine de tous despend dommaiges et interestz paier en tesmoing de ce nous au rapport des dictz jurez le dict scel du dict Beaulieu avons mis et appose aux dictes presentes lectres qui furent faictes et passeez le seiziesme jour dapvril lan mil cinq cens quarante cinq apres Pasques.

Signé : SABORIN et PAULMIER.

Pour copie cerlifiée conforme.

Bourges le 28 janvier 1884.

V. DAUVOIS

Archiviste adjoint à la Préfecture du Cher.

AVEU ET DÉNOMBREMENT DE LA SEIGNEURIE D'ASSAY PAR

CHARLES STUD A LOUIS DE LA TRÉMOUILLE

DU 22 MAI 1549

XIV

A TOUS ceulx qui ces presentes lectres verrons Pierre Picard recepveur Procureur general et garde du sçel estably aux contraulx de la prevoste et chastellenie de Beaulieu sur Loire pour monseigneur du dict lieu Salut scavoir faisons que pardevant Jehan Saborin clerc notaire jure du dict scel et de lescripture de la dicte Prevoste pour ce personnellement estably noble homme Charles Stud fils de feu noble homme francois Stud et de noble Damoi-

selle Barbe dassigny ses pere et mere escuyer Seigneur dassay en la parroisse du dict Beaulieu
sur Loire lequel de son bon gre et bonne volonte sans aulcune contraincte a cogneu et confesse
recognoist et confesse tenir et advohe tenir en foy et hommaige comme feust le desire de hault
et puissant Seigneur Monseigneur Loys de la Trymoille chevallier comte de Guynes de Benon
et de Tallebourg vicomte de Thouards prince de Tallmont baron de Craon de Sully et de Montagu Seigneur de Sainct Gondon Seully et Molin fiou absent moy notaire present stippulant et
acceptant pour le dict seigneur de la Trimoille ses hoirs et ayans cause le temps avenir les heritaiges qui sensuyvent CEST ASSAVOIR la maison seigneurialle du chastel du dict lieu dassay
ainsi quelle se comporte en murailles boys et appartenances de alentour dicelle jusques au chemin par lequel on va de la riviere de Loire a Corcelles dautre au chemin par lequel on va du dict
Beaulieu a Chastillon sur Loire dautre part a la mestairie de Riviere plus troys chesaulx estant a
lentour du dict chastel dont a present sont detenteurs Robin Potot fils de Gracian Potot Jehan
Potot fils de Pierre Potot a prandre et jouxter le chemin par lequel on va de Chastillon au dict
Beaulieu dautre au chemin allant de la croix aux haulx [1] a la riviere de Loire Plus ung aultre chezal estant entre le chemin par lequel on va du pont dassay et le chemin par lequel on va du dict
Corcelles a la riviere de Loire et du dict sellon le chemin par lequel on va du dict pont au dict
Chastillon Plus cinquante septrees de terre a prandre entre les chemins par lesquelz on va de
lung des dictz chemins du dict chastel au puys aux avenes et de lautre chemin a Corcelles jusques
au chemin par lequel on va de Chastillon a Beaulieu au carrefoure qui croise les dictz chemins
vulgairement appelle la croix aux haulx et du dict carroir tirant le dict chemin allant du dict carroir au dict Chastillon jusques aux heritaiges de Charpignon appartenant a present a maistre
Estienne Barbelade Plus ung houstel qui fust feu Guerry ainsi qu'il se comporte tenant d'une
part aux foussez du dict chastel dassay dautre au chemin par lequel on va du puy dassay a Loire
dautre au chemin par lequel on va du dict Puys a Chastillon Plus une masure contenant une
septree semence tenant d'une part au dict chemin par lequel on va du dict puis dassay au pont
dassay dautre part a la terre que soloit estre le bois de Riviere ung fousse entre deulx dautre part
et cotornant sellon le dict fousse au chemin allant du dict puys a la Riviere de Loire Plus ung
petit cortil foussoye de ung couste contenant environ une toise pris le long de derriere la grange
feu vraivet Potot assis en lherritage qui fust riviere le dict cortil tenant par le bout a ung aultre
petit cortil qui est aussy fossoye qui tient aux foussez du dict chastel du dict Assay du couste du
lheritaige du dict Potot qui fust au dict Riviere Plus trente septrees de terre assises en la dicte
terre dassay a prandre depuis le chemin par lequel on va du carroir Tixier qui est davant la maison
qui fust a feu Pierre Potot qui fust a la Grosse ouquel carroir est assis une borne tirant droit ou
chesgne Nardoyn jusques a la terre de Chastillon et depuis le dict carroir Tixier scellon le chemin descendant de la dicte croix aux haulx qui traverse le dict carroir Tixier tirant droit jusques
au carroir Bergerot tirant scellon le chemin de lestang jusques a la terre du dict Beaulieu descendant aux prez dassay dautre a un hault douhan qui despare les nohees qui furent maistre
Leon Houssai Plus six septrees de terre assises aux coustures tenant au dict carroir Bergerot et
au chemin par lequel on va du dict carroir a lestang lequel jouxte aux terres de Rivieres ung
sentier entre deulx et par le hault au chemin par lequel on va du dict Chastillon a Beaulieu passant
par derriere loustel du dict feu Pierre Potot qui fust a la Grousse Plus une piece de terre a prandre
depuis le pont dassay tirant au chemin de la Rablee contenant trente septrees ou environ et ainsy
quelle se compourte jouxte au chemin par lequel on va au pour du seust au chemin
par lequel on va de Chastillon a Assay dautre au dict seigneur de Corcelles Plus
une piece de pre appelle le pre Guerry assis en la dicte terre dassay contenant dix huit
arpens ou environ tenant d'une part aux foussez qui despartent la terre du dict Beaulieu

---

[1] On doit lire *oyes*.

dautre part au pre qui fust feu Loys Barbeladde de lung des longs dautre aux prez de lestang une douhee entre deulx pardessoubz au pre du Seigneur de Corcelles Plus une aultre piece de pre appellee les chaulmes en la dicte terre dassay contenant troys arpens ou environ tenant aux prez qui furent feu Vrayret Potot pardessoubz dune part aux prez du dict seigneur de Corcelles daultre part aux prez qui furent a Pierre Potot qui auparavant appartenoient a la Grousse Plus uue aultre piece de pre assise en la dicte terre et seigneurie dassay appellee Bongrand contenant quatres arpens tenant d'une part pardessus au pre qui fust a monseigneur de Blancafourt de ung long au pre des Foireaulx appelle la Longuerelle pardessoubz aux prez Turreau daultre long ung pre du dict seigneur de Corcelles Plus une aultre piece de pre assise aux Nohees qui fust feu Leon houssai en la dicte terre dassay contenant ung arpens ou environ tenant des deulx parts aux dictes nohees qui furent au dict Maistre Leon houssai qui furent a Debray daultre part au buisson Guerry le fousse entre deulx et au dohau du bois de dessus. Plus cinq arpens de pestureaulx assis en la dicte terre dassay tenant au vivier du dict seigneur dassay daultre la terre de Chastillon sur Loire le chemin des Nohees qui furent maistre Leon housse ung fousse entre deulx daultre a la riviere de Loire daultre lheritaige qui fust Vrayret Potot ET GENERALEMENT tous et ungs chascuns les aultres heritaiges que le dict escuyer auroit ou pourroit avoir en sa possession seigneurie et saisine du dict Assay assis et scituez en la parroisse du dict Beaulieu sur Loire que es lieux circonvoisins et parroisses cy-dessus declairees il tient et advohe tenir a tousjoursmais du dict seigneur de la Trymoille en foy et hommaige comme nature de fiefz le desine par la maniere cy-dessus declairee par ainsy a este dict et declaire par le dict seigneur dassay par devant le dict jure PROUMECTANT le dict escuyer en dict noms que dessus par la foy et serment de son corps pour ce donne corporellement en la main du dict jure qui tout ce present adveheuz et le contenu en ces presentes lectres jamais contre ne viendra aller ne venir fera par luy ny par aultre ou aultres le temps avenir en aulcune maniere Ains les tiendra gardera et accomplira les fera tenir garder et accomplir sans les corrompre ny jamais venir sur peine de paier tous coustz despens dommaiges et interestz qui seront faictz ou soustenuz OBLIGEANT quand ad ce par sa dicte foy tous et ungs chascungs ses dictz biens presens et avenir lesquelz quant ad ce il a promis et promect soubzmis et obligez a la jurisdiction et contraincte du dit scel du dit Beaulieu sur Loire et a toutes aultres justices quelzconques TENONS quant ad ce le dict escuyer ou dict nom que dessus a toutes choses quelconques generallement ad ces lectres contraires Et mesmement au droict disant generale renonciacion non valloir sy lespeciel nest precedent En tesmoing de ce Nous veu le rapport du dict jure auquel nous avons entierement et adjoustons pleniere foy le dict scel du dict Beaulieu avons mis et appose ad ces presentes lectres Donne le vingt deuxiesme jour de May lan mil cinq cent quarante neuf par andre Fouchard notaire au dict Beaulieu et Thomas Chauveau du dict Beaulieu tesmoings ad ce requis et appelez

Signé : SABORIN.

En marge de ce titre est écrit et signé de la même main : Vu CHERIN.

Pour copie certifiée conforme.

Bourges le 28 janvier 1884.

V. DAUVOIS

Archiviste adjoint à la Préfecture du Cher.

CONTRAT DE MARIAGE DE CHARLES STUC AVEC JEHANNE DE HARLU

LE 31 OCTOBRE 1550

XV

A tous ceulx qui ces presentes lectres verront THOMAS CORNILLAT chanoine de Leze [1] garde du scel estably aux contractz de la Prevoste du dict lieu salut Savoir faisons que pardevant Francois Guibert clerc notaire jure soubz le dict scel personnellement estably noble homme Charles Stuc escuyer seigneur dassay en la parroisse de Beaulieu sur Loire dune part et noble homme Anthoine de Harlu escuyer demourant en cette ville de Leze Damoiselle Anne de Veilhan sa femme et damoiselle Jehanne de Harlu leur fille les dictes femmes et filhe deuement et suffisamment auctorizees du dict de Harlu pour le faict que sensuit daultre part Lesquelles parties ont confesse et confessent mariage avoir este prepare dentre les dicts Charles Stuc et Jehanne de Harlu soubz les pactions promessent et obligacions qui sensuivent cest assavoir le dict Charles Stuc a promis et promect par ladvis et deliberacion de noble homme Alexandre Duparc escuyer seigneur de Courcelles la ville honnorable homme maistre Lois Paulmier seigneur de Lachat a prendre a femme et espouze la dicte Jehanne de Harlu Laquelle de lauctorite de ses dicts pere et mere et par ladvis conseil et deliberacion de nobles hommes Jehan de Corguilleray escuyer seigneur de la Bolesverie Ravaud de Villebourg escuyer seigneur de Beaulvoir Guillaume Lezeau [2] seigneur de Villaces a promis prendre a Mary et espoux le dict Charles Stuc les solempnitez de saincte Esglise premierement gardees et en tout et par tout observees et le dict mariage solempnize en face de saincte Esglise les dicts futurs espoux demoureront en communaulte lun avec lautre de tous biens meubles presens et advenir et es conquests immeubles qui faicts et conquestez seront entre eulx constant le dict mariage et communaulte par moictie En faveur de quoy le dict Anthoine de Harlu a promis et promect paier et bailler au dict futur espoux en faveur dicelle future espouse la somme de dix huit cens livres tournois et ce pour tout droict successif que la dicte future espouze pourroit pretendre apres le deces de ses dicts pere et mere a la succession desquelz elle a renonce et renonce au proffict de ses dicts pere et mere et de noble personne Jehan de Harlu leur fils Et telle renonciacion ont promis faire les dicts futurs espoux le dict mariage consumme La dicte somme paiable savoir cinq cens livres tournois dedans le jour et feste de Nativite Nostre Seigneur Aultres cinq cens livres tournois du dict jour de Nativite Nostre Seigneur en ung an et aultres cinq cens livres tournois du dict jour de Nativite Nostre Seigneur prochain en deux ans le tout prochainement venant Et trois cens livres tournois faisant la dicte somme de dix huit cens livres tournois apres le deces du dict Anthoine de Harlu Delaquelle somme sortira nature de meubles la somme de trois cens livres tournois pour acquerir par la dicte future espouze la communaulte du dict futur espoux et la somme de quinze cens livres tournois sortira nature de Assignal a la dicte future espouze pour lequel Assignal le dict Charles Stuc futur espoux a delaisse cedde quicte et transporte delaisse cedde quicte et par ces presentes transporte a la dicte future espouze stippulante et acceptante pour elle ses heritiers et ayans cause la moictie du lieu terre et seigneurie dassay comme il se peult extendre et comporter en maisons colombier garennes granches bois buissons terres prez landes gastz cens rentes et aultres droictz quelzconques sans en riens excepter selon quil est assis en la dicte parroisse de Beaulieu Et dicelle sest dessaisi et devestu au proffict de la dicte

---

[1] C'est Léré, canton du Cher.
[2] Ce doit être Guillaume Louzeau, seigneur de Vilatte.

future espouze ses hoirs et ayans cause soubz les condicions et modifications qui sensuivent Cest Assavoir que ou le dict futur espoux decedera par avance sa dicte future espouze sans hoirs du dict mariage ou dict cas demourera et appartiendra entierement et a perpetuel a la dicte future espouze ses hoirs et ayans cause les bastimens entierement du dict lieu dassay comme ilz sont bastiz en la grande et basse court du dict lieu cours et jardrins dicelluy avec la moictie des dictes terres prez vignes bois buissons cens rentes et aultres droictz movans du dict lieu par indivis pour lautre moictie avec les heritiers du dict futur espoux Et ou lors du dict deces y aura hoirs du dict mariage demourera seullement a la dicte future espouze la moictie des dictz bastimens heritaiges et aultres deppendances dicelluy lieu par indivis avec les dicts hoirs ses enffans Et ou les dictz enffans decedderoient sans hoirs ou dict cas laultre moictie des dictz bastimens retournera et tous les dictz bastimens demoureront entierement a la dicte future espouze ou a ses heritiers soubz tel accord que ou la dicte future espouse convollera en secondes nopces demourera aux enffans du present mariage entierement le logis et chastel du dict lieu dassay et demeurera seullement a la dicte future espouze la maison bergerie et moictie de la granche de la mestairie du dict lieu avec moictie des terres prez bois buissons cens et rentes dicelluy lieu et en cas que le dict futur espoux survyve la dicte future espouze sans hoirs du present mariage en ce cas le dict futur espoux aura cheoix et option rachapter et ammortir le dict Assignal paient aux heritiers dicelle future espouze la somme de quinze cens livres tournois touteffois et quant que bon luy semblera dedans trois ans a compter du jour du deces dicelle future espouze pendant lesquelz trois ans il sera tenu rendre et paier aux dictz heritiers pour le dict Assignal et jusques au rachapt dicelluy la somme de cent livres tournois de rente viagere paiable chascun an le jour du deces dicelle future espouze la premiere annee non comprise laquelle le cas advenant le dict futur espoux gaignera et commencera le premier paiement du jour du dict deces en deux ans et dillec a continuer pour une aultre annee qui sera es dictz trois ans la somme de deux cens livres tournois Et les dictz trois ans passez sera a loption des heritiers dicelle future espouze prandre la moictie du dict lieu et seigneurie dassay ou la somme de cens livres tournois de rente perpetuelle de laquelle moictie ou dict cas ne sera comprins Ains demourera entierement au dict futur espoux les bastimens du dict lieu dassay hors mys les dictes maison bergerie et moictie de granche de la mestairie du dict lieu qui demoureront aux dictz heritiers Et ou les dictz heritiers esliront la dicte rente elle demourera assize et assignee sur le dict lieu dassay entierement ses appartenances et deppendances Et en tous cas demourera le dict Assignal et moictie dassay pour icelluy delaisse franchement et quictement de toutes charges et ypothecques et a icelles soustenir et paier entierement Demourera lautre moictie du dict futur espoux obligee et ypotecquee Et a este accorde entre les dictes parties ou dict cas que le dict futur espoux decedde par avant la dicte future espouze que elle aura cheoix et option de prandre et eslire la dicte somme de trois cens livres tournois sortissant nature de meubles ou soy declarer commune Et pour ce faire aura quarante jours pendant lesquelz elle vivra des biens de la dicte communaulte Et ou elle eslira ses dictes convenances elle les prandra avec ses robbes bagues et joiaulx franchement et quictement de toutes debtes Et a le dict futur espoux dohe et dohe sa dicte future espouze ou dohaire aura lieu de la somme de cent livres tournois ou il ny aura hoirs du dict mariage Et ou il y aura hoirs de la somme de cinquante livres tournois le tout de rente annuelle et viagere Au paiement duquel dohaire le dict futur espoux a oblige affecte et par expres ypothecque lautre moictie du dict lieu dassay ses appartenances et deppendances car ainsi a este dict passe consenty et accorde entre les dictes parties PROMECTANS les dictes parties chascune en son endroict et des auctoritez dessus dictes par leur foy et serment corporellement mise et bailhee en la main du dict jure que jamais contre ces presentes lectres de mariage societe et communaute de biens assignal dohaire promesses et obligacions y contraires elles ne viendront aller ne venir feront tant par elles que par aultres en auscune maniere Ains ont promis et seront tenues les dictes parties le contenu en ces presentes lectres tenir entretenir garder observer et accomplir a tousjoursmais sans contrevenir a icelles sur peine de rendre et paier lune partie a lautre tous coustz perdes dommaiges et interestz sostenuz ou a soustenir par lune ou lautre des dictes parties a deffault de entier accomplissement des choses dessus dictes ou en ce prochassent Et quant ad ce tenir observer et accomplir les dictes parties en ont oblige et obligent lune partie a lautre et a leurs hoirs Elles leurs dictz hoirz avec tous et chascun leurs biens et de leurs dictz hoirs meubles et immeubles presens et advenir soubzmis a toutes justices et lieux ou trouvez seront RENONCANS les dictes parties par leur dicte foy et serment a toutes choses a ces presentes et a leur effect contraires Et au droict disant generalle renonciacion non valloir si lespecial nest preceddent En tesmoing desquelles choses nous garde dessus nõmme au rapport du dict jure avons scelle ces presentes du dict scel qui furent faictes et passees le penultieme jour doctobre lan mil cinq cens cinquante es presence de noble personne Anthoine Lezeau seigneur de la Boille et Jehan Gabiat costurier demourant de present en la parroisse de Neufvy tesmoings ad ce appelez

Signé : GUYBERT.

Pour copie certifiée conforme.

Bourges le 25 janvier 1884.

V. DAUVOIS

Archiviste adjoint à la Préfecture du Cher.

FOY ET HOMMAGES RENDUS A Mᵉ LOUIS DE LA TRÉMOILLE PAR
CHARLES STUD, POUR LA SEIGNEURIE D'ASSAY

2 AVRIL AVANT PAQUES 1548 ET 31 JANVIER 1561

XVI

A TOUS ceulx qui ces presentes lectres verront Georges Vigille licencie en loix bailly de Sully salut scavoir faisons que Jehan Robert clerc notaire et tabellion jure des scel et escripture aux contraictz de la prevoste du dict Sully nous a rapporte certiffie et afferme pour verite que du pappier des hommaiges de la seigneurie de Sully Sainct Gondon Senelly et Molin fiou tenues ou chastel du dict Sully par tres hault et puissant seigneur Monseigneur Loys seigneur de la Tremoille chevallier comte de Guignes de Benon et de Taillebourg vicomte de Thouars prince de Tallemond Baron de Craon de Sully et de Montagu seigneur de Sainct Gondon Senelly et Molin fiou esquelles hommaiges ont este receus en foy et hommaiges par mon dict seigneur les personnes cy appres nommez et porte es lieulx heritaiges et domaines de sully sont cy appres escriptes les receptions teneues lesquelz hommaiges le premier jour dapvril avant Pasques lan mil cinq cens quarante huict et aultres jours de suyvans et a extraict la reception de foy cy apres escripte contenant ce qui sensuict Le dict second jour dapvril avant Pasques mil cinq cens quarante huict est comparu a lassignation des hommaiges charles Stud escuier seigneur dassay fils aisnel de feu francois Stud lequel a faict les foy et hommaige telz quil est tenu faire et porter a mon dict seigneur pour raison du lieu dassay assis en la parroisse de Beaulieu ainsi quil se comporte en toutes ses appartenances tenu en fief de mon dict seigneur a raison de sa chastellenie de sainct Gondon auxquelz foy et hommaige il a este receu sauf le droict de mon dict seigneur et lautruy et enjoinct de bailler adveu et denombrement dedans le temps introduict par la coustume ainsi signe charles Stud En tesmoings de ce nous[1] . . . du dict jure avons faict sceller ces presentes du dict scel ce fut faict en presences de Pierre Bauchard et Jehan Hamard tesmoings le dernier jour de janvier lan mil cinq cens soixante et ung.

Signé : ROBERT.

Pour copie certifiée conforme.

Bourges le 29 janvier 1884.

V. DAUVOIS

Archiviste adjoint à la Préfecture du Cher.

CERTIFICAT DONNÉ A CHARLES DESTUD NE POUVANT SERVIR A L'ARRIÈRE-BAN POUR CAUSE DE MALADIE

DU 13 OCTOBRE 1567

XVII

A TOUS ceulx qui ces presentes verront Nous soubzsignez notaires de la chastellenie de Beaulieu sur Loire certiffions et rapportons a la requeste de noble homme Charles Destud seigneur dasse aujourdhuy nous estre transportez en son chastel dasse auquel lieu avons trouve le dict seigneur au lict mallade dune malladie de couste comme il nous a dict et declaire mesmes maistres Jehan Graveau et Nicollas Bohier barbiers du dict lieu que avons trouve au dict chastel pour penser medicamenter et segner le dict seigneur ce quilz ont faict en noz presences et avons veu le dict seigneur estre fort debille et mal acourage au moyen de la dicte malladie de laquelle il est poursuivy tellement que depuys il ne peult aller a pied ne a cheval ny de present faire service au Roy sellon le mandement de ban et arriere ban publie en ce royaulme ce quil feroit vollontiers sil estoit en sante joinct aussy que a lendroict du bras droict et a lespaulle gaulche il a monstre aux dictz barbiers deux coups de hacquebuzes quil a heuz et receuz aux dictz endroictz au service du Roy au camp dallemaigne Renty et aultres lieux quil nous a nommez nous requerant que eussions a luy faire acte de ce que dessus pour luy servir ce que de raison ensemble que eussions a recepvoir procuration pour luy ce que avons faict et de faict a le dict seigneur nomme et constitue et estably ses procureurs maistres[2] . . . .

[1] Un mot illisible, mais sans importance.
[2] Ces points representent une ligne restée en blanc sur le titre.

presens et exhibeurs de ces presentes ausquelz il a donne pouvoir et puissance de comparoir pour luy pardevant monsieur le bailly dorleans ou son lieutenant ou par aultres quil appartiendra pardevant lesquelz le ban et arriere ban est mande comparoir pour examiner et proposer lexcuse ci-dessus qui est vraie en particulier et general pour luy sellon que le cas y eschetz avouant obligeant renonçant En tesmoing de ce nous soubzsigne avons mis et appose nos seings certiffions ce que dessus estre veritable [1] . . . . fait le treizieme jour doctobre lan mil cinq cents soixante sept Sebastien Lemercier apoticaire a Gien signe comme dessous

Signe : TELLIER—MEULNYER—MERCIER

Pour copie certifiée conforme.

Bourges, le 25 février 1884.

Signé : V. DAUVOIS

Archiviste adjoint à la Préfecture du Cher.

QUITTANCE D'ANTOINE DE TROUSSEBOIS SEIGNEUR DU VIVIER ENVERS CHARLES DESTUD

DU 7 AOUT 1572

XVIII

A tous ceulx qui ces presentes lettres verront Francoys Guybert procureur fiscal en la terre justice et chastellenye de Leze et garde du scel estably aux contractz de la Prevoste du dict lieu salut Savoir faisons que pardevant Pierre Semyon clerc notaire jure et receu soubz le dict scel fut present en sa personne noble homme anthoine de Trousseboys escuier sieur du Vyvier demeurant au dict lieu parroisse de Leze lequel a cogneu et confesse avoir eu et receu de noble homme Charles Destud escuier seigneur Dacey demeurant au dict lieu present et acceptant la somme de vingt huict livres unze sols neuf deniers tournois faisant le parfaict payement de la moictie de la somme de cent dix sept livres et trois sols neuf deniers a laquelle somme deffunct noble homme Jehan de harlu quand vivoit beaufrere du dict sieur Dacey avoit faict compte et arrest avec le dit sieur du Vyvier restant a paier par le dict de harlu envers le dict de Troussebois escuier de la moictie du remboursement du mariage de deffuncte noble Damoiselle francoise de Troussebois quand vivoit femme du dict de harlu seur du dict de Troussebois et encores pour demeurer quittes lung vers laultre de toutes les affaires quilz avoient eues et traictees ensemble Dont et de laquelle somme de XXVIII livres XI sols six deniers tournois pour lentier payement de la moictie de la dicte somme a laquelle les dicts de Troussebois et desfunct de harlu

---

[1] Ces points représentent quelques mots complètement illisibles et presque disparus.

estoient daccord tel quil est cy-dessus declaire le dict de Trousseboys escuier sest tenu content et en ha quitte le dict sieur Dacey pour sa part du remboursement du dict mariage de la dicte desfuncte francoise de Trousseboys lequel mariage estoit de dix neuf cens livres tournoys. Ensemble le quicte de toutes les aultres choses susdictes comme au semblable le dict sieur Dacey a quicte le dict sieur dù Vyvier de toutes les affaires et debtes qui luy eussent pu estre deues pour son egard par le dict sieur du Vyvier soit a cause de desfunct noble homme anthoine de harlu vivant pere du dict Jehan de harlu que du dict Jehan de harlu escuier demeurent respectivement les obligations et cedulles sy aulcunes y a dune part et daultre cassees et annichillees par ces presentes pour leur regard car ainsy a este jure promis et accorde par les dicts sieur Dacey et du Vyvier promectant les dicts sieurs par leur foy et serment de noblesse quilz ont jure es mains du dict jure soubzsigne et soubz lobligation et hipothecque de tous et chascuns leurs biens leurs hoirs et ayans cause meubles et immeubles presens et advenir soubzmis a toutes cours et jurisditions ou trouvez seront avoir a tousjours pour agreable ferme et stable le contenu en ces presentes sans jamais y contrevenir sur peyne de tous despens dommages et interestz Renoncans par leur dicte foy a toutes choses generalement a ces presentes contraires Ausquelles en tesmoing de ce nous garde susnomme au rapport du dict jure avons scelle du dict scel Ce fut faict et passe a Leze le septiesme jour daoust lan mil cinq cent soixante et douze presens Mᵉ Gaspar Paulmier procureur a Beaulieu et Anthoine foynat de Sury tesmoings ad ce requis et appelez Demeure le different de la terre des ormes de Bourges de laquelle le dict sieur du Vyvier pretend sa part comme acquise en la communaute du dict desfunct de harlu soubz le dire du conseil auquel les dictes parties se sont soubmiz Ainsy signe en la note originalle de Trousseboys C Destud Paulmier et P. Semyon et quant au dict Foynat a declare ne savoir signer

Signé : SEMYON.

Pour copie certifiée conforme.

Bourges, le 14 février 1884.

V. DAUVOIS

Archiviste adjoint à la préfecture du Cher.

PIÈCES ORIGINALES
DE DIVERSES PROVENANCES

EXTRAIT

DE L'HISTOIRE GÉNÉALOGIQUE DE LA MAISON; DE CHASTELLUX

PAR LE COMTE DE CHASTELLUX

(Archives de l'Yonne. — Fonds de Crisenon, liasse 1.)

XIX

PRISE DE POSSESSION DE L'ABBAYE DE CRISENON PAR ANGÉLIQUE DE CHASTELLUX (1602)

E jourd'hui dixiesme jour d'apvril, l'an mil six cens et deulx avant la messe, en la présence de moy, Jehan Armant, notaire apostolique au diocèse d'Aucerre, et des tésmoings cy-après nommés, noble et religieuse dame Angélique de Chastellux, religieuse de l'Ordre de Sainct-Benoist, pourvue de l'abbaye de Nostre-Dame de Crisenon, dudit Ordre Sainct-Benoist, diocèse d'Auxerre, s'est transportée par devers les personnes de vénérables sœurs Claude de Montsaunin, Marguerite de Sailly, prieure d'icelle abbaye ; Gabrielle Destut, chantre, et Anthoinette Cothier, toutes religieuses professes d'icelle abbaye assemblées en leur parloir, au lieu cappitulaire, au son de la cloche acoustumée. Ausquelles ladite dame de Chastellux a dit et remonstré que suivant la résignation cy-devant faicte en sa faveur par vénérable sœur Claude de Montsaunin, cy-devant abbesse de ladicte abbaye, elle aurait esté bien deuement et canonicquement pourvue d'icelle par nostre sainct Père le Pape et sainct siège appostolique, comme appert par le certificat et attestation de noble homme Mᵉ Francoys Sensey, bancquier, bourgeois de Paris, et solliciteur d'expéditions de Court de Romme, du dix sept juillet dernier passé présenté et exhibé ausdictes dames assemblées comme dict est. . . . .

. . . .

ce fut faict, prins, appréhendé, dict, declaré, requis et octroyé audict lieu de Crisenon, où je me suis exprès transporté les an et jour que dessus, ès présence de vénérable ᵗet discrette personne maistre Jacques de Blosseville, prebtre, aulmosnyer de ladicte abbaye ; noble homme Jehan de Bousselet [1], escuyer, seigneur de la Court-lès-Mailly-la-Ville ; Albert de Challons, escuyer, seigneur de Cheully ; Claude de Vataire, escuyer, sieur de Champs-Corneille ; Jacques de Montsceaux, ecuyer, seigneur de Blannay ; David de Challons, aussi escuyer ; Ramonet Crevier capitaine de la ville et chasteau de Cravant ; messire Pierre Thierry, procureur au baillage d'Auxerre, demeurant au dict Crisenon ; Gabriel Lefol, sergent royal au bailliage dudit

---

[1] Ce doit être Jean de Boisselet.

Auxerre; Symon Buffet, marchand demeurant à Vermenton; Mᵉ Jehan Jodelard, procureur de la seigneurie de Lucy sur Cure; Jehan Jaru, demeurant à Chastelux; Gilbert Jousset, demeurant au dict Crisenon; Alexandre des Vaulx, hermite de l'hermitage Saint-Thibault-lès-Crisenon; Mᵉ Jehan Maigny, praticien demeurant à Sementron, et Thoussainct Tabart, laboureur, demeurant à Prégilbert, tesmoings.

(*Archives de l'Yonne. — Fonds de Crisenon, liasse* 1.)

L'abbaye de Crisenon était située dans la commune de Prégilbert, sur les bords de l'Yonne, entre Cravant et Mailly-le-Château.

CONCESSION DE SÉPULTURE A BEAULIEU

22 FÉVRIER 1616

(*Archives du Cher. — Terre de Beaulieu, liasse* 16, n° 1.)

XX

PARDEVANT François Hodeau notaire du Roi notre sire au pays et duché de Berry ont été présents en leurs personnes nobles et scientifiques personnes messires Jacques Gassot, Mathieu Foucheret, Etienne Lemareschal et Pierre Bigot tous chanoines en l'église cathédrale de Bourges y demeurant tant pour eux que pour les autres, doyen chanoines et chapitre de ladite église et comme commis pour l'effet des présentes par acte capitulaire de ce jourd'hui, lesquels de leur bonne volonté et noms et tant qu'ils peuvent et doivent comme etant lesdits sieurs vénérables doyen chanoines et chapitre de ladite église seigneurs spirituels et temporels des terre justice et seigneurie de Beaulieu sur Loire, et sans préjudice à leurs droits de haute justice et patronnage ni au droit d'autrui ont concédé et accordé à Georges Destut écuyer seigneur d'Assay demeurant audict lieu d'Assay, paroisse dudit Beaulieu présent et ce acceptant le droit de sepulture pour lui et ses successeurs seigneurs d'Assay en et audedans de la chapelle de Notre Dame de l'église paroissiale dudit Beaulieu, et d'y pouvoir faire pour ladite inhumation édifier une voulte sur laquelle y aura tombe non élevée, et encore d'y pouvoir mettre un siège et une cinture funèbre par le dedans de la chapelle seulement avec ses armes en peinture et leurs épitaphes, reconnaissant ledit sieur d'Assay le dit droit lui avait été ainsi concédé par les dits sieurs vénérables par gratification, octroi et concession, et sans que iceux sieurs vénérables ni leurs sucesseurs soient tenus en aucun garantage comme seigneurs haut justiciers et patrons deladite église, et outre sera le dict d'Assay tenu et promet fonder et doter à ladite chapelle au profit de la fabrique dudit lieu la somme de trois livres tournois de rente foncière et annuelle et dont il contractera avec les fabriciens et habitants dudit lieu, et ainsi promettant, obligeant renonçant. Fait à Bourges en l'église de Saint-Étienne à une heure de midi le vingt deuxiesme jour de feuvrier mil six cent seize, présents Noël Granjean et Estienne Lamognon, clercs demeurant à Bourges, temoins à ce appellés la minute des présentes est signée des dits sieurs Assay Destut, Gassot, Foucheret, Lemareschal, Bigot, temoins et dudit Hodeau et Nonnat, commis.

ACTE DE DONATION DU 6 JUIN 1623 DE TROIS LIVRES DE RENTE PAR GEORGES DESTUD A LA FABRIQUE DE L'ÉGLISE DE BEAULIEU POUR SÉPULTURE

(Archives du Cher. — Terre de Beaulieu, liasse 16ᵉ, nº 2.)

XXI

PARDEVANT maitre Francois Mareschal notaire royal en Berry le sixième jour de juin mil six cent vingt trois en la commune de Beaulieu sur Loire fut présent en sa personne Georges Destud escuyer seigneur du chastel et maison-fort d'Assay en ceste paroisse y demeurant lequel volontairement en exécutant son intention et promesse faite à Messieurs les vénérables doyen chanoines et chapitre de l'église de Bourges seigneurs spirituels et temporels de ceste terre et justice de Beaulieu a fondé donné et délaissé par ces présentes fonde donne et délaisse et avec ce promet garantir fournir faire valoir par chacun an à chacun jour et feste de Toussaints la somme de trois livres tournois de rente foncière annuelle et perpétuelle à l'œuvre et fabrique de l'église du dit Beaulieu stipulant par honnorable homme Jean Perlat à présent procureur de la dite fabrique assisté d'honnorable homme maitre Abraham Paulmier procureur fiscal du dit Beaulieu Jean Bourgeois fermier Claude Bonneau notaire procureur et d'Estienne Coignon procureur scindicq de la dite paroisse et ce en consideration de la concession a lui et à ses successeurs seigneurs du dit Assay faite et octroyée par mes dits sieurs par l'acte capitulaire le vingt deuxième jour de fevrier mil six cent seize de laquelle est apparu d'édifier en la chapelle de Notre Dame de la dite église une voûte pour y inhumer leurs corps faire une ceinture funèbre au dedans icelle et y peindre leurs armes et timbres. La dite rente de trois livres le dit seigneur d'Assay a assise et assignée sur tous et chacuns ses biens et nommément sur un moulin a lui appartenant assis au village de l'Estaing en la dite paroisse consistant en un batiment meulle roue rouet cours jardin aisances et appartenances tenant d'un long au chemin tendant de la fontaine du dit lieu à la rivière de Loire d'aultre long au chemin de la rue Franche à la dite rivière de Loire, par dessus au chemin tendant de la Croix Martin à Chatillon pour icelle rente payer et continuer au dit jour de Toussaints prochain au dit Perlat au dit nom et ses successeurs procureurs fabriciens de la dite église et de là en avant à perpetuel et a faulte de paiement chacun an a voulu être exécuté en ses biens présents et avenir se reservant neanmoins la faculté de pouvoir acheter une rente de même somme avec augmentation au profit de la dite fabrique à la descharge de tous ses biens de laquelle néanmoins en ce cas il et ses dits biens demeureront caution(?) pour la rendre assurée et bien payable. Lequel seigneur a promis de livrer une grosse des présentes entre les mains des procureurs fabriciens de la dite église dans quinze jours et a icelui retiré entre ses mains le dit acte capitulaire sus daté.

Car ainsi le tout a été accordé pardevant le dit juré, promettant respectivement n'y contrevenir, renonçant à toutes choses contraires

Fait ès présences des dessusdits habitants et encore de Esme Lœillet sergent et Esme Griffon maneuvre demourant au dit Beaulieu tesmoins Lequel Griffon a déclaré ne savoir signer de ce enquis

Ainsy signé en la minute G. Destud d'Assay, Paulmier, Perlat bourgeois, Bruneau, Coignon et Lœillet temoins et Mareschal notaire soussigné

Signé : MARESCHAL.

(Lecture de M. Barbereau, archiviste du Cher.)

COPIE DE L'AUTORISATION ACCORDÉE A GEORGES DESTUD
SEIGNEUR D'ASSAY PAR GUY DU FAUR SEIGNEUR DE COURCELLES,
LE 1ᵉʳ AOUT 1625

POUR AVOIR CHASTEL, PONT-LEVIS, GARENNE ET COULOMBIER AVEC VOULTE DESSOUS,

A LA SUITE DE L'AVEU ET DÉNOMBREMENT DE LA TERRE D'ASSAY PAR LEDIT GEORGES DESTUD,

A PAREILLE DATE

(Archives de Tharoireau.)

XXII

Nous Guy du Faur, chevalier, seigneur des Châtellenies de Courcelles et Pierrefitte ès bois reconnaissons avoir ce jourd'hui receu et passé ce present aveu et dénombrement selon sa forme et teneur sauf notre plus grand droit et d'autrui. Ayant permis à Georges de Stud escuyer seigneur d'Assay qui le nous a prié de comprendre en icelluy les droits de chastel, pont levis, garenne et coulombier avec vouste dessous, desquels droit le d' sieur d'Assay n'ayant eu jusques icy aucune propriété, et à cette cause nous ayant supplié de l'en vouloir gratifié, nous les lui avons libéralement accordés et donnés afin que lui et les siens à l'advenire en puissent avoir libre seure et entière jouissance, permettons en outre et accordons que cette présente recognaissance soit inserée au pied de la minute du présent adveu. en foi de quoi nous l'avons écrite et signée de notre main à Courcelles ce jourd'hui premier jour d'Aoust mil six cents vingt cinq.

Signé : Dufaur, *Courcelles.*

LETTRES DE RESCISSION DU 27 FÉVRIER 1633

ENLEVANT LE DROIT DE SÉPULTURE DANS LA CHAPELLE DE N.-D. DE L'ÉGLISE DE BEAULIEU

(Archives du Cher. — Terre de Beaulieu, liasse 16ᵉ, *n°* 1.)

XXIII

Louis par la grace de Dieu roi de France et de Navarre à notre bailly ou son lieutenant général à Bourges salut : De la partye de nos chers et bien amés orateurs les doyens chanoines et chapitre de l'église cathédrale de notre ville de Bourges seigneurs temporels et spirituels de la terre Justice et Seigneurie de Beaulieu sur Loire nous a été humblement exposé qu'ayant été à plusieurs et diverses fois pressés et sollicités par Georges Destud escuyer sieur d'Assay demeurant en la dite paroisse et justice de Beaulieu de lui concéder en la dite église de Beaulieu en et au dedans de la chapelle Notre-Dame droit de sépulture pour lui et ses successeurs seigneurs du dit lieu d'Assay, ils auraient d'autant plus prêté leur consentement aux désirs dudit Destud qu'il baillait parole de ne pas abuser de la dite concession aussi que ce n'a été l'intention des dits exposants d'empêcher par la dite concession que les habitants de la dite ville et paroisse de Beaulieu ne se fisse inhumer comme ils ont de tout temps accoutumé dans la dite chapelle à la réserve de l'endroit qui serait destiné par le dit Destud sur lequel il pourrait faire mettre une tombe non élevée, si que les exposants croyant que le dit Destud s'accommoderait avec les dits habitants y ayant d'ailleurs place suffisante dans la dite chapelle qui est fort grande et spacieuse ils auraient par acte capitulaire suivi d'un contrat pretendu du vingt deuxième février mil six cent seize en tant qu'ils pourraient et devaient droit de sépulture pour lui et ses successeurs seigneurs d'Assay en et au dedans de la dite chapelle avec faculté d'y pouvoir mettre un banc une ceinture funèbre leurs armes en peintures et épitaphes sans aucun garantage ni préjudicier aux droits des exposants et d'autrui, toute précaution réservée par le dit contrat pour monstrer que en tant que le dit Destud abuserait de la dite concession ou qu'ils trouveraient qu'ils n'auraient pu la faire et qu'elle leur serait préjudiciable de la revoquer, tellement qu'étant advenu que le dit Destud a voulu soutenir que toute la dite chapelle lui avait été concédée et même outragea et fit procéder contre le corps de Jean Pajotat un des fermiers des exposants qui avait par son testament ordonné d'être inhumé dans la dite chapelle comme d'empêcher l'exécution de la dite volonté et par force et violence et apport d'armes dans la dite église empêché que le dit corps...... fut inhumé dans la dite chapelle, les exposants usant de leur droit et autorité l'y auraient fait mettre au sujet de quoy Jean Destud escuyer sieur d'Assay frère du dit Georges aurait fait appeler pardevant vous la veuve du dit Pajotat, contre il a conclu à ce qu'elle fut condamnée à faire déterrer le corps du dit défunt son mari en laquelle action les exposants ayant été reçus parties ont soutenu que le dit Jean Destud n'était pas recevable ni fondé en ses conclusions qu'il n'avait droit en la dite chapelle et quant il l'aurait ensuite de la concession que ce ne pourrait être dans toute l'étendue de la dite chapelle ains seulement sous une tombe afin que le surplus demeure libre aux habitants à quoi le dit Destud ayant répliqué les exposants ont été conseillés pour oter la racine............querelles et inconvénients qui pourraient arriver en suite de là dite concession de se faire en tant que besoin sera restituer en entier contre les dits actes du vingt et deux février mil six cent seize nous réquerant sur ce humblement nos lettres... Pour ce est-il que nous désirant subvenir à nos subjets suivant l'exigence des cas vous mandons et attendu qu'étant saisi de la matière commettons par ces présentes que les parties comparaissent ou procureur pour elles et lesquelles si besoin est voulons y être appelées par le premier notre huissier ou sergent royal sur ce réquis : que s'il vous apparait des actes que le dit Destud ne soit point seigneur haut justicier ni patron de la dite église paroissiale de Beaulieu ni fondateur ni descendu des fondateurs de la dite chapelle de Notre-Dame et qu'ainsi suivant nos ordonnances et règlements sur ce faits le dit Destud ne puisse avoir les droits honorifiques dans la dite église et chapelle que les dits actes sont contre et au préjudice des droits de l'église que les exposants soient dans le temps de restitution et autres choses tant que...........doivent :

Pour en ce cas en jugeant le dit différend ne vous arrêterez au dit acte et contrat, lesquels en tant que besoin serait nous avons cassés et annulés cassons rescindons et annulons, avons remis remettons les parties en tel état qu'elles étaient auparavant voulons le semblable être par vous fait et aux parties bonne et briève justice. Car tel est notre plaisir.

Donné à Paris le 27ᵉ jour de février mil six cent trente trois an de grace et de notre règne le vingt troisième.

Par le Conseil, signé : BRIÈRE.

(*Lecture de M. Barbereaud, archiviste du département du Cher.*)

COPIE DE L'ARREST DU 16 AOUST 1667

CONDAMNANT LES CHANOINES DE BOURGES A NE PERCEVOIR QUE LA DIXME DU 24ième SUR
COURCELLES ET ASSAY

(Archives départementales du Cher. — Terre de Beaulieu, liasse 10e, n° 17.)

XXIV

C OMME de la sentence rendue par nos amés et féaux conseillers tenant les requêtes de
notre palais à Paris le quatorzième jour de mai mil six cent soixante quatre entre les
doyen, chanoines et chapitre de l'église collégiale de Saint-Étienne de Bourges demandeurs aux fins de l'exploit du vingt-cinquième jour de septembre mil six cent cinquante neuf d'une
part : Charles de la Vergne seigneur de Sury et Françoise Destud son épouse défendeurs
d'autre : et encore entre les dits doyen chanoines et chapitre seigneurs spirituels et temporels
des terre justice et paroisse de Beaulieu sur loire l'etang le Comte, Sautereau et dépendances
demandeurs aux fins de quatre autres exploits des vingt cinq et vingt sept septembre seize cent
cinquante neuf d'une part : et Jean Dufaur seigneur de Courcelles ayant pris le fait et cause de
François Peloile Jean Régnault de Jean Jaret ses fermiers et Georges Destud seigneur d'Assay
ayant pris le fait et cause des sieurs Louis Simomet tant pour eux que pour leurs communs
Silvain Gaumin et Claude Gillet et Guillaume Odeau, Jean Huré, Étienne Coudrau, Jean Suard,
Francois Garsoin, Jean Thomas, Barthelemy Mareschal, Nicolas Girault, Jean Jarel Étienne
Mizelieux, fiacre Brun, Jean Blanchet, la veuve Francois Serveau et ses communs et Jean Dessoi
et ses communs Jean Collas et commun Jean Dupond et ses communs, Michel et ses communs,
Michel Riffle, Jean Leger, Étienne Jars, Jean Crostel, Étienne Boulon Silvain Huré, Jean
Despond et Jacques Habert défendeurs d'aultre, et encore entre les dits Dufaur et Destud ès
dits noms incidemment demandeurs par leurs défenses du quinze juin 1660 d'une part et les dits
doyen chanoines et chapitre défendeurs d'autre : par laquelle les dits Charles de la Vergne et
Françoise Destud sa femme auraient été condamnés rendre et restituer une vinée et demie de
vin pour reste de la dixme de l'année 1659 continuer à l'avenir de payer les dîmes aux dits chanoines à raison de treize l'une de tous les fruits qui doivent le dîme, comme aussi le dit sieur
Dufaur comme ayant pris le fait et cause de ses fermiers et le dit Destud en son nom payer ou
faire payer la dixme de tous les fruits qui se receuillent dans le terroir de Courcelles sujets au
droit de dixme à raison de treize l'une avec défense de lever les fruits sujets au dit droit qu'ils
n'aient servi les dits chanoines du dit droit de treize l'une délaissé dans le champ...... rendre et
restituer tous les arrérages qu'ils en pourront devoir en nature sinon la juste valeur. . . . .
. . . . convenu par les parties pardevant notre bailly de Berry ou son lieutenant général de Bourges ou par ceux pris ou nommés
d'office, permis auxdits doyen chanoines et chapitre se pourvoir à l'encontre des autres particuliers et habitants du dit courcelle pour la restitution de ce qui leur pourrait être dû du dit droit
ainsi qu'ils aviseront bon être, Les dits de La Vergne Dufaur et Destud condamnés ès dépends.
C'eust été appelé en notre cour de parlement à laquelle le procès par écrit conclut........ pour
juger entre le dit Dufaur ayant pris le fait et cause des dits Peloile Raval et Jars ses fermiers
appelant d'une part et les dits doyen chanoines chapitre intimés d'autre : et encore les dits
Charles de La Vergne et Francoise Destud sa femme appelant de la dite sentence d'une part et
les dits doyen chanoines et chapitre intimés d'autre : si bien ou mal avait été appelé joints les
griefs hors le procès prétendus, moyens de nullité et production nouvelle des dits appelants qu'il
pourrait bailler dans le temps de l'ordonnance auxquels les dits intimés pourraient répondre et

contre les dites productions nouvelles bailler contredits aux dépens des dits appelants, icelui procès vu griefs et réponses requête des dits appelants par laquelle il ont dit déclaré qu'ils renonçaient à faire production nouvelle arrêt du vingt deux mai mil six cent soixante cinq par lequel avant procéder au jugement du dit procès notre dite cour aurait ordonné que les parties articuleront plus amplement leur fait en même possession dans quinzaine franche, preuve dans les deux mois après tant par tiltre que tesmoins pardevant le plus prochain juge du lieu escripraient, produiraient et bailleraient contredits dans le temps de l'ordonnance, pointé ce jour fait et rapporté, ordonner ce que de raison, dépens réservés, faits entendus par articles des dites parties, commissions sur iceux, enquête faite par devant notre prévost d'Ouzouer sur trésée commis pour juger par arrêt du premier décembre mil six cent soixante cinq et dix huit février 1666 pour les moyens de nullité et reproches réponses et salvations au contraire, et les parties appointées à écrire et produire dans huitaine.......... droits commandements reproches respectivement fournis requêtes employer par les dits Dufaur Destud et de La Vergne pour moyens de nullité, productions de contredits des dites parties, arrêt du dixième janvier 1667 entre Silvain et Louis...... tant pour eux que pour leurs communs les dits Gauleau Gillet et hodeau huret Coudreau garçon Thomas Mareschal, Girault Mizeles Bonin Blancheleux la d. veuve francois Serveau et ses communs à la dite répondu (?) et ses communs les dits Resfie Etienne Jorel Leger Croisel Bouleau Huret Jean Despond et Habert appelant de la dite sentence d'une part et les dits doyen chanoines et chapitre intimés d'autre par lequel après que les dites parties aurait conclu sur le dit appel comme en procès par écrit il aurait été reçu pour juger en la manière accoutumée requis les appelants employer pour griefs requête des dits chanoines du dix neuf juillet 1667 a ce que toutes les procédures faites par Blondel procureur sous le nom de vingt huit habitants du dit Courcelles fût cassé et déclaré nulle le dit Blondel condamné en tous les dépens domages et intérêts sauf à lui s'an recourir contre qui il advisera bon estre sur laquelle aurait été réservé à faire droit en jugeant requête des dits Dufaur Destud et de La Vergne Simonnet, Gueleau, Gilet et consorts employés pour réponses, requêtes des dits appelants employés pour moyens de nullité pour laquelle il aurait déclaré qu'il renonçait à faire production nouvelle acte de reproche et procès fait au greffier de nostre dite Cour du onzième jour de février dernier par Juceraudeau francois Crotet francois Serveau veuve Dreslier Choiseau heritiers (?) de Jacques Detiers et encore le dit Denys à cause de sa femme héritière du dit Anthoine Boulé pierre Bailly tuteur des enfants de Michel Riffle Noël Baron tuteur des enfants du dit Guillaume Houdeau au lieu des dits deffunts Coudreau Vᵉ Serveau Boullé Riffe et Houdeau requête du seize mars mil six cent soixante et sept par laquelle le dit Verne et sa femme auraient déclaré qu'ils consentaient qu'il fut passé outre au jugement du procès en l'état qu'il était attendu que la production principale était adirée Dont acte leur aurait été donné de la dite requête signifiée aux soins et diligence.

Examiné, notre dite cour par son jugement et arrêt sans s'arrêter à la dite requête du 18 juillet 1667 a mis et met l'appellation de Sentence au néant. Emendant a maintenu et gardé les dits De La Vergne Dufaur, Destud, Serveau, Guillemin, Gillet et consorts habitants injusticiables en possession de payer aux dits doyen chanoines et chapitre la dîme des....... et fruits sujets à icelle qui se receuillent dans l'étendue de la justice du dit Courcelles qu'à raison de la vingt quatrième condamne les dits doyen chanoines et chapitre aux dépens de la cause principale et en ceux faits depuis. Le dit arrêt du 22 mai 1665 sans autre dépens La taxe et adjugez a elle réservés. Prononcé en parlement le 16 aout 1667 Collationné

Signifié le trente aout 1667.

(Lecture de M. Barbereaud, archiviste du département du Cher.)

EXTRAIT DES REGISTRES DES DÉLIBÉRATIONS DU COMITÉ PERMANENT DE LA VILLE DE COSNE-SUR-LOIRE

XXV

AUJOURD'HUI 27 septembre 1789, deux heures après midi, le Comité permanent de la ville de Cosne-sur-Loire assemblé à l'hôtel de ville, M. le Président a annoncé que pour se conformer au désir de l'Assemblée, il a, le six du présent mois et dans un temps où il n'avait point encore l'honneur de présider l'Assemblée, donné avis à M. le comte de Tracy, colonel commandant du régiment de Penthièvre, et député par la province du Bourbonnais à l'Assemblée nationale du transport qui avait été fait en l'hôtel de ville, et par ordre de l'Assemblée, le 7 du même mois, de six petits canons ou couleuvrines, un de bronze et dix canardières qui s'étaient trouvées dans le château de Tracy, et des motifs qui avaient donné lieu à ce transport, lesquels n'étaient autre que d'empêcher les habitants des villes voisines de s'emparer desdits canons, comme ils paraissaient disposés et comme quelques uns l'avaient déjà fait ailleurs, ce qui aurait privé cette ville de l'avantage des secours dont elle pouvait avoir besoin tant pour sa défense particulière, que pour celle des seigneurs voisins et entr'autres de M. le comte de Tracy auquel elle se serait empressée de donner des preuves de son attachement.

Il a été fait lecture par M. le Président d'une lettre qui lui a été adressée par M. le comte de Tracy, datée de Versailles, le douze du courant et conçue en ces termes :

« Eh bien, Monsieur, je n'ai donc plus d'autres armes que mon épée; Dieu merci, elle me
« reste, et elle sera toujours prête à servir l'État et deffendre les bons citoyens. Puisque MM. du
« Comité de Cosne ont jugé cette expédition nécessaire, je suis charmé qu'ils l'aient faite ; je ne
« puis me louer que de l'honnêteté qu'ils y ont mise, je vous prie même de leur en faire mes remer-
« ciements. Si mes couleuvrines eussent été réellement bonnes à quelque chose, je n'aurais pas
« attendu qu'on les vint chercher, je les leur aurais offertes, et s'il y avait eu la moindre occasion de
« s'en servir j'aurais été me joindre à mes bons voisins et me battre avec eux comme ont fait au-
« trefois mes pères. Mais dans le fait, toutes ces vieilleries là ne valent pas un bon chaudron.
« Cependant il y aurait moyen de me les rendre très précieuses, ce serait de m'en rendre une, la
« plus petite de toutes, fut-ce même un pistolet, ce serait une marque de confiance. Elle m'en-
« chanterait; peut-être ai-je fait ici assez preuve de bon citoyen, pour ne pas mériter d'être jugé
« en ennemi. Si cela se peut, M., j'en éprouverai un sensible plaisir. Voilà les titres dont je suis
« jaloux : ce sont les preuves d'estime et de bienveillance, le reste ne m'est rien. »

Sur quoi la matière mise en délibération, l'Assemblée a unanimement déclaré :

Qu'en témoignant à M. le comte de Tracy les plus grands égards lors du transport qu'elle a cru devoir faire faire en cette ville de différentes pièces d'artillerie qui se sont trouvées au château de Tracy, l'Assemblée a suivi les sentiments de respect et d'attachement dont elle est pénétrée pour ledit seigneur;

qu'elle se rappelle toujours avec plaisir la circonstance flatteuse pour cette communauté qu'un des aïeux dudit seigneur, François de Stut, seigneur de St Père, chevalier de l'ordre du Roi, était gouverneur de cette ville de Cosne en 1569, et qu'elle voit avec une grande satisfaction que le titre qui attache M. le comte de Tracy aux habitants de cette ville, est toujours présent à sa mémoire ;

que le zèle, le courage et les succès avec lesquels ledit seigneur comte de Tracy soutient dans la plus auguste Assemblée de l'univers les droits sacrés de l'homme et la liberté de la nation lui donnent un nouveau droit à la reconnaissance de tous les citoyens, et que ceux de Cosne particulièrement sentent tout le prix des marques d'affection qu'ils reçoivent de la part dudit seigneur.

l'Assemblée en conséquence a arrêté d'une voix unanime, que bien loin de refuser à M. le comte de Tracy la remise qu'il désire lui être faite de la plus petite pièce d'artillerie qui ont été trouvées dans son château de Tracy, elle lui laisse avec grand plaisir le choix de celle qu'il jugera à propos de retenir; laquelle lui sera remise aussitôt qu'il aura informé l'Assemblée du choix qu'il aura fait; et cette remise faite de la manière la plus propre à convaincre ledit seigneur du désir sérieux qui anime cette communauté de le traiter comme l'ami de la patrie.

Arrête en outre que M. le Président écrira à M. le comte de Tracy pour lui faire part des sentiments de l'Assemblée et lui adresser une expédition signée du secrétaire greffier de cette ville, de la présente délibération. Signé au registre Vion, Etienne Legrand, Legros, Cacadier, Clermont père, Rouget, Vée, Grangier de la Marinière, Movot, Deschamp, Foing, Gauthier, Pinseau, Rameau de Montbenoit exprésident, de Paris commandant général de la milice nationale de Cosne, Breton vice président et Grangier du Marais président, et moi secrétaire greffier de ladite ville soussigné qui ai scellé ces présentes du sceau des armes de la ville de Cosne.

Signé : LE MOINE.

ARCHIVES DE MOUCHAC

SOMMAIRE DES PIÈCES CHOISIES

TESTAMENT DE BERANGER LAMOTE

15 DÉCEMBRE 1424

I

ESTAMENT de Beranger Lamote, homme d'armes du lieu de Berbiguières, diocèse de Sarlat, élit sa sepulture au cimetière de l'église de St Denis de Berbiguières; lègue à l'église de Siorac la dîme qu'il a dans ladite paroisse et charge le recteur d'un obit le jour de son décès; charge son gendre et executeur testamentaire de retirer les créances qu'il a sur Jean de Bygnac damoiseau du lieu de Beynac; déclare avoir mis en gage à Guillaume de Motes, moine de l'ordre des Mineurs à Sarlat, deux anneaux d'or et d'argent avec deux saphirs pour la somme de deux deniers d'or, plus une couronne ou garbaudel d'or et d'argent pour cinq deniers d'or et il veut que le tout soit retiré; declare aussi qu'il a mis en gage à Pierre Bonel, marchand de Sarlat, et Raymonde del Dopubo, veuve de Jehan de Felno, marchand dudit Sarlat, une ceinture de soie garnie d'argent pour la somme de deux écus d'or, declare aussi que lui et Pierre Destut ont entreux engagé à noble homme Remonet Destut une très belle perle (optimam perlam) et une belle croix pour 200 deniers d'or, lesquels objets ledit Pierre avait en garde par acte reçu par maître P. écrivain des causes de noble et puissante dame Magne dame de Castelnau et de Berbiguières; il donne la croix au monestère de Cadoin et veut que la perle soit rendue à M. Lamote sa fille. Rappelle Jeanne Lamote sa fille naturelle femme d'Etienne Lacombe de Castelnau, Arcambal Lamote son fils naturel, Fine et Jeanne Lamote sœurs ses filles, Beranger de Veyrines son filleul; il institue heritière Magne Lamote sa fille naturelle et légitime.

Témoins Beranger de Veyrines et Pierre Delfau damoiseaux et plusieurs autres non qualifiés.

Acte devant Bernard Cavalerie prêtre et notaire à Sarlat.

(Feuille de parchemin de 0m 65 sur 0m 45, illisible, sauf la suscription établie en 1785.)

II

LIVRE DES RECONNAISSANCES

APPARTENANT A NOBLE ESTUT ESCUYER SEIGNEUR D'ASSAY ET DE SOLMINHAC ET A DAMOISELLE JEHANNE DE SOLMINIHAC SA FEMME. (2 JANVIER 1514)

Pour Ramond de Bessès l'an 1514 et le 26 janvier, au repaire noble du Cailhaud, personnellement constitué Ramond de Bessès dit Moundot habitant du lieu de Baynac, lequel de son plein gré a reconnu tenir en fief perpétuel de noble homme Michel Estut seigneur d'Accé et de Solminhac comme mari et légitime administrateur des biens dotaux de noble damoiselle Jeanne de Solminhac sa femme une pièce de terre assise et située dans la paroisse de Vezac au lieu appelé en Manhanac, etc., etc. Suivent plusieurs autres reconnaissances en faveur dudit seigneur et un contrat d'achat ci-après folio 16 (en latin).

(Copie sur parchemin faite à Sarlat, le 13 août 1785.)

III

RECONNAISSANCE DU 8 JANVIER 1523.

Reconnaissance passée au repaire noble de Calhau, paroisse de Vezac, par Antoine Rodas, de noble homme Michel Stut, seigneur de Solminhac, absent, et de noble damoiselle Jehanne de Solminhac, sa femme, présente et acceptante de la rente de dix huit deniers tournois payables chaque année au jour de la Noël avec l'accepte, sur une vigne située en la paroisse de St Donat, au lieu dit Al Terrie.

(Original étant au folio 55, verso du registre terrier de Solminhac, coté A (en latin).)

IV

CONTRAT DE MARIAGE DU 4 AOUT 1558.

Articles du contrat, sous seing-privé, passé au lieu de Castelnau, diocèse de Sarlat sénéchaussée de Périgord, et reconnus le même jour devant Bouriet notaire royal.

Entre

Noble Lyon Estut (il a signé : Solminhiac) habitant la paroisse de Vezac, d'une part;

et

Demoiselle Françoise de Vivent fille légitime et naturelle de noble Charles de Vivent habitant du lieu de Castelnau et de feue demoiselle Louise de Cazenac assistée de son père, d'autre part ;

il est dit que les futurs époux se prendront pour mari et femme

Le père de la future lui constitue en dot ses habits nuptiaux, savoir........ et en argent la somme de 400 livres tournois, payables 300 livres le jour des noces et les autres 100 livres à raison de 10 livres par chaque année pour l'interèt desquels il promet de payer au marié une charge de blé froment de rente annuelle amortissable au paiement de laquelle il hypothèque le moulin qu'il a sur la rivière de Sère près du lieu de Daglan ;

et cela pour tout droit qu'elle peut prétendre sur la succession de feue damoiselle Louise de Cazenac sa mère ; lesquels habillements, les futurs époux, par l'acte de reconnaissance desdits pactes, déclarent avoir reçus, ainsi que la somme de 300 livres, et quant aux 100 livres restant, le père de la future donne audit Estut trois charges de blé froment, mesure de Sarlat, avec vingt sols tournois de rente annuelle et amortissable qu'il lui assigne sur ledit moulin à blé qu'il tient noblement.

(Grosse originale, sur une grande feuille de parchemin, signée BOURIET, *et où le futur signe* SOLMINHIAC, *aux archives de Mouchac.)*

V

ACTE DE RETRAIT DU 13 MAI 1578.

ACTE de retrait fait en la ville du Mont de Domme en Périgord devant Roffignac, notaire royal,

par noble François de Solminhac, écuyer, demeurant audit Domme sur Antoine Lazairemmes, cordonnier habitant en ladite ville, de deux maisons y situées au quartier de Larodo qui avaient été vendues à ce particulier par nobles Jehan de Solminhac et Marguerite de Marquessac, sa femme, par contrat du dernier jour d'octobre 1577, passé devant ledit de Roffignac, notaire, moyennant la somme de 500 livres tournois, lequel retrait il fait, en qualité de frère germain de Jehan et de Léon de Solminhac, en vertu de la coutume introduite en faveur des lignagers et leur rembourse le prix de ladite acquisition.

(Original étant au folio 59 r• du registre des reconnaissances de Solminhac, coté B.)

Nous appelons l'attention du lecteur sur cet acte où figure le nom de Marguerite de Marquessac, mère du bienheureux Alain évêque de Cahors.

MÉMORIAL DES TITRES ET PAPIERS

DES SEIGNEURS D'ASSAY, DE LA MAISON DE STUTT, DEPUIS LEUR ÉTABLISSEMENT
EN FRANCE, VERS 1420, DANS DIVERSES PROVINCES

ARCHIVES DE THAROISEAU (Yonne)

Vᵉ DEGRÉ DE LA GÉNÉALOGIE ET Iᵉʳ DES ARCHIVES

THOMAS STUTT ÉCUYER, SEIGNEUR D'ASSAY EN BERRY, ARCHER DE LA GARDE RCOSSAISE
DU CORPS DU ROI, ET DAMOISELLE AGNÈS LE ROY SA FEMME

N° 1. — Février 1744.

ETTRES, en forme de charte, données à Paris, en février 1474, par le roi Louis XI et accordant la naturalité à Thomas Stuch.

(Voir les pièces originales collationnées, page 153.)

N° 2. — 5 septembre 1476.

Contrat de mariage, en date du 5 septembre 1476, en la prévôté de Bourges entre noble homme Thomas Stutt, archer de la garde écossaise du corps du Roi, et Agnès Le Roy.

(Voir les pièces originales collationnées, page 154.)

N° 3. — 9 septembre 1476.

Foy et hommage prêtés au château de Sully, le 9 septembre 1476, à Louis de la Trémouille, comte de Benon, par Thomas Stuth, ainsi que Jean et Guillaume Stuch, pour raison du château et lieu d'Assay.

(Voir les pièces originales collationnées, page 157.)

No 4. — 19 et 20 novembre 1477.

Enquête faite les 19 et 20 novembre 1477, devant Jean Jaupitre, licencié en lois, lieutenant au siège de Concorsault pour le bailli de Berry, en vertu des lettres royaux données à Péronne, le 10 février 1476, et de commission dudit lieutenant du 3 juillet 1477 et assignation, en conséquence, à la requête de Thomas Stud, écuyer, seigneur d'Assay, homme d'armes des ordonnances du Roi,

contre

Pierre Anquetilz, seigneur de Courcelles, en laquelle enquête sont entendus plusieurs témoins, le premier desquels nommé Pierre Vallée, paroissien de Beaulieu, âgé de quarante ans ou environ, dépose qu'il connaît bien la seigneurie d'Assay et que d'icelle il a vu jouir et user feu Gauthier Stud, et à présent Thomas Stud, son frère, lequel Thomas en jouit vulgairement au vu et au scu d'un chacun. Le reste de la déposition concerne les droits de la seigneurie d'Assay.

Les autres témoins déposent à peu près la même chose que ledit Vallée.

(*Original en parchemin.*)

No 5. — Dernier février 1479.

Lettres royaux données au Plessis-lès-Parc près Tours, le dernier février 1479, obtenues par Thomas Stut, écuyer, archer de la garde écossaise du corps du Roi,

Par lesquelles Sa Majesté évoque à elle et par devant les gens de son Conseil, la cause qui était pendante devant le bailli de Montargis entre ledit Thomas Stut et Guillaume Perrin et Michèle Rougières, sa femme, demandeurs, enthérinement de lettres royaux par eux obtenues en chancellerie, tendantes à ce qu'il fût condamné à leur rendre et restituer la terre et 'seigneurie d'Assay, dont il était seigneur en partie et en avait joui paisiblement, ainsi que ses prédécesseurs, pour raison de quoi il avait été assigné devant ledit bailli qui lui avait donné certain délai pour recouvrer ses titres qui avaient été adhirés en l'hôtel de feu Gaultier Stut son frère, dont il était héritier en partie, ce que n'ayant pu faire pendant ledit délai; son procureur en avait requis un nouveau, qui lui avait été refusé, raison pour laquelle il avait demandé ladite évocation.

Copie donnée sous le scel et seing de Pierre Meigny, sergent du Roi, le 28 mars 1479, ensuite de laquelle est:

28 mars 1479

Acte de signification qui en avait été faite à la requête dudit Thomas Stud, par ledit jour 28 mars 1479, audit Guillaume Perrin et à ladite Michèle Rougières, sa femme, avec assignation à comparaître devant Messieurs du Grand-Conseil, au vingt-cinquième jour d'avril prochain, pour procéder et aller en avant en la cause et matière mentionnées aux dites lettres.

Nº 6. — 15 août 1431.

Enquête faite devant Jean Jaupître, lieutenant commis par le Roi au siége et ressort de Concorsault, du bailli de Berry, en vertu de lettres royaux données à Tours, le 14 mai 1481, signées par le Roi à la relation du Conseil, Villebresme, et lettres de commission décernées en conséquence par ledit lieutenant le 27 juillet suivant, portant que témoins seraient assignés à comparaître par devant lui le mercredi lors prochain.

Le tout à la requête de noble homme Thomas Stud, écuyer, archer du corps du Roi, impétrant lesdites lettres et commission,

contre

Guillaume Perrin et Michèle Rougières, sa femme, demandeurs et évoqués sur l'instance pendant entre les parties devant les gens du Grand-Conseil du Roi. Ladite enquête commencée au lieu de Châtillon-sur-Loire, ledit jour mercredi et continuée en la ville d'Aubigny, le 15 août audit an 1481.

Le premier témoin nommé Jean Potot, laboureur, paroisse de Beaulieu-lès-Assay, âgé de 60 ans, ou environ, dépose, après serment par lui prêté, qu'il a ouï dire autrefois à plusieurs personnes que le feu Roi Charles avait donné à feu Gauthier Stud, frère dudit Thomas, en faveur des services qu'il lui avait faits, la seigneurie d'Assay et ses appartenances, laquelle était échue au Roi pour certains deniers que feu Jean Racault lui devait pour restes de la recette qu'il lui avait faite pour ledit seigneur, au moyen de laquelle donation ledit Gauthier Stud prit possession de la seigneurie, de laquelle il avait toujours joui à ce titre, depuis 34 ou 36 ans (vers 1445 ou 1447) en ça que depuis ledit temps, il n'a point vu ni sçû qu'aucun se portât seigneur ou possesseur de ladite terre, sinon le feu Gauthier ou ses ayants-cause, même le fils du dit Gauthier Stud et après sa mort, ledit Thomas Stud qui en jouissait alors sans aucun trouble, sinon le procès dont il était question : lesquelles choses, ledit déposant dit savoir pour avoir payé le champart d'aucune des terres du dit Assay qu'il labourait audit feu Gauthier Stud, et, après sa mort, à son fils, ou à sa mère, comme ayant le gouvernement de son dit fils, et depuis, audit Thomas Stud.

Les mêmes faits sont déposés par Louis Barbelade, lieutenant du bailli de Châtillon, âgé de 46 ans ;

Jean Ravery, hôtelier audit lieu, âgé de 50 ans ;

Jean Choiseau, laboureur, paroissien de Beaulieu, près Assay, âgé de 44 ans ;

Macé Laurens, laboureur au ditlieu, âgé de 60 ans ;

Étienne Desmons, praticien en Cour laye, âgé de 47 ans ;

Robin Le Sac, laboureur audit Beaulieu, âgé de 60 ans ;

Jean Potot, le jeune, paroissien du dit lieu, âgé de 40 ans ;

Jean Pelland, laboureur audit lieu, âgé de 45 ans ;

Jean Troille, laboureur audit lieu, âgé de 44 ans ;

Simon Botelon, laboureur à Châtillon-sur-Loire, âgé de 64 ans ;

Posant Dagot, laboureur audit lieu, âgé de 60 ans ;

Noble homme Guyon de Bray, demeurant audit lieu, âgé de 50 ans.

Gilbert Belot, prêtre à Aubigny-sur-Nerre, âgé de 35 ans, dépose en outre qu'il a vu entre les mains du dit feu Gauthier Stud, les lettres de don de terre d'Assay.

Noble homme Jean Lan, écuyer, archer de l'ordonnance du Roi sous Monsieur d'Aubigny, âgé de 30 ans, dépose que, dès son jeune âge, il a demeuré avec ledit feu Gauthier Stud, son oncle, et lui a servi de page pendant longtemps, qu'il l'a toujours vu jouir de la seigneurie d'Assay, que plusieurs fois il a vu entre les mains du dit Gauthier Stud, lorsqu'il faisait lire ses lettres en son hôtel, certaines lettres royaux scellées en cire jaune et à ce qu'il lui semble signées de la main du Roi, faisant mention que le feu roi Charles lui avait donné la terre et seigneurie d'Assay en considération de ses services.

9 avril 1482.

Ladite enquête encore continuée au lieu d'Aubigny-sur-Nerre, devant le même commissaire, le mardi 9 avril 1482, en vertu d'autres lettres royaux données à Bourges, le 26 mars 1481, commission du 29 du même mois, et assignation en conséquence. Le premier témoin est Jeanne Morroye, femme de noble homme Job Nysebeth, archer de l'ordonnance du Roi, sous Monsieur d'Aubigny, âgée de 30 ans, qui dépose que, dès son jeune âge, elle a demeuré en l'hôtel de feu Gilbert Asele, en son vivant archer de la garde du Roi, durant lequel temps elle fréquentait souvent la maison de Gauthier Stud, frère du dit Thomas, et depuis sa mort, y a encore fréquenté, du temps que Mathurine, veuve dudit Gauthier, a demeuré en ladite ville d'Aubigny, et, ajoute aux faits déposés par les autres témoins que ladite Mathurine lui donna plusieurs lettres en garde, parmi lesquelles étaient celles du don d'Assay, ce qu'elle scait parce que pendant le temps que lesdites lettres étaient entre ses mains, son frère qui était bon clerc, voulut les voir et s'ébattait à les lire, il trouva entre autres ladite lettre de don, et la montra à ladite déposante, en lui disant : Voici une lettre par laquelle apert que le feu roi Charles avait donné la terre et seigneurie d'Assay, audit feu Gauthier Stud, et que, lesdites lettres étaient scellées d'un grand sceau en cire jaune.

Pierre Durand, prêtre à Aubigny-sur-Nerre, âgé de 28 ans, dit savoir, que feu Racault avait été, en son temps, receveur pour le roy Charles, au pays de Languedoc, pour avoir vu de ses comptes ès-mains dudit Gauthier Stud et de Ponon de Briseformée, sa femme, avant femme du dit Racault, et avait ouï dire que par la fin de ses comptes, il resta redevable au Roi de certaine grande somme et que ledit Gauthier lui avait dit que le Roi lui avait donné ledit reste de deniers.

Étienne Auconte, demeurant audit Aubigny, âgé de 46 ans, ajoute qu'il a ouï lire lesdites lettres de donation à un nommé Bernard Gadin, pour lors notaire à Aubigny.

Noble et puissant seigneur messire Guillaume de Menipeny [1], chevalier, seigneur de Concressault, âgé de 70 ans ou environ, dépose que le feu roi Charles avait donné ladite terre d'Assay audit Gauthier Stud, qu'il l'avait ouï dire plusieurs fois au dit feu Roi et était présent, quand la donation fut faite. Que depuis ledit don, attendu que ladite seigneurie était près de la sienne de Concressault, il avait voulu l'acheter dudit feu Gauthier, mais qu'il n'avait pas voulu la lui vendre.

(Original en parchemin.)

---

1. Guillaume de Menipeny, seigneur de Concressault et de Varennes, joua un très grand rôle sous le règne de Charles VII ; sénéchal de Saintonge, capitaine de la garde écossaise du Roi, son chambellan et gouverneur du Duc de Guyenne, il fut son ambassadeur, en 1451, auprès des Gantois, et fit partie, en 1454, de l'ambassade de Cousinot de Montreuil qui, en revenant d'Écosse, fit naufrage et fut emprisonnée en Angleterre, mais le Roi envoya les rançons nécessaires. Plusieurs du même nom occupèrent des situations élevées sous les règnes suivants. En 1512, un autre Guillaume fut abbé de Saint-Satur, proposé par le Chapitre pour être archevêque de Bourges. Anne de Menipeny avait épousé Jean Stuart, seigneur d'Oison, chambellan de Louis XII et capitaine de la garde écossaise ; elle vendit la terre de Concressault, en 1548, à Pierre de Boucard.

Les Menipeny portaient : écartelé aux 1 et 4 de gueules à trois croissants d'argent, surmontés chacun d'un croix recroisetée, au pied fiché de même, aux 2 et 3 d'or à un dauphin d'azur. (La Thaumassière, p. 396 ; *Les Écossais*, par Michel, pp. 303 et suivantes, t. I ; *Histoire de Charles VII*, par Vallet de Viriville, t. III, p. 222 et 232.)

Beraud Stuart, d'après La Thaumassière, aurait vendu la châtellenie de Concressault à Alexandre Menipeny ; d'après les autres auteurs, ce serait à Guillaume, ainsi que l'indique l'enquête précédente.

N° 7. — 19 mai 1489.

Lettres royaux datées d'Amboise du 19 mai 1489, accordées par le roi Charles VIII, à son bien-aimé Thomas Stut, écuyer, archer de la garde de son corps, seigneur d'Assay, sur ce qu'il avait exposé à Sa Majesté qu'il avait ci-devant obtenu ses lettres afin d'examen à futur adressantes au bailli du Berry ou à son lieutenant, en vertu desquelles ledit lieutenant et son adjoint maître Michel des Barres, demeurant à Châtillon, avaient entendu les témoins qui avaient été présenté de la part dudit écuyer, laquelle enquête il craignait que ledit lieutenant et son adjoint ne voulussent parfaire et signer ; pourquoi il espérait provision de Sa Majesté, qui, ce considéré, mande que à la requête de l'exposant, il soit fait commandement aux lieutenant et greffier qui étaient lorsque ledit examen fut fait, de lui en donner expédition moyennant salaire compétent.

(*Signé par le Roi à la relation du Conseil avec griffe et paragraphe et scellé en cire jaune.*)

Aux dites lettres est attaché exploit de commandement, fait, le 14 juin 1489, à Jean Bergevin, greffier de Concorsault de satisfaire au contenu des dites lettres.

N° 7 bis. — 3 juillet 1480.

Sentence arbitrale rendue, le 3 juillet 1480, par Jean Pelourde entre Pierre Anquetilz, seigneur de Courcelles-le-Roi, et Thomas Stud, écuyer, seigneur d'Assay, pour droits de justice l'un sur l'autre.

(*Voir aux pièces originales collationnées, page 158.*)

N° 8. — 28 juillet 1489.

Arrêt rendu au Grand-Conseil du Roi, tenu en la ville de Bourges, le 28 juillet 1489, entre Guillaume Perrin, comme héritier de Jean Racault, et Thomas Stuc, comme héritier de Gauthier Stuc, sur la possession de la seigneurie d'Assay, et donnant gain de cause à Thomas Stuc.

(*Voir aux pièces originales collationnées, page 162.*)

N° 9. — 29 juillet 1512.

Commission ou sentence rendue, le 29 juillet 1512, par Pierre Jaubert, lieutenant du bailli de Saint-Gondon, à la requête de damoiselle Agnès Le Roy, veuve de Thomas Stuch, en son vivant écuyer, seigneur d'Assay,

portant commission pour faire assigner pardevant lui Louis Hanquetilz, soi-disant seigneur de Courcelles, qui avait fait saisir ladite terre, faute de foi et hommage non faits, quoiqu'elle fût tenue et mouvante du seigneur de Saint-Gondon,

à l'effet de soutenir ladite saisie et l'a déclarée nulle et abusive si le cas y échéoit.

(*Voir aux pièces originales collationnées, page 168.*)

VI° DEGRÉ DE LA GÉNÉALOGIE ET II° DES ARCHIVES

FRANÇOIS STUTT, SEIGNEUR D'ASSAY, IV° FILS DE THOMAS ET D'AGNÈS LE ROY,

ET BARBE D'ASSIGNY SA FEMME

N° 1. — 11 septembre 1492.

SENTENCE rendue en la ville de Bourges, en l'hôtel de Jean Barbarin, le 11 septembre 1492, qui défère à Florent Le Roy, écuyer, et à Guillaume Stud, écuyer, la tutelle de Berault, Jean, Michelet, François, Alexandre, Catherine et Marie Stutz, à la requête des parents paternels et maternels.

En tête de laquelle se trouve procuration de Florent Le Roy à Pierre Le Roy pour transiger avec messire Berault Stuard, seigneur d'Aubigny, qui devait des comptes aux mineurs Stud, du 19 novembre 1498.

(*Voir les pièces originales collationnées, page 165.*)

N° 2. — 5 novembre 1518.

Transaction, en date du 5 novembre 1518, passée sous le scel de la prevôté de Châtillon-sur-Loire, devant Pellautz, notaire,

entre

Noble homme François Stud, écuyer, seigneur d'Assay, et maître Jean Helye.

Sur le différend qui était entre les parties au sujet de trois arpents de bois ou trois mines, assises en la seigneurie d'Assay, que feu noble homme Gauthier Stud, écuyer, seigneur d'Assay, avait données, à titre de cens, à noble homme Guyon de Bray, écuyer, seigneur de Bray, par lettres datées du 27 juin 1452, signées Caquerotte, moyennant la somme de 16 sols parisis de rente et 2 deniers parisis de cens, desquels héritages ledit M° Helye était alors possesseur, et ledit François Stud prétendait qu'il avait anticipé sur son terrain à son préjudice. Pour obvier à tous procès, il est convenu que ledit M° Helye jouira de ladite terre, de la même manière que ses prédécesseurs en avaient joui et ainsi qu'elle était alors bouchée et close.

(*Grosse originale en parchemin, signée : Pellautz.*)

N° 3. — 1ᵉʳ avril 1516.

Vente, en date du 1ᵉʳ avril 1516, passée sous le scel de la prévôté de Bourges, devant Jean Choppard, notaire, par noble homme Michelet Stud, écuyer, à François Stud, moyennant 733 livres 6 sols 8 deniers payés comptant, de tout ce qu'il pouvait posséder en la terre d'Assay.

(*Voir les pièces originales collationnées, page 169.*)

N° 4. — 20 juin 1519.

Promesse, en date du 20 juin 1519, passée sous le scel de la châtellenie de Bléneau, devant Guillaume Thomas

par noble homme Pierre d'Assigny, écuyer, seigneur de la Motte-Jarris, à noble homme François Stut et à Barbe d'Assigny, sa femme, et à Suzanne d'Assigny, sa sœur, de les tenir quittes des dettes de ses père et mère.

(Voir aux pièces originales collationnées, page 171.)

N° 5. — 3 août 1522.

Procuration passée sous le scel des prévôté et châtellenie de Beaulieu-sur-Loire, devant Saborin, notaire, par noble homme François Stud, seigneur d'Assay, à Alexandre Stud, son frère, pour demander remboursement d'une somme due par Jean Rougier, de Limoges, envers leur mère.

(Voir aux pièces originales collationnées, page 172.)

N° 6. — 6 juillet 1527.

Foy et hommage prêtés à la baronnie de Sully, à cause de la châtellenie de Saint-Gondon, le 6 juillet 1527

par François Stud, fils aîné de feu noble homme Thomas Stud, pour sa terre et seigneurie d'Assay, en la paroisse de Beaulieu.

(Extrait tiré des archives du Duché-Pairie de Sully, liasse du fief de Courcelles-le-Roi.)

Nota : Ledit extrait contient pareils foy et hommage prêtés par François II° Destud, « écuyer, « seigneur d'Assay, tant pour lui que pour damoiselles Anne, Emée et Jeanne Les Stutz, ses « sœurs, enfants mineurs des défunts Charles Stut et damoiselle Jeanne Darlutz, leurs père « et mère, du 17 octobre 1583 ».

N° 7. — 30 décembre 1538.

Bail à cens et à rente, en date du pénultième décembre 1538, passé sous le scel de la prévôté de Beaulieu-sur-Loire, devant Saborin notaire,

par noble damoiselle Barbe d'Assigny, veuve de feu noble homme François Stud, en son vivant écuyer, seigneur d'Assay, tant en son nom que comme ayant le régime et le gouvernement de leurs enfants, et nobles hommes Hector et Étienne Stud, écuyers, seigneurs d'Assay, enfants dudit défunt et d'elle

à

Jean Pellisson, fils de feu Philbert Pellison, d'une maison et ses dépendances, moyennant la rente de 5 sols tournois et un couple de chapons et le cens annuel et perpétuel d'un denier tournois portant lods et ventes.

(Grosse originale en parchemin signée Saborin, et autre grosse, idem.)

VII. DEGRÉ DE LA GÉNÉALOGIE ET III. DES ARCHIVES

CHARLES STUD, ÉCUYER, SEIGNEUR D'ASSAY, ET DAMOISELLE JEANNE DE HARLU, SA FEMME

N° 1. — 21 décembre 1540.

INVENTAIRE fait, le 21 décembre 1540, à Beaulieu-sur-Loire, des titres et papiers du château d'Assay, après les décès de François Stud et Barbe d'Assigny.

(Voir aux pièces originales collationnées, page 173.)

N° 1 bis. — 11 mai 1543.

Inventaire fait, le 11 mai 1543, au château d'Assay, à la requête d'Hector Stud, entre lui et Pierre d'Assigny, tuteur, et Roland de Bourbon, curateur de Reine, Barbe et Charles le jeune Stud, mineurs.

(Voir aux pièces originales collationnées, page 174.)

N° 2. — 16 avril 1545.

Acte de cession et d'abandon fait, le 16 avril 1545, par Hector Stud et ses frères et sœurs à Charles leur frère, des terres et dépendances de la terre et seigneurie d'Assay, moyennant renoncement au surplus des successions de ses père et mère.

(Voir aux pièces originales collationnées, page 178.)

N° 3. — 2 avril 1548.

Foy et hommage prêtés, le 2 avril 1548, à très haut et très puissant Messire Louis de la Trimouille, chevalier, comte de Guignes, Benon, etc., à cause de la terre et seigneurie de Saint-Gondon,

par Charles Stud, écuyer, seigneur d'Assay, fils aîné de feu François Stud, pour raison dudit lieu d'Assay, situé en la paroisse de Beaulieu, ainsi qu'il se comporte, tenu en fief de la châtellenie de Saint-Gondon.

(Grosse originale en parchemin extraite du terrier de la terre de Saint-Gondon, le dernier janvier 1561, signée : ROBERT, avec paraphe.)

N°. 4. — 22 mai 1549.

Aveu et dénombrement fournis, le 22 mai 1549, par Charles Stud à Monseigneur Louis de la Trymoille, seigneur de Saint-Gondon, pour la terre et seigneurie d'Assay.

(*Voir aux pièces originales collationnées, page* 179.)

N° 5. — *Pénultième d'octobre* 1550.

Contrat de mariage, en date du pénultième d'octobre 1550, passé sous le scel de la prévôté de Léré, entre Charles Stuc, seigneur d'Assay, et damoiselle Jeanne de Harlu.

Au revers de la grosse, quittance en date du dernier d'avril 1551, donnée par Charles Stuc, à noble Antoine de Harlu, de la somme de 57 livres 10 sous tournois.

(*Voir aux pièces originales collationnées, page* 182.)

N° 6. — 22 *avril* 1555.

Déclaration fournie, le 22 avril 1555, devant le bailli d'Orléans

par

Noble homme Charles Destud, écuyer, seigneur d'Assay, de sa dite seigneurie d'Assay et ses dépendances, sise dans le dit bailliage d'Orléans, pour satisfaire aux ordonnances du Roi.
Copie en forme, en papier, de l'écriture du temps même.
Ensuite est :

24 *avril* 1555.

Copie, aussi en forme de la même écriture, d'une procuration donnée par ledit Charles Destud, le 24 du dit mois d'avril 1555, à l'effet de présenter, en son nom, ladite déclaration, laquelle a été présentée ledit jour

et

25 *mai* 1557.

Copie d'autre procuration donnée par le même Charles Destud, le 25 mai 1557, à l'effet de présenter en son nom pareille déclaration ou autre semblable.

No 7. — 14 juillet 1563.

Sentence rendue aux requêtes du Palais à Paris, le 14 juillet 1563,

entre

Jacques d'Anquetil, écuyer, seigneur de Courcelles-le-Roi, demandeur en matière féodale d'une part.

Charles Destud, écuyer, seigneur d'Assay, défendeur en ladite matière et demandeur en garantie

contre

Messire Louis de la Trémoille, chevalier de l'ordre du Roi, baron de Sully-sur-Loire et Saint-Gondon, défendeur en garantie.

L'on voit en cette sentence, que le seigneur de Courcelles prétendait que, à cause de sa dite terre et seigneurie, la terre et seigneurie d'Assay était tenue et mouvante de lui, comme dépendant de l'ancienneté du lieu et châtel de Courcelles à cause duquel ledit Charles Destud, comme détenteur dudit lieu d'Assay, lui était redevable des droits et devoirs de fief, portés par la coutume de Lorris, qui sont les foy et hommage et profits de fief, en cas de mutation, ainsi qu'il apparaissait par l'acquisition qu'avait faite de ladite terre de Courcelles, défunt Pierre Anquetil, son aïeul, de feu Louis de la Trémoille, seigneur de Sully et de Saint-Gondon, dès l'an 1461 ; et, attendu que ledit Destud et ses auteurs avaient négligé de satisfaire à ces devoirs, il l'avait fait assigner devant le bailli d'Orléans, ou son lieutenant, pour le reconnaître et avouer seigneur et lui faire porter lesdits devoirs.

À quoi ledit Destud opposait que lui et ses devanciers, seigneurs d'Assay en avaient porté les foy et hommage et font les devoirs aux seigneurs de Saint-Gondon, et requérait que ledit seigneur de Saint-Gondon fût tenu de le garantir et prendre les fait et cause pour lui.

Par laquelle sentence le seigneur de Saint-Gondon est condamné à prendre les fait et cause pour ledit seigneur d'Assay, sinon à le tenir quitte et indemne des dommages et intérêts que le seigneur de Courcelles pourrait obtenir contre lui.

Et attendu que lesdits seigneurs de Courcelles et de Saint-Gondon prétendaient respectivement la féodalité de la terre d'Assay, la Cour les appointe en droit.

(*Grosse originale en parchemin signée sur le repli* : SALELSART et SIELLÉE.)

N° 8. — 13 octobre 1567.

Certificat du 13 octobre 1567, donné au château d'Assay, pour constater que Charles Destud est hors d'état de faire service au Roi en son ban et arrière-ban pour cause de blessures reçues en Allemagne.

(*Voir aux pièces originales collationnées, page* 185.)

N° 9. — 7 août 1572.

Quittance, en date du 7 août 1572, passée sous le scel de la châtellenie de Léré, par noble homme Antoine de Troussebois, écuyer, seigneur de Vivier, à noble homme Charles Destud, écuyer, seigneur d'Assay, de la somme de 28 livres 11 sols 9 deniers tournois, pour complément de paiement de 117 livres 3 sols 9 deniers.

(*Voir aux pièces originales collationnées, page* 186.)

N° 10. — 3 septembre 1538.

HECTOR STUD, FRÈRE AÎNÉ DE CHARLES

Aveu et dénombrement, en date du 3 septembre 1538, fourni devant Jean Saborin, clerc notaire juré de la prévôté de Beaulieu-sur-Loire.

par

Noble homme Hector Stud, fils aîné de feu noble homme François Stud et de noble damoiselle Barbe d'Assigny, ses père et mère, écuyer, seigneur d'Assay en ladite paroisse de Beaulieu

à

Haut et puissant seigneur Mgr François de la Trymouille, comte de Guynes, Bénon, etc., baron de Saint-Gondon, à cause de ladite seigneurie de Saint-Gondon.

(*Grosse originale en parchemin, signée :* SABORIN.)
(*Autre grosse, idem.*)

N° 11. — 20 octobre 1542.

Souffrance, en date du 20 octobre 1532, accordée par le bailli de Sully

à

Noble homme Hector Stud, seigneur d'Assay, tant pour lui que pour ses frères et sœurs, pour porter les foy et hommage de ladite terre et seigneurie d'Assay à la châtellenie de Saint-Gondon, jusques à vendredi après les Rois, lors prochain. Dans cet acte est rappelé un acte de foy et hommage, fait le 7 juin 1486 par Thomas Stud, écuyer, seigneur du dit lieu d'Assay, une souffrance d'années à dame Agnès Le Roy, sa veuve, du 21 juin 1513. Foy et hommage prêtés par François Stud, écuyer, du 8 juillet 1527.

(*Grosse originale en parchemin, signée :* ROBERT.)

VIII° DEGRÉ DE LA GÉNÉALOGIE ET IV° DES ARCHIVES

FRANÇOIS II° DESTUD, ET DAMOISELLE FRANÇOISE DE MAUBRUNY, SA FEMME

N° 1. — avril 1576.

COMMISSION datée du camp de... le... avril 1576, de François, frère du Roi, duc d'Alençon et premier pair de France, à son cher et bien-aimé le seigneur d'Assé, de la charge de capitaine d'une compagnie de cent hommes de guerre à pied, avec ordre de la lever et mettre sur pied en la plus grande diligence, à l'endroit qui lui serait ordonné.

(*Original en parchemin, signé :* FRANÇOIS, *et plus bas, près Monseigneur,* DERDAIRE.)

N° 2. — 17 octobre 1583.

Foy et hommage prêtés, le 17 octobre 1583, devant Léonard Rousseau, notaire et tabellion, sous le scel de la baronnie de Sully

à

Dame Jeanne de Montmorency, épouse de Messire Louis de la Trémoille, en qualité de dame et adjudicataire de la baronnie de St-Gondon, entre les mains des bailli et procureur fiscal de la baronnie de Sully et de St-Gondon, ses fondés de procuration en date du 9 février 1574,

par

François Stud, écuyer, seigneur d'Assay, tant pour lui que pour damoiselles Anne, Emée, Jeanne Stud, ses sœurs, tous enfants et héritiers de défunt noble homme Charles Stud et de damoiselle Jeanne Darlut, leurs père et mère, en raison de ladite terre et seigneurie d'Assay, tenue à foy et hommage de la baronnie de St-Gondon.

(*Grosse originale en parchemin, signée :* ROUSSEAU, en laquelle grosse originale est incorporée la procuration de ladite dame de St-Gondon, en date du 9 février 1574, passée devant François Thion, substitut dudit Léonard Rousseau.)

N° 3. — 15 mai 1583.

Contrat de mariage, en date du 15 mai 1585, passé sous le scel de la châtellenie de Lury devant Quentin le Bon, clerc notaire juré, sous ledit scel

entre

Noble seigneur François Destud, écuyer, seigneur d'Assay y demeurant, paroisse de Beau-lieu-sur-Loire, assisté de noble seigneur Jean de la Platière, seigneur dudit lieu et de Montigny, homme d'armes de la compagnie de Monseigneur le Duc de Nevers; de Charles d'Allegret, écuyer, seigneur de la Croix, ses proches parents, d'une part ;

et

Damoiselle Françoise de Maubruny, fille de défunt noble seigneur Jean de Maubruny, vivant écuyer, seigneur d'Aubusset en la paroisse de Brinay, et de Hélène d'Arsemalle, assistée de sa mère et de damoiselle Marguerite de Maubruny, sa tante, veuve de feu Louis de Passac, en son vivant écuyer, seigneur de Thou, et de nobles seigneurs Jean de Fransures, seigneur de la Roche, de Robert Potin seigneur de l'Ecluse, de Philippe de Crèvecœur, seigneur de Coullanges, et de plusieurs autres parents et amis, d'autre part.

Il est stipulé communauté de biens entre les futurs époux. Le futur époux accorde à la damoiselle de Maubruny un douaire de cent écus sol de rente viagère.

(*Grosse originale en parchemin, signée :* LE BON.)

N° 4. — 23 novembre 1884.

Foy et hommage prêtés, le 23 novembre 1585, en la présence de Antoine Petit, notaire royal en Berry, résidant à Vierzon

par

Noble homme François de Estud, écuyer, seigneur d'Assay, en Berry, au nom et comme mari de damoiselle Françoise de Maubruny, fille et héritière de défunt Jean de Maubruny, en son vivant écuyer, seigneur d'Aubusset, situé en la paroisse de Brinay, terre et justice de Berry

à

Madame la Duchesse de Montpensier, dame de Vierzon, du lieu, terre et seigneurie d'Aubusset échu à ladite Françoise de Maubruny, sa femme, par le décès dudit sieur, son père, tenu en fief et hommage du Roi et de ladite dame à cause de leur grosse tour de Vierzon.

(*Grosse en parchemin, signée :* PETIT.)

N° 5. — 25 novembre 1585.

Foy et hommage prêtés, le 25 novembre 1585, devant Quentin le Bon, en la châtellenie de Lury

par

Noble seigneur François Destud, écuyer, seigneur d'Assay et d'Aubusset

à

Noble seigneur Jean de Courault, écuyer, seigneur de Chevilly et de Syon,
pour raison du terrage de Guérigny, assis en la paroisse de Vierzon, échu à damoiselle

Françoise de Maubruny, sa femme, par la directe succession de feu Jean de Maubruny, son père, vivant écuyer, seigneur d'Aubusset, mouvant en arrière-fief de la seigneurie de Syon.

(*Grosse originale en parchemin, signée* : LE BON.)

En suite de l'acte ci-devant est : ·

Acte, en date du 23 septembre 1602, portant réception des dites foy et hommage de la part de dame Anne Herpin, veuve de feu noble homme Jean de Courault, ayant le gouvernement de leurs enfants.

Signé : Anne HERPIN.

N° 6. — 18 *novembre* 1592.

Contrat de mariage, en date du 18 novembre 1592, passé au bourg de Cernoy, devant Milley, notaire,

entre

Jean de Boisselet, écuyer, seigneur de la Cour, y demeurant, paroisse de Mailly-la-Ville, au diocèse d'Auxerre, d'une part,

et

· Damoiselle Jeanne Destud, fille de défunt noble seigneur Charles Destud, en son vivant écuyer, seigneur d'Assay, et de damoiselle Jeanne de Harlu, assistée de noble seigneur François Destud, son frère, écuyer, seigneur d'Assay, de damoiselle Anne Destud, sa sœur, veuve de feu noble Jean d'Orléans, en son vivant écuyer, seigneur de la Billottière, et encore de l'avis de noble seigneur François Destud, écuyer, seigneur de St-Père et de Tracy, et de noble homme Jean de Boisselet le jeune, seigneur du Bois, ses proches parents.

Copie en forme, de l'écriture du temps même, ensuite de laquelle est copie aussi en forme de :

13 *janvier* 1593.

Acte de ratification, en date du 13 janvier 1593, passé au même lieu de Cernoy, devant ledit Millet, notaire, faite par ladite damoiselle Jeanne Destud, autorisée de son mari, de l'acte de partage, qui avait été passé entre noble seigneur François Destud, seigneur d'Assay, ladite Jeanne et lesdites damoiselles Anne et Emée Destud, ses frères et sœurs, devant Gaspard Paulmier, notaire en la châtellenie de Beaulieu, des biens et successions de leurs père et mère.

N° 7. — octobre 1596.

Quittance de rachat, en date du 26 octobre 1596, passée sous le scel de la prévôté de Bourges devant Jean de Sauzay, notaire royal,

par

Mathurin Dudanjon, receveur et ayant charge de Madame Catherine de Lorraine, héritière testamentaire de dame Catherine de Lorraine, duchesse de Montpensier,

à

Pierre le Bon, comme procureur et ayant charge de François Destud, écuyer, seigneur d'Assay et d'Aubusset, et de dame Françoise de Maubruny, son épouse, de la somme de 20 écus sols à laquelle il avait composé tant pour le droit part et portion qui revenait à ladite dame que droit du fermier du domaine de Vierzon, dû à ladite feue dame Duchesse de Montpensier, sur ladite seigneurie d'Aubusset, à cause du mariage contracté par ledit seigneur d'Assay avec ladite dame Françoise de Maubruny à laquelle ladite seigneurie d'Aubusset appartenait.

(*Grosse originale en parchemin.*)

Au dos de laquelle est

1er avril 1597.

Acte du 1er avril 1597 portant ratification de la part de ladite dame Catherine de Lorraine, des actes de composition et quittance ci-dessus.

Signé : CATHERINE DE LORRAINE.

N° 8. — 16 août 1597.

Dénombrement fourni, le 16 août 1597, devant Gaspard Paulmier, notaire en la châtellenie de Beaulieu-sur-Loire,

par

Noble seigneur François Destud, écuyer, seigneur d'Assay

à

Noble seigneur Messire Jean Dufaure, seigneur de Courcelles, Fay, baron de Sainte-Hermine, conseiller, chambellan du Roi, capitaine de 50 hommes d'armes de ses ordonnances, gouverneur de Geargeau, à cause de sa châtellenie de Courcelles,
du château, lieu seigneurial, justice et dépendances d'Assay, tenus en foy et hommage de ladite seigneurie de Courcelles.

(*Grosse originale en parchemin, signée :* PAULMIER.)

N° 9. — 1er septembre 1597.

Transaction, en date du 1er septembre 1597, passée devant Salomon Le Dain, notaire royal à Châtillon,

entre

Messire Jean du Faur, chevalier, seigneur de Courcelles et autres lieux,

et

Noble seigneur François Destud, écuyer, seigneur d'Assay et d'Aubusset,
sur le différend qui était entre les parties au sujet des profits du fief dus au seigneur de Courcelles sur la terre d'Assay tant à cause des successions de défunt François et Charles Destud père et aïeul dudit François, par les décès de ses oncles, par le mariage de ses tantes et par celui de damoiselle Anne Destud, sa sœur ; ils composent à la somme de 300 écus sol pour tous lesdits droits.

(Grosse en parchemin, signée : LE DAIN au revers de laquelle est quittance dudit sieur du Faur du dernier avril 1599.)

N° 10. — 12 mai 1599.

Jugement rendu, en la ville de Bourges, le 12 mai 1599, par les commissaires députés par le Roi pour le règlement des tailles en la généralité de Bourges.

Lequel, sur la représentation faite par François Destud, sieur d'Assay, des titres justificatifs de sa noblesse, ordonne qu'il jouira de l'exemption des nobles.

Copie, en parchemin, collationnée sur l'original exibé par le greffier de la commission délivrée à Georges Destud, écuyer, fils dudit François, le 14 juillet 1620, signée HARBAU et BOURDIN, notaires à Montargis.

N° 11. — 29 mai 1599.

Foy et hommage prêtés le 29 mai 1599, devant Claude Rousseau, notaire royal, garde-note pour le Roi à Vierzon,

par

François Chesneau au nom de procureur de noble homme François Destud, écuyer, seigneur d'Assay, Aubusset et Verdeaux, à cause de sa maladie, ne pouvant le faire en personne au Roi, à cause de sa grosse Tour de Vierzon, pour raison dudit lieu de Verdeaux que ledit sieur d'Estud avait acquis du sieur de Mollan.

(Grosse originale en parchemin, signée : ROUSSEAU.)

N⁰ 12. — 3 pièces, 11 février 1613.

Enquête faite, le 11 février 1613, devant Pierre Lebon, notaire en la châtellenie de Lury, à la requête de dame Françoise de Maubruny, veuve de feu noble seigneur François Destud, en son vivant écuyer, seigneur d'Assay, Aubusset, Verdeaux et la Brossette,
pour prouver que de tout temps les seigneurs d'Aubusset avaient possédé au dedans du chœur de l'église paroissiale de Brinay, le lieu et place proche le grand autel au côté gauche en entrant en ladite église, avec le droit de sépulture.

(*Expédition originale en papier.*)

N⁰ 13. — 29 juin 1616.

Vente en date du 29 juin 1616, passée devant Quentin Garçonnet, notaire royal à Vierzon,

par

Nicolas Alix, marchand à Blois, héritier en partie de Jean Rousseau, son aïeul,

à

Damoiselle Françoise de Maubruny, veuve de feu noble seigneur François Destud, chevalier, seigneur d'Assay, Aubusset et autres lieux,
de la quatrième partie des dîmes et terrage de Verdeaux dont il jouissait indivisement avec ladite dame.

(*Copie conforme en papier.*)

Ensuite de laquelle est aussi copie en forme de l'aveu et dénombrement fourni au Roi à cause de sa Grosse Tour de Vierzon, le 26 janvier 1673, devant André de Lys, notaire,

par

Messire Georges Destud, écuyer, seigneur d'Assay, Aubusset et Verdeaux,
du fief de Verdeaux et ses dépendances.

NOTA : Cet acte est repris en son lieu au 9ᵉ degré à l'article de Georges, fils de François, ci-dessus.

N° 14. — *4 septembre* 1624.

Dénombrement fourni, le 4 septembre 1624, devant François de la Rivière, notaire royal à Vierzon,

par

Damoiselle Françoise de Maubruny, veuve de feu noble seigneur François Destud, en son vivant écuyer, seigneur d'Assay, Aubusset, Verdeaux, la Brossette et autres lieux,

à

Messire Regnault de la Loë, écuyer, seigneur de Brinay, à cause de sa dite seigneurie, des différents héritages à elle appartenant en ladite paroisse de Brinay

(*Grosse en parchemin signée :* DE LA RIVIÈRE.)

IX° DEGRÉ DE LA GÉNÉALOGIE ET V° DES ARCHIVES

JEAN DESTUD ET DAMOISELLE CATHERINE DE BARVILLE, SA FEMME

N° 1. — *29 janvier* 1618.

Contrat de mariage, en date du 29 janvier 1618, passé au lieu d'Assay, devant Paulmier, notaire,

entre

Blanchet Le Fort, écuyer, seigneur de Cernoy, fils de Richard Le Fort, écuyer, seigneur de Villemandeur, et de défunte dame Marie-Rose de Chenu, assisté de son père ; de Charles Chenu, écuyer, seigneur d'Autry ; de Charles Le Fort ; de Roch de Maumont, écuyer, sieur de la Roche-Saint-Fermat ; de Jacques de Courtenay, écuyer, sieur du Chesne ; de Blanchet David, écuyer, sieur du Pertuis ; de François Desprez, écuyer, sieur de la Préfontaine, et damoiselle Suzanne Le Fort, sa femme et encore de damoiselle Louise Le Fort, sœur du futur d'une part ;

et

Damoiselle Claude Destud, fille de défunt François Destud, vivant écuyer, sieur de la Brossette, d'Assay, et de damoiselle Françoise de Maubruny, assistée de sa mère, de Georges Destud, écuyer, sieur d'Assay ; de Jean Destud, écuyer, sieur d'Aubusset, d'Adrien Destud, écuyer, sieur de la Brossette (ses frères) ; de Gabriel de Jaucourt, écuyer, sieur de la Bussière ; de François Destud, écuyer, sieur de St Père et de Tracy ; de Étienne Destud, écuyer, sieur de St Père en partie et d'Insèches ; et de damoiselle Anne Destud, sœur de la future d'autre part.

Il est stipulé communauté de biens, la mère et les frères de la future s'obligent de lui payer la somme de 8.000 liv. pour tous droits paternels et maternels. Le futur accorde un douaire de 800 liv. tournois de rente.

(*Expédition originale en papier, signée :* PAULMIER.)

Ensuite est :

22 février 1618.

Quittance, en date du 22 février 1618, donnée par lesdits mariés à François deMaubruny de différents effets faisant partie de la dot de ladite Claude Destud.

N° 2. — 14 juillet 1621.

Contrat de mariage, en date du 14 juillet 1621, passé au château d'Eschilleuse, devant Jacques de la Roche, notaire et garde-note en la châtellenie de Bouissin,

entre

Jean Destud, écuyer, seigneur d'Aubusset, fils de défunt François Destud, vivant chevalier, seigneur d'Assay, Aubusset et de la Brossette, et de damoiselle Françoise de Maubruny, assisté de Georges Destud, écuyer, seigneur d'Assay, son frère aîné; de Blanchet Lefort, écuyer, seigneur de la Villemandeur, son beau-frère à cause de damoiselle Claude Destud sa femme; d'Étienne Destud, écuyer, seigneur d'Insèches et de S' Père en partie, son oncle paternel; de Gabriel de Jaucourt, écuyer, son cousin à cause de damoiselle Claude de la Perrière, sa femme,

et

Damoiselle Catherine de Barville, veuve de feu Charles de Mousselart, vivant écuyer, seigneur de la Planchette, fille de défunt Jean de Barville, vivant écuyer, seigneur de Ligerville, et de damoiselle Jacqueline de Houville, assistée de sa mère, et de damoiselle Jacqueline de Mousselard, sa fille procréée de son mariage avec ledit feu sieur de Mousselard, son premier mari; de Charles de Cambray, écuyer, son beau-frère, à cause de dame Louise de Barville, sa femme, et de Achille et Jacques de Cambray, ses neveux.

(<i>Grosse en papier délivrée, le</i> 15 <i>octobre</i> 1655, <i>par de la Roche, détenteur des minutes de Jacques de la Roche, notaire recevant.</i>)

N° 3. — 23 novembre 1630.

Acte de délaissement, en date du 23 novembre 1630, devant Edme Thierry, clerc notaire en la paroisse de Moullon par

Jean Destud, écuyer, seigneur d'Assay, d'Aubusset, et damoiselle Catherine de Barville, sa femme, à Charles de Mousselard, écuyer, seigneur de la Planchette, de la jouissance et demeure en la maison du lieu seigneurial de la Planchette, dont ladite dame Destud avait l'usufruit, aux termes de son contrat de mariage, avec défunt Charles de Mousselard, son premier mari; et ladite Catherine de Barville se réserve la jouissance de son douaire.

(<i>Expédition originale en papier.</i>)

N° 4. — 16 *janvier* 1631.

Foy et hommage prêtés, le 16 janvier 1631, devant Simon Bontaillant, notaire en la châtellenie de Courcelles,

par

Noble seigneur Jean Destud, écuyer, seigneur d'Assay et d'Aubusset,

à

Messire Guy du Faur, chevalier, seigneur de Courcelles, pour raison de son châtel et maison forte d'Assay et dépendances, dont il était seigneur tant de son chef, comme héritier de noble seigneur François Destud, son père; que, comme ayant succédé pour sa moitié aux portions de damoiselle Claude Destud, épouse de noble seigneur Blanchet Lefort, seigneur baron de Cernoy; de damoiselle Anne Destud, épouse de noble seigneur Gabriel Anjorrant, seigneur du Coupoy; de Gilbert Destud, écuyer, chevalier de S¹ Jean de Jérusalem; de Françoise et Charlotte Destud, religieuses professes; que, aussi comme héritier pour la moitié de Adrien Destud, écuyer, sieur de la Brossette, *présumé mort* pour sa longue absence, et encore comme héritier du défunt noble seigneur Georges Destud, vivant écuyer, seigneur d'Assay, son frère aîné, qui avait été héritier pour la moitié de ses dits frères et sœurs.

(*Grosse originale en parchemin, signée :* BONTAILLANT.)

———

N° 5. — 14 *février* 1631.

Aveu et dénombrement fournis, le 14 février 1631, devant Simon Bontaillant, notaire,

par

Noble seigneur Jean Destud, écuyer, seigneur d'Assay, Aubusset et Ligerville,

à

Noble seigneur messire Guy Dufaur, chevalier, seigneur de Courcelles, paroisse de Beaulieu à cause de sa dite terre et châtellenie de Courcelles,
du châtel, terre et seigneurie d'Assay et ses dépendances, justice jusqu'à 60 sols, etc.

(*Grosse en parchemin, signée :* BONTAILLANT.)

Au bas de la signature est :
Acte, en date du 21 juin 1621 (ce doit être en 1631) par lequel ledit seigneur de Courcelles reconnaît que ledit sieur d'Assay lui a fourni copie dudit aveu, lequel il a reçu et passé sauf son droit, et qu'il a reçu de lui la somme de 600 livres tournois pour les droits de rachat tant à cause de la succession de messire d'Assay, son frère, que du sieur de la Brossette, chevalier de Malte.

Signé : DUFAUR, COURCELLES.

———

N° 6. — 17 juin 1631.

Transaction en forme de partage, passée le 17 juin 1631, devant Raimbault, notaire royal, au siége de Concressault,

entre

Noble seigneur Jean Destud, écuyer, seigneur d'Assay, fils et héritier de défunt noble seigneur François Destud, vivant écuyer, seigneur d'Assay, et de damoiselle Françoise de Maubruny, ses père et mère, et encore héritier de défunt noble seigneur Georges Destud, son frère, aussi vivant écuyer, seigneur d'Assay,

Noble seigneur Blanchet Lefort, écuyer, seigneur baron de Cernoy et Villemandeur, et damoiselle Claude Destud son épouse

Noble seigneur Gabriel Anjorrant, écuyer, seigneur du Coupoy, et damoiselle Anne Destud son épouse,

portant partage des biens des successions desdits François Destud et Françoise de Maubruny, sa femme, et Georges Destud, père et mère des parties.

Par lequel partage il est abandonné, entr'autres, auxdits Lefort et Anjorrant, à cause de leurs femmes, le lieu seigneurial de la Brossette et dépendances assis en la paroisse d'Ennordre, et audit seigneur d'Assay, pour son droit d'aînesse et autres, la terre et seigneurie d'Assay, celle d'Aubusset et Verdeaux. Au moyen de quoi lesdits sieurs Lefort et Anjorrant et leurs femmes se déportent, au profit dudit seigneur d'Assay, de tous droits et prétentions ès-dictes successions directes et collatérales, même à celles d'Adrien Destud, sieur de la Brossette, leur frère, absent du pays, depuis 10 ou 12 ans, du sieur Chevalier de Malte et de leurs sœurs religieuses.

(*Grosse originale en parchemin, signée :* RAIMBAULT.)

N° 7. — 8 juin 1634.

Jugement rendu, le 8 juin 1634, par les élus du Roi à Bourges,

portant que Jean Destud, écuyer, seigneur d'Assay, Aubusset et Verdeaux, jouira des privilèges et exemptions attribuées aux nobles du royaume, sur la production de ses titres de noblesse et sur les conclusions du procureur du Roi audit siége.

(*Grosse originale en parchemin, signée :* BALLY.)

N° 8. — 2 pièces, 9 juillet 1685.

Extrait du rôle du ban et arrière-ban des gentilshommes de l'étendue du ressort du bailliage d'Orléans, convoqués en l'auditoire du Châtelet d'Orléans, le lundi 9 juillet 1635, portant que Jean Destud, chevalier, seigneur d'Assay, est comparu pour satisfaire à l'ordonnance de Sa Majesté pour le ban et arrière-ban, étant domicilié dans le ressort dudit bailliage, laquelle comparution il a protesté lui pouvoir servir pour les autres terres et fiefs qui lui appartiennent, situés tant dans ledit bailliage que hors.

(*Original en parchemin signé :* DU HAN.)

audit extrait est attaché :

Certificat, daté à Vic du 12 novembre 1635, de Dominique d'Estampes, chevalier, seigneur d'Applaincourt, commandant les nobles et gentilshommes des bailliages d'Orléans, Chartres, Blois et Estampes,

Portant que Jean Destud, chevalier, seigneur d'Assay et autres lieux du bailliage d'Orléans, a bien et fidèlement servi tout le temps qu'il a plu à Sa Majesté de l'ordonner.

(*Original en parchemin signé :* D'ESTAMPES, *et scellé du sceau de ses armes en cire rouge.*)

Ensuite et au bas est :

Certificat de Mr le Maréchal de la Force, lieutenant général des armées du Roi, daté du camp de Nonceny, le 15 novembre 1635,

portant que ledit sieur d'Assay est venu en cette armée et y a servi actuellement sous la conduite du seigneur d'Applaincourt.

(*Signé :* CAUMONT LA FORCE, *et scellé en cire noire, et plus bas : par Monseigneur,* DE GAST.)

N° 9. — 3 pièces. 2 août 1635.

Certificat, daté de Pithiviers du 2 août 1635, de Mr le comte de Chiverny, capitaine de 50 hommes d'armes des ordonnances du Roi, lieutenant général pour Sa Majesté ès-duché d'Orléans, Chartres, etc.

portant que Jean Destud, écuyer, seigneur d'Assay, la Brossette en partie, Ligerville en partie, le Mesnil au bailliage d'Orléans, Aubusset, Verdeaux et Chan au bailliage de Berry, de portions de terre assises à Boissay, Chilleurs, bailliage de Nemours, et de portions de métairies de la Barbottière et de la Dollardière situées au Perche, s'est présenté devers lui avec ses armes et autres équipages de guerre pour servir le Roi et marcher selon ses ordres.

(*Copie en papier collationnée à l'original.*)

le 4 août 1635.

Certificat dudit sieur comte de Chiverny, bailli d'Orléans, du 18 juin 1639, portant que Pierre Perreaux au nom de procureur de Jean Destud, écuyer, seigneur d'Assay, a présenté le nommé Guillaume Gagnon pour servir comme soldat à l'arrière-ban convoqué en ladite armée.

(*Expédition originale en papier.*)

Certificat, du 30 juillet 1639, de Messire Charles de Rogres, chevalier, commissaire député pour la conduite des soldats fournis dans le duché d'Orléans, portant que, ledit jour, est comparu, en la place d'armes, un soldat de la part du seigneur d'Assay, armé et équipé pour servir le Roi.

(*Expédition originale en papier.*)

GEORGES DESTUD, FRÈRE AINÉ DE JEAN

N° 10. — 23 novembre 1585.

EXTRAITS en papier timbré faits, le 16 janvier 1773, par Eustache et Cissoigner notaires, sur les originaux à eux représentés :

1er de foy et hommage prêtés au Roi et à Madame la Duchesse de Montpensier, dame de Vierzon, le 23 novembre 1585, par François Destud, écuyer, seigneur d'Assay, à cause de dame Françoise de Maubruny, sa femme, pour raison de la terre d'Aubusset lui venant du chef de son père ;

2° de foy et hommage prêtés, le 13 janvier 1610, par Georges Destud, écuyer, seigneur d'Assay, Aubusset et Verdeaux, tant pour lui que pour dame Françoise de Maubruny, sa mère, et pour ses frères et sœurs, pour raison de leur terre d'Aubusset,
au Roi à cause de sa grosse Tour de Vierzon ;

27 *juin* 1631.

3° de foy et hommage prêtés, le 27 juin 1631, pour raison de la même terre, par Jean Destud, écuyer, seigneur d'Assay ;

4 *janvier* 1687.

4° de pareils foy et hommage prêtés, le 4 janvier 1687, pour raison de moitié de ladite terre par Claude-Madeleine Destud.

(Ce dernier la vendit, le 19 novembre 1690, à M. Bourdaloue de la Noue.)

N° 11. — 15 juillet 1687.

Aveu et dénombrement fourni, le 16 juillet 1687, devant Salomon Bontaillant, notaire en la châtellenie de Courcelles le Roi,

par

Noble seigneur Georges Destud, écuyer, seigneur d'Assay, Aubusset et Brossette, tant pour lui que pour ses frères et sœurs,

à

Noble seigneur messire Guy du Faur, chevalier, seigneur de Courcelles et Pierrefitte-ès-Bois, à cause de ladite terre de Courcelles,
de la terre et seigneurie d'Assay et ses dépendances qu'il déclare tenir à foy et hommage et tel droit que le fief le désire.

(*Grosse originale en parchemin, signée :* BONTAILLANT.)

Ensuite est :

1er août 1625.

L'acte de réception dudit aveu par ledit seigneur de Courcelles, le 1er août de ladite année 1625, par lequel il déclare qu'ayant permis audit seigneur d'Assay de comprendre en icelui les droits de châtel, pont-levis, garenne et colombier avec dessous, desquels il n'avait eu jusques alors aucune propriété et l'ayant supplié de l'en gratifier, il le lui a accordé libéralement, afin que lui et les siens, à l'avenir, en puissent avoir libre jouissance, consentant que ladite reconnaissance soit insérée au pied de la minute dudit aveu.

Signé : Du FAUR, COURCELLES.

(*Voir aux pièces originales de diverses provenances, page* 191.)

GILBERT DESTUD, CHEVALIER DE MALTE, FRÈRE DE GEORGES ET DE JEAN

No 12. — 20 et 21 février 1618.

PROCÈS verbal dressé en la ville de Beaulieu-sur-Loire, les 20 et 21 février 1618, par frères Pierre de Bar de Buranlure, chevalier de l'Ordre de Saint-Jean de Jérusalem et commandeur de Celle, et Jean de Bursain, chevalier dudit Ordre et commandeur du Lieu-Dieu du Fresne [1] et de l'Hôpital, commissaires à ce députés,
des légitimité et noblesse tant paternelle que maternelle de noble Gilbert Destud, fils de noble François Destud, et de damoiselle Françoise de Maubruny.

(*Expédition originale en papier, signée des commissaires et scellée du sceau de leurs armes en cire rouge.*)

Ensuite le certificat de Me Maréchal, notaire et greffier, portant qu'il a écrit lesdites preuves fidèlement sous la dictée desdits seigneurs et commissaires.

Signé : MARÉCHAL,

Et plus bas est :

10 juin 1618.

Certificat de frères Bérard de Loche et de la Verchière, commissaires députés pour la vérification desdites pièces, portant qu'elles sont en bonne forme.
Ledit certificat daté du 10 juin 1618.

Signé : Fe BÉRARD DE LOCHE *et* Fe DE LA VERCHIÈRE *et plus bas :* CHAMBEL.

Voir les renseignements sur la Commanderie du Lieu-Dieu du Fresne, dans la *Statistique monumentale du Cher*, par M. de Kersers, canton d'Argent, page 98.

N° 13. — 1er juin 1617.

Commission, en date du 1er juin 1617, donnée, au chapitre provincial du grand prieuré d'Auvergne, en la commanderie de Saint-Georges de la ville de Lyon, par frère Fiacre Guyot-Dasnières, chevalier de l'Ordre de Saint-Jean de Jérusalem, commandeur de Feniers, tenant ledit chapitre, en l'absence du grand prieur, sur la requête de noble Gilbert Destud, fils de noble François Destud, seigneur d'Assay. et de damoiselle Françoise de Maubruny, adressante à frères Pierre de Bar de Buranlure et Jean Michard de Bursain, commandeur du Lieu-Dieu,

pour informer par témoins de la noblesse dudit Gilbert Destud, sur son désir d'être reçu au rang de frère et chevalier audit Ordre.

(*Expédition en papier signée : le chevalier* DE BURANLURE, *le chevalier* DE BURSAIN *et* MARÉCHAL, *notaire.*)

Ensuite est :

Enquête secrète faite le 22 février 1618 par lesdits seigneurs, chevaliers de Buranlure et de Bursain, en vertu de ladite commission, au lieu de Beaulieu-sur-Loire, des vie et mœurs dudit Gilbert Destud.

Expédition originale en papier ensuite de laquelle est :

Certificat des dits commissaires, qu'ils ont bien fidèlement vaqué au fait de leur commission.

(*Signé : le chevalier* DE BURANLURE, *le chevalier* DE BURSAIN *et* MARÉCHAL, *notaire ; et scellée aux armes des dits commissaires en cire rouge.*)

Xe DEGRÉ DE LA GÉNÉALOGIE, ET VIe DES ARCHIVES

GEORGES DESTUD, FILS DE JEAN. — DAMOISELLE DE MONCEAULX, SA FEMME

N° 1.—16 février 1648.

CONTRAT de mariage, passé à Blannay, le 16 février 1648, devant Edme Massé, notaire royal au bailliage d'Auxerre, résidant audit Blannay,

entre

Messire Georges Destud, seigneur d'Assay, fils de messire Jean Destud, seigneur dudit Assay, Aubusset, Ligerville et autres lieux, et de dame Catherine de Barville, assisté de son père qui y a paru tant en son nom que fondé de procuration de la dame son épouse, et encore assisté de Charles de Mousselard, écuyer, sieur de la Planchette et de Mignerette, frère maternel ; de Georges Lefort, écuyer, chevalier de Malte, cousin germain; de François de Boisselet, écuyer, seigneur d'Arlus ;

d'Antoine de Jacquinet, écuyer, sieur des Barres, cousin à cause de dame Anne Lefort, son épouse; de Jacques de la Bussière, écuyer, sieur du Verdois, d'une part,

.et

Damoiselle Claude de Monceaux, fille d'Antoine de Monceaux, écuyer, sieur de Blannay et de Sermizelles, et de damoiselle Marie de Rozan, assistée de ses père et mère; de damoiselle Claude de Monceaux, veuve de feu Edme de Dampierre, écuyer; de damoiselle Catherine de Monceaux aussi veuve de Jean de Bien, écuyer, sieur de la Vallée; de Claude de Vathaire, écuyer, sieur du Boistaché, et damoiselle Adrienne de Beurdelot, son épouse; de Mre François de Rochefort, abbé de Vézelay, marquis de la Boullaye, seigneur baron de Châtillon; de Mre Jean de Bourgoin, seigneur de Follin; de Mre Gilbert de St Quentin, baron de Beaufort; de Philippe du Bois, écuyer, seigneur de Pouilly; de noble Claude Chevalier, seigneur de Riz, bailli de Vézelay; de Charlet du Pairay, écuyer, sieur du Laubray; de Mre Antoine d'Assigny, chevalier, seigneur du Pont-Marquier.

Les futurs époux promettent s'épouser en face de l'Église, et stipulent communauté de biens.

Les père et mère de la future lui constituent en dot tous les biens qu'ils possèdent au lieu d'Asquien-sous-Vézelay et en la paroisse de St Père.

Les père et mère du futur époux lui abandonnent la terre d'Aubusset, pour en jouir incontinent, laquelle jouissance cessera, après leur décès, pour prendre celle de la terre d'Assay, dont ils lui font donation entre vifs; il est stipulé que les futurs époux reprendront, savoir, le futur, s'il survit; ses habits, armes et chevaux ou 3,000 livres, à son choix; et la future, en pareil cas, ses habits, bagues, joyaux, chambre, carrosse attelé de quatre chevaux ou la somme de 3,000 livres.

(*Original en papier, signé des parties, témoins, assistants et notaire.*)

Ensuite est la procuration, donnée, le 11 février 1648, devant Beaubois notaire, au lieu d'Assay, par ladite Catherine de Barville audit seigneur d'Assay, son mari, pour traiter le mariage de leur dit fils.

(*Original en papier.*)

NOTA. — Il y a sous ce numéro une grosse en papier dudit contrat de mariage, délivrée par ledit Massé, notaire recevant.

No 2. — 15 *décembre* 1656.

Sentence rendue au bailliage d'Orléans, le 15 décembre 1656,

entre

Messire Guillaume du Deffend, chevalier, seigneur du Tremblay, et dame Charlotte Destud, son épouse, et messire Charles de la Verne, chevalier, seigneur de Sury-ès-Bois, et dame Françoise Destud son épouse, demandeurs en action de partage,

et

Messire Georges Destud, chevalier, seigneur, fils et héritier de défunt messire Jean Destud, vivant chevalier, seigneur d'Assay, défendeur,

Qui juge que les parties, comme gens nobles, procéderont par-devant les officiers dudit bailliage, au partage des biens de la succession dudit feu seigneur d'Assay et non devant ceux de la seigneurie de Courcelles, ainsi que le prétendait le seigneur dudit Courcelles qui était intervenu dans la cause.

(Grosse en parchemin, signée : PASQUIER, greffier.)

N° 3. — 26 février 1657.

Partage, en date du 26 février 1657, passé au château d'Assay, devant Jean de Beaubois, notaire, sous le scel de Châtillon-sur-Loire,

entre

Messire Georges Destut, chevalier, seigneur d'Assay, d'une part ;
Messire Guillaume du Deffend, chevalier, seigneur du Tremblay, messire Charles de la Verne, chevalier, seigneur de Sury-ès-Bois, comme se faisant forts de dame Charlotte et Françoise Destut, leurs épouses; des biens de la succession de messire Jean Destut, vivant chevalier, seigneur dudit Assay.

Par l'acte de ce jour, les dames du Deffend et de la Verne font rapport de ce qu'elles ont reçu en dot, et par suite, le 10 mars 1657, les parties font partage entr'elles.

Il y est dit, qu'après le prélèvement du préciput des biens assis en la paroisse de Beaulieu appartenant audit Georges Destud et consistant en château, basse-cour et jardin d'Assay qui lui ont été abandonnés, il a été fait deux lots égaux des biens nobles et trois lots de ceux roturiers ; le premier des lots nobles est échu audit Georges Destud et l'un de ceux roturiers.

(Grosse en papier délivrée par DE PÈRE, commis à la délivrance.)

Ensuite est :

5 août 1657.

Acte de ratification, faite dudit partage, par lesdites Charlotte Destud et Françoise Destud, passé au château de Sury-ès-Bois, devant Cormier notaire, le 5 août 1657.

(Grosse délivrée commme dessus.)

N° 4. — 8 juillet 1664.

Décret de licitation, fait le 8 juillet 1664, devant le juge ordinaire de la châtellenie de Courcelles-le-Roy, entre messire Guillaume du Deffend, chevalier, seigneur du Tremblay, et dame Charlotte Destud, son épouse, étant aux droits de messire Charles de la Verne, chevalier, seigneur de Sury-ès-Bois et dame Françoise Destud son épouse, et encore en leurs noms propres du chef de ladite dame, demandeurs en licitation et partage,

Contre, messire Georges Destud, chevalier, seigneur d'Assay, de la terre et seigneurie d'Aubusset et dépendances, à la somme de 27,000 livres, pour laquelle elle est adjugée audit seigneur d'Assay, comme plus offrant dernier enchérisseur.

(*Grosse en parchemin.*)

N° 5. — 11 *décembre* 1666.

Requête présentée, le 11 décembre 1666, au bailli d'Auxerre ou son lieutenant général

par

Georges Destut, écuyer, seigneur d'Assay, Blannay et autres lieux, expositive que dame Claude de Monceaux, son épouse, étant décédée, il était dans la résolution d'accepter la garde noble de leurs enfants mineurs, à raison de quoi il convenait pour la conservation de leurs droits, de leur nommer un tuteur provisionnellement et ensuite faire inventaire, pourquoi il requérait qu'il lui fut permis de s'adresser au bailli de Blannay, ce qui lui est accordé sur les conclusions du procureur du Roi.

(*Grosse en papier, signée :* MASSÉ, *greffier.*)

Ensuite de laquelle est :

18 *novembre* 1667.

Sentence rendue au bailliage de Blannay, le 18 novembre 1667, sur l'ordonnance du bailli d'Auxerre, qui nomme ledit seigneur d'Assay, tuteur et gardien noble de Catherine, Alphonse, Edme-François et Claude-Madeleine Destut, ses enfants mineurs, et messire Erard de Dampierre, écuyer, seigneur de Sury-sur-Loire, leur curateur, sur l'avis de leurs parents assemblés qui sont :

Claude de la Verne, écuyer, seigneur de Sury-ès-Bois, beau-frère dudit seigneur d'Assay, à cause de dame Françoise Destut, son épouse ;

Philibert de la Verne, écuyer, seigneur de Gamachède ; damoiselle Marie de Rozan, venve d'Antoine de Monceaux, écuyer, seigneur de Blannay, aïeule des dits mineurs, et Loup de Vathaire, écuyer, sieur du Bois-Taché, cousin.

(*Grosse en papier, signée :* MASSÉ, *et copie collationnée en* 1776.)

N° 6. — 20 janvier 1668.

Inventaire de production fait devant les commissaires généraux du Conseil, députés par Sa Majesté pour la recherche des usurpateurs de la noblesse

par

Georges Destut, écuyer, d'Assay, Aubusset, Verdeaux et Blannay, en conséquence de l'assignation qui lui avait été donnée à la requête de M. le Procureur général du Roi en ladite commission par exploit du 20 janvier 1668,
des titres justificatifs de ses filiations et noblesse jusques à Thomas Stud, écuyer, seigneur d'Assay, son sixième aïeul.

Signé: CHARPY.

N° 7. — Dernier jour de mars 1674.

Testament, en date du dernier mars 1674, passé en la maison seigneuriale de Sury-ès-Bois, devant Cormier commis à l'exercice des tabellionages des paroisses de Sury-ès-Bois et Assigny dépendantes de la baronnie de Vailly,
de messire Georges Destud, chevalier, seigneur d'Assay, Aubusset et autres lieux.
par lequel il élit sa sépulture en l'église paroissiale de Beaulieu-sur-Loire, au tombeau de son père, ordonne des prières ; requiert messire Charles de la Verne, chevalier, seigneur de Sury-ès-Bois, de prendre la charge et gouvernement de ses enfants ; fait des legs à ses domestiques et prie ledit Seigneur de Sury-ès-Bois, d'accepter une épée d'argent et le meilleur de ses chevaux ; nomme pour exécuteur de son testament Erard de Dampierre, écuyer.

(*Copie en forme sur papier timbré.*)

N° 8. — 27 septembre 1650.

CHARLOTTE DESTUD, SŒUR DE GEORGES, FEMME DE GUILLAUME DE DEFFEND

C ONTRAT de mariage passé au château d'Assay, le 27 septembre 1650, devant Jean Beaubois, notaire à Châtillon-sur-Loire et Courcelles-le-Roi,

entre

Messire Guillaume du Deffend, chevalier, seigneur du Tremblay, capitaine au régiment de Normandie, fils de défunt messire Antoine du Defond, (le nom est écrit: *du Defond*, par erreur, dans tout l'acte) vivant chevalier, seigneur desdits lieux, et de dame Marguerite du Plessis d'une part,

et

Damoiselle Charlotte Destud, fille de messire Jean Destud, chevalier, seigneur d'Assay, Aubusset et autres lieux, et de dame Catherine de Barville,

Le futur époux contracte de l'avis de dame Marie du Defond, veuve de feu messire Jacques de Crève-Cœur, vivant chevalier, seigneur de Monbervanne, sa sœur ; de messire Louis du Defond, chevalier, seigneur de la Lande et autres lieux, capitaine enseigne des gardes du corps ; de messire Antoine du Defond, ses cousins germains ; de messire Louis d'Assigny, chevalier seigneur des Guyons, son cousin issu de germain ; de messire Edme de la Rivière, chevalier, seigneur de la Borde et Chauvin, capitaine d'infanterie au régiment de Bussy-Lamet, et dame Françoise du Defond, son épouse, cousine germaine ; de damoiselle Antoinette de Defond, aussi cousine germaine ; de messire Louis de la Rivière, chevalier, et damoiselle Louise de Boutevillain, son épouse ; de damoiselles Gasparine et Angélique de la Rivière, leurs filles ; de Jacques de Boutevillain, écuyer, etc. d'autre part.

La future épouse contracte de l'avis de messire Charles de Mousselard, chevalier, seigneur de la Planchette, et de dame Suzanne Le Clerc, son épouse ; de damoiselle Françoise Destud, ses frères et sœurs de la même mère ; de messire Georges Le Fort ; de messire François de Boisselet, chevalier, seigneur d'Arlay ; d'Antoine Le Fort, écuyer ; de damoiselle Louise Le Fort, cousins germains et autres.

Les père et mère de la future lui constituent en dot en avancement de leurs successions futures, la somme de 24,000 livres.

(*Expédition originale en papier, signée* : BEAUBOIS.)

N° 9. — 27 juin 1667.

Sentence rendue au bailliage du Tremblay, le 27 juin 1667, qui adjuge à dame Charlotte Destud, veuve de messire Guillaume du Deffend, chevalier, seigneur du Tremblay, décédé depuis trois mois,
la tutelle et garde noble de messire Louis du Deffend, leur fils, âgé de treize ans, et demi, et l'autorise à vendre des biens dudit mineur.

Ladite sentence rendue sur l'avis des parents et amis dudit mineur, qui sont :

René Chevallier, chevalier, seigneur de Mignières, messire François d'Estiennot, chevalier, seigneur d'Origny, beaux-frères paternels (à cause de leurs femmes) dudit seigneur du Tremblay ;

Messire Georges Destud, chevalier, seigneur d'Assay, Aubusset et autres lieux ;

Messire Charles de la Verne, chevalier, seigneur de Sury-ès-Bois, frère et beau-frère de ladite dame du Tremblay ;

Messire Louis du Deffend, chevalier, seigneur de la Lande, maréchal des camps et armées du Roi ;

Messire Georges de Traienois, chevalier, seigneur de Villemoyes ;

Messire Yves Gentilz, chevalier, sieur des Barres ;

Messire Germain du Deffend, chevalier, seigneur de Fraville ;

Messire Antoine d'Assigny, chevalier, seigneur de Lairy, cousins dudit mineur.

(*Expédition en papier timbré.*)

N° 10. — 25 octobre 1698.

Quittance, en date du 25 octobre 1698, passée au château du Tremblay, devant Ganerin, notaire, donnée par dame Charlotte Destu, veuve de messire Guillaume du Deffend, vivant chevalier, seigneur du Tremblay, Fontenay et autres lieux,
à messire Antoine Bourdaloue, écuyer, seigneur de la Noue, Vierzon et autres lieux, maître d'hôtel de son Altesse royale, comme acquéreur de la terre d'Aubusset, Verdeaux, par contrat passé devant Pestureau, notaire royal à Vierzon, le 19 novembre 1690,
de la somme de trois mille livres qui lui était due par messire Claude-Madeleine Destu, chevalier, capitaine au régiment de Mailly, vendeur de la moitié de ladite terre d'Aubusset, de laquelle somme ledit Claude-Madeleine Destu lui avait fait transport par acte passé devant le même Ganerin, notaire, le 15 novembre 1696.

(*Expédition originale en papier timbré.*)

FRANÇOIS DESTUD, SŒUR DE GEORGES ET FEMME DE CHARLES DE LA VERNE

N° 11. — 31 janvier 1656.

CONTRAT de mariage, en date du 31 janvier 1656, passé devant Jean Beaubois, notaire juré sous le scel de Courcelles-le-Roi

entre

Messire Charles de la Verne, chevalier, seigneur de Sury-ès-Bois, fils de défunt messire Claude de la Verne et de dame Silvine Grasset, assisté de sa mère et de dame Charlotte Chartier, veuve de défunt messire Angilbert de la Verne, chevalier, seigneur de Sury-ès-Bois, son aïeule paternelle; de damoiselles Charlotte et Françoise de la Verne, ses sœurs; de Pierre d'Orléans, écuyer; de Jacques de Bonnard, écuyer, seigneur de Lespinette, d'une part,

et

Damoiselle Françoise Destut, fille de messire Jean Destut, chevalier, seigneur d'Assay et de dame Catherine de Barville, assistée de ses père et mère; de dame Charlotte Destut sa sœur, épouse de messire Guillaume du Deffend, chevalier, seigneur du Tremblay et autres lieux; de Henry Lefort, écuyer, sieur de la Verrière, son cousin germain; de dame Claude de Boutevillain, veuve de feu Jacques de la Bussière, vivant écuyer, sieur de Launay, d'autre part.
Les père et mère de la future épouse lui constituent en dot 24,000 livres tournois, en avancement de leurs successions futures.

(*Grosse en parchemin; signée:* BEAUBOIS.)

XIe DEGRÉ DE LA GÉNÉALOGIE ET VIIe DES ARCHIVES

EDME-FRANÇOIS DESTUT, ET DAMOISELLE ANTOINETTE-MARIE DE LORON, SA FEMME

SERVICES MILITAIRES

Nº 1. — 4 pièces ; 27 février 1656.

ACTE tiré des registres de la paroisse d'Asquien portant que, le 27 février 1656, a été baptisé en ladite paroisse Edme-François fils de Georges Destut, écuyer, seigneur d'Assé et de dame Claude de Monceaux, ses père et mère, qu'il a eu pour parrain très-haut et très-puissant seigneur messire François de Rochefort, abbé de Vézelay, marquis de la Boulaye, sieur et baron de Châtillon, seigneur de Chitry et autres lieux, et pour marraine, Charlotte Destut, dame de Tremblay.

(Expédition en papier délivrée le 5 mars 1668, par M. Camin, curé.)

---

10 décembre 1673.

Brevet, daté de Saint-Germain-en-Laye, du 10 décembre 1673, accordé par le roi Louis XIV, au sieur d'Assé, de la charge de cornette de la compagnie-mestre de camp du régiment de cavalerie de Montal.

(Original en parchemin, signé : LOUIS et plus bas : LE TELLIER.)

---

30 mai 1678.

Brevet, daté du camp de Viltes, du 30 mai 1678, accordé par le même roi Louis XIV, au sieur d'Assay de la charge de lieutenant de la compagnie de Thoury, au régiment de cavalerie de Montal, vacante par la promotion du sieur de Fonfaye à une compagnie.

(Original en parchemin, signé : LOUIS et plus bas : LE TELLIER.)

---

17 octobre 1679.

Brevet, daté de Saint-Germain-en-Laye, du 17 octobre 1679, accordé par le même roi Louis XIV, au sieur d'Assay, lieutenant réformé du régiment de Montal, pour servir en sa dite qualité de lieutenant réformé à la suite de la compagnie-mestre de camp du régiment royal de cavalerie de Piémont.

(Original en papier, signé : LOUIS et plus bas : LE TELLIER.

N° 2. — 23 mai 1676 ; 5 pièces.

Certificat, daté de Charleroy, du 23 mai 1676, de M. de Montal, lieutenant-général des armées du Roi, commandant pour Sa Majesté en Hainaut et entre Sambre et. Meuse, gouverneur de Charleroy,
portant que le sieur d'Assay est cornette de la compagnie-mestre de camp de son régiment de cavalerie et qu'il y sert actuellement le Roi.

(*Original en papier, signé :* MONTAL, *scellé du sceau de ses armes, en cire rouge, et plus bas par Monseigneur,* HOUSSOY.)

---

2 avril 1677.

Certificat, daté de Perpignan, du 2 avril 1677, de M. Dalmas, commissaire des guerres, portant que le sieur d'Assay, sous-lieutenant au régiment de Milly, est actuellement en ladite place de Perpignan.

(*Original en papier, signé :* DALMAS.)

---

3 avril 1677.

Certificat, daté de Perpignan, du 3 avril 1677, de M. le comte de Chasseron, chevalier des Ordres du Roi, gouverneur de Brest, lieutenant général des armées du Roi et des provinces de Roussillon, Conflant, Cerdagne, Catalogne, commandant en chef dans les dits pays,
portant que le sieur d'Assé, gentilhomme de Bourgogne, au diocèse d'Auxerre, est actuellement au service du Roi, en qualité de sous-lieutenant de la compagnie de la Porte, au régiment de Milly, en garnison en ladite ville.

(*Original en papier, signé :* CHASSERON, *scellé aux armes dudit seigneur, en cire rouge, et plus bas :* COSTERANET.)

---

28 septembre 1691. — 4 mai 1696.

Deux certificats de service au ban et arrière-ban des 28 septembre 1691 et 4 mai 1696.

TITRES DE FAMILE

No 3. — 29 novembre 1675.

Partage, en date du 3 novembre 1675, passé devant Étienne Grossot, notaire au bailliage d'Auxerre, résidant à Monteliot,

entre

Edme-François Destud, chevalier, seigneur d'Assay, damoiselles Catherine et Alphonsine Destud émancipés et usant de leurs droits,

et

Claude-Madeleine Destud mineur, assisté de messire Charles de la Verne, chevalier, seigneur de Sury-ès-Bois, son tuteur; enfants et héritiers de défunt messire Georges Destud, vivant chevalier, seigneur d'Assay, Aubusset et autres lieux, et de dame Claude de Monceaux, leurs père et mère, et encore héritiers de dame Marie de Rozan, au jour de son décès, veuve de feu Antoine de Monceaux, vivant écuyer, seigneur de Blannay et du fief de Sermizelles, leur aïeule.

Des biens et des successions de leurs dits père, mère et aïeule, il est échu au lot dudit Edme-François Destud la terre et seigneurie d'Assay et autres héritages ;

audit Claude-Madeleine Destud la moitié de la terre et seigneurie d'Aubusset et 4,500 livres ;

à la dite Catherine Destud, l'autre moitié de la terre et seigneurie d'Aubusset ;

et à la dite Alphonsine Destud la terre et seigneurie de Blannay et de Sermizelles.

(Expédition originale en papier, signée : GROSSET.)'

No 4. — 23 janvier 1680.

Foy et hommage, prêtés le 23 janvier 1680, devant Pierre de Las, notaire en la châtellenie de Courcelles,

par

Messire Edme-François Destud, chevalier, seigneur d'Assay, étant au service du Roi,

à

Messire Jean Dufaur, chevalier, seigneur de Courcelles, à cause de sa dite seigneurie de Courcelles, de ses château, terre et métairies d'Assay, justice, cens et rentes, qui lui étaient échus, par le partage fait avec ses frères et sœurs, de la succession de feu messire Georges Destud, leur père, chevalier, seigneur dudit Assay.

(Grosse originale en parchemin, signée : DE LAS.)

No 5. - *8 janvier 1684.*

Contrat de mariage, en date du 8 janvier 1684, passé au château de Chestenay, devant Nicolas Chauchefoin, notaire au bailliage d'Auxerre, demeurant à Vermanton,

entre

Messire Edme-François Destu, chevalier, seigneur d'Assay, fils de messire Georges Destu, vivant chevalier, seigneur dudit lieu, et de défunte dame Claude de Monceaux, demeurant à Blannay, assisté de messire Charles de la Verne, chevalier, seigneur de Sury-ès-Bois et autres lieux, son oncle, à cause de madame Françoise Destu, son épouse ; de messire Claude-Madeleine Destu, écuyer, seigneur d'Aubusset, en partie ; de messire Alphonse de Bernault, chevalier, seigneur de Blannay, capitaine commandant un bataillon au régiment de Champagne, et madame Alphonsine Destu, son épouse, ses frères et sœurs et beau-frère ; de messire Edme Hubert de la Verne, chevalier, et dame Charlotte Destu, veuve de messire Guillaume du Deffend, chevalier, seigneur du Tremblay, sa tante, d'une part,

et

Damoiselle Antoinette-Marie de Loron, fille unique de messire David de Loron, chevalier, seigneur de Chatenay en Vermanton, le Beugnon, et de madame Claude d'Aulnay, assistée de ses père et mère, et encore de messire François-Hector d'Aunay, chevalier, seigneur comte d'Arcy-Taverney, baron d'Igongne et autres lieux, et de messire Elie de Bernault, chevalier, seigneur de Givry, premier capitaine au régiment de Vermandois, son cousin, d'autre part,

Les futurs époux promettent s'épouser en face de la Ste Église, stipulent communauté de biens; les père et mère de la future s'obligent de les nourrir, leurs domestiques et leurs chevaux jusqu'au décès de la dame leur mère, lequel arrivant, ils se mettront en possession de tous ses biens. Dans le cas où ils feraient difficulté de demeurer avec eux, ils promettent de leur laisser en toute propriété la terre, justice et seigneurie de Beugnon ; il est stipulé un préciput de 2,000 liv. en faveur de chacun des futurs, en cas de décès.

(*Grosse en parchemin, signée :* CHAUCHEFOIN.)

No 6. — *4 janvier 1687.*

Reconnaissance passée le 4 janvier 1687, devant Pierre Aubert, notaire à Gien,

par

Messire Edme-François Destut, chevalier, seigneur d'Assay, demeurant au bourg d'Arcy-sur-Cure, en Bourgogne,

Au profit d'Étienne de Brethon, de la somme de 669 liv., qu'il lui donne à prendre, cède et transporte sur Louis Fortet son fermier de la terre d'Assay.

(*Grosse en parchemin, signée :* AUBERT.)

Au bas de laquelle est la quittance dudit Brethon du 4 janvier 1687.

N° 7. — 26 décembre 1690.

Testament, en date du 26 décembre 1690, passé au lieu de Certaine, paroisse de Cervon, devant Fiot, notaire royal, au bailliage de Sᵗ Pierre le Moutier, à la résidence de Gacongne, de messire Claude-Madeleine Destud, chevalier, capitaine d'infanterie au régiment de Champagne, par lequel il lègue la somme de 200 livres faisant la rente annuelle de 10 livres pour la fondation à perpétuité de vingt messes par an, au jour de samedi, de quinzaine en quinzaine, en la chapelle de Notre-Dame de Bonrepos de l'abbaye de Marcilly, près Avallon.

Lègue la somme de 1,000 liv. à Claude-François Destud, chevalier, son neveu et filleul.

Il institue son héritier universel messire Edme-François Destud, chevalier, son frère, excepté de ce qui lui est dû par dame Catherine Destud, sa sœur, qu'il veut lui être remis dans le cas où il n'en serait pas payé avant son décès.

Et nomme pour exécuteur de son testament messire François de Blosset, chevalier, seigneur de Certaine.

(*Expédition originale en papier timbré.*)

N° 8. — 11 janvier 1696.

Cession, en date du 11 janvier 1696, passée devant Pichenot, notaire royal à Avallon,

par

Messire Claude-Madeleine Destut, chevalier, capitaine au régiment de Champagne,

à

Messire Edme-François Destut, son frère, chevalier, seigneur d'Assay, de la somme de 1,000 livres qui lui restait due de plus grande somme par le sieur Bourdaloue de la Noue, de la vente qu'il lui avait faite de partie de la seigneurie d'Aubusset, par contrat, du 19 novembre 1690, passé devant Pastureau, notaire à Vierzon.

(*Expédition en papier timbré.*)

A laquelle expédition sont jointes plusieurs pièces, savoir :

3 juillet 1696.

Exploit de signification dudit transport, où est daté le contrat de vente d'Aubusset audit Antoine de Bourdaloue, écuyer, seigneur de la Noue, et assignation devant le bailli de Bourges, pour se voir condamner à payer la somme y contenue, du 3 juillet 1696.

(*Original en papier timbré.*)

7 décembre 1696.

Sentence rendue au bailliage de Bourges, le 7 décembre 1696, qui condamne ledit sieur Bourdaloue de la Noue au paiement de ladite somme de mille livres.

(*Grosse en parchemin.*)

Plusieurs autres pièces de procédure relatives à celles ci-dessus.

N° 9. — 17 février 1698.

Jugement rendu ,le 17 février 1698, par M. Ferrand, intendant de justice, police et finances de Bourgogne, commissaire départi, par Sa Majesté, à la recherche des usurpateurs de noblesse.
Qui maintient Edme-François Destut, écuyer, seigneur d'Assay, dans sa noblesse, sur la représentation qu'il a faite de ses titres en conséquence de l'assignation qui lui avait été donnée le 2 juillet 1697. Lesquels le remontent à Thomas Stut, son cinquième aïeul, qualifié écuyer, archer de la garde du corps du Roi.

(*Original en papier, signé :* Ferrand, *et plus bas :* Compain.)

Au-dessous de la signification qui a été faite dudit jugement, le 5 mars 1698, au bureau du traitant à Dijon.

Signé : Chantepinot.

N° 10. — 5 mai 1708.

Foy et hommage prêtés au Roi en sa Chambre des comptes de Bourgogne, le 5 mai 1708,

par

Edme-François Destut, écuyer, seigneur d'Assay, pour raison des fiefs de Courtenay en Vermanton, Lys et Girelle dans la terre de Chastenay, paroisse de Arcy-sur-Cure, au comté d'Auxerre qui lui étaient échus en qualité de mari de dame Marie-Antoinette de Loron, seule fille et héritière *ab intestat* de feu messire David de Loron.

(*Grosse en parchemin timbré, signé :* Hemery.)

N° 11. — 31 octobre 1709, 4 pièces.

Compromis passé sous seings privés. le 31 octobre 1709,

entre

Edme-Hubert de la Verne Gamache; Edme-François Destut d'Assay; Edmée-Françoise de la Verne, épouse de Louis-Philibert de la Verne-Damery; Catherine Destut, veuve de Ludovic de la Souche-Chevigny et Alphonsine Destud, épouse de Joseph de Bernault, par lequel ils conviennent de se porter héritiers, sous bénéfice d'inventaire, de dame Charlotte Destut du Tremblay, leur tante.

(Original en papier, signé des parties.)

24 novembre 1709.

Autre compromis passé sous seings privés, le 24 novembre 1709, entre les mêmes parties par lequel il est convenu que ledit Edme-François Destud prendra lui seul les lettres de bénéfice d'inventaire en ladite succession et les fera enthériner au bailliage d'Auxerre.

(Original en papier, signé des parties.)

4 novembre 1710.

Acte du 4 novembre 1710 portant ratification de celui ci-dessus de la part des sieurs de Bernault et de la Verne-Damery, mari et femme.

(Original en parchemin, signé des parties.)

10 février 1711.

Quittance, en date du 10 février 1711, donnée par le sieur Dupré fondé de procuration de Edme-Hubert de la Verne, à Monsieur d'Assay, héritier bénéficiaire, en la succession de Madame du Tremblay, de la somme de 150 livres à compte de ce qui peut lui revenir en ladite succession.

N° 12. — 11 *décembre* 1709 ; 2 *pièces.*

Lettres obtenues en la chancellerie du Palais de Paris, le 11 décembre 1709,

par

Edme-François Destud, chevalier, seigneur d'Assay, portant permission de se porter héritier par bénéfice d'inventaire de Charlotte Destud, veuve de messire Guillaume du Deffend, chevalier, seigneur du Tremblay.

(*Original en parchemin.*)

Aux dites Lettres est jointe :

25 *janvier* 1710.

Sentence rendue au bailliage d'Auxerre, le 25 janvier 1710,
A la requête dudit messire Edme-François Destud, chevalier, sur les conclusions du procureur du Roi, portant enthérinement desdites lettres, en donnant caution, ce qui a été effectué ledit jour.

(*Expédition sur papier timbré.*)

CLAUDE-MADELEINE DESTUD, FRÈRE D'EDME-FRANÇOIS

N° 13. — 24 *juillet* 1690 ; 2 *pièces.*

COMMISSION, datée de Versailles, du 24 juillet 1690 accordée par le roi Louis XIV à son bien aimé le capitaine d'Assay
     de la charge de capitaine au régiment de Champagne, vacante par la promotion du sieur Bernaut à la charge de major de la citadelle de Perpignan.

(*Original en parchemin, signé :* LOUIS, *et plus bas :* LE TELLIER, *scellé du grand sceau en cire jaune.*)

---

5 *mars* 1701.

Brevet, daté de Versailles du 1er mars 1701, accordé par le roi Louis XIV au capitaine d'Assay de la charge et commandement d'une compagnie d'infanterie dans le second bataillon du régiment de Touraine.

(*Original en papier, signé :* LOUIS, *et plus bas :* CHAMILLARD.)

XII° DEGRÉ DE LA GÉNÉALOGIE ET VIII° DES ARCHIVES

GABRIÉL-ALPHONSE DESTUT. — DAMOISELLE MARIE-ANNE DE DAMOISEAU, SA PREMIÈRE FEMME. — DAMOISELLE MADELEINE DE LA BARRE, SA DEUXIÈME FEMME

SERVICES MILITAIRES

N° 1er. — 11 avril 1705 ; 6 pièces.

BREVET, daté de Versailles du 11 avril 1705, par lequel Sa Majesté mande à M. de Collande, colonel du régiment de Flandres, qu'ayant donné à Dassay la charge de lieutenant en la compagnie de Chaux dans le régiment qu'il commande, il ait à le recevoir et faire reconnaître en ladite qualité.

(*Original en parchemin, signé :* Louis, *et plus bas :* Chamillard.)

Au dos est la suscription à Monsieur de Collande, colonel du régiment d'infanterie de Flandres et en son absence, à celui qui le commande.

---

26 novembre 1709.

Commission, datée de Versailles du 26 novembre 1709, accordée par le roi Louis XIV à son bien-aimé le capitaine d'Assez, de la charge de capitaine au régiment d'infanterie de Flandres vacante par l'abandonnement du capitaine Repach.

(*Original en parchemin, signé :* Louis, *et plus bas :* Voisin, *scellé du grand sceau en cire jaune.*)

---

27 juin 1725.

Certificat, daté de Toulon du 22 juin 1725, de Monsieur La Doux, lieutenant-colonel du régiment de Flandres, portant que le sieur d'Assay, capitaine en pied audit régiment, y sert depuis l'année 1704, qu'il y est venu prendre une sous-lieutenance, sortant du régiment de Saulx, où il était enseigne depuis 1702, fait lieutenant au régiment de Flandres et capitaine en 1709, où il a toujours servi avec distinction.

(*Original en parchemin, signé :* La Doux, *et scellé du sceau de ses armes.*)

---

12 novembre 1734.

Lettre en forme de brevet, datée de Fontainebleau du 12 novembre 1734, par laquelle le roi Louis XV mande à Monsieur d'Assé, que la satisfaction qu'il a de ses services l'a convié à l'associer à son Ordre de Saint-Louis, mais comme son éloignement ne lui permet pas de faire le voyage nécessaire pour être par lui reçu audit Ordre, il mande à son cousin Monsieur le maréchal de Coigny, chevalier de ses Ordres, de le recevoir et admettre à cette dignité.

(*Original en papier, signé :* LOUIS, *et scellé.*)

21 décembre 1734.

Passeport, daté de Crémone du 21 décembre 1734, accordé par le maréchal de Coigny, commandant l'armée de France en Italie, sous l'autorité du Roi de Sardaigne, au sieur d'Assay, capitaine d'infanterie au régiment de Flandres, allant en France pour ses affaires.

(*Original en papier, signé :* Le Maréchal DE COIGNY, *scellé du sceau de ses armes en cire rouge et plus bas :* TAILLIER.)

18 juin 1735.

Lettre, datée de Versailles du 18 juin 1735, de Monsieur d'Hangevilliers, ministre de la guerre, par laquelle il mande au sieur d'Assay, capitaine au régiment de Flandres, que sur le compte qu'il a rendu au Roi de ses services et de l'impossibilité où il était de les continuer, Sa Majesté a bien voulu lui accorder une pension de 400 livres.

(*Original en papier, signé :* HANGEVILLIERS.)

TITRES DE FAMILLE

N° 2. — 21 octobre 1727.

Contrat de mariage, en date du 21 octobre 1727, passé au bourg de Blannay, devant Jean-Baptiste Traveau, notaire et tabellion royal, au bailliage d'Avallon, en Bourgogne,

entre

Messire Gabriel-Alphonse Destud, chevalier, capitaine au régiment de Flandres, fils aîné de messire Edme-François Destud, chevalier, seigneur d'Assay, Chastenay-lès-Arcy, Courtenay en Vermanton, le Beugnon, le Lacsauvin et autres lieux, et de dame Marie-Antoinette de Loron, assisté de ses père et mère, d'une part,

et

Damoiselle Marie-Anne de Damoiseau, fille de défunt messire Jean-Raphaël de Damoiseau, chevalier, seigneur de Menesnoy et autres lieux, et de dame Marie de Guyon, assistée de sa mère, de messire François de Guyon, chevalier, seigneur de Précy, major d'infanterie, son oncle maternel. Les futurs époux promettent s'épouser en face de la sainte Église, stipulent communauté de biens ; les père et mère du futur époux lui constituent en dot la terre d'Assay à la charge de payer au chevalier d'Assay, son frère, lieutenant au régiment de Flandres, la pension de 100 livres.

La future épouse constitue ses droits paternels échus et ceux à échoir maternels pour lesquels sa mère lui donne en dot 12,000 livres, le futur lui accorde un douaire de 800 livres de rente.

(*Grosse en parchemin, signée :* TRAVEAU.)

N° 3. — 27 *février* 1733.

Foy et hommage prêtés le 27 février 1733, devant Hodot, notaire en la châtellenie de Courcelles-le-Roi,

par

Gabriel-Alphonse Destud, chevalier, seigneur d'Assay, Chastenay et autres lieux, capitaine au régiment de Flandres,

à

Dame Marie-Michel Carton, veuve de messire Samuel Boutignon, vivant écuyer, sieur des Hayes, et dame de Courcelles,

de la terre et seigneurie de Chastenay et dépendances, situées en la paroisse d'Arcy, du bailliage d'Auxerre, mouvant de Sa Majesté à cause de son comté d'Auxerre, à lui appartenant, en qualité d'héritier de feu Edme-François Destud, chevalier, seigneur d'Assay, Chastenay-lès-Arcy, Courtenay en Vermanton, Lacsauvin et autres lieux et de feue dame Marie-Antoinette de Loron, ses père et mère.

(*Grosse en parchemin timbré, signé :* HEMAR, *auditeur.*)

A l'acte ci-dessus est joint :

3 *mai* 1736.

Arrêt de la même Chambre des comptes, rendu le 3 mai 1736, qui reçoit ledit seigneur d'Assay auxdits foy et hommage et ordonne que lui en sera délivré ledit arrêt en forme de lettre d'attache.

(*Original en papier timbré.*)

No 4. — 2 mai 1735.

Certificat, en date du 2 mai 1736, délivré par messieurs les commissaires de la Chambre de noblesse pour la vérification des titres des gentilshommes qui se présenteront pour entrer en ladite Chambre et y avoir voix délibérative aux États de Bourgogne, portant que messire Gabriel-Alphonse Destud, chevalier, seigneur d'Assay, Châtenay, Lacsauvrin et autres lieux, chevalier de St Louis, capitaine au régiment de Flandres, a fait voir des titres de noblesse qui ont été exactement vérifiés et qu'ils ont reconnu qu'il est bon gentilhomme, non noble simplement, mais de la qualité requise pour entrer en ladite Chambre et y avoir voix délibérative, ayant toujours fait et faisant profession des armes et non de la robe.

(*Original en papier timbré, signé :* MONTAL, DE FRESNES, MORIZOT, JAUCIGNY, DUBOIS DE LA ROCHETTE, LAFAGE DES RURAGE.)

Et plus bas : CHOMONET, commis greffier.

Audit acte est annexé :

2 mai 1736.

Procès verbal, dressé par les commissaires ci-dessus, de la vérification des titres dudit seigneur d'Assay, ledit jour 2 mai 1736, signé comme ci-dessus.

No 5. — 27 novembre 1737.

Contrat de mariage, en date du 24 novembre 1737, passé devant Mittereau, notaire royal réservé à la résidence de la ville de Lorme,

entre

Messire Gabriel-Alphonse Destud, chevalier, seigneur de Chastenay en partie, chevalier de l'Ordre militaire de St Louis, ancien capitaine au régiment de Flandres, veuf de dame Marie-Anne de Damoiseau, d'une part,

et

Dame Madeleine de la Barre, veuve de Philibert de Pillemier, écuyer, sieur de Montfort, en son vivant capitaine au régiment de la Marine, d'autre part.

En faveur duquel mariage, messire Hector de Calot, fondé de la procuration de dame Alphonsine Destud, dame de Blannay, veuve de messire Joseph de Bernault, ancien major de Perpignan, fait donation entre vifs au futur époux, du fief de Vausson appartenant à ladite dame, situé à Sermizelles, mouvant de l'abbaye de St Martin d'Autun.

(*Grosse en parchemin timbré où est transcrite la procuration de ladite damoiselle Bernault.*)

MARGUERITE DESTUD, SŒUR DE GABRIEL-ALPHONSE.

N° 6. — 19 avril 1700.

BREVET, daté de Versailles du 19 avril 1700, accordé par le roi Louis XIV à damoiselle Marguerite Destud, de l'une des 150 places dans la maison royale de S⟨t⟩ Louis à S⟨t⟩ Cyr, sur le certificat qu'elle a la naissance, l'âge et les qualités requises.

(Original en parchemin, signé : LOUIS, *et plus bas :* PHELIPPEAUX.*)*

XIII⟨e⟩ DEGRÉ DE LA GÉNÉALOGIE ET NEUVIÈME DES ARCHIVES.

EDME-FRANÇOIS DESTUD, DEUXIÈME DU NOM. DAMOISELLE MARIE-PIERRETTE DE BONIN, SA FEMME.

N° 1. — 27 avril 1757.

CERTIFICAT, daté de Paris du 27 avril 1757, de M. le comte de la Rivière, capitaine lieutenant de la seconde compagnie de Mousquetaires de la Garde ordinaire du Roi portant que Monsieur d'Assay, l'un des mousquetaires de ladite compagnie, a très bien servi, en cette qualité depuis le 1⟨er⟩ août 1756, qu'ayant désiré se retirer, il lui a donné son congé absolu.

(Original en papier signé : LA RIVIÈRE.*)*

N° 2. — 8 et 9 novembre 1731.

Sentence rendue au bailliage d'Avallon, le 8 novembre 1731, à la requête du procureur du Roi audit siége,

qui nomme messire Gabriel-Alphonse Destud, chevalier, seigneur d'Assay, capitaine au régiment de Flandres, tuteur d'Edme-François et Étiennette Destud-Dassay, ses deux enfants mineurs, et de défunte dame Marie-Anne de Damoiseau, son épouse, décédée, le 21 juillet de ladite année 1731.

Et pour leur curateur messire Étienne-François de Guyon, leur grand-oncle maternel, écuyer.

Sur l'avis de leurs parents assignés à cet effet et nommés en cet ordre ;

Edme-François Destud, chevalier, seigneur d'Assay, Châtenay et Courtenay, leur aïeul pater-

nel ; messire Gabriel-Hector de Cullon, chevalier, seigneur d'Arcy, grand-oncle du côté paternel ; Joseph-André de Bretagne, chevalier, seigneur de la Ruère en Nivernais, cousin issu de
germain du côté paternel.

Roger de Damoiseau, chevalier, seigneur de Pouancy, frère consanguin de la défunte mère
des mineurs.

Et messire Charles-Paul Bureau de la Rivière, chevalier, comte de Tonnerre et de Quincy,
parent paternel.

Ensuite est acte d'acceptation et prestation de serment dudit seigneur de Guyon et du sieur
d'Assay, du lendemain 9 novembre, et nomination de procureur pour la levée des scellés et confection d'inventaire.

(*Grosse en parchemin signée :* VALLON, *greffier.*)

No 3. — 10 janvier 1756.

Articles de mariage passés sous seings privés, le 10 janvier 1556, et déposés pour minute à
M° Léger Reuche, notaire au bailliage de St Pierre le Moutier, résidant à Monceaux, le 26
avril suivant,

entre

Messire[1] François Destud d'Assay, chevalier, seigneur d'Assay, Châtenay-lès-Arcy, Lacsauvin
et autres lieux, fils de messire Gabriel-Alphonse Destud d'Assay, chevalier, seigneur desdits lieux,
ancien capitaine au régiment de Flandres, chevalier de St Louis, et de défunte dame Marie-Anne
de Damoiseau, ses père et mère, assisté de son père d'une part,

et

Damoiselle Marie-Pierrette de Bonin, fille de messire Philibert de Bonin, chevalier, seigneur
du Cluseau, le Bouquin, Chaillou et autres lieux, et de dame Marie-Françoise de Margat de
Bussèdes, ses père et mère, assistée de ses dits père et mère d'autre part,

Les futurs époux promettent s'épouser en face de la Ste Église, consentent communauté de
biens. Le père du futur lui constitue en dot tous les droits qui lui sont acquis par le décès de sa
mère et lui abandonne, en avancement de sa succession future, la terre et seigneurie d'Assay et ses
dépendances.

Les père et mère de la future lui constituent en dot les biens qui lui appartiennent dans les
paroisses de Vailly, d'Assigny, Sury-en-Vaux, Villegenon et autres, dont il est stipulé qu'il entrera en communauté ainsi que de ceux du futur époux jusqu'à concurrence de 6,000 livres ; est
accordé un douaire de 1,200 livres de rente.

(*Grosse originale en parchemin, signée :* REUCHE.)

------

[1] Le nom d'Edme est omis dans l'acte.

N° 4. — 25 juin 1767.

Foy et hommage prêtés au Roi en sa Chambre des comptes de Bourgogne, le 25 juin 1767,

par

Dame Marie-Pierrette de Bonin, relicte d'Edme-François Destud d'Assay, de ses terres et seigneuries de Tharoiseau, Menades et dépendances, situées au bailliage d'Avallon, mouvantes de Sa Majesté, à cause de son duché de Bourgogne, qui lui appartenait au moyen de l'acquisition qu'elle en avait faite de sieur Pierre Champion de Précy, par contrat du 25 mars de ladite année.

(Grosse en parchemin à laquelle sont jointes les lettres d'attache en date du même jour.)

N° 5. — 11 décembre 1776.

Acte de prestation de foy et hommage et serment de fidélité au Roi en sa Chambre des comptes de Bourgogne, le 11 décembre 1776, à cause de son avènement à la couronne,

par

Dame Marie-Pierrette de Bonin, veuve de Edme-François Destud d'Assay, dame de Tharoiseau, de Menades, par le ministère de Jacques Coindé, son procureur, pour raison de ses dites terres de Tharoiseau, Menades et leurs dépendances au bailliage d'Avallon.

(Grosse en parchemin à laquelle sont jointes les lettres d'attache du même jour.)

N° 6. — 13 septembre 1780.

Acte, en date du 13 septembre 1780, passé devant Goussot et Pannuet, notaires au duché du Nivernais,
Par lequel Antoine-Charles Parmentier, procureur général de la Chambre des comptes et du domaine du duché du Nivernais, consent la main-levée des saisies qu'il avait fait faire des fiefs de Précy et Menades, possédés par Madame la marquise d'Assay, attendu qu'il avait vérifié qu'ils ne relevaient point comme il l'avait pensé, mais bien du Roi, à cause de son duché de Bourgogne.

(Copie collationnée par le secrétaire du Roi.)

XIV⋅ DEGRÉ DE LA GÉNÉALOGIE ET X⋅ DES ARCHIVES

PHILIBERT-MARIE DESTUT

SERVICES MILITAIRES

N° 1, 1ᵉʳ avril 1776. — 8 pièces.

CERTIFICAT, daté de Versailles du 1ᵉʳ avril 1776. de M. le comte de Tessé, premier écuyer de la Reine,
    Portant que Messire Philibert-Marie Destud d'Assay a servi, avec honneur et dictinction, la Reine, en qualité de Page de ses écuries, pendant l'espace de trois années.

(Original en papier, signé : le comte DE TESSÉ, *et plus bas Monseigneur :* DU BOURG.)

---

30 mars 1776.

Ordre du Roi, daté de Versailles le 30 mars 1776, au sieur Filbert-Marie Destud-Dassay, l'un des pages de la Reine, de se rendre au régiment de Mestre-de-camp-Général de dragons, pour y prendre rang parmi les sous-lieutenants du dit régiment.

(Original en papier, signé : LOUIS, *et plus bas :* SAINS-GERMAIN.)

1ᵉʳ octobre 1777.

Certificat, daté de Joigny du 1ᵉʳ octobre 1777, de M. le comte d'Orgères, mestre-de-camp en second au régiment de la Reine,
    Portant que M. d'Assay, sous-lieutenant à la suite du régiment de Mestre-de-camp-Général, a fait son service dans celui de la Reine, pendant les mois d'août et septembre dernier, avec toute sorte de zèle et d'assiduité.

(Original en papier, signé : le comte D'ORGÈRES.)

---

19 juillet 1791.

Brevet, daté de Versailles du 19 juillet 1781, accordé par le Roi
au sieur Philibert-Marie Destud d'Assay, sous-lieutenant attaché, de la charge de sous-lieutenant
en pied, sans appointements, de la première compagnie du régiment de Mestre-de-camp-Général
de Dragons de nouvelle création.

(*Original en parchemin, signé :* Louis, *et plus bas :* Ségur.)

En marge est l'ordre de M. le duc de Coigny pour qu'il soit reçu et reconnu en ladite qualité,
du 20 août.

26 août 1781.

Ordre de M. le duc de Luynes, mestre-de-camp-général des Dragons de France, du 26
août 1781, pour que le sieur Philibert-Marie Destut d'Assay, nommé par le Roi, de la place
de sous-lieutenant à la suite du régiment de Mestre-de-camp-Général de Dragons, à celle de
sous-lieutenant attaché à la première compagnie dudit régiment, y soit reçu en cette qualité.

(*Original en parchemin, signé :* le duc DE LUYNES, *et scellé en cire rouge.*)

4 juillet 1782.

Commission, datée de Versailles du 4 juillet 1782, du roi Louis XVI, au sieur Philibert Destud
d'Assay, pour prendre et tenir rang de capitaine dans son régiment Royal de cavalerie et dans
ses troupes de cavalerie.

(*Original en parchemin, signé :* Louis, *et plus bas :* Ségur, *scellé en cire jaune.*)

1ᵉʳ juillet 1783.

Certificat, daté de Paris du 1ᵉʳ juillet 1783, de M. le marquis de Béthune, colonel-général
de la cavalerie de France,
Portant que le comte d'Assay, capitaine à la suite du régiment Royal-Cavalerie, par commission du 4 juillet 1782, s'est présenté pour prendre son attache.

(*Original en papier, signé :* Robert DE FREMASSON.)

10 *juillet* 1783.

Certificat d'attache, daté de Paris du 10 juillet 1783, de M. le marquis d'Harcourt, mestre-de-camp-général de la cavalerie française et étrangère,

Portant que, vu la commission ci-dessus, il ordonne que ledit sieur comte d'Assay soit reconnu en ladite qualité,

(*Original en parchemin, signé :* le marquis D'HARCOURT, *et plus bas :* Monseigneur GRAINBERT.)

TITRES DE FAMILLE

N° 2. — 2 *mai* 1760.

Sentence rendue au bailliage d'Auxerre, le 2 mai 1760,

Qui nomme messire Gabriel-Alphonse Destutt chevalier, seigneur d'Assay et autres lieux, chevalier de St-Louis, auteur des enfants mineurs de messire Edme-François Destut-Dassay, depuis peu décédé, et de damoiselle Marie-Pierrette de Bonin, son épouse encore mineure ; les dits enfants sont au nombre de trois qui sont :

Philibert-Marie, âgée d'environ trois ans ;

Gabriel-Alphonse, âgé de dix-huit mois ;

Louise-Françoise, âgée d'environ un mois, et ce, attendu la minorité de la dame leur mère, à laquelle la même sentence nomme pour tuteur provisionel et curateur, messire Philibert de Bonin, chevalier, son père, jusqu'à ce qu'elle ait acquis la majorité.

Ladite sentence rendue sur l'avis des parents et amis des dits mineurs, qui sont :

Ledit sieur de Bonin ;

Messire Georges de Juliard, chevalier, seigneur de Tavenel, Morache et autres lieux, cousin issu de germain, à cause de dame Catherine Hinselin de Morache, son épouse ;

Et messire Léonard de Moyssel, chevalier, seigneur de St-Martin et chevalier de St-Louis, ami appelé à défaut de parents.

(*Grosse en parchemin.*)

N° 3. — 5 *août* 1774.

Sentence, rendue au bailliage d'Auxerre le 5 août 1794, qui nomme messire Jean-François-[1] Gabriel Destud, chevalier, seigneur de Blannay, chevalier de l'Ordre militaire de St-Louis, curateur des enfants mineurs de feu messire Edme-François Destud d'Assay, chevalier, seigneur d'Assay et autres lieux, et de dame Marie-Pierrette de Bonin, sa douairière et leur tutrice. Attendu le décès de messire Philibert de Bonin, leur aïeul maternel, qui avait été

---

[1] Ce nom seul est mis par erreur dans l'acte : c'est Jean-François.

nommé à ladite charge et ce pour procéder au partage des biens de la succession de feue damoiselle Marie-Marguerite de Damoiseau dont les dits mineurs étaient héritiers pour moitié.

Ladite sentence rendue sur l'avis des parents des dits mineurs, donnée par les fondés de leurs procurations

Savoir :

Ladite dame leur mère;

Ledit messire Jean-François Destud de Blannay, cousin ;

Messire Antoine-Alphonse Damoiseau-de-Provenez, baron de St Empire, grand-oncle à la mode de Bretagne ;

Messire Louis-Marie de Guyon, chevalier, seigneur du Fresne, parent au 4ème degré du côté paternel ;

Gabriel-Hector de Culon, chevalier, comte d'Arcy, parent du côté paternel;

Messire Marie-François-Robert de Bonin, chevalier, seigneur de Cluzeau, l'un des mousquetaires du Roi, oncle maternel ;

Et haut et puissant seigneur messire Paul marquis de Blosset, chevalier de St Louis, ministre auprès du Roi de Danemarck, cousin du côté maternel.

(*Grosse en parchemin, ensuite de laquelle sont les procurations de tous lesdits parents.*)

N° 4. — 11 décembre 1776.

Foy et hommage prêtés au Roi, en sa Chambre des comptes de Bourgogne, le 11 décembre 1776

par

Philibert-Marie Destud d'Assay ;

Gabriel-Alphonse Destud d'Assay ;

et damoiselle Louise-Françoise Destud d'Assay sous l'autorité de dame Marie-Pierrette de Bonin leur mère et tutrice, veuve de Edme-François Destud d'Assay, en qualité de seuls petits-enfants et héritiers du sieur Alphonse-Gabriel Destud, leur aïeul, et par le ministère de Jacques Coindé, leur procureur.

Pour raison des terres et seigneuries de Vaux-Sainte-Marie, Lacsauvin et dépendances, situées au bailliage et comté d'Auxerre, mouvantes de Sa Majesté, à cause du comté d'Auxerre.

(*Grosse en parchemin timbré à laquelle sont jointes les lettres d'attache de ladite Chambre en date du même jour.*)

N° 5. — 16 août 1780.

Aveu et dénombrement fourni, le 16 août 1780,

à

Messire François-Appoline, comte de Guybert, chevalier de St Louis, à cause de dame Alexandrine-Louise Boutinon des Hayes, sa femme, dame de Courcelles, devant Antoine Bouillier, notaire royal au bailliage de Gien, demeurant à Bonny,

par

Jean-Louis Teillay fondé de procuration de dame Marie-Pierrette de Bonin, dame de Tharoiseau, Menades, et veuve de messire Edme-François Destud-Dassay, chevalier, seigneur d'Assay et autres lieux, en qualité de mère et tutrice de messire Philibert-Marie Destud-Dassay, sous-lieutenant au régiment de Mestre-de-camp de Dragons, de messire Gabriel-Alphonse-François Destud, son fils mineur, chevalier de l'Ordre de St Jean de Jérusalem, et damoiselle Louise-Françoise Destud-Dassay, ayant la majorité féodale,

De leur fief et terre d'Assay et dépendances, à eux appartenant en qualité de seuls enfants et uniques héritiers de leur père.

(Expédition en papier à laquelle est jointe la procuration.)

GABRIEL-ALPHONSE-FRANÇOIS DESTUD, FRÈRE DE PHILIBERT-MARIE

13 novembre 1782.

Décret rendu en l'assemblée de la vénérable Langue de France de l'Ordre de St Jean de Jérusalem, le 13 novembre 1782.

Portant acceptation des preuves faites de la noblesse de noble Gabriel-Alphonse-François Destud-Dassay présenté de minorité au rang des chevaliers de justice de cette vénérable Langue et prieuré de France, à la charge cependant de fournir un arbre généalogique selon les conditions requises, dans le terme de huit mois.

(Expédition en papier signée : Le chevalier ARCOURT, le chevalier DE MILANO, le chevalier DE FRESTON; et plus bas : Louis SAVOYE, secrétaire de la vénérable Langue et scellé du sceau de l'Ordre.)

12 juillet 1783.

Autre décret de réception dudit arbre généalogique rendu en l'assemblée tenue le 12 juillet 1783.

(Expédition comme dessus.)

COMMUNICATION

I

Par acte du 27 juin 1576, reçu Jacques Vernesson et Nicolas Le Teurc, notaires et tabellions jurés sous le scel établi aux contrats du Bailliage de Cosnes-sur-Loire, Jacques Plotin, marchand hostelier à Cosnes, vend à noble homme François STUT, écuyer, seigneur de Sᵗ Père, y demeurant, exempt des gardes du Roy, trois pièces de bois taillis dépendant de la métairie des Chaumes, en la paroisse de Sᵗ Quentin, plus diverses pièces de pré dépendant de ladite métairie, moyennant la somme de deux cents livres tournois payée comptant. Par le même acte led. sieur Sʳ de Sᵗ Père accorde à noble seigneur Jehan DE LA PLATIÈRE, écuyer, Sʳ de Montigny, son gendre, et à damoiselle Renée de STUD, sa fille, femme dud. de la Platière, présents et acceptant, « de leur remettre et délaisser lesd. tailliz et prez pour leur bienscéance et commo- « dité, en le remboursant de lad. somme, » et les leur laissa par forme de précaire jusqu'aud. remboursement.

II

Par acte du 25 février 1584, reçu Esve Saujot, notaire et tabellion juré sous le scel établi aux contrats en la prévôté de la Tour du Chastel de Cosne-sur-Loire, François DESTUT, écuyer, Sʳ de Sᵗ Père de Nusy, capitaine exempt des gardes du corps du Roy, demeurant aud. Sᵗ Père, cède à Jehan DELAPLATIÈRE, aussi écuyer, Sʳ de Montigny lès Fresnes, homme d'armes de la Compagnie de Mᵍʳ le Duc de Nivernois, dᵗ à Cheveroulx, paroisse de Sᵗ Quentin les Nazais, les contrats d'acquisitions faites par led. Sʳ DESTUT, savoir de Jacques Plotin, en 1576, de Jean Quillier dit Ménigot, en 1577, etc , lesd. acquisitions montant à onze cents livres tournois, ce qui revient à trois cent soixante six écus deux tiers suivant l'édit.

NOTE. — Ces deux derniers extraits nous ont été communiqués par le vicomte Charles de Laugardière, conseiller à la Cour d'appel de Bourges en retraite, et ont été pris sur les grosses en parchemin qui appartiennent à M. Henri Marandat.

TABLE ALPHABÉTIQUE

DE

LA GÉNÉALOGIE DE LA MAISON DE STUTT

Arnaud, 48. — Beraud, sieur de Barbazan, 48. — le marquis de, 48. — Raymond, 48.
Faulin (château de), Yonne, 66.
Faur (Guy du), 59, 62. — Jean, 58. — Michel, 58.
Faveray (fief de), commune de Saint-Martin de Tronsec, Nièvre, 81, 114.
Favière de Charme (Jeanne-Claude-Marie-Ignace), 82.
Fay aux Loges (paroisse de), Loiret, 58.
Fayard de Champagneux (Laurent), 80. — Marguerite, 80.
Fayette (le général marquis de la), 126, 127.
Fayolles (Isabeau de), 22.
Febre de Plinval (Marie-Caroline Le), 128.
Fecquet, 30.
Feller, auteur, 120.
Ferau (Jean de), 22.
Ferrand (M.), 71.
Ferrières (fief de), près Donzy, Nièvre, 75, 136.
Feugnes, 39.
Filhol, 45.
Fin (fief de la), 75.
Finguyon, 37.
Fiot, 71.
Fleury (Guillaume de), 103.
Fontainebleau (ville), 73, 105.
Fonteau, 42.
Fontenille (fief de), commune de Tracy, Nièvre, 117, 124.
Fontenille (baron de), 41.
Fontviel, sieur de Montboucher (Hilaire de), 38.
Force (maréchal de la), 63.
Fort de Villemandeur (Anne Le), 61, 66. — Antoine, 61. — Blanchet, 58, 59, 60, 61, 63. — Charles, 62. — Gabrielle, 61. — Georges, 60, 61, 65. — Henri, 65. — Louis, 60. — Richard, 56, 60, 61. — Suzanne, 62.
Foucault (Anne de), 141, 143. — Charles, 146. — Autre Charles, 146. — François, seigneur de Rozay, 135, 141. — Autre François, seigneur du Coupoy, 141, 146.
Foucault d'Insèches (famille de), 135.
Fouchard, 54.

Foucher (Marie), 8.
Fouquet (Madeleine), 68.
Fouquet, comte, depuis duc et maréchal de Belle-Isle (Charles-Louis), 125.
Fourmont, auteur, 92.
Foursat (de), 59.
Foy (général), 129.
Fradet (Marie), 61, 146.
France, duchesse du Bourbonnais (Anne de), 112.
Franche-Comté, 125, 131.
François Ier, roi, 84, 142. — François II, roi, 103.
Fransures (Jean de), 57.
Fraulin (Charlotte-Angélique de), 123.
Frère de Villefrancon (Alexandre), 82. — Caroline-Françoise, 82, 89. — François-Ambroise-Xavier, 82, 84. — Louis, 82.
Fresnois (Georges du), 64.
Fresquet (Jeanne), 42.
Freyssinède, 32.
Freyssinet, 34, 36.
Froissard (famille de), 132.
Froissy (Philippe-Angélique de), 35.
Fussy (vicomté de), près Bourges, Cher, 8.

G

Gachiat, 45, 46, 47.
Galaup (Anne de), 27, 29. — Jean, sieur Delmare, 28.
Galiffet (Mme de), 83. — (Marquis et marquise de), 84.
Galles (Jean de), 8.
Gamache (Adrien de), sieur de Quincampoix, 65. — Marguerite, 65.
Gambetta (M.), 133.
Gardère (Dominique de la), 46.
Garigue, 26.
Garnier (Claude), 10.
Gascoignolles (Bertrand de), 8.
Gassion (maréchal de), 111.
Gassot de Deffens (Anne-Augustine), 60. — Anne-Catherine, 146. — Étienne-François, 146. — François, 59, 60. — Gassot de Priou,

131. — Clément, 131. — François-Gabriel, 131. — Jacques-Victor-Flavien, marquis de Tracy, 133. — Jean, 131. — Autre, 131. — Jean-Baptiste, 131, 132. — Raymond, 133.

Henrion de Staal de Magnoncour de Tracy (Gauthier-Victor-Raymond), 134. — Victor-Raymond-Élie, 134. — Raymond, 134.

Herissy, marquis d'Estrehan (Jacques-Robert d'), 38.

Herpin (Jeanne), 139.

Herre, 45.

Herries, 3, 8. — Herries de Jerréagles, 6.

Heyde (famille de), 132.

Hinselin de Moraches (Jeanne de), 80.

Hodet, 74.

Houville (Jacqueline de), 62.

Hozier (d') auteur, 4, 56, 73, 75, 76, 81, 82, 83, 86, 96, 110, 132.

Hubans (château d'), commune de Grénois, canton de Brinon-les-Allemands, Nièvre, 35.

I

Insèches (fief d'), commune d'Alligny, Nièvre, 115, 135, 140, 143, 146.

Insèches (madame d'), 137.

Ile de France, 80.

Island (commune d'), arrondissement d'Avallon, Yonne, 93, 94.

Innocent VII (pape), 118.

Italie, 73, 132.

J

Jacquinet (Antoine de), 61, 66.

Jagon, 33, 34.

Jaubertie (château de la), arrondissement de Bergerac, Dordogne, 37, 40.

Jaucourt (Anne de), 105. — Antoine, 35. — Gabriel, 62. — Louis-Pierre, comte de, 35, 38.

Jautan (branche de la Barrère et de), 41, 43, 44, 45, 46.

Joigny (ville), 89.

Juliac (arrondissement de Mirande), Gers, 45.

Jussey, près Vesoul, 131.

Jussy-le-Chaudrier (commune de), Cher, 60.

K

Kel (ville), 61.

Kennedy de Dunure, 5.

Kemnure (vicomtes de), 3.

Kergolay (comte et comtesse de), 84.

Kersers (Buhot de), auteur, 9, 146.

Kinnaire (vicomtes de), 3.

Kinnare (Anne de), 6.

Klinglin (baron et baronne de), 84.

Koxbourg (comté d'Écosse), 6, 8.

L

Labithar, 24.

Lachesnaye-Desbois, auteur, 20, 24, 35, 36, 52, 56, 62, 63, 64, 66, 69, 74, 81, 82, 83, 86, 89, 91, 102, 109, 110, 111, 112, 116, 119, 125, 141, 143, 148.

Lacsauvin (fief de), Arcy-sur-Cure, Yonne, 69, 73, 76, 78, 80.

Laduz (François de), 93. — Marie, 93. — Marguerite, 138.

Laffon (Jean), 38.

Laffon de Ladébat (Jacques-Alexandre), 38.

Laggan (Jean Ier, Stutt de), 5. — Jean II, Stutt de, 5. — Gaultier, 6, 8. — Guillaume, 6.

Lainé, auteur, 66, 86, 88.

Lalemans (juridiction de Tombebœuf), Lot-et-Garonne, 34.

Lalemende (fief de), commune de Vignol, Nièvre, 109, 110, 140.

Laloubière (fief de), près Bergerac, Dordogne, 37.

M

Machault (M. de), 113.
Machet (Hugues), 7.
Mac-Nab (M.), 107.
Madalhan (Pierre de), 25.
Magdeleine de Ragny (Bernard, marquis de Ragny), 116, 119. — Catherine-Charlotte (de la), 116, 117. — Claude de la Magdeleine, comte de Ragny, 68, 116. — François et Girard, 105, 116. — Jean (le prieur de la Charité), 116. — L'Abbesse de Saint-Julien-d'Auxerre, 118.
Magnane, 102.
Magnoncour (M. de), 131, 132. — Magnoncour (Raymond de), 130, 133.
Magnoncour (seigneurie de), Franche-Comté, 131.
Magny (L. de), auteur, 132.
Maignan (Joseph), 46.
Mailly (le comte de), 84. — Mailly-d'Haucourt (comte-maréchal de), 83.
Maine (Jeanne du), 45, 46.
Maître du Marais (Marie-Louise Le), 35. — Jeanne-Henriette, 35.
Mallard de Sermaize (Françoise-Éléonore-Eudoxie), 87.
Maltaverne (fief de), commune de Tracy, Nièvre, 111, 113, 115, 117, 124.
Malte (ordre de), 59, 62, 65, 74, 77, 78, 80, 88, 90, 93, 101, 106, 109, 113, 115, 118, 121, 135, 138, 142, 143.
Mans (ville du), 91.
Manswel (Mariotte ou Marie), 6.
Manuel (le député), 129.
Marcellange (Renault de), 136.
Marchand (Marie), 147.
Marcilly (abbaye de), 68.
Marcilly-Cipierre (Catherine-Charlotte de), 116.
Maréchal (Anne), 104, 136. — Maréchal-Franchesse, 104, 111.
Margat de Bussèdes (François de), 76, 77. — François, 76, 77.

Marguerite de France, duchesse de Berry (Madame), 76.
Marquessac (Marguerite de), 15, 17. — Pierre, 17. — Raymond, 17.
Marie-Antoinette (la reine), 79.
Marion de Druy (Catherine), 119. — Charlotte-Benedicte, 119. — Claude 119. — Jean-Baptiste, 119. — Jeanne-Louise-Cassandre, 119. — Louis, 119. — Simon, 119.
Marmoutiers (Indre-et-Loire), 56.
Marsan, 47.
Marseille (ville), 133, 134.
Martin (Anne-Louis), 36.
Martinault, 27.
Massé (Edme), 65.
Massol (famille de), 144.
Mathieu, 25.
Maublanc de Chiseuil, de Martenet, de la Vesvre (famille), 82.
Maublanc de Chiseuil (Henri-Charles), 82. — François, 83.
Maubruny (François de), 12. — Françoise, 57, 58, 61. — Jean, 57. — Marguerite, 57.
Maumont (Roch de), 62.
Mauras (château de), près Eauze, Gers, 46.
Maurens (paroisse de), arrondissement de Bergerac, Dordogne, 26.
Mazas auteur, 35, 74, 86, 90, 93, 114, 119, 121, 124, 125.
Mazères de Soulminiac (de la), 28.
Mazières (terre de), Dordogne, 13, 18, 24, 25, 27, 28, 30, 31, 32, 40.
Mazières (Marie-Anne de), 33.
Mehun-sur-Yèvre (ville), Cher, 137, 140.
Méloizes (Albert des), auteur, 11.
Menades (commune de), Yonne, 77.
Ménage, auteur, 92.
Menou (Claude de), 135.
Menthon (vicomtesse de), 85.
Merle (famille du), 148.
Merquès (abbaye de), près Cahors, Lot, 14.
Mercrigny (Marie-Françoise de), 107.
Mesnil (Peronne du), 136.
Metz (ville), 129.
Meun de la Ferté-Challement (Jeanne de), 95.
Michel (Francisque), auteur, 8.
Mignerette (paroisse de), Loiret, 65.

Q

TABLE DES MATIÈRES DU VOLUME

TABLE DES GRAVURES

ERRATA ET ADDENDA

INTRODUCTION :

A la ligne 9° de la page XXIII, lire : *Suwinton* au lieu de Suwiton.

STEMMA GENEALOGICUM (ENVOYÉ D'ANGLETERRE) :

Lire : *Suwinton* au lieu de Sivinton, dans deux écussons du côté paternel.
Lire : *Manswel* au lieu de Maxivel, dans trois écussons du côté paternel.

GÉNÉALOGIE :

A la ligne 4° de la note de la page 12, lire : *Françoise* de Maubruny au lieu de François de Maubruny.

A la ligne 10° de la page 39, lire : *Mestre de camp en second de Royal-Cavalerie* au lieu de colonel de Penthièvre-Infanterie.

Aux pages 61 et 62, lire : du *Coupoy* au lieu du Couppoy.

A la ligne 17° de la note de la page 84, lire : *le comte Henry de Stutt d'Assay* au lieu du comte d'Estutt d'Assay.

A la ligne 18° de la page 85, lire : de *Maleyssie* au lieu de Maleysie.

A la ligne 1° de la page 91, lire : Alain-Louis-Marie-Joseph de Stutt d'Assay, né *le 15 janvier 1863* au lieu du 15 décembre 1863.

A la ligne 12° de la note de la page 105, lire : Antoine de la Grange *d'Arquian* au lieu d'Arquin.

A la ligne 21° de la page 107, ajouter *de* devant dame du Mesnil-Simon.

A la ligne 26° de la note de la page 125, ajouter : *morte le 22 juin 1821*, après cette princesse.

A la note de la page 137, concernant Charles Destutt, chanoine, archidiacre de Bourbon, ajouter : la minute de son testament se trouve aux archives du Cher, dans un registre du greffe coté N° 3355 de la série B. (Copie certifiée en a été prise et est déposée aux archives de Tharoiseau.) Dans le même registre est insérée toute la procédure relative à la succession de son ami M. de Beaujeu qui l'avait nommé son exécuteur testamentaire. C'était Jean du Mesnil-Simon-Beaujeu, abbé de Bouras et de la Varenne, prieur de Menetou-Ratel, chanoine-chancelier, puis doyen de l'Église de Bourges, chanoine de la Sainte-Chapelle.

Il ne faut pas confondre cette famille avec les sires de Beaujeu ou même avec les de Beaujeu de Bitry ou de Motrot.

A la page 25 de son opuscule intitulé : *Manuel de l'Hôpital général de Bourges*, 1672, Catherinot désigne Messieurs de Beaujeu et Destutt parmi les bienfaiteurs et donataires dudit Hôpital.

BOURGES. — IMPRIMERIE PIGELET & TARDY

www.ingramcontent.com/pod-product-compliance
Lightning Source LLC
Chambersburg PA
CBHW071345280326
41927CB00039B/1819